Ines Rieder — Diana Voigt
Heimliches Begehren

Ines Rieder
Diana Voigt

Heimliches Begehren

Die Geschichte der Sidonie C.

Deuticke

Inhalt

Viel ist geschrieben worden über Wien im Fin de Siècle, das dekadente Lebensgefühl einer Epoche, über Sigmund Freud, seine Psychoanalyse und seine Patientinnen. Ebenso über das rote Wien der Zwischenkriegszeit, den Faschismus und die Vertreibung und Vernichtung der jüdischen Bevölkerung während der Nazidiktatur. Über exotische Welten und große Liebesgeschichten, wobei das lesbisch und schwule Leben und Erleben der damaligen Zeit – wohl weil es illegal war – kaum Erwähnung fand. Aber alle diese Facetten in einem Buch?

Die Einzigartigkeit der vorliegenden Biographie besteht eben in der Zusammenführung all dieser Aspekte. Eine seltene und aufregende Vielfalt eines Lebens liegt vor uns und den Leserinnen und Lesern und kann entdeckt und nachvollzogen werden. Ein Leben, das die prägenden Ereignisse der Geschichte des letzten Jahrhunderts ebenso beinhaltet wie die zentralen persönlichen Lebensthemen, die uns alle in unterschiedlichster Weise berühren.

Dass wir von diesem fast hundert Jahre umspannenden Leben so detailliert erfahren durften, dass wir seine Chronistinnen werden konnten, hat mit Vertrauen und Freundschaft zu unserer beschriebenen Person zu tun. Die Person, die in diesem Buch Sidonie Csillag heißt, trug in Wahrheit einen anderen Namen. Bei ihr, ihrer Familie und einigen wenigen FreundInnen erfüllten wir das Versprechen, die Namen zu verändern. Alle anderen Namen, Personen und Ereignisse entsprechen der historischen Realität. Der Stoff ist eine authentische Geschichte, wie die Ausschnitte aus diversem – erstmals enthülltem – Aktenmaterial, Zeitungsberichte und die vielen Stunden Tonbandgespräche mit unserer Freundin belegen.

Wien, Sommer 2000 *Ines Rieder, Diana Voigt*

Dank

An alle Freundinnen und Verwandte Sidonies und ganz im Besonderen an Andrea Fingerlos, Ruth van der Maade und Lotte Wittgenstein.

An die MitarbeiterInnen des Jüdischen Museums Wien, Familienarchiv Puttkamer, Stadtarchiv Nürnberg (Gerhard Jochem), Österreichisches Staatsarchiv, Österreichische Nationalbibliothek, Wiener Stadt- und Landesbibliothek, Wiener Stadt- und Landesarchiv und Marie-Therese Arnbom.

An unsere FreundInnen und Verwandte, die uns bei der Recherche und in Gesprächen unterstützt haben: Grete Angyan, Cecilia Brunazzi, Andreas Brunner, Frederique Delacoste, Karin Hassing, Elisabeth Holzleithner, Martina Hopfner, Helga und Viktor Imhof (†),Tobias Natter, Nicole Ravenel, Alison Read, Hilda Rieder, Marlene Rodrigues, Merle Shore, Alan Snitow, Hannes Sulzenbacher, Dorothea Voigt und ganz besonders unsere Lektorin Ilse Walter.

Sidonie Csillag als junges Mädchen

1
Leonie

Im Innenhof eines Wiener Gefängnisses geht eine elegante Frau hastig auf und ab. Einen Pelzmantel hat sie lose über die Schultern gezogen, die Tatsache, dass sie von bewaffneten Wärtern begleitet wird, scheint sie wenig zu kümmern. Überall liegen noch kleine Schneeflecken, die ein karges Grün bedecken. An den Mauern, die den engen Hof wie in eine Zange nehmen, ziehen sich Feuchtigkeit und Schimmel in Halbrunden hoch, die Farbe ist längst abgeblättert. Die ausgetretene Sandpiste des »Rundgangs« ist aufgeweicht und erzeugt schmatzende Geräusche unter den Schritten der Gefangenen. Als sie kurz innehält und aufblickt, sieht sie den entsetzten Blick ihrer Freundin, die offenbar endlich die ersehnte Besuchserlaubnis erhalten hat und ihr von einem Fenster aus dem ersten Stock der Anstalt zuwinkt. Sie winkt kurz zurück und zuckt mit einem schiefen, müden Lächeln die Schultern, als ob sie das alles wenig berühren würde.

Was ist passiert?

Der Frühling 1924 hat in Wien gerade begonnen, und seit ein paar Tagen zerreißen sich die Zeitungen genüsslich das Maul über die schöne Gefangene.

Die Angeklagte ist die im damaligen Wien berühmt-berüchtigte dreiunddreißigjährige Baronin Leonie Puttkamer, aus preußischem Uradel, verheiratet mit dem Präsidenten der Österreichischen Landwirtschaftsstelle, Albert Geßmann jun. Und dieser Albert Geßmann wirft seiner Gattin vor, einen Mordanschlag auf ihn verübt zu haben, und zwar mit Gift, das sie ihm in den Kaffee gemischt hätte. Ein veritabler Rosenkrieg, der zu einem der undurchsichtigsten Anklageverfahren des Jahres 1924 führt, entspinnt sich zwischen den Eheleuten. Vorwürfe über Vorwürfe werden durch die Anwälte übermittelt, Protokolle über Protokolle von der Polizei aufgenommen, bis Leonie Puttkamer schließlich im Gefängnis landet.

Die Zeitungen zeichnen wilde und sensationslüsterne Bilder der schönen Baronin, und die Wiener Gesellschaft ist um einen Skandal reicher.

Die *Neue Freie Presse* berichtet über das Zusammenleben der Ehegatten, das laut Albert Geßmann ein »überaus glückliches« gewesen sei. Ein paar Tage später wird diese Aussage allerdings revidiert: es hätte auch trübe Momente gegeben, vor allem weil Leonie Puttkamer-Geßmann »unter dem verhängnisvollen Einfluss von Freundinnen, die sie auch materiell ausnützen, steht«. In ihren Mädchenjahren soll Leonie Geßmann, der auch eine intime Freundschaft mit der Tänzerin Anita Berber nachgesagt wird, »wiederholt in Anstalten für Geisteskranke interniert gewesen sein«.

Am 31. März 1924 greift das *Neue Montagsblatt* den Fall Geßmann auf und konzentriert sich auf Freundinnen Leonies. »In einem Gespräch mit einer ebenso veranlagten Freundin soll sie geäußert haben, dass ihr Gatte nach der Abfassung eines Testaments beseitigt werden soll.«

Dr. Geßmann erklärte, dass seine Frau »dem dämonischen Einfluss der Privaten, ihrer lesbischen Freundin, derart ausgeliefert gewesen sei, dass sie ihren eigenen Gatten mit wahrem Hass verfolgt habe«.

Das will am 1. April 1924 die *Neue Freie Presse* noch übertrumpfen und stellt fest, dass Leonie Geßmann-Puttkamer eine »durch geschlechtliche Verirrungen, Morphinismus und Kokainismus in ihrem Seelenleben zerrüttete Frau« sei. Bei Verhören bestreitet sie jedes Verschulden an den Vergiftungssymptomen ihres Gatten. »Ein Mensch mit den leider notorischen Absonderlichkeiten der Baronin Puttkamer kann offenbar auch nicht verantwortlich gemacht werden. Alle in Betracht kommenden Faktoren einschließlich der Polizei sehen kein anderes Motiv für eine schwere verbrecherische Handlung, als den so genannten Widerwillen der Frau Geßmann gegen die Männer.« Zu diesem Zeitpunkt stellt die Polizei auch fest, dass in Anbetracht einer zusätzlichen Anklage wegen Unzucht wahrscheinlich Vernehmungen im weiblichen Freundeskreis, von dem die Angeklagte nur »der Leo« genannt werde, notwendig sein werden.

Und auch die Freundin, die gerade am Fenster zum Hof des Wiener Landesgerichts ihren Arm sinken lässt, war in den Medien nicht unerwähnt geblieben. Dass ihr Name nicht genannt wurde, hatte sie nur dem Einfluss ihres Vaters zu verdanken. Ihr Ruf ist in den Kreisen der besten Wiener Gesellschaft, in denen sie verkehrt, ohnehin schon stark angeschlagen, eine namentliche Erwähnung in der Presse wäre wohl ihr endgültiger Ruin gewesen.

Hier steht sie nun, Sidonie Csillag, Tochter aus großbürgerlichem Haus, knapp vor ihrem vierundzwanzigsten Geburtstag. Sie ist noch nie in einem Gefängnis gewesen, und es kostete sie große Überwindung, hierher zu kommen. Die scharfen, abschätzigen Blicke der Wachen bei der Kontrolle, die sie fast als kompromittierend empfand, diese langen, hallenden Gänge mit den abgetretenen Steinplatten sowie ein abgestandener Geruch nach Waschküche, Latrine und kaltem Essen lassen ihr Unbehagen in Ekel umschlagen. Mit Leonie sprechen darf sie heute nicht, nur ein Blick aus dem Gangfenster im ersten Stock ist gestattet.

So schmal ist Leonies Gesicht geworden! Wie sie die Arme eng an den Körper presst und in einem nicht zu bremsenden Stakkato wieder und wieder das enge Rund durchrennt! Der Blick geht irgendwohin. So als ob sie sich aus diesen Mauern katapultieren wollte oder schon längst woanders sei. Sidonie muss ein absurdes Lachen unterdrücken – diese Wachen, die in ihrer dumpfen Diensteifrigkeit hinter Leonie herstolpern, was wollen die denn bewachen, was noch festhalten?

Den Pelzmantel haben sie ihr gelassen, das ist gut, aber darunter schaut die dünne graue Anstaltskleidung hervor – und die Schuhe sind für den feuchten, schmierigen Boden nicht geeignet und dunkel vor Nässe.

In einer Mischung aus Wehmut, Entsetzen und Abscheu blickt Sidonie auf die geliebte Frau. Wie hatte es bloß so weit kommen können, wie hatte ihre angebetete Leonie so tief sinken können?

Die Ereignisse der letzten Monate, die zur Verhaftung geführt haben, und auch die Jahre ihrer Freundschaft wiederholen sich immer wieder in Sidonies Kopf. Was war nun richtig: die Schilderungen dieser Zeitungen oder was sie in der edlen, schönen Frau schon immer gesehen hat?

Wirklich verstanden hat Sidonie die Baronin und ihre sonderbaren Neigungen eigentlich nie. Wenn sie es schärfer betrachtet, müsste sie fast sagen: ihre widersprüchliche, haltlose Art. Damals, mit siebzehn, als sie Leonie Puttkamer zum ersten Mal sah und sich sofort in sie verliebte, war sie ein »unschuldiges Geschöpf« gewesen. Ein behütetes Mädchen ohne sexuelle Erfahrungen, das gar nicht wusste, was erotische Neigungen sind.

Aber beim Anblick der Baronin hatte sie Feuer gefangen. In ihrer Erinnerung kein sexuelles Feuer, sondern das Feuer der Anbetung und Verehrung.

Es war der Hochsommer des Jahres 1917 gewesen, und das betuchte Wiener Bürgertum war wie jeden Sommer aufs Land geflüchtet. Im Juli 1917 war das kriegswirtschaftliche Ermächtigungsgesetz erlassen worden, welches die Lebensmittelversorgung noch stärker einschränkte. Alle vorhandenen Benzinautomobile waren schon im Februar 1917 für Kriegszwecke konfisziert worden. Die Eisenbahnen verkehrten nur noch sehr eingeschränkt, und die Schifffahrt im Mittelmeer war wegen der Kriegshandlungen auch nicht mehr sicher. Deshalb waren selbst die Wohlhabenden gezwungen, in den Sommermonaten in der Nähe der Hauptstadt zu bleiben, anstatt sich, wie in Vorkriegszeiten, an die Adriaküste zu begeben.

Die Mutter Sidonies hat Anfang Juni ihren jüngsten Sohn, nach drei fast erwachsenen Kindern einen Nachzügler, zur Welt gebracht und ist zur Erholung in ein Sanatorium gegangen. Sidonie ist gerade siebzehn, ein hochgewachsenes, leicht rundliches, hübsches Mädchen mit langem brünettem Haar – wie ausgeschnitten aus einem Höhere-Töchter-Album. Sie weiß noch nicht, wie sie diesen Neuankömmling in der Familie finden soll, der ihr die ohnehin so spärliche Liebe der Mutter, die ihre Söhne adoriert, die Tochter aber kühl zur Seite stellt, noch weiter nehmen wird.

Außerdem hat sie eben das Lyzeum beendet, und es wird der letzte Sommer vor einem ganz neuen Lebensabschnitt sein. Der ältere Bruder ist im Krieg und der Vater unabkömmlich bei seinen Geschäften in der kriegswichtigen Erdölindustrie.

Mit dem jüngeren Bruder und einer Gouvernante ist sie auf den Semmering geschickt worden, einen der klassischen Erholungs-

und Kurorte der Wiener Bourgeoisie. Dort ist es zwar nicht so schön wie bei den früheren Aufenthalten ihrer Familie auf der Adriainsel Brioni, aber zumindest sind die meisten ihrer Freundinnen auch da. Die jungen Männer allerdings, mit denen sie in den letzten Sommern noch ausgelassen getanzt haben, sind mittlerweile auf den Schlachtfeldern oder in kriegswichtigen Positionen und verschenken ihr Leben an die untergehende Monarchie.

Der Krieg war nun schon drei Jahre alt, und nur an der russischen Front zeichnete sich ein Ende ab. Wie viele Jahre noch würden die jungen Männer Europas in den Schützengräben Frankreichs und Italiens liegen? Immer mehr Stimmen waren laut geworden, anfangs mit leiser Kritik, aber in den letzten Monaten in einem heftigen Crescendo, nicht nur gegen den Krieg, sondern auch gegen die herrschenden Dynastien.

Als am 28. Juni 1914 der Thronfolger Franz Ferdinand und seine Gattin Sophie in der bosnischen Hauptstadt Sarajewo von serbischen Nationalisten erschossen wurden, hatte einen Monat später die österreichisch-ungarische Monarchie Serbien den Krieg erklärt. Auf Grund der diversen Militärbündnisse, die den europäischen Kontinent beherrschten, erfolgten kurz darauf Kriegserklärungen des zaristischen Russland, Frankreichs und Großbritanniens – alle Alliierte Serbiens – an Österreich-Ungarn und seinen Verbündeten, das deutsche Kaiserreich.

Im Sommer 1914 wurden Österreich-Ungarn und weite Teile Europas von einer Welle der Kriegsbegeisterung erfasst. Viele waren zuversichtlich, dass der Krieg nur von kurzer Dauer sein würde, und waren bereit, ihren Beitrag zu leisten: Die Wohlhabenden kauften Kriegsanleihen, das Volk beteiligte sich an Sammelaktionen wie »Gold gab ich für Eisen«. Den Stimmen gegen den Krieg wurde nicht viel Platz gegeben, obwohl sie im Jahr 1915 vereinzelt laut wurden. Karl Kraus, Herausgeber der *Fackel* und überzeugter Antimilitarist, begann im Sommer dieses Jahres *Die letzten Tage der Menschheit* zu schreiben. Sidonie hatte den berühmten »Fackelkraus« öfter bei dessen Nichte, ihrer Freundin Marianne Kraus, getroffen, besonderen Eindruck hatte er ihr trotz seines Rufes aber nicht gemacht. Auch der Unternehmer Julius Meinl hatte Gleichgesinnte aus der Wirtschaft zusammengeholt, um eine Friedensinitiative ins Leben zu rufen. Von seinen Bemühungen wurde am Mittagstisch der Csillags, auch im Kreis von Geschäftsfreunden, wiederholt gesprochen, und die Herren waren hin und her gerissen, ob nun Krieg oder Frieden für sie gewinnbringender sei.

Im Herbst 1916 überstürzten sich dann die Ereignisse. Wochenlang war es Sidonie sehr bang gewesen. Sie spürte, dass ihre Welt wankte, und obwohl sie den Ereignissen nicht viel Beachtung schenkte, konnte sie sich ihnen nicht entziehen. Wie bleich war doch der Vater am 21. Oktober 1916 gewesen, dem Tag, an dem Friedrich Adler, der Sohn Viktor Adlers, einer der Gründer der österreichischen Sozialdemokraten, den Ministerpräsidenten Karl Graf Stürgkh erschoss. Der neu ernannte Ministerpräsident Ernest von Koerber flößte den Wirtschaftstreibenden wenig Zuversicht ein.

Einen Monat später, am 21. November 1916, starb der alte Kaiser an einer Lungenentzündung. Sein Großneffe Karl, der den Thron erbte, übernahm zwei Tage nach Franz Josephs Begräbnis das Oberkommando über die Armee, aber weder die Streitkräfte noch die Industriellen oder Politiker hatten großes Vertrauen in diesen gottgläubigen jungen Kaiser.

Im Frühjahr 1917 wurde Russland von der ersten Welle der Revolution erfasst.

Zur selben Zeit hatte sich die Versorgungslage in Wien rapid verschlechtert. Obwohl Sidonie keine Alltagssorgen hatte, wurde sie doch immer wieder Zeugin unliebsamer Szenen.

Sie ist froh, ihre Maturitätsprüfung abzuschließen und den Sommer so wie jedes Jahr außerhalb von Wien verbringen zu können.

Sidonies dickste Freundin in diesem Sommer ist die lustige dunkelhaarige Xenia Afenduli. Die Afendulis waren eine der vielen griechischen Handelsfamilien, die sich in der Hafenstadt Triest angesiedelt und es zu einem beträchtlichen Vermögen gebracht hatten. Während des Krieges ist das Leben in Triest schwierig geworden, und die Afendulis sind mitsamt ihrem ganzen Hausrat inklusive dem Personal nach Wien in das vornehme Grand Hotel am Ring gezogen. Die heißen Sommermonate verbringen sie wie viele andere reiche Wiener Familien auf dem Land.

Xenia Afenduli

Das Semmering Panhans Hotel ist eines der beiden Nobelhotels vor Ort, wo man in diesen Jahren wohnt. 1912 ganz im Stil eines Rivierahotels ausgebaut, ist es ein riesiger »Kasten« mit einer Fassadenlänge von 250 Meter und verfügt über 400 Zimmer. Es hat ein mächtiges Zentralgebäude, das von zwei großen Seitenflügeln flankiert und in seinem italienisch-historistischen Stilgemisch mit einer Fülle von Türmchen, Giebeln, Zierleisten, Schnitzwerk und anderem Schnickschnack verziert ist.

Es ist das jüngere, »frischere« Haus als das alteingesessene Südbahnhotel, und beherbergt die Neureichen, die High Society Wiens und Budapests, und nun, mitten im Krieg, auch die Schieber, Kriegsgewinnler und ihre hübschen Begleiterinnen. Aber immerhin kann das Hotel auch auf adeligen Besuch verweisen – was auf dem Briefpapier stolz kundgetan wird – und darf jeden Sommer den deutschen Reichskanzler Fürst von Bülow begrüßen.

Das Panhans ist ein Etablissement, das seinen verwöhnten Gästen absoluten Luxus bietet und mit riesigen Zimmerfluchten, Suiten und prächtigen Speisesälen, einem großen Kaffeehaus, Spiel-, Lese-, Konversations- und Damensalons aufwarten kann. Draußen geht der Luxus weiter, denn es gibt eine eigene Hochwildjagd, Forellenfischerei, Reitställe, Tennis- und Croquetplätze und für die Schneehungrigen im Winter Eislauf-, Ski- und Rodelgelegenheiten. Die ganz katholischen unter den Gästen können nach den heimlichen Geschäften, den Schiebereien, dem Getuschel und boshaften Getratsche und den Lustbarkeiten mit den Konkubinen und Kurschatten im kleinen Kirchlein direkt neben dem Hotel in der täglichen Messe Abbitte leisten.

Gleichzeitig kann man hier auch eine Kur absolvieren und gleichsam mitten im Wald, unter Vogelgezwitscher und Windesrauschen, Wasserkuren, Kaltwassertreten, Dampf- und Kohlensäurebäder genießen. Vor allem für die geplagten Gäste der böhmischen Kurbäder mit ihren radikalen wie folgenreichen Trinkkuren waren der Semmering und das Panhans ein beliebter Ort zur Nachkur.

Dass nun, 1917, ein paar hundert Meter tiefer in Schottwien die Bewohner verbittert murren, weil sie schon seit Monaten kein Mehl, geschweige denn ein Stück Fleisch gesehen haben, wäh-

Hotel Panhans am Semmering

rend auf den Luxusterrassen über ihnen alles, was in Karls- oder Marienbad abgeführt wurde, in kulinarischen Orgien wieder aufgefüllt wird, ist den Herrschaften egal. Der Krieg ist weit weg, und es gilt zu leben, wer weiß, wie lange noch.

Entsprechend den üppigen Möglichkeiten sind die Gäste geartet, und die beiden jungen Mädchen langweilen sich ziemlich bei den herkömmlichen Tagesabläufen.

Den Gouvernanten entkommen, die Gegend erkunden, die Gäste und ihre Flirts auf den Parkbänken beobachten und über sie tratschen und kichern macht viel mehr Spaß als halbnackt mit einem Wickel um den Bauch oder einem Inhalator über der Nase halbe Tage zu verbringen.

Bei ihren Streifzügen treffen Sidonie und Xenia immer wieder auf ein Freundinnenpaar, das Arm in Arm die Hochstraße entlang promeniert oder durch die weitläufige Parkanlage und die umliegenden Waldwege spaziert; manchmal ist auch ein älterer Mann mit dabei, der auf sonderbare Weise von beiden Frauen umschmeichelt wird.

Sidonie ist von Beginn an hingerissen von der einen, während sie die andere fett und hässlich findet.

Es macht einen Ruck in ihr, wenn sie die schlanke, große, elegante Gestalt ihres Schwarms auf sich zukommen sieht. Sie hat einen wunderbar schwingenden, leichten Gang und ist mit besonderem, fast extravagantem Geschmack gekleidet. Aus der Nähe im Vorbeigehen bewundert das Mädchen ihre schönen Hände, die immer ein Paar Glacéhandschuhe halten, und das leicht gewellte, für diese Zeit ungewöhnlich kurze Haar. Auch wenn sie schon vorüber ist, bleibt für ein paar Momente ihr feines, etwas herbes Parfum in der Luft, das Sidonie nicht aufhören kann, in sich einzusaugen und das immer so ein warmes Ziehen in ihr erzeugt.

Aber vor allem die Augen lassen sie nicht mehr los – sie sind hell, fast hart und können einen so tief anschauen. Zusammen mit einem eigenwilligen, sinnlichen Mund geben sie der Fremden etwas Besonderes – sie gleicht keiner der Frauen, welche die Siebzehnjährige aus ihrer Umgebung kennt.

Aus den Gouvernanten ist nichts herauszukriegen, ganz im Gegenteil, sie sind sonderbar steif und verschlossen, wenn Sidonie die Rede auf das ungleiche Frauenpaar und vor allem auf die unbekannte Schöne bringen will. Sie tuscheln zwar herum, aber irgendwie wollen sie Sidonie und Xenia von den beiden fernhalten. Also muss der Hotelportier herhalten. Ja, die beiden Damen sind immer wieder Gäste des Hauses, Klara Waldmann aus Wien sei die eine, die Sidonie bald als die Kleine, Fette und somit Uninteressante abtut. Und die andere sei die Baronesse Leonie von Puttkamer aus uradeligem preußischem Geschlecht.

Sidonie weiß es bald so einzurichten, der schönen Baronin wie zufällig immer wieder zu begegnen, und die gutmütige Xenia wird einfach mitgeschleift auf die unterschiedlichsten Ausflüge zu den unmöglichsten Zeiten, um Leonie Puttkamer aufzustöbern. Doch die beiden Gouvernanten werden wachsamer, ermahnen die Mädchen und ergehen sich in dunklen Äußerungen über das Freundinnenpaar – von Abhängigkeit ist da die Rede, von Verderbtheit und Dreiecksbeziehung, auch das Wort Kokotte fällt.

Sidonie versteht das alles ganz und gar nicht und will von Xenia wissen, warum sich die beiden denn gar so empören. Was tun Baronesse Puttkamer und Frau Waldmann denn, außer miteinander spazieren zu gehen? Als sie diese Frage ihrer Gouvernante stellt, erntet sie nur ein kurzes, bissiges »das ist es ja eben«. Sidonies Verwirrung ist komplett. Aber Xenia ist ein Jahr älter, immerhin schon achtzehn, und weiß über diese geheimnisvollen Themen offensichtlich besser Bescheid. Sie klärt sie auf über die Beziehung der beiden Frauen. Und Sidonie, die immer nur Frauen anziehend gefunden hatte, hat endlich einen Namen für die Aufregung und das Ziehen in ihrem Herzen und weiß nun, dass sie nicht der einzige Mensch auf der ganzen Welt ist, der so empfindet.

Eines Tages sind Klara Waldmann und Leonie Puttkamer abgereist, ohne dass Sidonie ihre Bekanntschaft hätte machen können. Ab nun vergeht der Rest des Sommers unendlich langsam. Sidonie vertreibt ihn sich damit, viele Stunden des Tages an die Baronin zu denken, und schreibt ihr Briefe und Gedichte, die sie natürlich nie abschicken kann. Dass sie sie wiedersehen muss, ist klar, wie sie das anstellen soll, weiß sie allerdings noch nicht.

In Wien kommen ihr der Zufall und ihre treue Xenia zu Hilfe. Deren Familie ist ja im Grand Hotel am Ring Dauergast. Bei Sidonies erstem Besuch nach dem Sommer bei ihrer Freundin erfährt sie, dass Baronesse Puttkamer jeden Tag ins Hotel soupieren kommt. Ohne ersichtlichen Grund kann ein Mädchen aus gutem Haus in diesem Alter natürlich nicht allein ins Grand Hotel gehen, das weiß Sidonie – sie wird sich also etwas einfallen lassen müssen, und sie greift zu einer List. Ihre Mutter ist doch so sehr auf Gesundheit bedacht, dass sie täglich einmal am Nachmittag den Ring umrundet. Sie könnte sich der Mutter als Begleiterin anbieten, und nach dieser Strapaz könnten sie doch im Grand Hotel den Tee einnehmen …

Gesagt, getan.

Emma Csillag ist zwar ein wenig verwundert über die sportliche Ambition und ungewöhnliche Anhänglichkeit ihrer Tochter. Doch das Flair des Hotels und vor allem das Ein und Aus seiner noblen Gäste und Besucher sind verlockend. Sie, die schöne und verwöhnte Gattin eines Großindustriellen, wird selbst gern gesehen und umschwärmt, und der eine oder andere Blick eines gutaussehenden Herrn lässt sich in Begleitung der Tochter unverfänglicher erwidern.

Bald merkt sie jedoch, warum ihre Tochter gar so erpicht darauf ist, täglich hier Einkehr zu halten. Eine Weile spielt sie noch mit, doch dann machen sie die pubertäre Schwärmerei und Sidonies Gestarre auf diese outrierte Dame, die ihr so gar nicht gefällt – man weiß ja, was man von diesen geschminkten Frauen zu halten hat –, nervös. Sie erklärt ihrer Tochter, kein weiteres Interesse an den täglichen Teestunden mehr zu haben, und Sidonie steht wieder allein da.

Aber ihr Einfallsreichtum ist – genährt von ihrer Verliebtheit – unbegrenzt. Mit klopfendem Herzen wartet sie ab nun vor dem Hotel, sie muss jedoch vorsichtig sein. Also gibt sie sich als Spaziergängerin oder tut so, als ob sie auf die »Elektrische« – wie die Wiener die Straßenbahn nennen – warten würde, und fixiert zur richtigen Stunde, wie beiläufig an einen Alleebaum gelehnt, das Hotelportal und wird bald für ihre Hartnäckigkeit belohnt.

Da ist die schöne Baronin endlich wieder! Sidonie heftet sich an ihre Fersen. Jetzt würde sie bald wissen, wo Leonie Puttkamer wohnt und einen großen Schritt weiter sein in ihren Erkundungen.

Die Baronesse legt keinen weiten Weg zurück: auf den abendlich belebten Straßen die Operngasse entlang bis zur Secession und dann auf der Linken Wienzeile bis zur Stadtbahnhaltestelle Kettenbrückengasse. In einem modernen großbürgerlichen Haus auf der Linken Wienzeile wohnt sie beim Ehepaar Waldmann. Ernst Waldmann, Großhändler für Speisefett und Öle, und seine Gattin Klara besitzen eine schöne Wohnung, und es fehlt nicht an Mitteln, ein angenehmes Leben zu führen. Allerdings munkelt mittlerweile ganz Wien, dass die Baronin das Bett nicht nur mit dem Mann, sondern noch viel lieber mit dessen Frau teile. In einer *ménage à trois* als Geliebte von Klara Waldmann und Mätresse des Ehemanns Ernst findet Leonie Puttkamer, die an einen großzügigen Lebensstil gewöhnt ist, aber keine eigenen Geldmittel mehr hat, ein gutes Auskommen und fühlt sich, zumindest für eine Weile, finanziell in Sicherheit.

Sidonie weiß zu diesem Zeitpunkt natürlich noch nichts von all dem, und ist nur sehr zufrieden, dass ihre Strategie Früchte trägt.

Wann immer sie nun Zeit hat – und davon hat sie im Moment reichlich, das Lyzeum ist gerade abgeschlossen, Arbeit ist nicht standesgemäß, und für eine weitere Ausbildung oder gar ein Studium fehlt ihr jede Lust –, geht sie zur Kettenbrückengasse und macht es sich in einem Telephonhäuschen in der Nähe des Hauseingangs, in dem sie Leonie ein paar Tage davor verschwinden gesehen hat, gemütlich. Dort ist sie unbemerkt, nur gelegentlich muss sie die Zelle kurz verlassen, wenn jemand dem eigentlichen Zweck dieser nützlichen Einrichtung nachkommen will. Die Stadtbahnhaltestelle Kettenbrückengasse liegt in der Mitte des Naschmarkts, einem der größten, buntesten Lebensmittel- und Viktualienmärkte der Stadt. Stadteinwärts bis hinauf zum Verkehrsbüro erstreckt sich der Detailmarkt, stadtauswärts, den Wienfluss entlang, der Großmarkt. Zu jeder Tages- und Nachtzeit herrscht hier großes Getriebe, ein hastiges Gedränge der Lieferanten am frühen Morgen, das Geschiebe der Einkaufenden, die prüfenden Blicks das Warenangebot gustieren, und die Schreie und das hitzige Feilschen der Händler, die diese zum besten Preis loswerden wollen.

Wem fällt da schon ein junges Mädchen in einer Telephonzelle auf?

Sidonies Warten wird meistens nach einiger Zeit belohnt. Die Baronin verlässt am späten Vormittag das Haus, oft in Begleitung eines großen Wolfshundes und wendet ihren Schritt in Richtung der Haltestelle der Elektrischen, die die Wienzeile entlang verkehrt. Da hat Sidonie, die ihren sicheren Beobachtungsplatz schleunigst verlässt, um sich unter die Wartenden zu mischen, sie schon längst überholt. Natürlich steigt sie in denselben Waggon wie die schöne Baronin, drängelt sich durch zum strategisch günstigsten Platz, um besser sehen zu können, und steht nun ganz in deren Nähe.

Leonie Puttkamer fällt bald auf, dass die Augen eines jungen Mädchens, das ihr fast täglich über den Weg läuft, unablässig auf sie gerichtet sind. Kann das Zufall sein? Hat das Mädchen vielleicht Unterrichtsstunden in der Nähe, dass sie immer wieder mit derselben Straßenbahn fährt? Sie ist irritiert. Keine achtzehn kann das Mädchen sein, und es ist ihr deutlich anzusehen, dass sie aus gutem Haus kommt. Helle Seidenstrümpfe in feinen schwarzledernen Schnürstiefletten – niedriger Absatz, natürlich. Ein braver dunkelblauer Wollmantel, hochgeschlossen, und lange, hübsch ondulierte Locken, die nur von einer täglich fleißig bürstenden Hausangestellten so hingekriegt werden können. Obendrauf eine dieser viel zu großen Seiden- oder Samtmaschen, die sie in ihrer eigenen Jungmädchenzeit abgrundtief gehasst hat. Aber der Blick passt irgendwie nicht zum Ganzen. Blaugraue, leicht schräge Augen unter hohen Brauen schauen sie in einem insistierenden Ernst an, und die Lippen werden fast weiß vor lauter Zusammenpressen.

›Du bist ja nicht in der Rechenstunde, du Backfisch‹, denkt sie bei sich. Ein wenig amüsiert es die Baronin sogar, weil das genau die Art ist, wie Mädchen ihrer Klasse jemanden auf keinen Fall ansehen dürfen. Oder ist es ihr – für »richtige« Damen unübliches – Geschminkt-Sein, das alle möglichen Leute zu Gestarre und manchmal sogar unangenehmen Bemerkungen veranlasst und das die junge Frau so fasziniert? Ihr soll es egal sein. In einer stolzen, lässigen Bewegung wendet sie sich ab.

Sidonie ist schüchtern und traut sich nicht, das Wort an Leonie zu richten. Bis ihr eines Tages endlich ein heftiger Regen zu Hilfe kommt. Beide Frauen stehen fröstelnd, mit hochgeschlagenen

Mantelkrägen, wartend bei der Haltestelle. Als dann die Elektrische kommt, ist Sidonie als erste beim Einstieg. Bei ihrem Vater hat sie gesehen, wie man formvollendet einer Dame den Vortritt lässt. Das könnte sie doch auch probieren. Mit einer galanten Wendung des Körpers und einer leichten Geste der Hand gibt sie Leonie den Weg frei. Glühheiß ist ihr dabei geworden, und das Blut singt in ihren Ohren.

Leonie muss lächeln – dieses Mädchen in ihrem Matrosenkleid unter dem Mantel und dem feuerroten Gesicht, das sie wie ein junger Galan hofiert. Sie ist gerührt und gleichzeitig geschmeichelt, bedankt sich und nützt die Gelegenheit, um die junge Frau zu fragen, ob sie hier in der Nähe Stunden habe. Die Antwort kommt ganz leise und gepresst: »Ich bin einzig und allein hier, um Sie zu sehen.«

Das Eis ist gebrochen, die ersten Worte endlich ausgetauscht, die ersten Momente an der Seite der Angebeteten verbracht. Das will Sidonie nun so oft als möglich erleben.

Zu Hause lässt sich das erstaunlich leicht bewerkstelligen, und Sidonie scheut keine Lüge, keine Finte und keinen Trick, jeden Tag für Stunden unbeaufsichtigt außer Haus zu kommen, auf der Straße zu flanieren und an Hausecken herumzuhängen, immer in Erwartung der Baronin. Einmal ist es die Klavierstunde, dann ein Besuch bei ihrer besten Freundin Ellen Schoeller, dann wieder ein Museumsbesuch mit der »Zweitbesten« Christl Schallenberg, die als Ausreden herhalten müssen.

Mit ihren Eltern hat sie in diesen Tagen relativ leichtes Spiel. Der Vater ist fast nur noch im Büro und gerade jetzt im vierten Kriegsjahr besonders beschäftigt mit seinen galizischen Erdöl- und Erdwachsbetrieben, die zwar einerseits Geld wie nie hereinbringen, weil die Kriegsmaschinerie wie geölt laufen muss. Andererseits ist er in großer Sorge, dass die Niederlagen an der Russlandfront – und nicht nur die – alles zunichte machen werden. Für seine Tochter hat er so gut wie keine Zeit.

Die Mutter ist ja schon immer eher uninteressiert an Sidonie und nachsichtig bis gleichgültig ihren Unternehmungen gegenüber. Niemals würde sie auf die Idee kommen, ihre selten anwesende Tochter ein bisschen genauer zu beobachten.

Und der älteste Bruder Heinrich, der sonst so eine Art Aufpasser und Anstandswauwau war, ist seit ein paar Monaten im Krieg.

Das Personal hat ohnehin nichts zu reden und wird von Sidonie in barschen Worten instruiert, nicht auf sie zu warten mit der Jause, dem Tee und manchmal sogar dem Mittagessen.

Sie ist also frei.

In der nächsten Zeit geht sie bei der »Puttkamer-Jagd« anders vor als zu Beginn, nach dem Sommer. Anstatt bei der Kettenbrückengasse zu warten, harrt sie bei der Secession auf die Baronesse, jenem Gebäude, das vor ein paar Jahren noch so angefeindet wurde, weil es das in Stein gebaute Symbol einer künstlerischen Revolution ist. »Der Zeit ihre Kunst, der Kunst ihre Freiheit« steht aufmüpfig über dem Eingang, und die Ornamente des Jugendstils ranken sich viel zu lasziv und gleichzeitig klar auf seinen Außenwänden. Ins Innere, wo Gustav Klimt einen seiner berühmten Friese gemalt hat, kommen die meisten Wiener und Wienerinnen nicht. »Das Goldene Krauthappel« sagen sie abfällig zu der vergoldeten Blattkuppel des Dachs und machen lieber einen Bogen um das Haus.

Nun, 1917, ist die Secession im alles nivellierenden Gang der Wiener Geschichte ein Lazarett für die vielen Verwundeten des Krieges geworden. Inmitten des geschäftigen Kommens und Gehens der Angehörigen, die die Verwundeten besuchen, treibt Sidonie sich herum und passt die schöne Baronin ab.

Dabei sieht und hört sie viel, was ihr bisher noch nie untergekommen ist. So etwa die vielen verwundeten Soldaten, wie sie immer wieder vor dem Secessionsgebäude zu Mittag in der Herbstsonne beisammenstehen und rauchen. Manchen fehlt ein Bein oder ein Arm, manche haben dicke Verbände am Kopf, um den Brustkorb oder die Gliedmaßen, und Krücken und Rollstühle gehören fast schon zur Standardausstattung. Abgezehrte Gestalten sind das meistens, und ihre Angehörigen, die zu Besuch kommen, schauen oft nicht viel besser aus. Das macht Siodnie dann ein bisschen beklommen und verlegen, und sie drückt sich vorbei und stellt sich an eine andere Ecke, damit sie nicht so nah ist, nicht anstreifen muss am Unglück und Schmerz und die rauen Reden nicht hört.

Aber manchmal am Abend vor dem Schlafengehen kommen diese Bilder wieder, und sie macht sich ein bisschen Sorgen. Im

Vorjahr, im November 1916, ist der alte Kaiser gestorben. Sie hat sogar den endlosen Begräbniszug gesehen, vom Balkon der Wohnung einer Freundin, die im Heinrichshof gegenüber der Oper wohnt. Es hat sie sehr traurig gemacht und war ihr gleichzeitig unheimlich, wie der Zug mit den schwarzen Sechs- und Achtspännern langsam unter ihr vorbeiparadiert ist, und die vielen Familien aus dem Hochadel, die Frauen tief in Schwarz verhüllt und die Männer in ihren Galauniformen.

Seither reden alle vom Zerfall. Von ihren Eltern hört sie es, bei den Schoellers, bei den Schallenbergs, und auch die Afendulis, die ja den Krieg fast am eigenen Leib erlebt haben, sind ganz pessimistisch für die Zukunft. Ihr Vater hat sogar die Fahrprüfung gemacht und mehrere gepackte Rucksäcke ganz hinten in die Speisekammer gestellt, für den Fall, dass die Kommunisten kommen.

Sie würde tun, was der Vater sagt, und der würde schon richtig entscheiden. Jetzt geht es ihnen gut und das wird auch so bleiben. Damit schiebt Sidonie ihre Ängste zur Seite und holt lieber die Bilder der Baronin vor ihr inneres Auge, die sie morgen wieder sehen wird.

Immer um die Mittagszeit taucht Leonie von ihren Erledigungen aus der Innenstadt auf, manchmal allein, des öfteren auch mit ihrem großen Wolfshund an der Leine.

Und Sidonie begleitet sie das letzte Stück des Weges von der Secession nach Hause. Sie überqueren den Getreidemarkt, wo die Baronesse öfter auf einen kurzen Sprung ins Café Dobner geht, das in der abgeschabten Pracht der Wiener Kaffeehäuser, mit seinen kleinen Kristalllustern, den Bugholzstühlen der Firma Thonet, die ebenso modern wie praktisch sind, und den durchgesessenen Polsterbänken in den Fensternischen ein besonderes Flair ausstrahlt. Für Sidonie ist das sehr aufregend und mit dem Hauch des Verbotenen behaftet, sie war zuvor noch nie in einem Café gewesen, und dass zwei Frauen dort allein hingehen können, ist so, als ob sie einen Stein aus dem Gewölbe ihrer Erziehung ziehen würde.

Danach schlendern sie oft direkt über den Naschmarkt, denn Leonie liebt das Getriebe dort und die Mischung der Menschen, die hier aus allen Gegenden der Monarchie zusammenkommen. An Lebensmitteln scheint es kaum Mangel zu geben auf diesem Hauptmarkt der Stadt. Vielleicht etwas viel Rüben, Erdäpfel und Karotten, die Waren aus dem Süden fehlen. Aber immer noch gibt es die heimischen Obst- oder Gemüseberge, in welche die Baronin Puttkamer hineinfährt und genüsslich einen leuchtenden Apfel oder eine goldgelbe Birne zur Nase führt oder Salatköpfe und dunkelgrüne Hügel von Blattspinat inspiziert, ob sie wohl etwas mitnehmen sollte.

»Sieh doch, Sidi« – so wird Sidonie von der Familie und Freundinnen gerufen –, »die wunderbaren Mohrrüben und Pilze hier, oder da, die Roten Bete.«

»Karotten und Schwammerl heißt das bei uns, Leonie«, kichert Sidi und erfreut sich ganz verliebt an den norddeutschen Wörtern, die in Wien zwar verstanden, aber auch belächelt werden.

Dass die Preise horrend sind, merken die beiden Frauen nicht.

Sidonie wird immer ein bisschen steif in der dichten, lauten Menge der Händler und Käufer und fühlt sich an die Grüppchen vorne bei der Secession erinnert, aber eigentlich hat sie gar nichts gegen die kleine Extratour, dauert der Weg über den Markt doch länger als direkt auf der Linken Wienzeile, und die Minuten mit Leonie sind kostbar.

Sobald die Otto-Wagner-Häuser, diese Gesamtkunstwerke des Jugendstils, ins Blickfeld kommen, ist das Zusammensein mit der verehrten Baronin für diesen Tag fast zu Ende.

Diese täglichen kleinen Zusammentreffen entwickeln sich bald zu einer lieb gewordenen Routine und ziehen sich über Monate hin. Sidonie ist überglücklich, fast jeden Tag an der Seite der Frau sein zu dürfen, die ihr wie noch keine gefällt, und Leonie ist ihre junge Verehrerin irgendwie ans Herz gewachsen.

Eines Tages jedoch nimmt das Unglück in Gestalt von Antal Csillag, dem gestrengen und wachsamen Vater Sidonies, seinen Lauf.

Antal Csillag hat sein Büro in einem Haus ganz in der Nähe des Theaters an der Wien, also auch auf der Linken Wienzeile zwischen Secession und Kettenbrückengasse, und kümmert sich von dort aus um seine weit verzweigten Geschäftsagenden.

Leonie Puttkamer, 1919

Sidonie hat es immer sorgsam vermieden, ihrem Vater zu begegnen, wenn sie mit Leonie unterwegs ist. Denn Tratsch über sie und Leonie dürfte ihm schon zu Ohren gekommen sein, und er hat ihr ein paarmal zu verstehen gegeben, dass er ihren Umgang mit gewissen Damen nicht wünsche. Leonie Puttkamers Ruf ist in Wien nicht der beste: zwar ist sie in der ganzen Stadt für ihre Schönheit bekannt, gleichzeitig weiß aber auch halb Wien, dass sie eine Kokotte, also eine Nobelprostituierte, und zusätzlich noch eine »Invertierte«, eine Lesbierin, ist.

Doch nun ist es passiert, und der Schreck fährt Sidonie siedend heiß in die Glieder. Auf der gegenüberliegenden Straßenseite sieht sie ihren Vater in Begleitung eines Herrn, den sie als einen Geschäftsfreund erkennt. Sicher hat der Papa sie gesehen und würde gleich herüberkommen und sie zur Rede stellen. Sie weiß nicht ein noch aus. Verzweifelt schaut sie von Leonie zu ihrem Vater und sieht, wie dieser gerade seinem Geschäftsfreund die Hand schüttelt und Abschied nimmt. Sie muss handeln.

Leonie fällt natürlich sofort auf, wie zappelig ihre Begleiterin auf einmal ist. Doch bevor sie noch Gelegenheit hat, sich nach der Ursache zu erkundigen, hat sich Sidonie schon losgerissen, murmelt »mein Vater, dort drüben …« und ist blitzartig verschwunden. Keuchend läuft sie in die andere Richtung. Als sie für einige Sekunden innehält und sich umblickt, merkt sie erstaunt, dass der Vater gar keine Notiz von ihr zu nehmen scheint, ganz im Gegenteil, er ist gerade in die Elektrische eingestiegen, die in diesem Moment gehalten hat.

Sidonie atmet tief durch und überlegt, was sie als nächstes tun soll. Scham und Peinlichkeit steigen in ihr hoch – sie hat Leonie verraten. Sie muss es ihr erklären, ganz schnell, also kehrt sie wieder um und läuft ihr, die in der Zwischenzeit weitergegangen ist, nach. Als sie sie endlich einholt, verheißt Leonies Gesichtsausdruck nichts Gutes. Kühl und verschlossen blickt sie nur kurz zur Seite und geht weiter. Statt eines freundlichen Lächelns gibt es ironisch hochgezogene Augenbrauen.

»Jetzt hast du es mit der Angst zu tun bekommen, meine kleine Heldin, nicht wahr?«

»Du weißt, mein Vater, er …«, versucht sich Sidonie zu rechtfertigen.

»… er will nicht, dass du mit so einer wie mir verkehrst«, schließt Leonie den Satz in eisigem Sarkasmus für sie. »In diesem Fall, *ma chère*, ist es wirklich besser, wenn du mich in Zukunft mit deinen halbherzigen Liebesbezeigungen verschonst. Mir verdirbt das alles nur die Laune.«

Sidonie ist wie vom Blitz getroffen. Ihre Gedanken überschlagen sich. Was soll sie bloß tun? Der Vater würde ihr zu Hause einen Krach machen, dessen ist sie sich sicher. Aber hat es überhaupt einen Sinn, sich den Krach anzuhören, wenn die Ursache des Donnerwetters gar nichts mehr mit ihr zu tun haben will?

»Leonie, bitte, ich bin so gern mit dir, immer. Ich möchte Tag und Nacht an deiner Seite sein, und alle sollen es wissen, aber …«

»Genau dieses ›aber‹ ist der Grund, warum es besser ist, wenn wir in Zukunft nicht mehr miteinander gesehen werden. Lauf und leb wohl.«

Baronin Puttkamer lässt kein weiteres Wort mehr gelten, wendet sich von Sidonie ab und geht schnellen Schrittes davon.

Wie betäubt stolpert Sidonie die endlose Häuserreihe der Wienzeile entlang. Leonie hat Lebewohl gesagt, es ist allzu deutlich, dass sie nichts mehr mit ihr zu tun haben will.

Nun ist es auch egal, dass die Leute sehen, wie ihr die Tränen die Wangen hinunterlaufen. Mögen sie denken, was sie wollen. Es ist Krieg, so viele weinen um irgendwen …

Weiß Leonie überhaupt, dass ihr ganzes Gefühlsleben sich nur um sie dreht, dass es lebensnotwendig ist, mit ihr in Kontakt zu bleiben? Wie soll sie es denn ohne sie aushalten?

In der Zwischenzeit ist sie bei der Stadtbahnstation Kettenbrückengasse angelangt, und auf einmal weiß sie genau, was zu tun ist. Ohne auch nur eine Sekunde zu zögern, steuert sie auf die Brüstung zu, unter der in der Tiefe die Gleise der Stadtbahn liegen. Das ist die einzige Lösung. Zu Hause würde sie der Vater mit aller Strenge bestrafen, und die Geliebte will sie nicht mehr haben – wozu das also alles noch? Sie stemmt sich auf die Balustrade – dass sie sich die Hände blutig reißt an den Steinchen im Verputz, spürt sie nicht –, ein Bein drüber, dann das andere. Sie muss sich beeilen, schon hört sie aufgeregte Stimmen hinter sich. Den Bruchteil einer Sekunde sitzt sie noch da, dann hält sie die Luft an, presst die Lider zusammen und springt in die Tiefe.

Als Sidonie wieder zu sich kommt, ist sie von einer Menschenmenge umgeben. Alle schreien aufgeregt und stellen ihr irgendwelche Fragen, die sie nicht versteht. Dann bahnen sich zwei Polizisten – irgend jemand muss sie gerufen haben – den Weg zu ihr durch und befragen sie nach Name und Adresse. Hände fahren unter sie, heben sie auf, tragen sie die Treppe hoch und legen sie in eine Pferdedroschke. Sie spürt nichts. Die Angst und Verzweiflung sind verschwunden, sie hat auch keine Schmerzen, nur ihr Bein fühlt sich sonderbar fremd an.

An die Details der damaligen Ereignisse will sie gar nicht mehr denken. Die beiden Polizisten hatten sie mit dem Pferdefuhrwerk nach Hause gebracht und sie nach einer kurzen Erklärung den fassungslosen Eltern übergeben. Ein Arzt wurde gerufen, er gipste das Bein ein und verordnete wegen der paar gebrochenen Rippen Bettruhe. Zum gefürchteten Donnerwetter war es nicht gekommen, aber auch nie zu einer klärenden Aussprache. Die Eltern Csillag waren froh, ihre Tochter überhaupt noch lebend zurückerhalten zu haben, und Sidonie war so erleichtert, dass der Vater auf einmal milde gestimmt war, dass sie ihn niemals fragte, ob er sie und Leonie wirklich nicht gesehen hatte. Und die Mutter war ohnehin immer schon sonderbar duldsam und gleichgültig gewesen, was die Schwärmerei ihrer Tochter anbelangt. Ob es ihr recht war, dass ihre hübsche junge Tochter als Konkurrenz bei den Männern ausfiel? Alles verschwindet jedenfalls unter dem Mantel des Verschweigens und Vergessens, und das gewohnte Leben im Hause Csillag nimmt seinen Gang.

Sidonie wird vom Personal gepflegt, und die Eltern vergewissern sich jeden Tag, dass der Zustand ihrer Tochter keine Verschlechterung erfährt. Das verletzte Bein tut ihr bald nicht mehr weh, nur die Rippen bereiten beim Atmen und Liegen noch ein Weile Unannehmlichkeiten. Und noch viel schneller geht es ihr gut genug, dauernd an Leonie zu denken und sich den Kopf zu zerbrechen, wie sie ihr eine Botschaft zukommen lassen könnte. Vielleicht könnte eine ihrer Freundinnen helfen.

Allerdings muss es eine sein, die nicht zu oft bei ihr verkehrt

Christl Kmunke im Jagdzimmer ihres Vaters

und von ihren Eltern beobachtet werden könnte, und außerdem muss sie den Mut haben, eine ihr unbekannte Dame anzusprechen.

Da kommt nur eine in Frage, ihre Schulfreundin Christl Kmunke, die ihr sicherlich diesen Gefallen tun würde. Christl ist ein robuster, maskuliner Typ, mit einem flotten Bubikopf, einem scharfen Profil und abenteuerlustigen Augen. Sie redet gern und hat nie irgendwelche Probleme, auf Leute, vor allem auf Frauen, zuzugehen – sie ist nämlich »auch so veranlagt«. Die würde ihre Sache gut machen. Und damit niemand Verdacht schöpfen kann, bittet Sidi ihre Freundin Ellen, für sie zu telephonieren und Christl, die dann wie zufällig einen Krankenbesuch machen würde, an ihr Lager zu beordern.

Zwei Tage später ist Christl zur Stelle, und Sidi weiht sie in ihre Pläne ein: Christl solle die Baronin Puttkamer vor ihrem Haus abpassen, sie ansprechen und ihr Grüße von Sidi ausrichten. Genau beschreibt sie ihr die Örtlichkeiten und Leonies Aussehen. Dann könne sie ja auch die Geschichte vom verzweifelten Sprung in die Tiefe und ihren Verletzungen einflechten. Und dann natürlich sofort Sidi von der Reaktion der Baronin berichten.

Es dauert nicht lange und Christl kommt mit guten Neuigkeiten zurück. Sie hat gar nicht lange auf die Baronin warten müssen. Leonie wäre ganz bestürzt gewesen und habe sich eingehend nach Sidis Befinden erkundigt. Noch am selben Tag habe sie damals von dem Vorfall bei der Kettenbrückengasse gehört, aber nicht gewusst, dass Sidi die junge Verunglückte war. Es täte ihr so leid, sie sei so garstig gewesen, aber dass ihre Abweisung eine derart heftige Reaktion auslösen würde, damit habe sie niemals gerechnet. Sidi möge bitte sehr auf sich aufpassen, sich gut erholen und sich nach ihrer Genesung unbedingt wieder bei ihr melden.

Sidi strahlt. Was will sie mehr – eine geknickte Leonie mit ein bisschen schlechtem Gewissen und der Absicht, wieder Kontakt mit ihr zu haben, und Eltern, so aufmerksam und liebevoll wie noch selten zuvor. Ohne sich das überlegt oder gar mit Absicht gemacht zu haben, scheint sie mit ihrer kopflosen Aktion, die sie genausogut das Leben hätte kosten können, doch zwei Fliegen mit einem Schlag erlegt zu haben. Irgendwie eine probate Taktik, die sie sich, wohl eher halb bewusst, noch mehr zu eigen macht und die sie später noch zweimal, immer wenn sie ihren Willen gegen die drückende Autorität des Vaters durchsetzen will, anwenden wird.

Sobald Sidonie ihren Gips los ist und auch die Rippen nicht mehr schmerzen, sie also wieder in der Lage ist, auszugehen, muss Christl noch einmal den Postillon d'Amour spielen. Sie bringt Leonie ein kleines Briefchen: »Geliebte, verehrte Leonie, darf ich Dich so bald als möglich sehen? Hoffe so sehr, Du bist mir nicht böse. Da ich keinesfalls wieder meinem Vater begegnen möchte, schlage ich ein Treffen im Stadtpark vor – kannst Du mich morgen um elf Uhr vor dem Kursalon treffen?«

Leonie sagt prompt per Botin zu, und Sidonie ist überglücklich, die schöne Baronin bald wieder »mit den Augen auffressen« zu können.

Der nächste Morgen bringt einen strahlenden Frühlingstag, die Sonne wärmt schon ein bisschen, und die ersten Sträucher im Stadtpark stehen in Blüte. Sidonie ist aufgeregt und eine Stunde zu früh am vereinbarten Treffpunkt. An der großen Blumenrotunde vor dem Kursalon, wo die ersten Tulpen und Narzissen in Rot- und Gelbtönen leuchten, sucht sie sich eine Bank in der Sonne. Ihre Aufregung lässt sich kaum mehr bezähmen, immer wieder sieht sie auf die Uhr, zupft an ihrem Schal, schiebt ihr langes Haar zurecht. Sie möchte gut aussehen für Leonie.

Die ist pünktlich und – sie ist nicht allein. Sidonie bleibt fast das Herz stehen. Jetzt hat sie doch wirklich Klara Waldmann mitgebracht, die – pummeliger als früher, mit einem unmöglichen, zu langen, dunklen Wollkostüm und einem hässlichen kleinen Federhütchen – in diese so edle Frau eingehängt näher kommt. Über Leonies Anblick vergisst Sidonie wieder einmal alles, sogar ihre bohrende Eifersucht, die sich immer in Abfälligkeit äußert. Was diese beiden Frauen miteinander zu tun haben, wird ihr ein ewiges Rätsel bleiben. Die Baronin überragt Klara deutlich, ist unendlich elegant, heute in einem weiten schwingenden Kamelhaarmantel mit breiten Aufschlägen, Schuhen nach der neuesten Mode und einem extravaganten breiten Hut. Sie hat Sidonie auch schon gesehen und nähert sich, den Kopf etwas zurückgeworfen, und strahlt.

Mit klopfendem Herzen begrüßt Sidi Leonie, die ihr gnädig die Wange für einen scheuen, kleinen Kuss bietet. Klara erhält ein knappes Nicken und wird fortan nicht mehr angesehen.

Die drei Damen begeben sich in die nahe gelegene Meierei und setzen sich an einen der Tische über dem Wienfluss, der glitzert und das Sonnenlicht breit reflektiert, aber eigentlich wie üblich in seinem schmalen Gerinne unter ihnen dahinfließt. Ebenso seicht plätschert eine Weile die Konversation dahin, bis Sidi versucht, das Gespräch auf die Ereignisse vor einem Monat zu bringen. Sie möchte Leonie so viel sagen, sich erklären, sich entschuldigen, ihr alles versichern …

Die Baronin neigt sich ein wenig näher zu ihr und sieht sie an, so belustigt und gleichzeitig warm, dass Sidi die Worte wegbleiben. Eine behandschuhte Hand legt sich sanft auf die ihre und ein ebensolcher Finger auf ihre Lippen. »Es ist gut, meine Liebe …«

In den paar Wochen, die noch bis zum Sommer bleiben, kommt es wieder zu fast täglichen Wiedersehen mit Leonie, und die beiden Frauen nehmen die Routine des Abholens, der Kaffeehausbesuche und Spaziergänge über den Markt wieder auf.

Erst die Sommerferien 1918 bringen sie kurz auseinander. Sidonie muss mit ihrer Mutter und ihren beiden kleinen Brüdern auf den schrecklich langweiligen Semmering und nach Baden zur Erholung fahren. Sie hat leider partout keinen Vorwand gefunden, in der Stadt zu bleiben, und will die Geduld des Vaters nicht unnötig strapazieren oder ihn gar misstrauisch machen, was ihre Unternehmungen mit Leonie stören könnte.

Anfang September kommt die Familie Csillag wieder in die kriegsgeplagte Stadt zurück. Schon im Jänner 1918 ist es zu heftigen Streiks in allen größeren Städten Österreichs gekommen. Diese Streiks werden angeheizt durch die Hungersnot und sollen der Arbeiterklasse die Durchsetzung ihrer politischen Rechte garantieren. Im Juni war Wien von einer neuerlichen Streikwelle erfasst worden, diesmal vor allem gegen den Krieg, der in der letzten Offensive der k. u. k. Armee an der italienischen Front innerhalb weniger

Wochen das Leben von fast 100.000 Soldaten gefordert hat. Wie so viele Menschen bangen auch die Csillags in diesen Tagen um Familienmitglieder – in ihrem Fall um den ältesten Sohn Heinrich. Aber Ende des Monats erreicht sie endlich eine Feldpostkarte, in der er seiner erleichterten Familie mitteilt, dass er wohlauf sei.

Kaiser Karl ist nicht mehr in der Lage, die Niederlagen des Krieges und das Auseinanderbrechen des Reiches zu verhindern. Jetzt im Herbst ist die Situation verschärft, und in den innerstädtischen Bereichen Wiens kommt es täglich zu Massenversammlungen und Protesten, bei denen die Rufe der Sozialdemokraten nach Brot und Frieden immer lauter werden.

Im Oktober ist es dann allen klar, dass die politische Einheit der Monarchie verloren gegangen ist. Die Tschechen, die südslawischen Völker und die Polen, sie alle kündigen dem Reichsrat die Zusammenarbeit auf. Der Sozialdemokrat Karl Renner stellt sich an die Spitze der Provisorischen Nationalversammlung der Deutschösterreichischen Republik, die als Bestandteil der Deutschen Republik anerkannt werden will. Am 3. November 1918 wird ein Waffenstillstand zwischen Österreich-Ungarn und den Alliierten unterzeichnet, am 11. November der Waffenstillstand zwischen dem Deutschen Reich und den Alliierten. Der Krieg, der in unsere Geschichtsbücher als Erster Weltkrieg eingehen wird, ist zu Ende und mit ihm die k. u. k. Monarchie. Die letzte kaiserliche Regierung erklärt an diesem Tag ihren Rücktritt, Kaiser Karl I. verzichtet auf die Ausübung der Regierungsgeschäfte.

Auf den Schlachtfeldern des Krieges, die sich von Europa bis nach Kleinasien erstreckten, hatten 8,5 Millionen junge Männer ihr Leben gelassen. Serbien und Frankreich hatten, an ihrer Bevölkerungszahl gemessen, die größten Verluste. Geschätzte 13 Millionen Zivilisten starben zwischen 1914 und 1918 unmittelbar oder an Folgeerscheinungen des Kriegs. Im letzten Kriegsjahr hatte sich zudem eine Grippeepidemie wie ein Lauffeuer ausgebreitet, und für viele von Hunger und Kälte geschwächte Menschen kam jede Hilfe zu spät.

In den Nachkriegsjahren sollte sich Europa zwischen zwei Weltanschauungen zerreiben: dem Postulat einer sozialistischen Weltrevolution der neuen Machthaber der Sowjetunion und den Forderungen des amerikanischen Präsidenten Wilson, der vehement auf dem Selbstbestimmungsrecht der Völker bestand und somit den erstarkenden nationalen Strömungen in Europa den Rücken deckte.

Am 12. November 1918 wird die Republik Deutschösterreich gegründet. In diesen Tagen kommt es fast täglich zu Massendemonstrationen vor dem Parlament. Nicht alle Sozialdemokraten sind mit dem gemäßigten Kurs des Genossen Karl Renner einverstanden, und die Oppositionellen innerhalb der Partei schließen sich der neu gegründeten Kommunistischen Partei Deutschösterreichs oder den Roten Garden an. Auf Transparenten und in Sprechchören wird eine sozialistische Republik gefordert, und die Zahl der roten Fahnen ist auffällig groß.

Renners mäßigende Worte: »Wer also den Sozialismus will, der gefährde nicht unsere junge Demokratie durch unüberlegte Gewaltstreiche«, treffen bei einem Großteil der Arbeiterschaft auf ein offenes Ohr, die Arbeiter- und Soldatenräte ziehen sich zurück. Nachrichten über bürgerkriegsähnliche Zustände in Budapest, Berlin und München verbreiten sich in Wien, finden hier aber keine Nachahmer. Das gemeinsame Interesse des politischen Ruhe-Bewahrens war den Untertanen so in Fleisch und Blut übergegangen, dass es die Wohlhabenden wie die Besitzlosen vorzogen, mit Hilfe von Kompromissen diese schwierige Zeit zu überstehen, statt die wirtschaftliche und politische Ordnung auf eine völlig neue Grundlage zu stellen.

Im Gegensatz zur Baronin und ihrer Verehrerin, die trotz der massiven Verschärfung der politischen Lage nichts zu bemerken scheinen, beschäftigen die turbulenten Ereignisse Vater Csillag sehr. Er macht sich Sorgen um den Fortbestand seiner Geschäfte, die fest mit dem Schicksal der österreichisch-ungarischen Monarchie verbunden sind. Das Ende des Krieges und das Ausrufen der diversen Nachfolgestaaten der Doppelmonarchie stellen ihn vor große Probleme. Zwar hat er einen Teil seiner geschäftlichen Interessen nach Frankreich und in die Niederlande verlegt, aber die Quelle seines Wohlstands kommt aus den Erdwachsgruben Galiziens, und das liegt nun einmal in einem Terrain, welches heftig von den möglichen neuen Nationalstaaten Rumänien, Polen und der Ukraine umkämpft wird.

Sidonie hat wieder einmal nur eines im Sinn – Leonie nach der Sommerpause so schnell wie möglich wiederzusehen. Ein paar Tage läuft sie stundenlang auf den gewohnten Pfaden hin und her, aber die schöne Baronin taucht nicht auf. Bei den Waldmanns anzuklopfen traut sie sich nun doch nicht. Womöglich war Leonie ganz aus Wien weggezogen?

Wen kann sie bloß zu Rate ziehen? Ihre Freundin Xenia kann ihr nicht weiterhelfen. Und auch Christl, die nach dem Unfall ihre Verbindungsfrau zur Baronin war und meistens sehr gut informiert ist, hat keine Ahnung. Sidonie ist verzweifelt.

Die ersehnte Hilfe kommt aus einer gänzlich unvermuteten Ecke. Eines Tages erwähnt Sidonies Mutter beiläufig, dass sie Leonie Puttkamer bei der Haltestelle der Elektrischen in der Ungargasse getroffen habe. Und das ist um die Ecke der Csillagschen Wohnung in der Neulinggasse!

Jetzt heißt es am nächsten Morgen nur in der Nachbarschaft bleiben. Schon am späten Vormittag wird ihr Warten mit dem Erscheinen der Angebeteten belohnt. Sidonie begrüßt Leonie überschwänglich und bestürmt sie mit Fragen. Wieso wohne sie nicht mehr in der Linken Wienzeile? Seien die Waldmanns hässlich zu ihr gewesen?

Die Baronin, der die Fragen eher lästig sind, ist kurz angebunden. Ja, sie habe eine alte Bekanntschaft mit dem Grafen Apponyi aufgefrischt und sei auf seinen Vorschlag in eine Wohnung am Arenbergring 12 gezogen. Mit den Waldmanns habe es einige Auseinandersetzungen gegeben, da sei es besser gewesen, deren Haus zu verlassen.

Was sie nicht sagt, ist, dass sie Ernst Waldmann wohl zu teuer geworden ist und ihr so viel engeres Verhältnis mit Klara ihn eifersüchtig und zornig gemacht hat. Wie lange sollte er eigentlich noch den Gehörnten spielen und die Geliebte seiner Frau zahlen? Als neue Finanzquelle hat sich nun Gott sei Dank der wesentlich wohlhabendere Graf Apponyi reaktivieren lassen, der ihr immerhin eine eigene Wohnung zur Verfügung stellt, und ob Leonie hier oder dort die Mätresse gibt, ist auch schon egal.

Nun kann die Baronin Sidonie wenigstens zu sich einladen, was diese ab nun begeistert fast jeden Nachmittag annehmen wird. Es ist ja auch sehr praktisch, nur die Straßenseite wechseln zu müssen, schräg vis-à-vis das breite Haustor aufzudrücken und die paar Stockwerke hinaufzulaufen.

Und sie kommt nie mit leeren Händen zu Leonie. Die Lebensmittelknappheit ist mittlerweile quälend geworden. Die meisten Wienerinnen und Wiener können nichts mehr kaufen, der Tausch- und Schwarzhandel blüht.

Die Apanage des Grafen Apponyi ist nicht so üppig, dass seine Geliebte alles kaufen könnte. Und sich stundenlang anstellen zu müssen, ist ja völlig indiskutabel.

Sidonie plündert also regelmäßig die immer noch gut gefüllte Csillagsche Speisekammer und bringt kiloweise Mehl, Zucker oder Reis mit. Auch die eine oder andere Salami von der ungarischen Verwandtschaft väterlicherseits und Stücke von Vaters geliebten Schinkenbeinen werden wohl dabei gewesen sein. Und die Tischabfälle der Familie Csillag werden die täglichen Mahlzeiten von Leonies Wolfshund.

Der Köchin und den Hausmädchen bei Csillags fällt natürlich auf, dass sich die Tochter des Hauses so oft in der Speisekammer zu schaffen macht und nach dem Essen die Teller abräumt, aber solange der gnädige Herr nichts merkt und seine Frau, wenn sie es getratscht bekommt, nur müde die Augen verdreht, ist alles in Ordnung.

Aber Sidonie belässt es nicht nur beim Mitbringen von Lebensmitteln. Mit ihrem Taschengeld kann sie sich einiges erlauben und verwöhnt Leonie, wie sie nur kann. Oft sieht man sie bei Hoffmann in der Führichgasse, dem angeblich besten und daher auch teuersten Blumengeschäft Wiens, wo sie sich zwischen den prunkvollen Blumengestecken und den großen Messingkübeln mit allen Blumen der Saison hin und her dreht. Nie kann sie sich entscheiden – soll sie die prachtvollen dunkelrosa Orchideen wählen, nein, Tulpen kommen nicht in Frage, die sind zu ordinär, oder doch die weißen Lilien, die so schwer und süß riechen? Meist werden es dann die schönsten Rosen, die der alte Herr Hoffmann zu bieten hat und zu einem wunderschönen Bukett arrangiert.

Mit ihnen als Präsent betritt Sidonie so gegen vier – die klassische Zeit, in Wien zum schwarzen Kaffee die Aufwartung zu machen – Leonies Wohnung im dritten Stock. Ihr Herz schlägt bis zum Hals, und sie weiß nie, ob das daher kommt, dass das schnelle Stiegensteigen sie verausgabt oder die Vorfreude auf die kommenden Stunden sie so in Aufruhr versetzt. Im dunklen, langen Vorzimmer begrüßt Leonie sie mit einer flüchtigen Umarmung und den typisch vorbeigehauchten Wangenküssen, die in der Wiener Gesellschaft so schick sind.

»Grüß dich, meine Liebe, komm, gib mir den Mantel und die Blumen. Du bist ein Engel.«

Die Baronin ist geschmeichelt – kaum jemals ist sie so verwöhnt worden. Nur in ihrer Jugend, in London, hat es einen Mann gegeben, der sie mit Blumen überschüttet hat, und das ist viele Jahre her.

»Darf ich dir einen Kaffee bringen lassen, Sidi?«

»Lieber einen Saft, du weißt doch, ich vertrag' den Kaffee nicht. Das wäre wunderbar.«

Während Leonie in der Küche Anweisungen an die Haushaltshilfe gibt, geht Sidonie vor in den Salon, in dem sie die nächsten Stunden verbringen werden und wo die Zeit immer im Flug vorübergeht, bis die Dämmerung sie aufscheuchen und zum Aufbruch rufen wird. Sidonie steht versonnen in der Fensternische zwischen den dünnen gerafften weißen Vorhängen und blickt in den spätherbstlichen Arenbergpark. Sie will sich erst umdrehen, wenn das Bild perfekt ist und Leonie sich hinter ihr auf dem Kanapee niedergelassen hat. Sie liebt die Schönheit dieses Augenblicks – das schwindende Licht im Zimmer, ein matter Glanz auf den alten Nussholzmöbeln, das dunkle Leuchten des Damasts an den Wänden, und in der Ecke das Kanapee mit dem Kelim und den türkischen Polstern, in denen Leonie liegt und sie mit einer Geste der Hand zu sich winkt.

Sidonie lässt sich ihr zu Füßen nieder – sie immer nur ansehen und diese Hand küssen, mit ihrer weichen hellen Haut, dem blauen Geflecht der Adern, wie sie es sonst bei den Damen nicht kennt, die langen Finger verfolgen, vorbei an dem Ring mit der Doppelperle bis zu den leicht aufgeworfenen Fingerkuppen, mit denen es sich so schön spielen lässt. Leonie mit den Augen auffressen und ihre schöne Stimme hören. Das ist die Welt für Sidonie.

Die Gedichte, die sie für die Geliebte im vergangenen Jahr noch heimlich geschrieben hat, bringt sie ihr nun mit und ergeht sich beim Vorlesen in ihrem romantischen Feuer. Leonie ist beeindruckt. Es tut so gut, sich an der Unbedingtheit und der entzückenden Naivität der Verliebtheit ihrer jungen Freundin wärmen zu können. Ihr eigenes Leben ist nicht so einfach, und das Tagesgeschäft der Gefälligkeit und Anpassung an die Forderungen und Perversitäten ihrer Herren ist hart. Die glauben ja, für Geld alles kaufen zu können, und was da so Liebe heißt, berührt sie nicht. Und die Geschichten mit den Frauen – tja, das ist manchmal die Hölle. Das berührt sie oft mehr als ihr lieb ist, und es zehrt sie aus – die Sucht nach dem Rausch der ersten Gefühle und dann unvermeidlich die Szenen, die Dramen, die Eifersüchteleien. Und auch das Geld, was das kostet, ihre Frauen bei Laune zu halten.

Leonie ist klar, dass sie Sidi da nie hineinziehen darf, sie ist so unerfahren und ahnungslos. Sie sollte sie nie dazu verführen, was in der Wiener Gesellschaft abschätzig das Treiben der Demimonde heißt – so schade sie das manchmal findet. Also lässt sie die Finger von Sidi und begnügt sich mit den Handküssen und den glühenden Blicken.

Sidonie kriegt bald mit, dass sie wohl das einzige »anständige« weibliche Wesen in der lasziven Nähe ihrer Schönen ist. Manchmal sieht sie ja eine von den »Weibern« vor ihr gehen oder am Abend noch kommen. Erstens sind sie allesamt hässlich, und außerdem – die werden vergehen, aber ihre Liebe ist etwas Besonderes und wird bleiben.

Sie spürt genau, dass sie eine Sonderstellung bei Leonie bekommen hat, und die baut sie weidlich aus. Da kränkt es sie nicht einmal, dass der Baronin einmal herausrutscht, was sie mit Sidis Gedichten macht: Sie verschenkt sie weiter an ihre Affären, tut so, als ob diese Glut der Worte noch in ihr wäre und solche Töne noch möglich sind nach all den Jahren.

Aber irgendwie macht es Sidonie sogar stolz, ihre Liebe ist so stark, dass sie die »Weiber« noch mitträgt. Irgendwann wird sie ganz tief in Leonies Herzen sitzen.

In der Dämmerung dieser Frühwintertage erzählt die Baronin gern von ihrer Jugend auf dem elterlichen Gut in Pommern. Schloss Schlackow dürfe man sich nicht so vorstellen wie diese

Leonie Puttkamer, 1919

süddeutschen oder österreichischen Ritterburgen, nein, ein breites dreiflügeliges Gebäude aus roten Ziegeln sei es gewesen, mit einem wuchtigen Tor aus Eichenfachwerk, inmitten eines weitläufigen Gartens mit buchsumrahmten Beeten und einer wunderbaren Sonnenuhr. Ein wildes Mädchen sei sie gewesen, und wenn die Eltern sich stritten, was oft vorkam, weil ihre Mutter schön und lebenslustig war, spannte sie ihre beiden Ponys vor eine Korbkutsche und fuhr einfach drauflos, in die unendliche Weite des flachen Landes. Dann ist sie Stunden in den hellen Birkenwäldern geblieben oder hat sich ins Schilf der vielen umliegenden Seen zurückgezogen und sich von der stechenden Frühlingssonne die Nase verbrennen oder den scharfen Herbstwind durchs Haar wühlen lassen.

Die Winter waren ihr die liebste Zeit, da sind sie alle gemeinsam, oft mit befreundeten Nachbarsfamilien, Eis laufen gegangen auf den zugefrorenen Bewässerungskanälen oder manchmal sogar mit dem Pferdeschlitten bis an die Ostsee gefahren, dick in Fuchs- oder Wolfspelze gepackt. Geheizt haben sie das Schloss nur mit Torf, und das fast das ganze Jahr. Der wurde in der Früh vom Personal in Körben gebracht, ebenso heißes und kaltes Wasser in großen Kannen, denn fließendes Wasser wie hier in Wien, das gab es noch nicht. Am Abend wurden die Räume mit Öllampen ausgestattet, die in der Früh wieder eingesammelt und aufgefüllt wurden.

Und alles am Gut wurde selber hergestellt, von den Würsten über die Butter zum Käse und dem Brot. Gemüse und Obst hätte die Landwirtschaft des Vaters zur Genüge abgeworfen, und alles wurde in großen Speisekammern gelagert, für die ihre Mutter einen wuchtigen Schlüssel auf einem breiten Schlüsselring hatte, mit dem sie täglich aufsperrte, bevor sie mit der Köchin den Speiseplan machte.

Ihr Bruder Agathon, das wäre ihr Traummann gewesen, trotz seiner Jugend ein herrlicher Reiter, der auf seinem Apfelschimmel in die Wälder flüchtete, wenn es ihm zu viel wurde zu Hause, und jagen ging und oft tagelang nicht zurückkam.

Sidonie ist hingerissen von diesen Erzählungen. Sie hängt an den Lippen der Geliebten und wünscht sich, Leonie möge nie wieder aufhören zu erzählen.

Doch manchmal an diesen Nachmittagen reitet die Baronin der Teufel – sie möchte Sidi erröten sehen, verlegen herumwetzen; sie möchte einmal wissen, wie es ist, wenn ihre edle reine Galanin das Kribbeln im Bauch und zwischen den Beinen spürt und nicht wissen wird, was tun.

»Lies mir doch bitte ein bissel aus diesem Buch vor, *ma chère*, ich mag das so.«

Sidonie nimmt das etwas abgegriffene Büchlein. »*Josefine Mutzenbacher*, nie gehört.«

Und bald wird ihr heiß. – ›Um Gottes willen, was will Leonie denn damit! Das ist … das ist ja schrecklich, das ist … letztklassig.‹

Na gut – Zähne zusammenbeißen und durch. ›Nach Punkt und Komma werd' ich ihr das vorlesen, wie ein Schulbuch, alles andere geht mich nichts an.‹

Und so muss Sidonie quälende Stunden mit *Josefine Mutzenbacher* verbringen, es ist ihr grässlich und sie schämt sich, aber Leonie zuliebe überwindet sie sich. Und das kleine bisschen Ziehen im Bauch und die Hitze an ihrem Hals – nein –, die vergisst sie lieber gleich wieder.

Mit Sidis Unschuld ist es spätestens nach der Lektüre dieses Werks vorbei. Sidi ist so aufgeklärt, wie es das Elternhaus Csillag wohl nie und nimmer zustande gebracht hätte. Die breit angelegte Palette von deftigen Ausdrücken und die unerschöpflichen Beschreibungen der verschiedensten sexuellen Betätigungen hinterlassen auch bei Sidi Eindrücke. Jetzt kann sie sich die Vorgänge in Leonies Leben – die wechselnden Männer und auch ihre Frauenbeziehungen – besser erklären und hat endlich Namen für das Treiben ihrer Liebsten.

Der jedenfalls macht es einen Mordsspaß, und vielleicht ist es ja auch die einzige Art, wie die beiden Frauen die immer schwülere Atmosphäre im Dunkelgrün, Burgunderrot und Gold von Leonies orientalischer Ecke ausleben können.

Und wieder wird es Vater Csillag sein, der diese täglichen Idyllen stört.

Mit dem Ende des Krieges, der Heimkehr des ältesten Sohnes und der offensichtlichen Konsolidierung der neuen Republik scheint er seiner Tochter wieder mehr Augenmerk zu schenken.

Wahrscheinlich erzählt ihm die Mutter, die mittlerweile auch mehr weiß, als Sidi vermutet, von oftmaligen Besuchen des Kindes bei Leonie Puttkamer, die früher oder später in einem Skandal enden würden. Die Eltern beschließen, dass irgend etwas geschehen und die Tochter zur Vernunft gebracht werden müsse.

Welche Möglichkeiten stehen offen? Sie für längere Zeit ins Ausland zu schicken, ist in dem zerrütteten Nachkriegseuropa fast unmöglich. Also bleibt nur noch ein Weg: ärztliche Hilfe. Und zwar bei jemandem, den die Wiener Gesellschaft scheut wie der Teufel das Weihwasser: Professor Freud. Seine in diesen Kreisen wenig geschätzte Methode der Psychoanalyse scheint den Eltern die letzte Möglichkeit zu sein, Sidi vielleicht zur Räson und auf den Weg der Normalität zurückzubringen.

2
Berggasse 19

Immer die gleiche Prozedur! Nach dem Mittagessen raus aus der elterlichen Wohnung in der Neulinggasse, zu Fuß vor zur Ungargasse, dann mit dem O-Wagen eine Station zum Rennweg, dort in den 71er umsteigen und bis zum Schwarzenbergplatz fahren. Umsteigen in den Ringwagen bis zum Schottentor, zu Fuß bis zur Berggasse und runter. Auf Nr. 19 ist sie dann endlich da. Und so geht das schon seit Wochen.

Heute ist es besonders schlimm, weil die Sonne strahlend in einem wolkenlosen Himmel steht und man dieses Wetter eigentlich viel besser zum Spazierengehen nutzen sollte. Sidonie ist schon während der Straßenbahnfahrt nicht ins Wageninnere gegangen, sondern auf der offenen Plattform gestanden, hat sich den warmen Frühlingswind um die Ohren blasen lassen und den Kopf über die überdachte Plattform hinaus in die Sonne gestreckt. Wenn das Wetter so schön ist, mag sie Wien. Die beiden großen Museen mit der dicken Maria Theresia auf ihrem Denkmalsockel auf dem Platz dazwischen scheinen ihr dann die prunkvollsten der Welt. Und die Pallas Athene vor dem Parlament tröstet sie in ihrer majestätischen Schönheit darüber hinweg, dass hinter ihr die Fahne der jungen Republik weht. Rot-Weiß-Rot statt Schwarz-Gold. Die Eltern haben gesagt, dass das nicht gut sei, dass vielleicht die Kommunisten kommen werden und dass unterm Kaiser alles besser war, also ist auch Sidonie strikt antirepublikanisch.

Im Burgtheater, das gerade an ihr vorbeizieht, ist die Welt noch in Ordnung, da werden die großen, unumstößlichen Stücke der Weltliteratur gespielt. Die Eltern haben ein Abonnement, und Sidi durfte sie vor kurzem begleiten. Richtig gezittert hat sie da für ihre verehrte, umschwärmte Wohlgemuth als Goethes Iphigenie und ihre Finger in den roten Samt der Brüstung gegraben und ein paar Tränen geweint beim Ende.

»Schottentor« ruft der Kondukteur, und Sidonie muss aus ihren Träumen erwachen und aussteigen. Sie wendet ihren Schritt stadtauswärts, und bevor sie wieder einmal in die Berggasse einbiegt, überlegt sie noch kurz, ob sie nicht genau in die andere Richtung gehen soll, in den Votivpark, ein bisschen in der Sonne sitzen und an nichts denken. Der Stadtpark mit Leonie wäre ihr natürlich noch viel lieber, aber das darf sie ja jetzt nicht mehr tun, seit sie in dieser blöden Analyse ist und hoch und heilig versprochen hat, die Baronin nicht mehr zu sehen.

Was sie das an Zeit kostet! Fünfmal in der Woche, zur besten Zeit des Tages, am mittleren Nachmittag, muss sie zu Professor Freud und sich dort hinlegen und unsinnige Dinge fragen lassen. Aber auch das hat sie versprochen.

Nun gut, also doch rechts abbiegen und die steil abfallende Berggasse hinunter. Sie ist spät dran und beschleunigt ihren Schritt zu einer Art Trab. Denn Zuspätkommen sieht der Professor äußerst ungern, da deutelt er dann wieder an ihr herum – Widerstand nennt er das.

Endlich wird die Gasse flacher, und schon ist sie bei dem großen grauen Haus mit den weit vorspringenden Erkern und seinen Säulen, Bogenfenstern und Stuckmuscheln auf der linken Straßenseite angelangt.

Hier hat der berühmte und umstrittene Professor seine Ordination. Sie weiß eigentlich sehr wenig über ihn, hat nur einiges munkeln hören, dass er sich mit Verrückten beschäftigt und dass er die Seele heilen kann. Wenn sie ihn in den Familien ihrer Freundinnen erwähnte, erntete sie stets betretenes Schweigen oder blasierte Gesichter, also hat sie es lieber bleiben lassen. Ganz offensichtlich wird er nicht geschätzt. Aber irgendwas muss er doch können, sonst hätten sich ihre Eltern nicht vor vielen Wochen zu ihm bemüht und diese Behandlung mit ihm vereinbart.

Danach gab es ein sehr ernstes Gespräch mit ihrem Vater, der ihr in einem keinen Widerspruch duldenden Ton mitteilte, dass sie als Eltern nun lange genug zugesehen hätten bei ihrer »Bekanntschaft« mit der Baronin Puttkamer. Ihr Selbstmordversuch sei nur das letzte Alarmzeichen gewesen, diesen schädlichen

Sigmund Freud, 1922

Einflüssen endlich Einhalt zu gebieten, die ihren Ruf in der Gesellschaft sonst völlig zerstören würden. Nun, da sie sich von ihren Verletzungen erholt habe und auch seelisch wiederhergestellt scheint, sei es Zeit für eine Behandlung. Professor Freud sei ein ausgezeichneter Spezialist und würde sie zur Norm und auf den für eine Frau richtigen Weg zurückführen.

Der Kontakt mit der Puttkamer habe in Zukunft zu unterbleiben, und er erwarte sich, auch in Anbetracht der enormen Kosten, ihr ehrliches Bemühen und klare Erfolge.

Sidonie hatte dann ein paar Tränen zerdrückt und im Inneren ein bisschen gebockt, aber der Strenge des Vaters ist nichts entgegenzusetzen, außerdem hat sie ihn sehr lieb und möchte, dass er mit ihr zufrieden ist. Also hat sie sich gefügt und den Canossagang angetreten.

Beim ersten Mal war sie so aufgeregt, dass sie beim Eintreten sogar einen Knicks gemacht hat und Freud die Hand küssen wollte, was er aber durch eine Geste abwehrte. Das war das einzige Mal, dass sie ihn schmunzeln gesehen hat, ansonsten ist er sehr ernst und völlig unnahbar. Dabei ist er nicht unsympathisch, hat einen schönen, knapp anliegenden weißen Bart und weiche, intensive Augen, die sie beim Begrüßen und Verabschieden prüfend ansehen. Sonst sieht sie ihn ja nie, weil es offenbar zu dieser sonderbaren Behandlung gehört, dass er hinter ihr sitzt.

Aber generell ist er uninteressant, ein alter Mann, der unangenehme Fragen stellt und unglaubliche Dinge behauptet und sie daher nie weiß, ob sie die ganze Prozedur mehr langweilig oder mehr widerwärtig finden soll.

Professor Freud beginnt gerade seine Sprechstunde, die immer um drei Uhr nachmittags, gleich nach dem pünktlich um ein Uhr eingenommenen Mittagessen und dem anschließenden Verdauungsspaziergang stattfindet. In Kürze würde seine erste Patientin an diesem Nachmittag kommen. Er tritt kurz ans Fenster, zieht den Vorhang zur Seite, blickt zum Himmel und seufzt. Das Wetter ist so prachtvoll und endlich ist es wieder warm – wieso kann er nicht einfach hinausgehen in den Park oder mit dem Schäferhund von Anna in den Wienerwald fahren?

Manchmal ist er schon so müde – diese vielen Analysen, so viel

Leid und Verstörung bei den Menschen … und das nun schon seit mehr als zwanzig Jahren. Aber so ist es eben, wenn man Erfolg und wissenschaftliche Anerkennung – und er hatte schon so viel davon – halten will. Außerdem sind ja auch noch immer ein paar Mäuler zu füttern. Und das ist in diesen Zeiten mehr als hart. Lebensmittel sind so schwer zu bekommen oder rationiert, dass er sich sogar schon in Kartoffeln oder Havannazigarren zahlen ließ. Und wenn er an die eisigen Temperaturen in seinem Arbeitszimmer im letzten Winter ohne Heizmaterial denkt, wird ihm jetzt noch klamm. Nicht einmal genug Papier für seine Aufzeichnungen ist zu bekommen. Hungrige Bettler sind sie alle geworden.

Jetzt ist zwar endlich der Krieg vorbei, aber von Österreich ist nichts geblieben, alles ist nun Ausland, und das tut sogar ihm, der nicht gerade ein Patriot ist, weh. Und die Inflation frisst die letzten Geldmittel. Daher sind ihm Patienten, die in Devisen zahlen, sehr willkommen. Diejenigen, die in Dollar zahlen können, sind ihm am liebsten, zehn Dollar pro Stunde, das ist schon was in diesem heruntergekommenen Land.

Der Vater der jungen Patientin, die nun gleich an der Ordinationstüre läuten würde, kann die Leistungen des Professors in Devisen entlohnen, zusätzlich ist das Mädchen ein sehr interessanter, spannungsreicher Fall. Vor einiger Zeit, im Februar, waren die besorgten Eltern bei ihm gewesen und hatten ihm die Problematik und auch ihre eigenen Verhältnisse und Hintergründe dargelegt. Er zögerte damals, den Fall anzunehmen, da Leidensdruck und Veränderungswünsche eindeutig mehr auf der Seite der Eltern lagen, vor allem beim Vater. Dennoch ließ er sich erweichen und sagte zu, es zumindest einige Monate mit der Tochter des Paares zu versuchen. Erst dann würde er entscheiden, ob eine weitergehende Analyse möglich wäre.

Sidonie Csillag, die kurz darauf zu ihm in die erste Sitzung kam, berührte ihn irgendwie. Einerseits hatte er ein schüchternes, wohlerzogenes Mädchen vor sich, andererseits eine intelligente junge Frau, die keineswegs einsah, warum sie von ihrer Liebe zu einer Halbweltdame ablassen sollte. Das würde schwierig werden – aber das waren genau die Fälle, die ihn reizten.

Seine Notizen, die ein Jahr später zu seinem einzigen Aufsatz zu weiblicher Homosexualität – *Über die Psychogenese eines Falles*

Weiblicher Homosexualität – zusammengefasst erscheinen würden, beschreiben seine junge Patientin so:

> Ein achtzehnjähriges, schönes und kluges Mädchen aus sozial hochstehender Familie hat das Missfallen und die Sorge seiner Eltern durch die Zärtlichkeit erweckt, mit der sie eine etwa zehn Jahre ältere Dame »aus der Gesellschaft« verfolgt. Die Eltern behaupten, dass diese Dame trotz ihres vornehmen Namens nichts anderes sei als eine Kokotte. Es sei von ihr bekannt, dass sie bei einer verheirateten Freundin lebt, mit der sie intime Beziehungen unterhält, während sie gleichzeitig in lockeren Liebesverhältnissen zu einer Anzahl von Männern steht. Das Mädchen bestreitet diese üble Nachrede nicht, lässt sich aber durch sie in der Verehrung der Dame nicht beirren, obwohl es ihr an Sinn für das Schickliche und Reinliche keineswegs gebricht. Kein Verbot und keine Überwachung hält sie ab, jede der spärlichen Gelegenheiten zum Beisammensein mit der Geliebten auszunützen, alle ihre Lebensgewohnheiten auszukundschaften, stundenlang vor ihrem Haustor oder an Trambahnhaltestellen auf sie zu warten, ihr Blumen zu schicken u. dgl. Es ist offenkundig, dass dies eine Interesse bei dem Mädchen alle anderen verschlungen hat.
>
> …
>
> Zwei Stücke des Benehmens, scheinbar einander gegensätzlich, wurden dem Mädchen von den Eltern am stärksten verübelt. Dass sie keine Bedenken trug, sich öffentlich in belebten Straßen zu zeigen und also die Rücksicht auf ihren eigenen Ruf vernachlässigte, und dass sie kein Mittel der Täuschung, keine Ausrede und keine Lüge verschmähte, um die Zusammenkünfte mit ihr zu ermöglichen und zu decken. Also zu viel Offenheit in dem einen, vollste Verstellung im anderen Falle. Eines Tages traf es sich, was ja unter diesen Umständen einmal geschehen musste, dass der Vater seine Tochter in Begleitung jener ihm bekannt gewordenen Dame auf der Straße begegnete. Er ging mit einem zornigen Blick, der nichts Gutes ankündigte, an den beiden vorüber. Unmittelbar darauf riss sich das Mädchen los und stürzte sich über die Mauer in den dort nahen Einschnitt der Stadtbahn. Sie büßte diesen

> unzweifelhaft ernst gemeinten Selbstmordversuch mit einem langen Krankenlager, aber zum Glück mit nur geringer dauernder Schädigung. Nach ihrer Herstellung fand sie die Situation für ihre Wünsche günstiger als zuvor. Die Eltern wagten es nicht mehr, ihr ebenso entschieden entgegenzutreten, und die Dame, die sich bis dahin gegen ihre Werbung spröde ablehnend verhalten hatte, war durch einen so unzweideutigen Beweis ernster Leidenschaft gerührt und begann, sie freundlicher zu behandeln.
> Etwa ein halbes Jahr nach dem Unfall wendeten sich die Eltern an den Arzt und stellten ihm die Aufgabe, ihre Tochter zur Norm zurückzubringen.

Heute ist es also wieder einmal so weit. Sidonie versucht, es sich auf der Couch mit dem bockigen Perserteppich, den sie als Möbelbezug ja etwas unpassend findet, bequem zu machen. Sie lässt ihre Augen schweifen. Vor ihr und rechts zum Fenster hin Bücherschränke und Vitrinen mit allerlei kleinen und offenbar sehr alten Figürchen. Einige schauen ägyptisch aus, einige wie verkleinerte Ausgaben der antiken Statuen, die sie aus dem Museum kennt. Zu ihnen zieht es während der Stunden immer ihren Blick, der auf eine ihr unheimliche, fast magische Weise gefesselt wird. Dann ein Fenster, ein riesiger vollgeräumter Schreibtisch, noch ein Fenster. Weiter kann sie ihre Augen und darf sie ihren Kopf nicht drehen. Hinter ihr, unsichtbar, sitzt Freud. ›Wie die Faust im Nacken‹ hat sie einmal unwillkürlich denken müssen. Sie hört nur seine Stimme, wenn er ihr Fragen stellt oder ein leises monotones »Ja« murmelt.

Er hatte ihr zu Beginn erklärt, dass sie hier sei, um ihm alles, was ihr ins Gedächtnis komme, zu erzählen, jeden Gedankenfetzen, jede Erinnerung, jede Assoziation, so absurd sie ihr auch scheinen mag. Außerdem solle sie ihre Träume aufschreiben, denn auch sie seien sehr wichtig und würden zur Sprache kommen. Alles andere werde er erfragen. Sie brauche sich nicht zu schämen oder zu fürchten und solle nur ganz offen über alles sprechen.

Gerade das fällt ihr heute wieder einmal besonders schwer. Was soll sie ihm denn erzählen, sie erlebt ja nichts, und Träume merkt sie sich keine. Also schweigt sie, und auch er sagt nichts. Allmählich wird diese Stille lastend, und sie fühlt sich ein bisschen beklommen. Gleichzeitig ist ihr schrecklich langweilig. Bis der Professor endlich den Bann bricht und wieder einmal die Sprache auf ihre Familie bringt.

Auch da hat sie am Anfang so gar nicht gewusst, worauf er hinaus will, merkt aber seit kurzem, dass sie ihre Eltern und Brüder genauer beobachtet. Frühere Erlebnisse und Ereignisse, die sie bisher als völlig belanglos erachtete, schieben sich immer wieder in ihr Bewusstsein und halten sie beschäftigt.

Tja – was hat sie eigentlich für eine Familie?

Über die Geschichte ihrer Eltern weiß sie nicht viel, nur das, was in Familien zu besonderen und seltenen Anlässen eben erzählt wird. Vor kurzem, bei der Osterjause, hat sie sich wieder einmal die Photos von ihrer Mutter im Brautkleid, die sie so sehr mag, ansehen dürfen. Und dabei ist die Mutter ins Erzählen gekommen.

Emma Csillag ist eine gutaussehende Frau, eher klein, dunkelhaarig, mit einer schönen, femininen Figur, dennoch sportlich und zäh. Sie ist eigenwillig und eitel und immer nach der letzten Mode gekleidet, außerdem penibel auf die Pflege ihrer Schönheit bedacht, denn das ist das einzige Kapital, das sie aus ihrer armen und schwierigen Jugend mitnehmen konnte.

Emmas Mutter war an Schwindsucht gestorben, als die Tochter elf war, der Vater vier Jahre später. Als Eisenbahnbeamter hatte er ein zwar sicheres, aber doch sehr bescheidenes Einkommen gehabt. Die kranken Eltern hatten sich nicht um die Ausbildung Emmas kümmern können, die gerade nur den Pflichtschulabschluss hinter sich bringen konnte. Nach dem Tod des Vaters bestimmte ihr ältester Bruder, dass sie und die zwei Jahre ältere Schwester Wien verlassen sollten, um zu Verwandten nach Lemberg zu ziehen.

Dort hatte sie den jungen, aufstrebenden Antal Csillag getroffen, der eine gute Partie zu sein schien und ihr, hingerissen von ihrer Schönheit, bald den Hof zu machen begann. Wie sie aus einer ärmlichen religiös-jüdischen Familie stammend, wollte er alles hinter sich lassen und hatte diesen unbedingten Aufstiegswillen, der sie beide aus dem allen herausbringen würde. Und

Emma wollte nichts wie weg von den ungeliebten Verwandten und dem Mief der Armut.

Antal hatte es zum damaligen Zeitpunkt schon recht weit gebracht, und sie wusste, er wollte noch viel höher hinaus. Er, der mittellose Kaufmannssohn aus Budapest, der nach dem Abschluss der Handelsakademie mit siebzehn sofort in das Petroleumunternehmen des Rothschild-Konsortiums Mineralölraffinerie A.G. eingetreten war, um seine Mutter und seine jüngeren Geschwister zu versorgen, war dann später nach Lemberg gegangen, zum damaligen Zeitpunkt die Hauptstadt Galiziens, die einem ehrgeizigen jungen Mann breite Aufstiegsmöglichkeiten bot. In gewisse Geschäftsbereiche, wie die zukunftsträchtige Erdöl- und Erdwachsindustrie, fand der junge jüdische Mann, der sich so unbedingt assimilieren wollte, in Lemberg sogar leichter Zutritt als in anderen großen Städten der Doppelmonarchie, und konnte an seiner Karriere weiterbauen.

Auf den Glauben seiner Vorfahren legte Antal Csillag wenig Wert, nur die Liebe zu seiner Mutter brachte ihn, solange er in Budapest wohnte, zu hohen Feiertagen in den Tempel. Bald trat er jedoch aus der jüdischen Gemeinde aus. Die einzige Konzession, die er seiner strenggläubigen Mutter noch bereit war zu machen, bestand darin, sich nie in einer anderen Religion taufen zu lassen. Aber zumindest die Kinder sollten es leichter haben und nicht als arme Ostjuden dastehen, daher schlug er seiner Zukünftigen vor, die kommenden Kinder katholisch zu taufen.

Emma gab ihre Einwilligung, wollte aber im Gegenzug das Versprechen, dass sie so bald wie möglich nach Wien ziehen würden. Sie wollte in ihre Geburtsstadt zurück und mit allem, was sie an Lemberg erinnerte, nichts mehr zu tun haben. Antal war das recht. Er hatte Pläne, sich bald selbständig zu machen, und Wien könnte ein gutes Sprungbrett für einen steilen Aufstieg auf der Karriereleiter werden.

Also heirateten die beiden 1897. 1899, noch in Lemberg, brachte Emma ihren ersten Sohn Heinrich zur Welt und im April 1900 Sidonie. Jeweils wenige Tage nach den Geburten waren Antal und Emma in die nächste katholische Pfarrkirche gegangen und hatten die Säuglinge taufen lassen. Und es war eine liegende Taufe. Nicht wie bei den vielen Juden, die sich erst im Erwachsenenalter, also

Antal Csillag, 1915

Emma Csillag, 1915

stehend, in die Arme der neuen Religionsgemeinschaft begaben. Nun waren die Csillags etwas Besseres, und alles würde gut werden.

Wie seltsam gesprächig die sonst so unbeteiligte Patientin bei diesem Detail wird! Schon dreimal hat sie Freud diese Christengeschichte aufgetischt. Eine für sie ungewöhnliche emotionale Beteiligung und ein Anflug von Arroganz waren dabei offensichtlich.

Er kennt diese Leute und die Familien, die sie gründen, nur zu gut. Auch bei seiner eigenen Familie war es so ähnlich gewesen. Und er hatte sich nicht getäuscht in seinen Vermutungen, als er das Ehepaar Csillag vor einigen Wochen bei dem Vorbereitungsgespräch persönlich kennen gelernt hatte. Trotz ihrem vielen Geld und der mittlerweile hohen sozialen Stellung – die Csillags waren Aufsteiger.

Zufällig hatte er noch kurz vor dem Beginn der Behandlung seiner neuen jungen Patientin von einem befreundeten Internisten, der ein Direktoriumsmitglied der Boryslawer Rohölgesellschaft in Behandlung hatte, einiges über den Vater der jungen Csillag erfahren. Zwar interessierte sich Freud nicht besonders für Industrie und Finanzwelt, verfolgte aber mit großem Interesse die wirtschaftlichen Entwicklungen der jungen Republik Österreich. Insofern verschloss er seine Ohren nicht, als der Kollege ein paar interessante Details über den Herrn, der ihm vor kurzem so dringlich das Schicksal seiner Tochter anempfohlen hatte, erzählte.

Natürlich durfte er sich von solchen Informationen in keiner Weise beeinflussen lassen, dennoch konnten sie sein Bild des jeweiligen Falls oft auf die interessanteste Weise abrunden.

Da die Csillags also nicht zu den alteingesessenen, renommierten Familien gehörten, bestanden die sozialen Kontakte – zumindest bei den Eltern – hauptsächlich aus Antals Geschäftsverbindungen. Besser gesagt, seine sozialen Kontakte. Denn die schöne, etwas nervöse und neurotische Emma Csillag schien scheu und zurückgezogen, ohne irgendein Interesse an Kontakten mit der besseren Gesellschaft, zu leben. Vielleicht war sie auch nur zu wenig versiert, Damentees, Abendessen, kleine Hausbälle oder Wohltätigkeitskränzchen auf die richtige Wiener Weise zu veranstalten. Oder empfand sich als zu ungebildet dafür und vermied es, sich solchen Situationen auszusetzen.

Antal Csillag hingegen hatte durch seine Tätigkeit in der Erdölbranche weitverzweigte Verbindungen mit vielen wohlhabenden Familien und deren Firmen und Banken.

Seine berufliche Laufbahn hatte bei den Rothschilds, im Konsortium der Mineralölraffinerie A.G. begonnen. Und er war innerhalb des Konsortiums schnell aufgestiegen. Das war ja noch keine unübliche Karriere. Aber man wusste in Wien auch schon seit vielen Jahren um die katastrophalen Zustände in der galizischen Ölförderung. Alle wachsenden Industriezweige interessierten sich für Öl, und das Versprechen, schnell das große Geld zu verdienen, hatte viele Spekulanten auf den Plan gerufen. Der Boom in dieser Branche brachte zahlreiche negative Auswirkungen, und Csillag schien da kräftig mitgenascht zu haben.

Noch in Lemberg hatte er 1902 die Boryslawer Rohöltransport und Lager Gesellschaft gegründet. Boryslaw, ein Nest am hintersten Rand der Monarchie, jetzt in Polen, war damals immer wieder in den Zeitungen, sei es wegen der Konflikte rund um das Rohölkartell oder wegen der großen sozialen Missstände. Gerade in Boryslaw sollen die Arbeitsbedingungen ganz fürchterlich gewesen sein, fast unvorstellbar für alle, die das nicht mit eigenen Augen gesehen hatten.

Entlang des gesamten Nordabhangs der Karpaten gab es reiche Rohöllager, und die Bohrtürme pumpten Tag und Nacht den wertvollen Saft aus der Erde. In der Umgebung von Boryslaw war zusätzlich zu Rohöl auch Erdwachs gefunden worden. Und dieser Gewinnung und Vermarktung des Erdwachses verdankte Antal Csillag seinen wachsenden Reichtum. Erdwachs konnte nur mit einer großen Zahl von Arbeitskräften im Bergbau gewonnen werden. Anfangs hatte man ihm keine Bedeutung geschenkt, doch dann erkannte man, dass es bei der Erzeugung von Paraffin ein wertvolles Surrogat war, und plötzlich begannen selbst die Kleinbauern auf ihren Feldern nach Erdwachs zu graben.

In den siebziger Jahren des neunzehnten Jahrhunderts war Boryslaw ein planlos unterwühltes, von vielen tausend »Sklaven« bevölkertes Gebiet. Wer immer am Boryslawer Bahnhof ankam, sah nicht nur ein unübersehbares Durcheinander von windschiefen Buden vor sich, sondern konnte auf Grund des beklemmenden Schwefelwassergeruches auch kaum atmen.

Alles in allem schreckliche und menschenunwürdige soziale Verhältnisse.

Sogar der bürgerliche Freud assoziiert damit den Begriff »Ausbeutung«.

Als er seine junge Patientin in einer der ersten Stunden nach den Geschäften ihres Vaters gefragt hatte, war er über ihre Unwissenheit nicht erstaunt gewesen. Und von diesen Zuständen, überhaupt von den Details der Arbeit ihres Vaters, hatte sie schon gar keine Ahnung. Der Professor war das gewohnt. Fast alle seine Patientinnen, die zum Großteil aus der Bourgeoisie oder dem Adel kamen, liebten es, im Luxus zu leben, wollten aber nicht wissen, wie es ihre Väter oder Männer schafften, ihnen diesen Lebensstandard zu ermöglichen.

Auf welcher Armut der Reichtum ihres Vaters gegründet war und ist, würde das Mädchen vor ihm auf der Couch wohl nie erfahren, aber Csillag selber musste es wissen. Dass ihn das nicht zu kümmern schien, machte ihn nicht gerade sympathisch.

Einerlei – Freud behandelte hier ja nicht den Vater, sondern würde sich in diesem ohnehin nicht besonders günstig gelagerten Fall auf seine Patientin und die emotionalen Gegebenheiten in der Familie konzentrieren. Und dazu würde er gemeinsam mit ihr noch tief in deren Alltag eintauchen müssen.

Das Leben der Juden in Wien

Wie Sidonies Familie kamen im ausgehenden 19. Jahrhundert Zehntausende Jüdinnen und Juden aus allen Teilen der Monarchie, vor allem aber aus Galizien, Böhmen, Mähren und Ungarn nach Wien. Seit dem so genannten »Ausgleich« zwischen dem Kaiserreich Österreich und dem Königreich Ungarn im Jahr 1867 hatte die jüdische Bevölkerung endlich gleichwertige Bürgerrechte erhalten.

Viele dieser Menschen versuchten den Neuanfang in der rasant wachsenden Stadt Wien und den erhofften beruflichen und wirtschaftlichen Aufstieg durch ein Hintersichlassen von alten Traditionen und durch Anpassungsleistungen an die neue gesellschaftliche Umgebung zu erleichtern. Dazu kam noch, dass sich mit

Boryslaw, 1902

diesem Verhalten die teils traumatischen Konfrontationen mit einem wachsenden Antisemitismus vielleicht verhindern ließen. Viele von ihnen hatten diesen bereits im Osten, oft in Form von Pogromen, kennen lernen müssen, und wollten das nie wieder erleben.

In ihrem ganzen Verhalten versuchten viele Einwanderer sich anzugleichen, um nicht mehr aufzufallen. Kleidung, Sprache und sogar Religionszugehörigkeit des Schtetls wurden abgelegt wie ein unangenehmer, nicht mehr passender alter Mantel.

Und doch – es half alles nichts. Der seit dem Börsenkrach im Mai 1873 wachsende Antisemitismus wurde durch den kleinbürgerlichen Katholizismus der Christlichsozialen geschürt und erreichte seinen ersten Höhepunkt im Deutschnationalismus eines Freiherrn von Vogelsang und eines Ritter von Schönerer sowie im offenen und populistischen Judenhass des Wiener Bürgermeisters Karl Lueger. Seinen Freund, den Wiener Gemeinderat Dr. Albert Geßmann sen., brachte Lueger am Abend des 23. September 1887 zum ersten Mal in den Christlich-Socialen Verein Vogelsangs mit. Der bebrillte Intellektuelle Geßmann selbst war alles andere als ein Volkstribun im Lueger-Format. Mit den kleinen Leuten tat er sich schwer, aber er war ein exzellenter Schreibtischstratege, später der Generalstabschef künftiger Siege genannt. Geßmann baute mit den Ingredienzen von Judenhass und Deutschnationalismus auf, was man heute einen rechtsgerichteten Parteiapparat nennen könnte.

Luegers Aussagen über die jüdischen Bürger und Bürgerinnen wurden so oft wiederholt, dass es schwer wurde, sich ihnen zu entziehen. Er wollte verhindern, dass aus Groß-Wien ein Groß-Jerusalem werde. An Vernichtung der Juden und Jüdinnen dachte Lueger nicht, sondern er begeisterte sich an der Idee des Journalisten Theodor Herzl und wollte, dass alle Jüdinnen und Juden nach Palästina auswanderten.

Lueger blieb bis zu seinem Tod im März 1910 im Bürgermeisteramt. Während seiner Amtszeit zog die Familie Csillag nach Wien, und das waren die Jahre, in denen Sidonies Vater die Stufenleiter des Erfolgs hochklomm. In Luegers Diktion war der Erfolgreiche auch nur einer der vielen »Judäomagyaren«, die angeblich die ökonomische Existenz und die kulturelle Identität der christlichen WienerInnen bedrohten.

Ende des 19. Jahrhunderts waren zehn Prozent der Wiener Gesamtbevölkerung jüdischer Konfession. Dass aber gerade unter diesen zehn Prozent sehr viele waren, die entscheidend zum kulturellen und wirtschaftlichen Leben beitrugen, erweckte den Neid der anderen. Immer wieder stellten sich in der Öffentlichkeit stehende Juden die Frage der katholischen Taufe. Der Arzt und Dramatiker Arthur Schnitzler gehörte zu ihnen, ebenso wie der Komponist und Operndirektor Gustav Mahler. Selbst der *Fackel*-Herausgeber Karl Kraus ließ sich taufen, um den vermeintlichen Makel des Jude-Seins abzulegen und endlich dazuzugehören. Dennoch half jenen, die sich bekehren ließen, der Konfessionswechsel nur wenig; für die Umwelt blieb auch der neue Christ nur ein getaufter Jud'.

Im Hause Csillag sprach man über die jüdische Herkunft nicht. Die Kinder waren alle getauft, und damit schien die Sache erledigt. Sie genossen zwar keine religiöse Erziehung, waren aber zumindest in der Schule mit dem christlichen Alltag konfrontiert. In Sidonies Kreisen gab es genügend Menschen, für die Juden zweitklassig waren, und Sidonie wehrte sich ihr ganzes Leben lang heftig, dieser Kategorie zugerechnet zu werden. Sie war eine gute Christin, und damit basta.

Der Aufstieg der Familie C.

An die ersten Jahre ihrer Eltern in Wien kann sich Sidi nicht erinnern. Sie weiß also wieder einmal nicht, was sie dem alten Mann hinter ihr erzählen soll. Sie war erst zwei, als sie alle 1902 nach Wien gezogen waren, und auch die erste Wohnung im 4. Bezirk, auf der Wiedner Hauptstraße 14, ist ihr nicht mehr im Gedächtnis. Erst zum Umzug in die Strohgasse im 3. Bezirk hat sie noch Bilder. Sie sieht die Möbelpacker in ihren gestreiften Hemden, wie sie im Vorhaus an ihr vorbeigehen, gar nicht bemerken, wie sie sich schüchtern in eine dunkle Ecke drückt, und mit nackten, muskulösen Armen die schweren Schränke mit Gurten durchs enge Treppenhaus nach unten hieven und auf der Gasse über die hohen Seitenwände eines Fuhrwerks wuchten. Auch die Pferde hatten es nicht leicht, das Csillagsche Übersiedlungsgut in die neue Wohnung zu bringen. Dampfend und schwer schnaufend mussten die schweren Kaltblutrösser viele Fahrten machen. In der Strohgasse war die Familie dann drei Jahre geblieben, bis es zu eng wurde. Es war ja auch schon der zweite, kleinere Bruder auf der Welt, und die Mutter mäkelte immer öfter, dass die Wohnung nicht mehr standesgemäß sei und ein Direktor und Aufsichtsratspräsident sich und seiner Familie etwas Besseres gönnen müsse. Was sollten denn die Leute sagen?

Also mietete ihr Vater 1909 eine wunderschöne Neun-Zimmer-Etage in der Neulinggasse. Da würden sie endgültig bleiben. Sidi liebt diese Wohnung noch heute. Die herrlichen Zimmerfluchten mit den großen Flügeltüren, die prächtigen Stuckdecken, deren Rosen und Ranken so hoch oben blühen, dass man ganz darauf vergessen kann, dass überhaupt welche da sind. Oder die glänzenden intarsierten Parkettböden, auf denen sie vor Vergnügen quietschend hinter ihren Brüdern hergeschlittert war, wenn sie Fangen spielten. Und oft hatte sie in den Karrees Tempelhüpfen geübt, so dass sie schließlich in ihrer Klasse die Beste wurde in der Kunst, in Storchposen Muster auf dem Boden zu hüpfen.

Der Salon und das Speisezimmer schauen direkt auf den Arenbergpark. Da hält sie sich am liebsten auf, weil es so hell ist und die wunderschönen alten Parkbäume durch die Fenster blicken und grün, rot, gelb oder schwarzbraun Auskunft über die Jahreszeit geben. Daneben, schon auf der anderen Hausseite, liegt das Elternschlafzimmer, wo die Kinder nur zu ganz besonderen Anlässen hinein gelassen werden. Der erste Weihnachtsfeiertag ist so ein Tag. Da dürfen sie am späten Vormittag die Eltern, die ausnahmsweise im Bett gefrühstückt haben, besuchen. Dann sitzen sie ein bisschen steif auf der Bettkante, die Mutter steckt ihnen Süßigkeiten in den Mund, und der Vater tätschelt ihnen den Kopf. Die schweren dunkelbraunen Vorhänge und der tiefrote Brokatüberwurf auf dem Bett gefallen Sidi gar nicht, sie machen alles so düster und drücken ihr richtig aufs Gemüt. Und der schwüle Parfumgeruch ihrer Mutter, der aus den Kissen aufsteigt oder vom Frisiertisch herüberweht, macht sie endgültig befangen. Oder sind sie alle so steif, weil sie als Kinder einfach nicht gewohnt sind, mit den Eltern zu sein, gestreichelt und mit Leckereien belohnt zu werden?

Fast zu viel des Guten, wo sie doch sonst nur einmal in der Woche von einer nervösen, unkonzentrierten Mutter, die lieber was anderes unternehmen würde, beaufsichtigt werden – und zwar dann, wenn die Gouvernante Ausgang hat.

Die Eltern leben in einer anderen Welt, die streng und fern ist. Man darf nur das Wort an sie richten, wenn man gefragt wird, man darf nur am gemeinsamen Tisch essen, wenn die Manieren perfekt sind, man darf nicht lachen, nicht Lärm machen, nicht toben. Das geht nur, wenn die Eltern außer Haus sind. Da machen dann auch die Dienstboten, die überhaupt die einzig lebendigen Erwachsenen hier zu sein scheinen, gern eine Pause und tollen mit den Kindern ein bisschen herum. Denn sonst sagt der Vater, dass es »laut wie in einer Judenschul' ist«, und das ist das Schlimmste, was es in Sidis Vorstellung gibt und sie und ihre Brüder betreten die Köpfe einziehen lässt und sofort wieder Ruhe herstellt.

Neben dem Elternschlafzimmer kommen dann die Kinderzimmer. Ja, sie besaß immer ein eigenes Zimmer, ganz in hellem Chintz und Satin, ein Traum von Blümchenmustern, mit Puppen und Puppenküche, als sie noch klein war. Ein richtiges Mädchenzimmer und eines der wenigen Privilegien, das sie ihren Brüdern voraus hatte.

Und vis-à-vis über den Gang liegen die Küche, eine große Speisekammer und dahinter noch zwei kleine Dienstbotenzimmer. Aber dahin kommt sie fast nie.

Dabei haben sie noch heute, trotz des langen Kriegs, viel Personal. Es gibt eine Köchin, ein erstes und ein zweites Stubenmädchen, eine Gouvernante und für den jüngsten Bruder eine Kinderfrau. Zum Personal gehört auch ihre geliebte »Fruli«, die länger im Haus ist, als Sidi denken kann. Ein dürres, zartes Persönchen, das schon etwas gebeugt geht, zu jeder Tages- und Nachtzeit durch die Wohnung wieselt und die Arbeit des übrigen Personals kontrolliert. Sie duldet keinen Widerspruch und ist die einzige der Hausangestellten, von denen sich Sidi etwas sagen lässt. Ihr älterer Bruder hat einmal gemeint: »Die Fruli ist sicher so alt wie unser Barockkasten im Wohnzimmer, der ist rissig wie ihr Gesicht und knarrt wie ihre Schuhe.«

Diesen riesigen Haushalt mit insgesamt elf Personen führt ihre Mutter Emma Csillag, wobei es Sidi oft so vorkommt, als führe der sich ohnehin von selbst. Denn in der Früh, wenn alle noch schlafen, sind die Hausangestellten schon mit Frühstücksvorbereitungen beschäftigt, und abends, nach dem Wegräumen der Reste des Abendessens, dem Abwasch und dem Betten aufdecken und gegebenenfalls mit einer Wärmflasche bestücken, sind auch sie wieder die letzten, die ins Bett kommen.

Ihre Mutter steht spät auf, irgendwann zwischen halb zehn und zehn bekommt sie das Frühstück ans Bett serviert. Nach dem ersten Kaffee aus der schmalen hohen Silberkanne mit ihrem Monogramm darf die Köchin eintreten, um mit der gnädigen Frau den Speisezettel für den kommenden Tag zu machen. Die Lebensmittel und die Waren des täglichen Bedarfs werden dann von der Köchin gekauft oder von schwitzenden Laufburschen über den Dienstboteneingang ins Haus geliefert, während die Delikatessen von der Dame des Hauses selbst während vormittäglicher Spaziergänge erstanden werden. Nach der Morgentoilette ist es dafür endlich so weit, und ihre Mutter rauscht aus dem Haus, in Taft, Musselin, Seide oder Wolle, verarbeitet nach der letzten Mode, natürlich nicht zu vergessen Hütchen und Schirm gegen Sonne oder Regen. Meistens geht es dann zur Schneiderin, denn die Modemagazine der Saison haben Emma Csillag wieder etwas ins Ohr geflüstert, und als Frau Direktor darf man nicht zu lange dasselbe Stück tragen. Auch die Modistin und der Friseur gehören regelmäßig zum Vormittagsprogramm.

Sidi weiß, dass dies Unsummen verschlingt, und bewundert die Geduld und Freigebigkeit ihres Vaters gegenüber den Kapricen seiner Frau. Erst in letzter Zeit, seit ihr Vater nach dem Zusammenbruch der Monarchie wohl mehr Sorgen mit dem Geschäft hat, gibt es manchmal Spannungen und Diskussionen beim Mittagessen und er brummt irgendwas von »unsinnig hohem Haushaltsgeld« und »sparen«. Sidi fixiert in solchen Momenten gespannt ihre Mutter, weil sie nicht weiß, was kommt. Wird ein Vulkan ausbrechen und giftige Dämpfe auf den Vater schleudern oder ein sanftes Lämmchen aufstehen, um ihm einen besänftigenden Kuss auf die Wange zu drücken? So oder so, Antal ist ruhig, und seine Frau hat wieder die Hosen an.

Wie sie mit ihm umspringt und was er sich gefallen lässt, denkt sich Sidi zu solchen Anlässen. Irgendwie bewundert sie diese

Heinrich, Robert und Sidonie Csillag mit Fruli, 1907

Mischung aus Geschicklichkeit, Selbstverständlichkeit und launischer Tyrannei ihrer Mutter im Umgang mit Männern. Wie sie ihr zufliegen und was sie aus ihnen herauskriegt! Und zugleich findet sie es widerwärtig und es gibt ihr einen Stich ins Herz. Vor allem wie sie sich mit ihren Brüdern aufführt.

Freud unterbricht den bisher so glatt dahinströmenden Redefluss und hakt bei dieser Bemerkung ein, will mehr wissen.

Seine junge Patientin strafft sich etwas und kehrt aus dem Strom ihrer erzählten Bilder zurück, doch plötzlich beginnen die Schultern zu zucken, und ein Schluchzen schüttelt den ganzen Körper. Es wird das einzige Mal in dieser vier Monate dauernden Analyse bleiben, dass Sidonie sich tief betroffen zeigt und weint.

»Ich finde meine Mutter so schön und tu' alles für sie, aber sie liebt nur meine Brüder.«

Heftiges Weinen begleitet das Folgende.

Sie sei so lustig und zärtlich mit den drei Söhnen. Oft tollt sie sogar mit ihnen herum, rauft und rollt sich auf dem Boden. Wenn sie mit den Buben ist, existiert die Tochter nicht mehr. Und sie lässt diesen fast alles durchgehen, während sie ihr, Sidi, gegenüber hart, ja sogar ungerecht ist. Obwohl sie ihr oft Geschenke bringt, sie mit Blumen verwöhnt oder sie mit den feinen schokoladenen Katzenzungen, die sie so sehr liebt, überrascht, es hilft nichts. Ihre Mutter bleibt distanziert und kühl.

Manchmal beobachtet sie sie, wenn sie nach dem Mittagessen im Wohnzimmer auf dem Kanapee liegt, und kann trotz ihrem Schmerz nicht umhin, sie wunderschön zu finden. Dann läuft sie hin, packt ihre Hand und drückt einen hastigen Kuss drauf. Die Mutter blickt dann etwas befremdet auf und zieht amüsiert die Augenbrauen hoch, aber dass sie ihre sehnsüchtige Tochter einmal an sich drücken würde, ist noch nie geschehen.

Dabei mag Sidi ihre Brüder eigentlich … na ja, den Älteren nicht so sehr. Heinrich ist zwar nur elf Monate älter, aber er weiß genau, dass er als Erstgeborener das Schatzi ist, und nützt das gründlich aus. Er kann einfach nie etwas falsch machen, und trifft ihn einmal ausnahmsweise der Zorn des Vaters, stellt sich die Mutter immer schützend dazwischen. Außerdem ist er ein Besserwisser, der seine Geschwister ordentlich bevormundet. Ein rich-

Ernst Csillag, Sidonies jüngster Bruder

tiges Straßenengerl. Draußen bei seinen Freunden sehr beliebt und zu Hause ein kleiner verwöhnter Tyrann.

Da ist ihr der fünf Jahre jüngere Robert viel lieber. Das ist ein lustiger, musischer Bursch, der gleich nach dem Eintritt in die Mittelschule den verhassten Unterricht geschwänzt und seine Tage im Kaffeehaus, im Park oder beim Billard spielen verbracht hat. Die Entschuldigungen für die Schule hat er selber geschrieben, bis ihm der Vater draufgekommen ist. Und sogar das Donnerwetter danach hat er mit einem Lachen überstanden. Er hat einfach nur gesagt: »Ich kann nicht, Papa.« Und der hat das akzeptiert und ihn dann in eine Handelsschule geschickt.

Zum Jüngsten kann sie noch nicht viel sagen, er ist erst zwei, macht noch in die Hose und stinkt, das interessiert sie nicht.

Das einzige, was sie wurmt, ist, dass ihre Brüder viel mehr dürfen als sie, weil sie eben Buben sind. Sie gehen allein aus, ins Theater, auch schon ins Kaffeehaus, und sie ist immer von ihrer Gnade abhängig, wenn sie mitgehen will. Nur Feste bei gemeinsamen Freunden oder Bälle, die besuchen die beiden ältesten Csillag-Kinder gemeinsam. Denn bei ihnen zu Hause gibt's keine Feste, die Mutter verkehrt mit niemandem, außer wenn sie zur Kur ist.

Voriges Jahr war dabei etwas schrecklich Demütigendes passiert: Sie begleitete ihre Mutter wieder einmal zu einer dieser Kuren, diesmal auf den Semmering. Der Arzt hatte sie verordnet, wie jedes Jahr, weil die Mutter oft so schrecklich nervös und unzufrieden ist und sich außerdem die absurdesten Ängste macht, vor Dieben, Bränden, Überschwemmungen … Da gibt es kaum etwas, was sie nicht bedrohlich findet. Jedenfalls waren sie auf den Semmering gefahren. Der Vater war aus geschäftlichen Gründen in Wien geblieben. Und bei diesen Kuren verwandelt sich ihre Mutter von einer ängstlichen, menschenscheuen Frau in einen Vamp. Sie flirtet und kokettiert, dass ihre Tochter vor Verlegenheit und Widerwillen vergeht. Die Herren umschwirren die Mutter wie Motten. Was sie mit denen treibt, will sie gar nicht so genau wissen. Jedenfalls soupiert, diniert und promeniert sie mit ihren Verehrern, als ob sie frei und unverheiratet wäre. Und da ist es passiert, dass sie einem Herrn, der Sidonie hübsch und wohlerzogen fand und der Mutter ein Kompliment über ihre wohlgeratene Tochter machen wollte, sagte, dass dies nicht ihr Kind, sondern das einer Bekannten sei. Sie hatte sie einfach verleugnet, um jünger zu wirken, um das Interesse des Mannes von ihrer Tochter abzuziehen, um sie kaltzustellen. Es hat so weh getan, dass sie weinend auf ihr Zimmer gelaufen und in den darauffolgenden Tagen allein im Wald herumgestreunt ist, nur um diese schreckliche Frau nicht sehen zu müssen. Die hat einen regelrechten Widerwillen gegen alles Weibliche, jede Frau ist ihre Konkurrentin und Feindin, sogar die eigene Tochter.

Außerdem ist es eine Riesenschweinerei dem Vater gegenüber. Dieser gütige, liebevolle Mann, den sie so sehr liebt, wird von seiner Frau einfach hintergangen. Am liebsten würde sie, Sidi, ihm alles sagen, aber dafür hat sie doch zu viel Respekt, außerdem will sie ihm nicht weh tun. Wieso er allerdings mit solch einer Hingabe und Geduld seine Frau erträgt, erhält und sogar verwöhnt, ist ihr immer unbegreiflicher. Er ist ein Engel.

Und sogar ihre eigene, so vorsichtige und zarte Beziehung zu ihm wird von der Mutter unterbunden. Wenn er schon einmal Zeit hat und etwas früher vom Büro nach Hause kommt, was ganz, ganz selten passiert, und dann im Wohnzimmer bei einem Cognac sitzt und sie zu sich ruft, um ein bisschen mit ihr zu plaudern, und sie ihm endlich erzählen könnte, was sie bewegt, wird die Mutter sehr unangenehm, richtig widerlich. Sie quält dann Vater und Tochter mit ihrer Laune, wird schnippisch und bissig. So sehr, dass Sidi es aufgegeben hat, sich ihrem Vater anzunähern, damit sie nicht Krach mit der Mutter bekommt.

Ja, leider, sie muss es sagen, die Kinder Csillag haben zwar einiges Positive bezüglich Aussehen von der Mutter mitbekommen, aber das ist auch schon alles. Alle menschlichen Qualitäten kommen vom Vater, selbst wenn der wiederum alles andere als schön ist, sondern klein und dicklich. Aber sie liebt ihren Papa einfach, möchte ihm nie Kummer bereiten und alles tun, damit er mit ihr zufrieden ist. Deswegen wird sie sich auch hier in der Analyse sehr bemühen.

Freud weiß, dass er an einem zentralen Punkt seiner Anamnese angekommen ist und das Verhältnis zur Mutter nun klar vor ihm liegt. Er beschreibt es in seinem Aufsatz so:

… Die Einstellung der Mutter des Mädchens war nicht so leicht zu durchschauen. Sie war eine noch jugendliche Frau, die dem Anspruch, selbst durch Schönheit zu gefallen, offenbar nicht entsagen wollte … Sie war selbst durch mehrere Jahre neurotisch gewesen, erfreute sich großer Schonung von Seiten ihres Mannes, behandelte ihre Kinder recht ungleichmäßig, war eigentlich hart gegen die Tochter und überzärtlich mit ihren drei Knaben, von denen der Jüngste ein Spätling war, gegenwärtig noch nicht drei Jahre alt … Das Mädchen unserer Beobachtung hatte überhaupt wenig Grund, für ihre Mutter zärtlich zu empfinden. Der selbst noch jugendlichen Frau war diese rasch erblühte Tochter eine unbequeme Konkurrentin, sie setzte sie hinter den Knaben zurück, schränkte ihre Selbständigkeit möglichst ein und wachte besonders eifrig darüber, dass sie dem Vater ferne blieb. Ein Bedürfnis nach einer liebenswürdigeren Mutter mag also bei dem Mädchen von jeher gerechtfertigt gewesen sein; warum es aber damals und in Gestalt einer verzehrenden Leidenschaft aufflackerte, ist nicht begreiflich …
Da mit der realen Mutter wenig anzufangen war, ergab sich aus der geschilderten Gefühlsumsetzung das Suchen nach einem Muttterersatz, an dem man mit leidenschaftlicher Zärtlichkeit hängen konnte.

Nur die Schwärmerei für den Vater, in der sie ihn so idealisiert, macht Freud, gerade am Hintergrund ihres Verhaltens zur Baronin Puttkamer, misstrauisch. Das wird er sich noch genau ansehen müssen. Aber das wird einer der nächsten Stunden vorbehalten sein. Für heute gibt er, auf die Minute pünktlich, das Signal, dass die Sitzung beendet sei, geleitet seine Patientin zur Tür und verabschiedet sie mit einem kurzen Kopfnicken.

Nach dem Wochenende würden sie sich wieder sehen.

»Nun, wie war's denn diesmal?«

»Unerhört.«

Wütend schleudert Sidonie ihr Täschchen auf den runden grünen Marmortisch in einer Fensternische des Café Herrenhof, an dem Leonie Puttkamer schon auf sie wartet. Die kann die Hand-

Café Herrenhof in Wien

tasche gerade noch vorm Absturz bewahren. Ihre junge Freundin hat sich auf den gegenüberliegenden Sessel fallen lassen und fährt sich aufgebracht durch das dunkle lange Haar.

Schon seit drei Wochen treffen sich die beiden Frauen wieder. So auch heute, Montag. Versprechen hin oder her, Sidi kann und will es ohne Leonie nicht aushalten. Mit wem soll sie denn sonst über die Behandlung bei Professor Freud reden, ihr Herz ausschütten und ein bisschen getröstet werden. Außerdem hatte sie ja eigentlich nur versprochen, sich in der Analyse zu bemühen, und das tut sie. Und sie wird weiter alles tun, damit Freud und ihr Vater merken, dass sie völlig unschuldig ist in Bezug auf diese wunderschöne Frau ihr gegenüber. Und Treffen im Kaffeehaus sind etwas sehr Unschuldiges. Nach den Analysesitzungen ist dafür eine gute Zeit, weil eine halbe Stunde mehr oder weniger zu Hause bei Sidonie nicht auffällt und sie immer noch sagen kann, die Elektrische habe wieder Verspätung gehabt.

Das Café Herrenhof ist von den beiden aus mehreren Gründen für ihre Treffen gewählt worden. Es liegt zentral, und Sidonie muss auf ihrem Nachhauseweg nur durch die Herrengasse laufen und ist schon da. Leonie kann alle ihre Besorgungen in der Stadt vorher erledigen und sich dann bei einem Kaffee entspannen. Außerdem ist das Herrenhof ein Bohemien- und Literatencafé und somit kein Ort, wo die beiden Frauen fürchten müssten, auf Vater Csillag zu stoßen. Zudem ist es weitläufig und dennoch verwinkelt und gemütlich mit seinen sternförmig angeordneten Logen und dem großstädtisch liberalen Publikum, das sich nicht schert, wenn zwei Frauen ein bisschen tändeln.

»Also, erzähl schon, *ma chère*!« Erwartungsvoll richten sich die Augen der Baronin auf ihr Visavis.

Heute wird nicht getändelt. Sidonie beugt sich weit vor und liegt fast auf ihren verschränkten Armen auf dem Tisch. »Stell dir vor! Er fragt mich ja schon seit einiger Zeit ausführlich über meine Eltern und die Brüder aus. Vor allem in den jüngsten hat er sich in der letzten Stunde verbissen. Und weißt du, was er mir heute gesagt hat: Dass ich gern mit meinem Vater ein Kind gehabt hätte, und weil's natürlich meine Mutter bekommen hat, ich sie deswegen hasse und meinen Vater auch und mich daher gänzlich von Männern abwende … Es ist so empörend!«

Ihre Hand saust nieder, und die Ringe knallen so laut auf die Steinplatte, dass einige Kaffeehausgäste erschreckt hochfahren. In einer wilden Bewegung dreht sie den Kopf zum Fenster hin, damit niemand das nasse Glitzern in ihren Augenwinkeln sieht. Vis-à-vis links und rechts vom Portal des Palais Caprara-Geymüller mühen sich zwei Atlanten, das Gewicht der Welt auf ihren Schultern zu tragen und blicken so steinern verzweifelt, als ob es das Unheil dieser Welt wäre. Sind ihr noch gar nicht aufgefallen bisher, diese Figuren, aber genau so fühlt sie sich bei Freud – es ist unerträglich.

Leonie bricht in kreischendes Gelächter aus, das wieder einige Köpfe hochfahren lässt.

»Also, ich habe ja schon einiges erlebt und noch viel mehr gehört, aber dass eine Neunzehnjährige angeblich von ihrem Vater ein Kind haben will und deswegen ihre Mutter hasst, ist mir noch nie untergekommen. Gib's zu, Sidi, du bist auch ein bisschen pervers.«

Das hätte sie lieber nicht sagen sollen. Sidonie zuckt zusammen und droht gänzlich in Tränen zu zerfließen, und nur ein zärtliches Liebkosen ihrer Hand und ein paar beschwichtigende Worte bringen sie wieder zur Ruhe. Kurz darauf geht es von neuem los.

»Er ist so ein Ekel. Ein widerlicher Kerl. Er hat wirklich die schmutzigste Phantasie, die ein Mensch haben kann. Dieses Unterbewusstsein!« Nun landen die Hände für einen Moment zusammengeschlagen vor dem Gesicht. »Er muss doch mittlerweile wissen, dass ich unschuldig wie ein fünfjähriges Kind bin. Dass der so berühmt geworden ist, verstehe ich nicht …« Und so geht es noch Minuten fort.

Leonie ist amüsiert und berührt. Noch nie hat sie Sidi so zornig und verletzt gesehen. Was in diesem ruhigen, wohlerzogenen Mädchen für ein Temperament steckt! Das gefällt ihr. Obwohl es noch einige Bemühungen braucht, bis Sidi sich wieder gefangen hat.

»Komm, *ma chère*, lass uns an die Luft gehen, ein bisschen im Burggarten spazieren, es ist so schön draußen.«

Die Tassen klirren auf den Tabletts beim Abservieren, ein paar Münzen rutschen klingelnd aus den Börsen auf den Tisch.

»Jetzt ist er bei mir unten durch.« Diesen grimmigen Abschlusssatz braucht es noch, dann können sie gehen. Zwei elegante junge Frauen treten aus dem Café auf die belebte Herrengasse und verschwinden bald im spätnachmittäglichen Getümmel.

Ein paar Tage später regnet es, als Sidonie zu Freud geht. Schon in die Klavierstunde am Vormittag war sie deswegen äußerst ungern gegangen, und Freud ist nun wirklich eine Überwindung. Diese letzten Interpretationen von ihm hatten sie tief getroffen, obwohl sie sich nichts anmerken lässt und sich immer noch bemüht, ihm vorzuspielen, dass die Behandlung wirkt. Sie möchte es richtig machen, um ihren Eltern keine Sorgen zu bereiten und vor allem ihren Vater zu besänftigen. Wenn der Professor ihm nur endlich sagen würde, dass nichts passiert ist mit Leonie und sie unschuldig ist! Das würde ihn beruhigen, und sie könnte die Couch hinter sich lassen. Das mit Leonie würde sie sich dann schon irgendwie arrangieren.

Vielleicht würde sie es bis zu den Sommerferien schaffen, dann hätte sie wenigstens einen schönen Urlaub in Brioni. Aber so weit war es noch nicht. Also wieder zum x-ten Mal das breite Stiegenhaus hinauf in der Berggasse 19 und auf die Couch.

Freud spürt Sidonies Unlust und ihre Abneigung gegen die analytische Behandlung. Es ist mehr ein Instinkt, den er sich in den langen Jahren seiner Analysen erworben hat, und noch keine Evidenz, die sich aus einem deutlichen Widerstand ablesen ließe. Denn die junge Csillag plaudert munter drauflos und wirkt seltsam unbeteiligt. Nur – er kriegt sie nicht zu fassen. Wobei es ihn irgendwie nicht verwundert. Denn seine junge Patientin ist ja nicht krank, ist nie auf eigenen Wunsch hierher gekommen und beklagt sich nicht über ihren Zustand. Und diese ihre Variante der Sexualität in eine andere zu überführen, wenn sie das nicht will, ist so schwierig wie aus einem voll entwickelten Heterosexuellen einen Homosexuellen zu machen.

Auch heute ist sie wieder sehr gesprächig. Er hatte sie zu Beginn der Sitzung nach der früheren Schule und ihren Freundinnen aus dieser Zeit gefragt, um sich nach der Exploration der Familie von ihrem Umfeld ein Bild machen zu können, und sie erzählt nun wie aufgezogen.

Im ersten Volksschuljahr hätte sie noch zu Hause Privatunterricht erhalten bei einem langweiligen, trockenen Lehrer, der unangenehm roch und in den Händen schwitzte. Dann ging sie in die nahe gelegene Volksschule in der Strohgasse. Nett sei das gewesen, erstmals mit so vielen Kindern zusammen zu sein. Nachmittags kamen dann regelmäßig Französinnen und Engländerinnen ins Haus, um den drei Älteren den Umgang mit diesen Sprachen selbstverständlich zu machen, wie es sich eben gehört, in guten Familien. Fremdsprachige Konversation war schon etwas sehr Wichtiges. Nach der Volksschule besuchte sie ein Jahr lang die so genannte Schwarzwaldschule. Die Reformpädagogin Eugenie Schwarzwald habe sie in keiner guten Erinnerung, alle hätten sich viel zu sehr um die Frau Doktor gedrängt, die doch gar keine schöne Erscheinung war.

Dann wechselte sie ins Lyzeum des Frauenerwerbsvereins am Wiedner Gürtel, wo sie dann bis zur Matura blieb. Dort traf sie die Töchter aus den alteingesessenen Wiener Familien, mit denen ihre Eltern nicht privat verkehrten, auch die Ellen Schoeller war darunter, die bald ihre beste Freundin wurde. Sofort hätte sie Ellen in der großen Schar der Mitschülerinnen registriert, wo sie doch so ein Augenmensch ist. Sie sei entzückt gewesen und ins Schwärmen geraten über Ellens karierte Kleider mit den großen Kragen. Ellen war wirklich eines der bestangezogenen Mädchen in dieser Klasse.

Ellen Schoeller sei die einzige Tochter Robert von Schoellers und seiner Frau Mimi, einer geborenen von Seybel. Ellen sei wie sie das einzige Mädchen unter drei Brüdern. Und die Schoellers sind eine traditionsreiche, weitverzweigte Familie, die in der Wiener Gesellschaft hochangesehen ist. Sie sind Protestanten, das ist vielleicht ein bisschen ungewöhnlich für Wien. Und aus dem Rheinland stammen sie und hätten vorher in Brünn gelebt. Angeblich sagte man damals, dass die Schoellers das für Brünn waren, was die Rothschilds für Wien bedeuteten. Die Familie von Ellens Vater sei sehr erfolgreich in der Eisen- und Zuckerindustrie, daher beziehen sie auch ihren Wohlstand, und Ellens Vater sei in der Zuckerindustrie eine leitende Figur. Ellens Mutter sei ein herzlicher Mensch und komme aus einer Familie, die es mit Essig zu erheblichem Wohlstand gebracht hatte.

Und Ellen ist ja nicht nur ein sehr hübsches und gut gekleidetes Mädchen, sie ist außerdem so sportlich. So eine gute Tennisspielerin, Schifahrerin und Eisläuferin, die sogar mehrere Eiskunstlaufprüfungen absolviert hätte! Sie selber betreibe Sport nur, weil ihre Eltern Wert darauf legen, Ellen hingegen gehe sportlichen Betätigungen mit Leidenschaft nach.

Den Schulweg hätten sie immer gemeinsam zurückgelegt. Sie, Sidonie, die aus der Neulinggasse kam, holte Ellen in der Jaquingasse ab. Während sie allein zur Schule gehen durfte, wurde Ellen immer von ihrer Gouvernante begleitet. Überhaupt waren die Eltern Schoeller viel strenger als die Csillags. Ellen durfte nur mit Kindern von Familien zusammen sein, mit denen auch ihre Eltern verkehrten. Nur bei ihr wurde eine Ausnahme gemacht.

Die Schoellers hätten ein reges Gesellschaftsleben, und es gäbe viel Kommen und Gehen in ihrem Haus. Es kamen nicht nur viele Freunde und Bekannte der Eltern, sondern auch immer Besuch aus der großen Verwandtschaft. Dort seien dann so elegante Damen der Gesellschaft anzutreffen. Besonders anziehend fände sie Mimi Schoellers Schwester Lini. Bei deren Hochzeit mit dem Prager Waggonfabrikanten Ringhoffer in der Wiener Dorotheerkirche war sie sogar Zaungast. Lini Seybels schlanke Gestalt und ihr prachtvolles rotes Haar machten sie wirklich zur schönsten Braut von Wien.

Auch mit anderen Mädchen aus der Schule hätte sie abwechslungsreiche Freundschaften. Christl Kmunke, die ihr die wertvollen Botinnendienste zu Baronin Puttkamer geleistet hatte, drückte auch die Schulbank mit ihr. So ein burschikoser Typ, die gar kein Hehl aus ihrer Zuneigung zu Mädchen und Frauen machte. Schrecklich! Bei ihr hätte sie auch ihr Glück versucht, aber Christls Küsse und die sehnsüchtigen Berührungen hätten sie völlig kalt gelassen. Sie fand Christl gar nicht anziehend. Aber alle anderen haben schon gewusst, wie sie veranlagt war. Da gab es einen Sommer, den sie mit der Familie in St. Gilgen verbracht hätten. Eines Nachmittags sei Christl, deren Familie in einer nahe gelegenen Villa eingemietet war, zu Besuch gekommen. Sie selbst sei nicht zu Hause gewesen, und so ging Christl mit ihrem Bruder Heinrich spazieren. Eine Freundin ihrer Mutter, welche die beiden Richtung Wald entschwinden sah, hätte dann schnippisch festgestellt, welch ein Glück es sei, dass Heinrich und nicht Sidi mit Christl in den Wald verschwunden sei …

Und so weiter und so fort.

Ein Anekdötchen reiht Sidonie an das andere, eine Gesellschaftsepisode aus ihrem Umkreis an die nächste, nur damit keine lähmenden Pausen entstehen, die Rede nicht auf Leonie Puttkamer kommt und der Professor sieht, wie sehr sie auf die Behandlung eingeht.

Doch im Lauf der folgenden Stunden geht ihr der Stoff aus, und sie weiß nicht mehr, was sie noch erzählen soll. Außerdem träumt sie nichts, aber Freud insistiert auf Träume. Ob der Professor ahnt, dass sie sich wieder regelmäßig mit Leonie trifft? Hoffentlich nicht. Aber eigentlich könnte sie der Realität ja ein bisschen nachhelfen und ihn von ungünstigen Überlegungen ablenken. Also tischt sie Freud ihre Treffen mit Leonie als Träume auf. Noch ein bisschen ausschmücken, und fertig ist die Geschichte vom braven Mädchen, das sich zwar nach der Geliebten verzehrt, aber doch tapfer an ihren Versprechen festhält.

Freud notiert zu dieser Zeit:

> Durch irgendeinen leisen Eindruck gewarnt, erklärte ich ihr eines Tages, ich glaube diesen Träumen nicht, sie seien lügnerisch oder heuchlerisch, und ihre Absicht sei, mich zu betrügen, wie sie den Vater zu betrügen pflegte. Ich hatte recht, diese Art von Träumen blieb von dieser Aufklärung an aus… Bei unserer Träumerin stammte die Absicht, mich irrezuführen, wie sie es beim Vater zu tun pflegte, gewiss aus dem Vorbewussten, wenn sie nicht etwa gar bewusst war; sie konnte sich nun durchsetzen, indem sie mit der unbewussten Wunschregung, dem Vater (oder Vaterersatz) zu gefallen, in Verbindung trat, und schuf so einen lügnerischen Traum.

Dass er wirklich und geplant belogen wird, hält er nicht für möglich.

Und Sidonies Aberwitz und Schläue gehen noch weiter. Vor einigen Tagen war sie wieder einmal gar nicht vorsichtig gewesen in ihrer Sehnsucht, Leonie zu sehen, ganz im Gegenteil. Eigentlich sitzt fast so etwas wie ein kleiner Teufel in ihr, der seine Pfeile bösartig verschießt und alle Grenzen auslotet, bis sie einbrechen.

Ganz frech hat sie Leonie vom Friseur abgeholt, dem Salon Geppert in der Krugerstraße, den Leonie zweimal in der Woche besucht. Diese Vorliebe teilt sie pikanterweise mit Mutter Csillag, und Hugo, der Meister, der die Locken, Pagenköpfe und Steckfrisuren der Damen bändigt und in Form bringt, ist ein Tratschmaul. Hat er nicht Emma Csillag gleich brühwarm erzählt, dass er am Vortag ihre Tochter hier gesehen habe, so ein hübsches, elegantes Mädchen, das mit der schönen Baronin Puttkamer eingehängt den Salon verlassen habe.

Ihre Mutter hat ihr dann am Abend etwas kühl und pikiert, aber doch recht gelassen, den Tratsch kolportiert, hat nur gesagt: »Du weißt, wir wünschen das nicht, also hüte dich das nächste Mal, vor allem der Papa und Freud werden das nicht gerne hören.«

Nun musste Sidonie die Flucht nach vorne antreten, denn wer weiß, ob die Mutter nicht doch zu gesprächig ist und dem Professor alles erzählt. Also tischt sie in der Stunde darauf dem Herrn Professor ein kleines halbwahres Geschichtchen auf.

Ob der Professor ihr das je wirklich abgenommen hat, weiß sie nicht, aber immerhin ist sie aus der ärgsten Bredouille draußen.

Ansonsten zählt sie die Tage bis zur Sommerfrische, bis zur Abreise nach Brioni.

Noch zwei Wochen, dann ist es wieder so weit. Was danach kommen würde, will sie sich jetzt gar nicht überlegen. Vielleicht könnte sie ihren Vater dazu überreden, ihr eine Beendigung der Analyse zu gestatten. Sie hat jedenfalls innerlich schon abgeschlossen und träumt vom Süden. Wien wird sich Anfang Juli leeren, und auch ihre Familie wird die Schrankkoffer packen lassen, zuerst nach Strobl am Wolfgangsee reisen und dann endlich wieder nach Brioni, der Hitze entgegen fahren.

Brioni

Paul Kupelwieser, der Sohn des Biedermeiermalers und Schubertianers Leopold Kupelwieser, war 1893 gerade fünfzig Jahre alt geworden. Er hatte siebzehn Jahre in der Chefetage der Witkowitzer Eisenwerke bei Mährisch-Ostrau gearbeitet, ein ansehnliches Vermögen angesammelt und nur einen Wunsch: sich im Süden zur Ruhe zu setzen. Ein Freund aus Triest half ihm bei der Suche nach einem geeigneten Platz, und bald wechselte um 75.000 Kronen die Adriainsel Brioni – der Halbinsel Istrien bei Pula vorgelagert – den Besitzer: Die venezianische Adelsfamilie Francini trennte sich von der Insel, die in Venedig vor allem wegen ihrer Steinbrüche berühmt war. Waren es doch die Steine aus Brioni, die als wertvolles Baumaterial in Venedig zur Verwendung gelangt waren.

Gemeinsam mit Familie und Freunden machte sich Paul Kupelwieser an die langwierige Aufgabe, Brioni zu einem Ferienresort umzugestalten. Die Insel wurde aufgeforstet, Obst- und Weingärten wurden angelegt, die Straßen verbessert, der Hafen ausgebaggert und ein erster Gasthof mit vierzehn bescheidenen Zimmern errichtet. Die Kommunikation mit dem Festland übernahm das Postschiff aus Pula, schließlich gab es sogar eine eigene Telegraphenleitung. Personen wurden mit einem eigens angefertigten Dieselmotorschiff oder mit herkömmlichen dampfbetriebenen Fähren transportiert.

Und ganz allmählich wurde die Insel, den Plänen ihres Besitzers entsprechend, ein Urlaubsort. Der Zustrom von Sommergästen erhöhte allerdings den Süßwasserbedarf, denn Brioni hatte keine eigenen Quellen. Zisternenwasser und das, was das Wassertransportschiff, welches Paul Kupelwieser nach dem Kauf der Insel extra angeschafft hatte, vom Festland brachte, reichten nicht aus. Deshalb kaufte Kupelwieser nördlich von Pula ein Höhlensystem mit reichlich Wasser von guter Qualität, das er in einer Rohrleitung, die teilweise auch unter dem Meeresspiegel verlegt worden war, nach Brioni pumpen ließ. Diese technische Meisterleistung allein verschlang ein kleines Vermögen.

Noch ein weiteres Problem belastete die neuen Besitzer während all der ersten Jahre: die Insel war Malariagebiet. Im Jahr 1900 wandte sich Paul Kupelwieser daher an den Bakteriologen und späteren Nobelpreisträger Robert Koch und bat ihn um Unterstützung im Kampf gegen die heimtückische Krankheit. Robert Koch kam dieser Bitte gern nach, reiste nach Brioni und untersuchte und behandelte alle Inselbewohner. In den folgenden

Jahren kam es zu keinen Neuerkrankungen mehr, und zum Zeitpunkt der Tourismushochblüte auf Brioni gehörte Malaria der Vergangenheit an.

Ab 1903 begann Brioni sich zum Kurort zu entwickeln. Geld wurde aufgenommen, um die Hotels Neptun, Riviera, Carmen und das Grand Hotel zu erbauen. An der Ostküste wurde ein Sandstrand mit Seebad errichtet, dazu Sonnenterrassen und Spielplätze. Außerdem standen den Besuchern Automobile, Fiaker, Motorboote und Segelbarken zum Mieten zur Verfügung. Zur sportlichen Unterhaltung gab es einen 18-Loch-Golfplatz, 2 Poloplätze, auf denen 18 Poloponys eingesetzt waren, und Tenniscourts. Gut geschultes Personal wurde eingestellt, und die ersten Hotelbesucher ließen nicht lange auf sich warten.

Die Liste der Gäste liest sich wie ein Verzeichnis der aristokratischen und großbürgerlichen Familien der österreichisch-ungarischen Monarchie, und sie machten den Großteil der Touristen aus. Nur etwa zehn Prozent kamen aus dem damaligen Ausland.

Auch Paul Kupelwiesers Freunde, ehemalige Kollegen aus der Eisen- und Stahlindustrie – unter ihnen die Herren Wittgenstein, Weinberger, Feilchenfeld, Kestranek, Skoda und Wolfrum –, kamen häufig zu Besuch. Anfangs waren sie dem Unternehmen ihres Freundes skeptisch gegenübergestanden, schließlich gefiel ihnen die Insel jedoch so gut, dass sie Grundstücke kauften, um eigene Villen bauen zu lassen. Unter den neuen Villenbesitzern waren die Fabrikanten Weinberger und Feilchenfeld. Nur Karl Wittgenstein konnte sich nicht zum Bau eines Hauses entschließen, denn er hatte schon deren drei und wollte die Geduld seiner Gattin nicht noch mehr belasten. Die Hilfe der Freunde beschränkte sich jedoch nicht nur auf den Grundstückkauf. Die Herren brachten Paul Kupelwieser auch in diversen Aufsichtsräten unter, um seine finanzielle Lage zu verbessern. Denn schließlich – eine Hand wäscht die andere, und ein günstig gekaufter Besitz in der Adria war schon seine Gegenleistung wert.

Ein weiterer Gast, vielleicht ein bisschen von der skurrilen Sorte, war der Hamburger Tierzüchter und Zirkusdirektor Carl Hagenbeck. Er begann nach 1911 zweihundert der merkwürdigsten Vogelarten, darunter afrikanische Strauße, Flamingos und Wildgänse, auf der Insel anzusiedeln. Sein großer Traum, Brioni in einen fast paradiesischen Tierpark mit Tieren aus aller Welt umzugestalten, wurde erfüllt.

Während des Ersten Weltkriegs ging die Unterhaltung auf Brioni ungestört weiter. Nach 1918 und der Niederlage und dem Untergang der österreichisch-ungarischen Monarchie fiel Brioni an das Königreich Italien. Im folgenden Jahr starb Paul Kupelwieser im Alter von sechsundsiebzig Jahren, und die Söhne Karl und Leopold erbten die Insel. Karl übernahm die Verwaltung, Leopold die Pflege der mittlerweile gut entwickelten Einrichtungen für Fremdenverkehr und Weinbau.

Auch in den zwanziger Jahren änderte sich das touristische und gesellschaftliche Leben auf Brioni relativ wenig. Obwohl die Insel jetzt auf italienischem Staatsgebiet lag, kamen die meisten Gäste nach wie vor aus Österreich und Ungarn. Erst der Börsenkrach im Jahr 1929 und die anschließende Weltwirtschaftskrise hatten weitreichende Konsequenzen für die Insel. Der Hotelbesuch ging drastisch zurück, und die Familie Kupelwieser sah sich außerstande, ein großes Darlehen, welches während des Ersten Weltkriegs aufgenommen worden war, zurückzuzahlen. Karl Kupelwieser wählte im November 1930 den Freitod, und die hochverschuldete Insel ging in den Besitz seiner drei Nichten über.

Es kam zu langwierigen Verhandlungen mit dem italienischen Staat, welcher allerdings nicht bereit war, auf Angebote zur finanziellen Rettung einzugehen. Letztendlich fiel Brioni an ihn. Nach dem Zweiten Weltkrieg wurde Istrien und somit auch Brioni Teil der Republik Jugoslawien. Marschall Tito übernahm Brioni und machte es zu seinem privaten Feriendomizil.

1919 ist selbst nach dem Ende der österreichisch-ungarischen Monarchie die Welt in Brioni noch in Ordnung, und verwöhnte Urlaubsgäste wie die Csillags merken nichts von den Veränderungen. Die Tage verlaufen nach immer ähnlichen Gewohnheiten und Ritualen und orientieren sich an den Freizeit- und Erholungsangeboten. Nach spätem Aufstehen und üppigem Frühstück geht ein Teil der männlichen Gäste zum Polospiel, was Sidonie gar nicht interessiert. Sie zieht es, wie die übrige Damenwelt, ins Saluga, ein Bad, dem auch eine Art Club angeschlossen ist. Das Saluga hat zwar keinen Strand, dafür aber eine schöne Terrasse, die es erlaubt, über dem Wasser zu sitzen, eine leichte Brise vom Meer zu genießen und den wagemutigen Schwimmern, die unten in seltsam verrenkten Posen über die Felsen balancieren, zuzusehen.

Doch der wichtigste Teil dieser Urlaubstage ist eindeutig der Abend. Nach sportlichen Aktivitäten oder Faulheit in sommerlicher Hitze werden die Roben und Smokings hervorgeholt, die dann im Versuch, einander an Eleganz zu übertreffen, in der Gesellschaft vorgeführt werden. Die Damen müssen natürlich jeden Abend ein anderes Abendkleid tragen, was dann am nächsten Tag wieder für Gesprächsstoff in den weiblichen Tratschkränzchen sorgt.

In der Kühle der beginnenden Dunkelheit wird das Diner serviert. Und nach dem Essen kommt schließlich der eigentliche Höhepunkt des Tages, der Tanz.

Walzer wird immer getanzt. Den Wiener Dreivierteltakt kennen alle und lassen sich gern von ihm in die Arme eines feschen Herrn oder einer reizenden Dame führen.

Für die Jugend sind die neuen Melodien, die gerade aus den USA über den Atlantik kamen, da. Blues und Shimmy wird exzessiv getanzt, und der britische Foxtrott ist bewährt für das – lang, lang, Seit-Schluss – flotte Über-das-Parkett-Schweben. Auch der laszive Tango darf für besondere Könner und die späte Stunde nicht fehlen.

Für die jungen Männer und Frauen sind diese Abende die beste Möglichkeit, ihresgleichen aus der näheren und ferneren Bekanntschaft wieder zu treffen und auch neue Kontakte mit Töchtern und Söhnen der »besten Familien« zu knüpfen.

Sidonie interessiert sich bei diesen Gelegenheiten allerdings weniger für junge Männer, sondern wirft ihre suchenden Blicke eher auf die Partnerinnen der Tänzer, die ihren nimmersatten Sinn für Schönheit viel besser stillen. Jeden Sommer gibt es eine, in die es sich zu verlieben lohnt. Ganz unbemerkt bleibt das natürlich nicht. Weder von den Damen, die ihr gefallen, noch von den anderen Gästen, die nun schon seit zwei Jahren tuscheln, ob sich die junge Csillag wohl in die richtige Richtung entwickelt. Dennoch sind und bleiben dies harmlose Schwärmereien.

Christl Schallenberg, Sidonie Csillag und Grete Weinberger auf Brioni

In den Sommern von Brioni lernt Sidonie auch viele ihrer langjährigen Freundinnen kennen, mit denen sie in den kommenden Jahren engen Kontakt pflegt und deren Elternhäuser zu neuen gesellschaftlichen Zentren werden, in denen sie viel Zeit verbringt. Diese Freundschaften dauern in allen Fällen bis ans Lebensende an. Zu den Freundinnen zählt auch eine der Enkelinnen des Inselbesitzers, Maria »Pussy« Kupelwieser, die 1926 in einer mondänen und rauschenden Hochzeit Manfred Mautner-Markhof, den späteren Bierbaron und Kunstmäzen, heiratet.

Zu einer weiteren Freundin wird Grete Weinberger, Tochter einer alteingesessenen Wiener Familie und spätere Bildhauerin. Der Familienlandsitz in Katzelsdorf bei Wien wird in den zwanziger Jahren ein beliebter Pol von Sidonies Kontakten und Unternehmungen.

Und die Dritte im Bunde ist die junge Komtesse Schallenberg, Sidis – wie sie immer betont – »zweitbeste« Freundin.

Nur Ellen Schoeller ist nie mit von der Partie, verbringt die Sommerferien immer in St. Gilgen und kann erst nach Urlaubsende in Wien mit dem neuesten Inseltratsch versorgt werden.

Zum letzten Mal in der Berggasse 19

Auch Professor Freud sehnt sich nach dem Sommer. Er wird wieder in seinen Lieblingskurort Bad Gastein fahren, und seine Schwägerin Minna hat sich als Begleiterin angesagt. Hoffentlich ist Martha, nach ihrer fürchterlichen Grippe, von der sie sich ja kaum erholen konnte, so weit, auch mitzufahren. Gegen Ende des Sommers wird er vielleicht wieder nach Italien oder in die Schweiz reisen. Zwei Monate keine Fachgespräche und kein Ton über Analyse – das ist Entspannung.

Nur Anna wird heuer leider nicht mit dabei sein. Ihr Sommer bei der Familie Rie am Königssee ist schon lange geplant, und er möchte ihr die Freude nicht nehmen. Er weiß, wie gern sie die schöne Mutter Melanie Rie mag, so sehr, dass sie fast eine mütterliche Freundin geworden ist in letzter Zeit. Und mit ihrer Tochter Margarete ist sie eng befreundet.

Anna ist seine ganze Freude. Seit einem halben Jahr ist sie bei ihm in Analyse. Sie will wohl in seine Fußstapfen treten und sein Lebenswerk fortführen. Nur mit der Liebe will es bei ihr nicht werden, es gibt keine Männer in ihrem Leben … fast wie bei der jungen Csillag. Doch den dahinterstehenden unangenehmen Gedanken lässt er gar nicht aufkommen.

Den Fall Csillag wird er abschließen. Es macht keinen Sinn, sich mit dem Mädchen weiter abzumühen, das offensichtlich einen starken, für ihn lange nicht zu entdeckenden Widerstand aufgebaut hat. Er kommt nicht an sie heran, und die Parallelen zu ihrem Verhalten zum Vater sind offensichtlich und äußerst hinderlich. Einerseits das bemühte brave Mädchen, das scheinbar mittut, und dahinter ein eiserner Wille, ihre Fasson von Leben durchzusetzen. Er wird empfehlen, die Behandlung bei einer Frau fortzuführen, sofern die Eltern das überhaupt noch wollen. Für ihn war es eine interessante Erfahrung, die Eingang in seine weitere Forschung und Publikationstätigkeit finden wird. Den Ausgang dieser analytischen Episode muss er noch notieren:

> Die Analyse vollzog sich fast ohne Anzeichen von Widerstand, unter reger intellektueller Beteiligung der Analysierten, aber auch bei völliger Gemütsruhe derselben. Als ich ihr einmal ein besonders wichtiges und sie nahe betreffendes Stück der Theorie auseinandersetzte, äußerte sie mit unnachahmlicher Betonung: Ach, das ist ja sehr interessant, wie eine Weltdame, die durch ein Museum geführt wird und Gegenstände, die ihr vollkommen gleichgültig sind, durch ein Lorgnon in Augenschein nimmt … Bei unserem Mädchen war es nicht der Zweifel, sondern das affektive Moment der Rache am Vater, das ihre kühle Reserve ermöglichte … Ich brach also ab, sobald ich die Einstellung des Mädchens zum Vater erkannt hatte.

Als ihr Freud in der ersten Stunde nach dem Sommer seinen Entschluss mitteilt, atmet Sidonie innerlich auf. Sie hat der Form Genüge getan und ihrem Vater gezeigt, dass sie guten Willens ist. Aber alles lässt sich eben nicht ändern – wenn das der Professor ihrem Vater mitteilt und außerdem noch hinzufügt, dass Leonie sie nie vom Weg ab und in ihr Bett gebracht hat, wird er beruhigt sein und sie in Ruhe lassen. Somit ist eigentlich wieder einmal alles zu ihrem Besten gelaufen.

Zum Abschied sagt ihr Professor Freud: »Sie haben so schlaue Augen. Ich möchte Ihnen im Leben nicht als Feind begegnen.«

Dass der berühmte Freud das zu ihr gesagt, als sie neunzehn war, wird Sidonie ihr ganzes Leben nicht vergessen.

3
Arsen, Kokain und lange Nächte

»Verbinden Sie mich mit dem Dr. Saxl im dritten Bezirk. Ja, dem Arzt. Machen Sie schnell.«

Eine scharfe, befehlsgewohnte Stimme kommt da spätnachts durch die Amtsleitung, und die Telephonistin versucht unwillkürlich, die Kabel schneller in die richtigen Buchsen zu stöpseln und die Verbindung herzustellen.

»Saxl? Hier Geßmann. Sie hat versucht, mich zu vergiften, mir ist elend. Komm schnell!«

Schon ist die Leitung wieder tot.

Dr. Saxl seufzt und blickt müde auf die Uhr auf seinem Nachttisch. Es ist halb zwei. Er hatte einen harten Tag gehabt, mit einer nicht enden wollenden Flut von Patienten. Jetzt im Frühjahr sind ja alle krank, und die, die sich's leisten können, gehen gleich zum Internisten. Ein bisschen Schlaf hätte ihm gut getan.

Aber Albert Geßmann ist ein besonderer Patient, hypochondrisch und misstrauisch, dauernd mit irgendwelchen Wehwehchen beschäftigt, und gleichzeitig ein herrischer, unduldsamer Mensch. Eigentlich ein widerlicher Kerl. Trotzdem sollte man's sich mit dem nicht anlegen. Seine Verbindungen in die höchsten Kreise der Politik und Wirtschaft könnten einem schon gehörig schaden.

Leise fluchend erhebt sich Dr. Saxl, zieht sich hastig den Anzug an, der für den nächsten Morgen bereit gelegt ist, und greift nach der Arzttasche.

Am Sebastianplatz Nummer 7 im zweiten Stock ist alles hell erleuchtet. Trotz der späten Stunde öffnet wie immer die Haushälterin, und hinter ihr im Vorzimmer kommt Geßmann gelaufen.

»Saxl. Endlich! Mir ist so schlecht, und ein Schweißausbruch nach dem anderen, schau mich an.« Er reißt anklagend seinen

Seidenschlafrock mit dem Paisleymuster auf und hält dem Arzt den Bauch hin.

Eine Untersuchung im angrenzenden Salon bringt wenig. Etwas erhöhter Puls, Pupillen erweitert, der Bauch ein wenig gebläht und angespannt, Zunge belegt. Wie eine Vergiftung schaut das nicht aus. Wird sich wohl den Magen verdorben haben, der alte Fresssack, denkt sich Saxl lakonisch.

Aber Albert Geßmann lässt nicht locker. Minutiös lässt er den Abend Revue passieren.

Im Ronacher seien er und Leonie gewesen und so gegen elf nach Hause gekommen. Die Haushälterin hat dann ein spätes Nachtmahl serviert, mit Fisch, Kartoffeln und ein paar Erbsen, als Vorspeise gab's ein wenig Kaviar und nachher noch ein Weinchaudeau. Von so was wird einem doch nicht schlecht, und die Leonie hat genau das Gleiche gegessen.

Und dann hätten sie sich gestritten, ganz so wie früher in der ersten Etappe ihrer Ehe, weil seine Frau schon wieder einsilbig und abweisend war. Sie benahm sich launisch und kalt, und es war nicht zu reden mit ihr. In solchen Momenten lässt sie ihn spüren, dass sie ihn schrecklich findet, dass ihr ekelt vor ihm und dass sie etwas Besseres ist. Als sie ihn dann auch sexuell abwies, wo er doch jeden Tag mit einer Frau schlafen muss, sei er explodiert und habe jede Contenance verloren. Ja, er habe auf den Tisch geschlagen und sie wild beschimpft, dann sei er hinausgestürmt, in sein Zimmer. Dort habe ihm nach einiger Zeit Franziska, die Hausangestellte, mit der er oft besser reden könne als mit der eigenen Frau, einen Kaffee serviert und versucht, den Hausherrn zu beruhigen. Kurz darauf sei ihm fürchterlich schlecht geworden.

»Und, Saxl, ich sag' dir, das war das Einzige, was die Leonie nicht zu sich genommen hat. Sicher hat sie sich nach dem Streit in die Küche geschlichen und mir, wie die Franziska nicht hingeschaut hat, ein Gift in den Kaffee getan. In ihrem perversen Männerhass ist ihr alles zuzutrauen. Du bist mein Freund, Saxl, und ich will, dass du den Kaffee anschauen lässt.«

›Von Freundschaft weiß ich zwar nichts‹, denkt sich der Arzt im Stillen. Dennoch lässt er sich überreden und zieht zwei Proben, eine aus dem Rest in der Tasse und eine aus der Kanne, versichert, sie gleich am Morgen ins Labor zu schicken und seinem Patienten baldigst Nachricht zu geben. Damit ist er entlassen und kann seine sehr verspätete Nachtruhe wieder aufnehmen.

Der 26. März 1924 fängt ruhig und gewöhnlich an wie ein ganz normaler Tag. Leonie Puttkamer-Geßmann hat ein recht angenehmes Wochenende hinter sich. Albert hatte sich beruhigt und ihr fast liebevoll ein paar gemeinsame Tage auf seinem Landsitz, dem Gut Haarberg in Edlach an der Rax, vorgeschlagen. Ganz beiläufig hat er ihr bei der Hinfahrt im Auto erzählt, dass ihm nach dem Streit so schlecht geworden sei, dass er seinen Internisten kommen lassen musste, irgendwas müsse mit dem Kaffee gewesen sein. Da hat sie ein bisschen mitleidig getan und ihm die Hand gestreichelt. Sie weiß ja, wie empfindlich er ist mit allem, was seine Gesundheit und seinen Körper betrifft.

Der Vormittag war sehr nett verlaufen. Sie hat Sidi im Stadtpark getroffen und ist dann mit ihr zum Polizeikommissariat auf die Landstraße gefahren – im eigenen Elektromobil, das ihr so Spaß macht, weil es davon in Wien nicht viele gibt und alle Blicke auf sie zieht. Außerdem ist es bequem, bei diesem kalten Wetter etwas geschützt zu sein und flott voranzukommen. Sidi hat ihren neuen Reisepass bei der Polizei abgeholt und gleichzeitig auch für Leonie einen beantragt, da Albert den alten in einem seiner Wutanfälle vor einiger Zeit zerrissen hat. Bei diesen lästigen Behördenangelegenheiten ist Sidi sehr praktisch und kann die typisch österreichische Beamtenmentalität, die sie als Preußin so gar nicht erträgt, irgendwie umschiffen und zu zielführenden Aktivitäten bewegen. Dann hat sie Albert vom Büro abgeholt und ist pünktlich zum Mittagessen zu Hause gewesen.

Doch dann beginnen sich die Ereignisse zu überschlagen. Als Leonie ins Esszimmer kommt, stehen dort ihr Mann und Dozent Saxl am Fenster, wie aufgepflanzt und eigenartig steif, als ob sie eine Front gegen sie bilden müssten, für die jeder allein zu schwach wäre. Albert eröffnet ihr in fast getragenem Ton, dass Gift, genauer Arsen, im Kaffee gefunden worden sei und dass Dr. Saxl bei der Polizei Anzeige erstatten müsse. Saxl nickt beflissen, verknotet seine Finger und kann sie nicht anschauen vor lauter Peinlichkeit. Albert wartet auf die Wirkung seiner Worte.

Das Essen steht auf dem Tisch, dampft noch ein wenig, kühlt aus … es ist wie ein Stillleben, das sich, festgefroren in der Zeit, in Leonies Wahrnehmung gräbt. Vorerst versteht sie nicht, was das hier soll, dieses lächerliche Tribunal zweier Schwächlinge. Doch dann wird es ihr klar – die Andeutungen ihres Mannes im Auto, seine freundliche Distanziertheit in den letzten Tagen. Er will sie ans Messer liefern. Die Empörung schießt in ihr hoch, und gleichzeitig wird sie eisig, wie sie es gelernt hat in Kindertagen.

»Du bist ja wahnsinnig, Albert. Wie kannst du es nur wagen, mir so etwas zu unterstellen! Vielleicht solltest du an deinem nächsten erfolglosen Theaterstück schreiben und nicht deinen eigenen Giftmord inszenieren. Perverses Schwein«, rutscht es ihr beim Hinauseilen noch heraus, dann kracht die Tür hinter ihr zu.

Bei Csillags läutet gegen Ende des Mittagessens das Telephon. Eine sehr ungünstige Zeit. Das weiß auch das Hausmädchen, das an den Tisch huscht und Sidonie schnell und verschämt ins Ohr flüstert, sie möge sofort zur Baronin Puttkamer kommen, es sei etwas passiert. Sidonie lässt förmlich alles fallen, schluckt gerade noch hinunter, wirft die Serviette auf den Tisch und verlässt das Esszimmer. Die Eltern, die schon lange nichts mehr sagen zu den Allüren ihrer Tochter, können sich zwar vorstellen, dass nur Leonie Puttkamer Sidi zu solcher Dringlichkeit anzutreiben vermag, sind aber trotzdem sprachlos über ihre Manieren.

Als Sidi eine Viertelstunde später bei Leonie am Sebastianplatz ankommt, findet sie diese in ihrem Zimmer, nervös auf und ab gehend und rauchend, was sie sonst selten tut. In knappen Worten erzählt sie ihr, was passiert ist. Sidonie hat Leonie noch kaum so aufgewühlt gesehen. Sie schimpft, gestikuliert, schnippt dabei achtlos die Asche auf den Boden und versteigt sich immer mehr in ein wirres Selbstgespräch von endlosen Fragen und Antworten.

Es sei ja schon genug, dass er sie ständig bedränge und sie mit einem Wahnsinnigen verheiratet sei, aber jetzt auch noch zu behaupten, dass sie versuche, ihn zu vergiften, das ginge wirklich zu weit. O ja, Lust, ihn zu vergiften, habe sie oft genug verspürt, aber umsetzen würde sie das nie. Warum eigentlich nicht, um so einen ist's ohnehin nicht schade. Und nun will er sie fertig machen, sie endgültig in seine Macht kriegen, sie kontrollieren. Was soll sie denn tun …?

Allmählich kann Sidi die Freundin beruhigen, die dann letztendlich neben ihr auf dem Kanapee sitzt und nicht weiter weiß. Sidi, die im Lauf der Jahre von der schwärmerisch Verliebten zu einer der engsten Freundinnen und zur nächsten Vertrauten wurde, weiß in ihrer praktischen Veranlagung sehr wohl weiter. Da sie die ganze Geschichte äußerst besorgniserregend findet, sind binnen zehn Minuten die wichtigsten Sachen gepackt. Alles Geld, das Leonie finden kann, wird eingesteckt.

Gegen drei Uhr am Nachmittag verlassen die beiden Frauen die Wohnung der Geßmanns und machen sich auf zu Rechtsanwalt Dr. Klemperer, den Sidi noch schnell vorher telephonisch verständigt hat und der, egal wie, einen Termin freimachen musste. Der Anwalt, der am Freiheitsplatz [dem heutigen Roosevelt Platz hinter der Votivkirche] im 9. Bezirk seine Kanzlei hat, rät Leonie dringend, aufgrund der Verdächtigungen und der erlittenen Beleidigung nicht mehr in die eheliche Wohnung zurückzukehren. So kommt es, dass die Baronin Puttkamer mit einer gewissen Erleichterung beschließt, nie wieder eine Nacht unter einem Dach mit ihrem (Noch)Ehemann zu verbringen.

Ein Kanzleifräulein des Rechtsanwalts schlägt Leonie die Pension Reiter gleich um die Ecke in der Ferstelgasse 5 als vorübergehende Bleibe vor, und da ein annehmbares Zimmer frei ist, bleibt die Baronin gleich dort, während Sidonie mit dem Fräulein des Rechtsanwalts noch einmal zum Sebastianplatz fährt, um die Koffer abzuholen. Leonie zählt in der Zwischenzeit ihre Barschaft und beginnt sich auszurechnen, wie lange sie bei ihrem Lebensstil wohl damit auskommen würde. Am 15. März hatte sie von Albert 15 Millionen Kronen Nadelgeld bekommen, von denen nach einem teuren Kostüm und ein paar anderen Kleinigkeiten noch 4,5 Millionen übrig sind. Lange wird das nicht reichen, aber darüber möchte sie sich erst später den Kopf zerbrechen.

Bald ist Sidi mit dem Gepäck zurück. An Abendessen oder gar Schlaf ist ohnehin nicht zu denken, also versuchen die beiden Freundinnen ein bisschen Ordnung in das innere und äußere Chaos zu bringen, was nicht so recht gelingen will. Die Koffer liegen halb ausgepackt herum, die Schranktüren stehen offen und

Leonies Toilettenartikel sind im Bad verstreut. Nur ein schöner Blumenstrauß, den Sidi noch irgendwo ergattert hat, bringt etwas Leichtigkeit in den Raum. Schließlich sinken die beiden Frauen erschöpft auf die Bettkante. Ein bisschen verloren sitzen sie wie zwei Vögel nebeneinander und beratschlagen noch über Stunden, was am besten zu tun sei. Beide kommen zu dem Schluss, dass es für Leonie am besten sei, so schnell wie möglich nach Deutschland zu reisen, dort wäre sie sicher. In München lebt Carola Horn, Leonies derzeitige Geliebte, und die wäre über ihre unerwartete Rückkunft sicher erfreut. Für die Ausreise aus Österreich braucht Leonie ihren Pass, und der liegt zur Neuausstellung am Polizeikommissariat und muss nur abgeholt werden. Sidi wird das am nächsten Tag tun. Dieser Plan lässt die beiden Frauen ein wenig aufatmen und erzeugt trotz der widrigen Situation eine schrille Fröhlichkeit in ihnen. Es wird sich schon alles irgendwie lösen, Hauptsache, das Kapitel Albert ist beendet, Leonie ist frei und bald in Sicherheit.

Am nächsten Morgen macht sich Sidonie also allein auf, um Leonies Pass abzuholen. Zu ihrem großen Schrecken wird ihr die Herausgabe allerdings verweigert. Albert Geßmann hat über Dozent Saxl seine Drohung wahr gemacht und Anzeige gegen seine Frau wegen versuchten Giftmordes erstatten lassen. Bevor diese Angelegenheit nicht geklärt sei, könne der Pass nicht ausgehändigt werden – vor allem nicht an Drittpersonen. Und zur Aufklärung müsse sich die Frau Baronin schon selber auf das Kommissariat bemühen – gefälligst gleich am nächsten Tag.

Sidonie weiß, was das heißt: Leonie sitzt in der Klemme und ist in mehrfacher Hinsicht in großer Gefahr. Geßmanns Versuch, ihr ein Kapitalverbrechen anzuhängen, ist ja schon ziemlich das Mieseste, was man sich vorstellen kann, aber er wird sicher auch Schmutzwäsche waschen und Leonies zahlreiche Liebschaften der letzten Jahre mit Frauen vor Gericht zum Thema machen. Da lesbische Beziehungen zu dieser Zeit in Österreich verboten sind und mit Unzucht mit Tieren gleichgesetzt werden, hat er ein starkes Druckmittel in der Hand.

Schon auf dem Rückweg zur Pension Reiter denkt Sidonie fieberhaft über eine Verteidigungsstrategie nach. Ihre Empörung über Albert Geßmanns Vorgehen beflügelt sie. Keinen Moment hat sie diesen Unsinn geglaubt. Als Leonie ihr am Vortag von seinen Anschuldigungen erzählte, hat sie sich beherrschen müssen, nicht laut aufzulachen. Zu absurd und vordergründig ist diese ganze Geschichte. Sicher hat er selber dafür gesorgt, dass Giftspuren im Kaffee waren. Heutzutage ist es ja ein Leichtes, Arsen in der Apotheke zu kaufen, und Männer wie er haben so was sicherlich immer griffbereit zu Hause, um die sexuelle Potenz zu steigern.

Nur eines macht sie nachdenklich – das ist seine Obsession. Und was sie noch nachdenklicher macht, ist, dass sie ihn fast verstehen kann. Er hatte Leonie immer mit Haut und Haaren haben wollen. Seit den ersten Treffen im Jahr 1919 hat er versucht, sie zu kriegen, in Besitz zu nehmen. Über Geld, über Sexualität, über Abhängigkeit, und er hat es nie geschafft. Leonie ist nicht zu kriegen, immer bleibt etwas flüchtig an ihr, fern, unerreichbar und frei, trotz diesem ganzen Sumpf, in den sie sich in den letzten Jahren hineinbegeben hat. Das hat Sidonie immer wieder schmerzlich selber erfahren müssen und ist eben die beste Freundin geworden. Aber er – was kann er noch werden?

Und das, seine Hilflosigkeit und seine Kränkung, machen Geßmann so gefährlich.

Als sie mit den schlechten Nachrichten bezüglich Pass und der Ladung für den nächsten Tag zur Freundin zurückkehrt, gerät Leonie außer sich.

»Was soll ich denn jetzt tun, Sidi?!! Ich kann nicht mehr weg, ich hab' fast kein Geld mehr, und bei ihm habe ich keine Ansprüche. Er wird mich fertig machen, dieses Schwein.«

»Beruhige dich, meine Liebe. Ich werde jetzt gleich den Dr. Klemperer anrufen, und wir machen für morgen einen Termin mit ihm aus. Es wird ihm sicher etwas einfallen, und ich habe auch so einige Ideen. Wir werden den Spieß einfach umdrehen.«

»Wie meinst du – umdrehen?«

»Du hast es ja schon gesagt – er inszeniert seinen eigenen Giftmord.«

Die nächsten Stunden verfliegen in hitzigen, aufgeregten Gesprächen, ganze Feldzüge bauen die beiden Frauen auf, Verteidigungslinien und Angriffsstrategien werden entworfen, weitergesponnen, wieder verworfen und neu geschmiedet. Bis Leonie zu erschöpft ist und sich zum Nachmittagsschlaf niederlegen muss und Sidonie beschließt, aus reinen Vernunftgründen doch wieder einmal zu Hause aufzutauchen. Noch eine innige Umarmung, ein paar ermutigende Worte. »Wir sehen uns morgen um neun beim Anwalt, meine Liebe«, dann ist Sidi draußen.

Der 28. März ist ein nebliger Spätwintertag. Leonie fröstelt und zieht ihren Pelzmantel fester zusammen, als sie den kurzen Weg von ihrer Pension zur Anwaltskanzlei zurücklegt. Die Stützbögen an der Hinterseite der Votivkirche verschwinden fast im Nebel, die Bäume rundherum tropfen vor Nässe. Leonie mag diesen Platz eigentlich, fast könnte man meinen, in Paris hinter der Notre Dame zu sein, doch heute findet sie dieses neugotische Ungetüm unheimlich. Die Kirche war unter Kaiser Franz Joseph anlässlich eines missglückten Mordanschlags auf ihn erbaut worden. ›Mordkomplott am Friedensplatz‹, denkt Leonie grimmig. Und ausgerechnet hier hat ihr Anwalt seine Kanzlei.

Sidi wartet schon im Vorraum. Das Gespräch mit Dr. Klemperer bringt wenig Aufmunterndes. Ja, die Baronin müsse der Vorladung unbedingt Folge leisten und würde wohl ausführlich zur Mordanklage ihres Gatten befragt werden. Er empfehle, gemeinsam zu gehen, damit er im Notfall helfend einspringen könne. Und so begeben sich am frühen Vormittag Leonie Puttkamer, Sidonie Csillag und Rechtsanwalt Dr. Klemperer ins Polizeikommissariat im 3. Bezirk.

Leonie ist äußerst nervös, als sie das Vernehmungszimmer betritt. Ein hoher, kahler Raum, die Wände vergilbt, zwei große Schreibtische in der Mitte, zueinander gestellt, damit sich die Beamten keine Minute aus den Augen verlieren in der Ausübung ihrer Pflicht, uralte Karteischränke an der Wand, mit tausenden Akten drin. Das einzig Schöne sind die hohen, lichtdurchfluteten Fenster, die einen Blick in den baumbestandenen Hof freigeben und zumindest Leonies Augen die Möglichkeit geben, abzuschweifen von diesem widerlich Unausweichlichen.

Die zwei Männer vor ihr, die offenbar das Verhör durchführen werden, passen gut in diesen Raum. Mager, mit zusammengepressten Kiefern der eine, in Hemdsärmeln und dunklen Ärmelschonern, der ist offenbar zum Schreiben da. Etwas fülliger der andere, der Gehrock offen, die Krawatte schlampig gebunden.

›Diese Schönheit wird mich also verhören. Eigentlich bin ich Besseres gewöhnt.‹ Leonie hat ihren Sarkasmus wiedergewonnen. »Also, meine Herren. Bringen wir es hinter uns, ich sage Ihnen alles, was Sie wissen wollen!«

Der Hemdsärmelige beginnt zu stenographieren:

> Vater: Günther von Puttkamer, Rittergutsbesitzer
> Mutter: Anna Luise von Alvensleben
> Heirat 1885, seit 1903 geschieden.
> 1904 heiratete Mutter den Grafen Ludwig Holnstein aus Bayern, lebt mit ihm in Tralhausen bei Freising.
> Ich besuchte die höhere Töchterschule in Gotha, ging dann zu Studienzwecken für fünf Jahre nach London. Nach Rückkehr 1910 lebte ich bis zum Jahre 1916 bei meiner Mutter in München. Dann kam ich nach Wien, wo ich die erste Gattin meines Mannes, Paula Geßmann, im Jahre 1917 kennen lernte. Ich verkehrte in der Familie, in den folgenden Jahren gewann mein Mann zu mir Zuneigung, ließ sich im Jahre 1921 scheiden und lebte schon mit mir durch fast ein Jahr (also vom Jänner 1921) bis zu unserer Verehelichung am 4.2.1922 im gemeinsamen Haushalt. Wegen geringfügiger Differenzen ließen wir uns im August 1922 scheiden, ich unterschrieb damals über Wunsch meines Gatten einen Notariatsakt, demzufolge ich auf jedwelche Alimentation verzichten musste. Ich übersiedelte zuerst zur Schauspielerin Fedy Ferrard, IV., Gußhausstr. 3 und sechs Wochen später nach Berlin. Im März 1923 kam ich über Wunsch meines Gatten wieder auf ca. sechs Wochen nach Wien, doch habe ich wegen diverser Meinungsverschiedenheiten Wien wieder verlassen und kehrte nach Berlin zurück. Ende August 1923 ging ich nach München, von wo mich mein Gatte, mit dem ich in Korrespondenz stand und im Jänner eine Zusammenkunft in Salzburg hatte, am 15. März 1924 abholte. Wir waren vollkommen ausgesöhnt und kamen am 16.3. 7h früh in Wien am. Am 17.3. waren wir abends in der Chatam Bar, I., Dorotheergasse, und am 19.3. bei Ronacher.

Leonie gibt nur knappe Auskunft auf die Fragen des Polizeibeamten. Denn sie weiß, dass sie sich in dieser Situation zu keiner unbedachten Bemerkung hinreißen lassen darf. Da den verhörenden Herrn Gott sei Dank ein gesegnetes Maß an Phantasielosigkeit auszeichnet, ist es ja nicht nötig, ihm ungefragt Dinge auf die Nase zu binden. Sie konzentriert sich daher nur auf die Beziehung zu ihrem Mann und erwähnt da bloß das unbedingt Nötige.

Was sie noch verschweigt, sind die Einzelheiten ihrer Familiengeschichte. Vor allem vermeidet sie geflissentlich, ihre vielen Affären und Beziehungen mit Frauen, die sie in den letzten Jahren in Deutschland und Österreich hatte, anzusprechen. Erst in den späteren Verhören wird es ihr nicht erspart bleiben, dies alles im Detail darzulegen.

Die Puttkamers

Leonie Puttkamers Vater und Mutter entstammten uradeligen preußischen Familien. Die Puttkamers waren ein weitverzweigtes Geschlecht – die Linie Vietzke-Pansin, aus der Leonie stammte, wurde erstmals 1436 urkundlich erwähnt – mit großem Grundbesitz und dem entsprechenden politischen Einfluss bei Hof. Das Familiengut lag in Schlackow bei Saleske und erwirtschaftete seinen Reichtum aus der Land- und Forstwirtschaft. Vater Günther, geboren 1861, war Major der königlich preußischen Armee.

Die Mutter Anna Luise war eine geborene Alvensleben, eines der ältesten und einflussreichsten Geschlechter im Norden Deutschlands. Sie wird als eine schöne, erotische, energische und eitle Frau beschrieben, die Männern zu gefallen wusste und ihren Zukünftigen offenbar sowohl durch ihre Herkunft als auch durch ihre Schönheit überzeugte.

Die Eltern Puttkamer heirateten 1885 und bekamen im Lauf der Jahre drei Kinder: zuerst die Tochter Julianne Anna Erika, dann Sohn Agathon und am 10. Jänner 1891 Bertha Hermine Leonie. In der Ehe kam es nach der Geburt der Kinder zu Unstimmigkeiten – Günther fühlte sich überfordert, Anna Luise vernachlässigt. Sie begann daher Verhältnisse mit Männern wie Frauen.

Schon mit neun Jahren beobachtete Leonie die Mutter mit einem ihrer Liebhaber, verschwieg es aber aus Mitleid dem Vater. Als sich Anna Luise 1902 in einen italienischen Diplomaten verliebte, zog sie zu ihm nach Rom. Das war mehr, als Günther von Puttkamer ertragen konnte, er fuhr nach Rom, um mit einem dramatischen Auftritt seine Ehe zu beenden und die Scheidung einzureichen. Durch ihre Affären und die Scheidung war Anna Luise von Alvensleben beim erzkonservativen preußischen Adel unten durch und nicht mehr »hoffähig«. Nach dem baldigen Tod ihres italienischen Gefährten musste sich Anna Luise um ihren Unterhalt selber kümmern und arbeitete kurz in Paris als Aufsichtsdame. Doch dann traf sie Ludwig Graf von Holnstein aus Bayern, den sie 1904 in London heiratete und mit ihm nach Partenkirchen zog.

Der Vater, Günther von Puttkamer, heiratete bald nach der Scheidung von Anna Luise von Alvensleben eine gewisse Dolly von Planckenburg aus Linz. Die Kinder blieben vorerst beim Vater, doch es dauerte nicht lange, bis der Sohn Agathon zum Militär geschickt wurde und die Töchter ins Internat.

Wirtschaftlich hatte sich Günther von Puttkamer in den letzten Jahren gerade so über Wasser halten können, aber bereits sein Vater und dann er selbst hatten es verabsäumt, den großen weltwirtschaftlichen Veränderungen – vor allem am Agrarsektor – Beachtung zu schenken und ihre Landwirtschaft dementsprechend umzustellen.

Schon in den späten siebziger Jahren des 19. Jahrhunderts war es zu einer schweren Agrarkrise in Preußen gekommen. Der neue nordamerikanische Markt war nicht mehr in weiter Ferne, sondern eine konkrete Bedrohung für die bis dahin stabile landwirtschaftliche Produktion. Kleinere adelige Güter mussten schon nach der ersten großen Krise veräußert werden. Andere Adelige verbündeten sich mit dem aufsteigenden Bürgertum und passten sich den veränderten wirtschaftlichen Verhältnissen an.

Das Puttkamersche Gut Schlackow hatte 1879 5.889 ha, und dies machte Leonies Großvater Julius zum zweitgrößten Landgutbesitzer in Preußen, gleich nach dem deutschen Kaiser, der 15.453 ha sein Eigen nannte. Zum Zeitpunkt seiner Scheidung hatte Günther Puttkamer noch immer knappe 5.000 ha Besitz.

1905 wurden 1.500 ha verkauft und 1910 dann der restliche Grund. Günther zog mit seiner Frau Dolly nach Baden-Baden, wo er 1921 verstarb.

Es ist anzunehmen, dass der Ertrag des Verkaufs Günther von Puttkamer bis zum Ausbruch des Ersten Weltkrieges ein angenehmes Leben ermöglichte. Es ist aber auch anzunehmen, dass Leonies Vater als deutscher Patriot einen guten Teil seines Vermögens in Kriegsanleihen anlegte. Was noch an Geldern zu Kriegsende vorhanden war, wurde höchstwahrscheinlich von der galoppierenden Inflation der Nachkriegsjahre aufgefressen. Sollten sich die Kinder je Hoffnung auf ein Erbe gemacht haben, dann waren diese Hoffnungen Anfang der zwanziger Jahre wohl zu einem Nichts zusammengeschrumpft.

Doch zurück ins Jahr 1902, in dem die damals elfjährige Leonie in ein Internat nach Gotha kam. Dort blieb sie fünf Jahre und entwickelte sich zu einer guten Schülerin, die keinerlei Probleme machte. Sie war fleißig, engagiert und eine gute Sportlerin, die gern ritt, radelte und turnte. Besonders angetan war sie von der damals etwa dreißigjährigen Lehrerin Frau Salzmann. Mit ihr macht Leonie ihre ersten erotischen Erfahrungen, und die zärtliche Freundschaft der beiden blieb während Leonies gesamter Internatszeit aufrecht.

Im Jahr 1907 ging sie dann auf eigenen Wunsch nach Weimar, um dort Klavier, Sprachen und Literatur zu lernen. Im Alter von sechzehn versuchte sie ihr Vater mit einem Cousin zu verheiraten, aber Leonie lehnte strikt ab, einerseits weil ihr Gatte in spe – Nuschi – zu langweilig und oberflächlich war, andererseits wegen ihrer neuen Freundin Lucy, einer jungen Engländerin, mit der sie in Weimar die Pension und auch das Bett teilte.

Lucy war, neben Leonies großer Liebe zur englischen Sprache und Kultur, sicher auch einer der Gründe, warum die beiden jungen Frauen bald darauf nach London zogen. Mit Geld vom Vater gut ausgestattet, wohnte Leonie bei Ms. Fox, der Mutter von Lucy, und verbrachte dort vier sorglose Jahre. In dieser Zeit nahm sie auch Kontakt mit der damals starken Frauenbewegung für das Wahlrecht auf.

Bei einem der vielen Besuch von Leonies Mutter in London traten Mutter und Tochter wieder in Verbindung. Leonie beschloss, bei ihrer Mutter zu bleiben, und zog in der Folge zu ihr und ihrem Mann. Im Lauf der nächsten drei Jahre unternahmen die beiden zahlreiche Reisen, vor allem nach Italien und Frankreich, und verbrachten immer wieder längere Zeit in Paris.

Der lose Kontakt zum Vater verschlechterte sich daraufhin zunehmend. Während eines Besuchs bei ihm und der ungeliebten Stiefmutter im Jahr 1911 hatte diese behauptet, dass Leonie geistig nicht normal sei, und hatte von einem Berliner Spezialisten ein Gutachten anfertigen lassen. In einer demütigenden Prozedur wurde zwar Leonies geistige Gesundheit, aber ihre geschlechtliche »Abnormalität« festgestellt. Vater Puttkamer stellte seine Unterhaltszahlungen ein und bekam deswegen von seiner Tochter einen Alimentationsprozess an den Hals gehängt. Das ohnedies schlechte Verhältnis zerbrach an dieser Sache, und Leonie wurde von ihrem Vater verstoßen.

Von 1914 an ging Leonie von Puttkamer auch oft allein auf Reisen, bevorzugte Ziele zu diesem Zeitpunkt waren München und Berlin. Auf Grund ihrer Familienbeziehungen hatte sie Zugang zu den adeligen Kreisen, in denen sie wohl gern gesehen war. Aber sie war auch immer wieder in der damals so bezeichneten Demimonde, den lesbischen Treffpunkten der europäischen Großstädte, anzutreffen und hatte in diesen Jahren zahlreiche Verhältnisse. Meistens traf sie die Frauen in Kurbädern oder bei privaten Gesellschaften und Einladungen, und auch die von ihr oft bewohnte Nobelpension Elvira in München dürfte ein guter Platz zum Kennen lernen gewesen sein. Dort begegnete sie einer französischen Komtesse, von der sie angeblich fast alles über Lust und Befriedigung zwischen Frauen lernte, was es zu wissen gab.

Ein Kuraufenthalt in Partenkirchen bescherte ihr die Bekanntschaft des Fräuleins von Benke, vier Jahre älter als sie und in ihren Augen eine wahre Dame von Welt. Brünett, mit schönen Augen, einer schlanken Figur, einer wohltönenden Stimme und einem sicheren, geistreichen Auftreten. Im Hotel hatten sie beide auf derselben Etage gewohnt, und des Nachts kam Fräulein von Benke immer in Leonies Zimmer. Das Verhältnis dauerte, teils in brieflicher Form, ein Jahr.

Vom August 1915 bis März 1916 hielt sich Leonie wieder in München in der Pension Elvira auf, wo auch eine Prinzessin mit ihrer Hofdame wohnte. Leonies Mutter verbot ihr den Umgang mit der Prinzessin, weil sie selbst nicht mehr hoffähig war. Dies tat aber der aufkeimenden zärtlichen Beziehung zu besagter Hofdame keinen Abbruch. Besonders gefiel der Baronesse, dass diese Dame eine große, schlanke Erscheinung war und Interesse für Sport hatte. Anstatt nächtliche Besuche zu empfangen, war es diesmal Leonie, die jene Hofdame in ihrem Zimmer aufsuchte. Der Trennungsschmerz nach dieser Affäre war heftig, fand jedoch mit Leonies Übersiedlung nach Wien und in die Arme von Klara Waldmann ein Ende.

Die Baronin in der Falle

Das Verhör neigt sich seinem Ende zu, und Leonie beginnt erleichtert aufzuatmen. Diese erste Einvernahme scheint ja recht gut gegangen zu sein. Die beiden Beamten haben ihre knappen Angaben wohl geschluckt. Als sie schon gehen will, lässt der Dicke fast nebenbei noch einen Satz fallen: »Frau Geßmann, uns ist zu Ohren gekommen, dass Sie vor einiger Zeit eine Arsenkur gemacht haben. Wir müssen Sie leider festnehmen.«

Während Leonie mit ihrem Anwalt im Vernehmungszimmer ist und ihre Aussage macht, sitzt Sidonie angespannt auf einer der langen, harten Holzbänke am Gang. Auch sie würde noch aussagen müssen.

Immer wieder hallen Schritte durch die hohen Gewölbe und verlieren sich bald wieder in irgendeinem Kanzleizimmer oder einem der anderen endlosen Gänge. Als sie das einmal nicht tun, blickt Sidonie hoch und glaubt ihren Augen nicht zu trauen. Albert Geßmann steht vor ihr, küsst ihr eilig die Hand und hat sich schon neben ihr niedergelassen. Sofort fängt er ein Lamento über seine arme Gattin an.

Das geht nun wirklich zu weit! »Sie haben einen kolossalen Fehler begangen. Wie konnten Sie so eine Beschuldigung gegen sie überhaupt aussprechen?«, fragt Sidonie aufgebracht.

Albert ist sonderbar verwirrt. »Pst, pst, darüber darf man gar nicht sprechen.« Dann ist er ganz amikal zu Sidonie und lädt sie ein, nach ihrer Aussage doch zu ihm auf den Sebastianplatz zu kommen. Dort könne man alles in Ruhe besprechen und die ganze Sache vielleicht applanieren. Er werde jedenfalls alles tun, um den Verdacht von Leonie abzuwälzen. Als Sidonie kühl ablehnt, steht er unwirsch auf, zischt im Gehen »Aber sie war es doch«, und lässt die Freundin seiner Frau konsterniert zurück.

Bald darauf öffnen sich die Türen des Vernehmungszimmers. Leonie kommt blass und gehetzt heraus, flankiert von zwei Beamten. Nur kurz lassen sie sie bei Sidi Halt machen. Während Dr. Klemperer die Männer ablenkt, indem er offenbar das Kommende bespricht, flüstert Leonie eilig ein paar Worte.

»Sidi, die nehmen mich jetzt fest und werden mich ins Landesgericht überstellen, ich muss in Untersuchungshaft. Ich flehe dich an, geh schnell auf den Sebastianplatz, du musst unbedingt vor sechs dort sein, da machen sie eine Hausdurchsuchung, und räume meine Briefe und was sonst noch an Geschriebenem herumliegt, weg. Du weißt schon, in meinem Sekretär links von der Tür, im zweiten Fach in der Mitte. Bitte, du musst alles erwischen von der Carola, der Anita, die ganzen Frauenbriefe, alles, was verdächtig sein könnte.«

Dann drückt sie ihr verzweifelt die Hände, und bevor die Freundin sich überhaupt rühren kann, ziehen sie die beiden Beamten weg und führen sie ab.

Sidonie ist vorerst völlig geschockt, findet aber bald ihren klaren Kopf wieder. Sie muss so schnell wie möglich zum Sebastianplatz und vor dem Eintreffen der Polizei Ordnung in Leonies Papieren machen. Blöderweise hat sie keine Wohnungsschlüssel ihrer Freundin, aber irgend etwas wird ihr schon einfallen. Beim Geßmannschen Appartement angelangt, versucht zunächst die Haushälterin, ihr den Eintritt zu verwehren, aber ein kleiner Geldbetrag und ein paar leidend gehauchte Worte über die arme gnädige Frau, die unbedingt noch ein paar Wäschestücke brauche, verschaffen ihr Eintritt in Leonies Zimmer. Dort schnappt sie sich eine lederne Aktenmappe, reißt die besagte Lade des Sekretärs auf, sortiert binnen weniger Minuten alles irgendwie Inkriminierende aus und streift es in die Mappe. Dann schnell weg, erhobenen Hauptes mit gespielter Sicherheit am Hauszerberus vorbei, das Stiegenhaus hinunter gehastet und mit einem Seufzer der Erleichterung raus auf die Straße.

Als die Beamten kurz nach achtzehn Uhr eintreffen, finden sie jede Menge schöne Literatur, Päckchen mit netten Familienbriefen und eine Schatulle mit Photographien aus der Kindheit. Von Medikamenten oder Insektenpulver mit Arsengehalt gibt es in der ganzen Wohnung keine Spur.

Sidis Familie ist die Aufregung um die Verhaftung der Baronin Puttkamer natürlich nicht entgangen. Der Vater ist hell empört, dass seine Tochter eine Vorladung auf das Kommissariat bekommen hat und dort ihre Aussage würde leisten müssen. Trotz einiger Telephonate konnte er das nicht mehr rückgängig machen. Daher schärft er Sidi wieder und wieder ein, auf alle Fragen bei der Einvernahme nur mit »ja« oder »nein« zu antworten. Ihr guter Ruf stünde auf dem Spiel, und jede Unvorsichtigkeit könnte den Ausschluss aus der Gesellschaft bedeuten.

Da hatte er die Rechnung ohne seine Tochter gemacht.

Am nächsten Vormittag, dem 29. März, ist Sidonie nach der Verschiebung vom Vorabend nun mit ihrer Aussage an der Reihe. Diesem niederträchtigen Geßmann wird sie das Handwerk legen und Leonie hoffentlich aus der demütigenden Untersuchungshaft befreien, denkt sie sich wohl. Und sie hält sich überhaupt nicht zurück.

Sie versucht die Freundin möglichst zu decken und der Polizei eine Spur zu legen. Ihre Verteidigungslinie ist offensichtlich:

> Ich kenne meine Freundin Leonie Geßmann seit ca. sieben Jahren, und zwar so genau, dass ich als ihre einzige Vertrauensperson, vor der sie keine Geheimnisse hat, die sichere Überzeugung habe, dass die Frau nicht die Täterin ist; einer solchen Handlung halte ich sie für gänzlich unfähig. Mir ist hingegen das Verhalten des Gatten etwas sonderbar vorgekommen. Albert Geßmann hat sich einen Freund kommen lassen, um in dessen Gegenwart seiner Gattin das Ergebnis der chemischen Untersuchung bekannt zu geben. Bei dieser Gelegenheit kam entschieden – wenn er es auch nicht aussprach – sein Verdacht gegen die Gattin zum Ausdruck … Es war auch sehr auffallend, dass Geßmann den Dozenten wegen seiner heftigen Schmerzen anwies, zwei Kaffeeproben, und zwar

sowohl aus der Kanne als auch aus der Tasse zu nehmen, ebenso ist es sehr schwer, ein derart geringes Giftquantum unauffällig in eine Schale zu geben. Man würde eher zu viel als zu wenig nehmen.
Meine Freundin hat mir erzählt, und ich muss ihren Worten unbedingten Glauben schenken, dass Geßmann ihr nach der Wiederverehelichung gesagt habe, es hätten ihn einige Leute vor ihr gewarnt, und zwar trachte sie ihm nach dem Leben. Daran knüpfte er die Bemerkung: »Stell dir vor, wenn mir jetzt wirklich etwas zustößt, würde man bestimmt glauben, dass du es bist.«
Nun ist es aber besonders charakteristisch, dass schon am zweiten Tage des Beisammenseins dieses Ereignis eintrat. Es wäre doch wahnsinnig, wenn die Frau, wo sie doch gehört hatte, dass sich der Verdacht nur gegen sie lenken könnte, unmittelbar darauf die Tat verübt hätte.
Ich habe nun folgende Vermutung, die vielleicht gar nicht beweiskräftig ist: Albert Geßmann hängt mit großer Liebe an seiner Gattin und will sie unbedingt an sich fesseln. Ein Beweis dafür ist, dass er sie zum zweiten Male während der Scheidungszeit gebeten hat, zu ihm zurückzukehren.
Er kann, der sich mit Rücksicht auf seinen Beruf als Landwirt viel mit chemischen Untersuchungen befasst, und jedenfalls die Wirkungen der Gifte kennt, dieses kleine Quantum Arsenik selbst in die Schale gegeben haben. Der Verdacht lenkt zwar auf die Frau und er wird mit aller Macht für ihre Unschuld eintreten, was er auch öffentlich tat. Anderseits nährte er aber privat mir gegenüber (aber auch gegenüber anderen Bekannten) den Verdacht gegen die Gattin, mit der strikten Weisung, darüber ja nichts zu sagen. Ihm war auch die Anzeige des Arztes sehr unangenehm und er wollte sie auch, wenn es möglich gewesen wäre, rückgängig machen.
Offenbar war Geßmann der Meinung, wenn er sich für die Unschuld seiner Gattin derart einsetzen werde und sie die Freiheit wiedererlangt, sie ihm dann mit doppelter Liebe schon aus Dankbarkeit zugetan sein werde.

Leonie hat inzwischen viel Zeit nachzudenken in ihrer Einzelzelle im Wiener Landesgericht, im Volksmund nur das »Graue Haus« genannt.

Der letzte Satz des vernehmenden Beamten, ihre Festnahme und das Gezerre und Geschiebe, bis sie in der Zelle war, sitzen ihr noch in den Gliedern. Hier ist es wenigstens ruhig, und Gott sei Dank ist es dunkel, damit sie die ganze Armseligkeit dieses Orts noch nicht sehen muss.

Morgen und übermorgen und die vielen Tage danach, die ihr mit so einer Anzeige wohl blühen werden, ist noch genug Zeit, die fleckigen Wände, die schmale Pritsche und dieses ekelerregende Ding hinter dem schmalen Vorhang, das wohl eine Toilette sein soll, ansehen zu müssen. Den einzigen Sessel hat sie vis-à-vis vom Bett hingeschoben. So kann sie wenigstens ihre Füße hochlegen.

Erschöpft lehnt sie sich an, der Kopf sinkt leicht gegen die Wand hinter ihr. Rauchen wäre jetzt schön, aber das ist nur beim Hofgang gestattet. So starrt sie hinauf zu dem kleinen vergitterten Fenster oder vor sich hin in die Dunkelheit.

Weit ist es mit ihr gekommen. Eine Frau ihres Standes in einer Gefängniszelle! Das ist wohl das endgültige Aus hier in Wien. Andererseits – was ist denn schon Moral, sie lebt doch lange nicht mehr nach den strengen Regeln der ›guten Gesellschaft‹, und geschadet hat es ihr nicht wirklich. Sie hat immer noch einen Mann gefunden, der sie adoriert und ausgehalten hat. Verlogen sind die doch alle. Aber dass das mit Geßmann so enden würde, hat sie sich doch nicht gedacht.

Denn eigentlich war ihr Kennen lernen vielversprechend gewesen. Albert Geßmann war ihr schon bald nach ihrem Eintreffen in Wien aufgefallen, als sich ihre Wege in diversen Bars und Rauchtheatern, vor allem im Tabarin, immer wieder kreuzten. Er war ein recht gutaussehender Mann, offenbar einige Jahre älter als sie, mit lebendigen Gesichtszügen, schon etwas schütterem Haar, einer großen Nase, unter der ein kräftiger Schnauzbart saß, und einem energischen Mund. Sein charmanter, gewandter Umgang mit Menschen, vor allem den zahlreichen und wechselnden Frauen, die ihn umgaben, zeugte von Selbstbewusstsein. Außerdem schien er einiges Geld zu haben, mit dem er in den Bars freigebig um sich warf. Das gefiel ihr. Doch erst über Alberts erste

Albert Geßmann jun. in den zwanziger Jahren

Gattin Paula, die sie wiederum bei den Waldmanns getroffen hatte, lernte sie Geßmann persönlich kennen. Seit diesem Zeitpunkt umwarb er sie und bemühte sich um ihre Beachtung. Er schenkte ihr unentwegt Blumen und andere kleine Aufmerksamkeiten. Ende 1919 hatte er ihr dann diesen Brief geschrieben, in dem er ihr ein Verhältnis vorschlug. Wusste er, wie es finanziell um sie bestellt war?

Jedenfalls versprach er, alles zu zahlen, was sie sich wünsche und was doch einer Frau ihrer Herkunft zustünde. Und er malte ihr in lebhaften Farben seine Großzügigkeit aus – angefangen von einer schönen Wohnung zu Kleidung aus den besten Modesalons zu luxuriösen Reisen und Aufenthalten in diversen europäischen Städten und Kurorten. Schließlich lud er sie sogar zu gemeinsamen Abendessen mit ihm und seiner Frau Paula in die eheliche Wohnung in der Schleifmühlgasse, um die Sache zu besprechen.

Das einzige, was ihr damals seltsam vorkam, war, dass ausgerechnet Paula versuchte, sie zu überreden, doch auf den Vorschlag Alberts einzugehen. Was bewog diese Frau dazu – wollte sie ihn loswerden, war es so mühsam mit ihm, dass sie Entlastung brauchte? Leonie fand keine Antwort, und da sie zu dieser Zeit ohnehin keinen Bedarf an Männern hatte, schob sie die störenden Gedanken wieder weg.

Sie wohnte noch beim Ehepaar Waldmann und war in jeder Hinsicht gut versorgt, obwohl Ernst Waldmann schon ziemlich eifersüchtig und cholerisch war und sie sich daher überlegt hatte, andere lukrative Angebote zu suchen und wegzuziehen. Aber daneben hatte sie noch genügend Liebhaber, die zunächst mehr boten als Albert. Deshalb bestand gar keine Notwendigkeit und auch kein Interesse, auf sein Drängen einzugehen.

Aber Albert war beharrlich und ließ das ganze nächste Jahr nicht locker. Sie war damals, bis zum Juli 1920, die Geliebte des Grafen Apponyi, einem eleganten, feinen Mann, den sie sehr schätzte, der sich sie aber leider bald nicht mehr leisten konnte. Dann wurde sie von einem wohlhabenden, menschenscheuen Industriellen, der sich nie mit ihr in der Öffentlichkeit zeigte, ausgehalten.

Bertschi, wie sie Geßmann schon bald scherzhaft nannte, hatte sich mittlerweile sehr in sie verliebt und beobachtete ihre Affären mit Argusaugen. Er war wohl schrecklich eifersüchtig und konnte sie gehörig unter Druck setzen. Schon damals versuchte er ihr klarzumachen, dass sie sein Schicksal sei und unbedingt zu ihm kommen müsse. Das beeindruckte sie wenig, denn sie wusste aus langer Erfahrung: Männer muss man weichkochen, je mehr sie einen wollen, desto höher steigt der Preis. Sie war schön, adelig und verrucht – das kostet. Sie ließ ihn daher gelassen auf eine Entscheidung warten und benützte die Zeit, einiges über Albert in Erfahrung zu bringen, denn ganz unwissend wollte sie sich nicht einmal auf Gedankenspielereien einlassen.

Ihr verliebter Bertschi Geßmann war ein hohes Tier. Sein Vater war immerhin die rechte Hand von Bürgermeister Lueger gewesen, ein führender Christlichsozialer und alter Klerikaler, der später sogar Arbeitsminister wurde. Er dürfte seinem Sohn einige Wege geebnet haben, denn dieser stieg nach dem Studium ins Bankfach ein und war bereits 1911 Direktor der Bau-Kreditbank sowie in der Leitung der 1. Österreichischen Beamten-Creditanstalt. Und diese Posten hatte Albert sicher nicht nur seinem Fleiß zu verdanken.

Doch das Bankwesen langweilte ihn bald, und er begann Dramen zu schreiben. Offenbar erfüllte ihn das noch Jahre später mit Stolz, denn er hatte ihr nach einem der Abendessen mit ernster Miene ein signiertes Exemplar eines seiner Stücke überreicht, *Das Fremdvolk*. Beim späteren Lesen konnte sie sich kaum halten vor Lachen, als sie die schwülstige Sprache las und über die edlen Griechen und verderbten Phönizierinnen belehrt wurde. Aber vielleicht war es ja auch nur ihrem Desinteresse an Literatur und ihrer knappen preußischen Art zuzuschreiben, dass ihr dieses Elaborat so gar nicht gefiel.

Dann nützte Albert offenbar seine privilegierte Stellung für Grundstückspekulationen. Das brachte ihn in ein schiefes Licht und ruinierte die Karriere seines Vaters. Denn Vater Geßmann wäre gern der Nachfolger von Wiens Bürgermeister Karl Lueger geworden, aber die undurchsichtigen Geschäfte seines Sohnes sowie sein eigenes Image als skurriler Parteistratege, der es nicht verstand, öffentlich aufzutreten, machten alles zunichte.

Und kurz vor ihrem Kennen lernen war Albert in die Landwirtschaft eingestiegen. Er hatte eine Gesellschaft namens ARA gegründet, die landwirtschaftliche Bedarfsartikel verkaufte, später kam dann noch der Vertrieb von landwirtschaftlichen Betriebsanlagen hinzu. Seither saß er in einem noblen Büro im 1. Bezirk in der Babenbergerstraße. Und außerdem hatte er einen Landsitz in Edlach bei Reichenau, von wo aus er sein Lieblingsprojekt, den Bau einer Seilbahn auf den Wiener Hausberg, die Rax, betrieb.

So einen Mann sollte sie sich vielleicht doch nicht ganz aus dem Kopf schlagen, dachte sie damals.

Im Jänner 1921 ließ sich Albert von Paula scheiden. Nun schien der richtige Zeitpunkt für Leonie gekommen zu sein. Sie beendete im selben Monat ihre Affäre mit dem Industriellen und begann ein Verhältnis mit Geßmann. Und bald zog sie zu ihm in die Schleifmühlgasse, wo die beiden allerdings nicht lange blieben. Er arrangierte einen Wohnungstausch, und im März 1921 zogen sie gemeinsam auf den Sebastianplatz 7 im 3. Bezirk. Paula war eigenartig schnell und völlig von der Bildfläche verschwunden und lebte nun angeblich in Südamerika. Gerüchte, dass Albert sie erpresst und fast gewaltsam abgeschoben hätte, wollten nicht verstummen und kamen auch ihr zu Ohren, aber das kümmerte sie nicht.

Am 4. Februar 1922, nach einem Jahr Zusammenleben, heirateten sie. Was sie an ihm hatte, war ihr völlig klar – diese Heirat mit einem Bürgerlichen war reine Überlebensstrategie, wie immer der Grund, warum sie sich mit Männern zusammengetan hatte. Verliebt war sie keine Spur. Für Albert war das wohl anders. Er hatte sie ja richtig in diese Ehe hineingeredet und mit allen Tricks versucht, Herrn Fleischer, den Industriellen, auszustechen. Und was noch für ihn sprach, war seine Toleranz ihren Frauenbeziehungen gegenüber. Schon im Tabarin hatte er ihr seine damalige Kokotte für ein Verhältnis angetragen. Von da her hatte sie also nichts zu befürchten, außer vielleicht einen geilen Ehemann, der unbedingt zusehen wollte.

Und am Anfang ihrer Ehe war Albert ja auch noch sehr nett, vorausgesetzt, sie widersprach ihm nicht. Obwohl – bei allem, was das Thema Lust betraf, hatte er einen ordentlichen Knacks. Sein ständiges Gerede über all die Frauen, mit denen er angeblich Verhältnisse gehabt hatte, langweilte sie schrecklich. Und dieses fortwährende Geprotze, wie großartig er dabei gewesen sei. Er liebte es, diese Dinge im Detail zu beschreiben: nicht nur die einzelnen Körperteile seiner diversen Frauen, sondern auch die Art, wie er mit ihnen verkehrt hatte. Besonders stolz war er darauf, als der Hurenvater Wiens bekannt zu sein, denn eigentlich seien ihm Huren lieber als anständige Frauen. Sogar gezählt hatte er sie, um seinen ungeheuren Erfolg bei Frauen zu dokumentieren – Albert behauptete, seit seinem fünfzehnten Lebensjahr mit etwa zweitausend Frauen verkehrt zu haben.

Allmählich jedoch wurden seine Schilderungen immer zynischer. Sie machte das wahnsinnig, und es war zudem wirklich ungustiös. Da ging es dann nur noch um Geschlechtskrankheiten wie Tripper und Lues. Wenn er einen ganz schlechten Tag hatte, verstieg er sich total und meinte auf einmal, dass alle diese Frauen, mit denen er eben noch angegeben hatte, völlig verderbt und selber krank seien. Er beschuldigte sogar sie und ihre Mutter, geschlechtskrank zu sein.

Selbstverständlich ließ sie das nie auf sich sitzen, was wiederum zu heftigen Beschimpfungen seinerseits führte und immer damit endete, dass er meinte, sie hätte ihn angesteckt. Dieser Wahn ging so weit, dass er, selbst wenn sie eine Zigarette für ihn angeraucht hatte und ihm übergab, aus Angst die Spitze abbrach, um sich vor eventuellen Übertragungen zu schützen.

Am schrecklichsten fand sie seinen Photokeller, den er zu Beginn ihrer gemeinsamen Zeit, noch in seiner Vorwohnung in der Prinzenallee im 2. Bezirk, gehabt hatte. Er war sein ganzer Stolz, für sie aber war es ein perverses Etablissement, besser gesagt, was dort passierte, fand sie pervers. Er hatte sich doch allen Ernstes im Keller seines Hauses ein Atelier eingerichtet, welches sogar von Berufsphotographen benützt wurde. Die standen Schlange, auch einmal dort arbeiten zu dürfen, weil er die modernste Scheinwerferanlage in ganz Wien hatte, die besondere Effekte erzeugen konnte. Er benutzte das Atelier, um viele der Frauen, mit denen er schlief, nackt abzulichten – sicher auch während er es mit ihnen trieb. Dass er diese papierenen Beweise brauchte! Er tat ja ganz seriös und behauptete, beim Herstellen von Aktaufnahmen immer sehr diskret vorgegangen zu sein und die Geschlechtsteile der Damen nur verhüllt abgebildet zu haben. Aber sie wusste, was er in der Schublade hatte. Da sich sein Ruf als Aktphotograph schnell herumsprach, kamen bald so viele Frauen von außerhalb zu ihm, dass es ihm zu viel wurde und er das Photographieren dann ganz einstellte.

Ihr gemeinsames Sexleben war dementsprechend eigenartig. Dass sie nicht in ihn verliebt war, machte es natürlich nicht leichter, mit ihm zu verkehren. Und es ekelte ihr immer mehr vor ihm. Sein Körper war voll Hautunreinheiten, und sie fand, dass er einen sauren Geruch verströmte. Deshalb ging sie äußerst ungern in sein Zimmer. Dennoch zog sie es vor, den Beischlaf bei ihm abzuwickeln, denn in ihren Räumen wollte sie diesen Geruch keinesfalls haben. Da er aber in ständiger Furcht vor Rheumatismus und Verkühlungen lebte, hielt er die Fenster stets geschlossen, und die stickige Luft trug ein Übriges dazu bei, dass ihr das alles so gar keinen Spaß machte. Sie hatte zwar einige Routine, Männern vorzumachen, wie aufregend sie es fände, mit ihnen zu schlafen, aber mit Albert war das fast unmöglich.

Und was er dabei von ihr verlangte!

Sie sollte sich wie eine Hure kleiden. Dazu brachte er ihr so genannte Taghemden, die ganz knapp geschnitten waren, mit lächerlichen aufgestickten Maschen. So etwas anzuziehen, weigerte sie sich jedoch standhaft. Auch in Bezug auf sexuelle Praktiken begann Albert Forderungen zu stellen. Sie sollte Minette machen, wie das in Wien in seinen Kreisen damals hieß, ihn oral befriedigen. Wenn sie sich da auch weigerte, wurde sie von ihm mit einem Riemen, einer Peitsche oder der Hand aufs Gesäß geschlagen. Diese Schläge ließ Leonie noch zu, ja sie nahm es sogar hin, von ihm angespuckt zu werden, denn offensichtlich versetzte ihn dies in einen Zustand höchster Erregung. Aber am Bettfuß angebunden zu werden oder gar junge Burschen ins Haus zu bringen, um mit ihnen vor Alberts Augen zu verkehren, damit er dann im Anschluss in sie eindringen würde, das war selbst ihr zu viel und demütigte sie zutiefst.

Wenn er auf die herkömmliche Art mit ihr schlief, brachte er nichts zustande. Steif war er und Rheuma hatte er, so dass sie ihm auf sich hinaufhelfen musste. Sie durfte sich nicht rühren, und nach dem mühsamen Geschiebe fiel er wie ein Klotz zur Seite. Selbst dann war er sich nicht zu blöd, das Präservativ, das er in seinem Ansteckungswahn stets benutzte, in die Höhe zu halten, um mit der Spermamenge zu protzen und seine männliche Kraft unter Beweis zu stellen.

Und auch im ganz normalen Alltag entwickelte Albert Züge, die sie unheimlich fand. Eine Kombination von sonderbaren Essgewohnheiten und Verfolgungswahn machten ihr und der Haushälterin das Leben nicht gerade leicht. Wie ein Raubtier aß er große Mengen Fleisch, die er hastig verschlang. Bei geistiger Arbeit bevorzugte er Schwarzbrot wegen seines höheren Phosphorgehalts. Dazu trank er Unmengen Kaffee. Und alles Essen musste im Hause zubereitet sein, denn wenn es von außerhalb kam, argwöhnte er, es könnte vergiftet sein. Zu Zeiten, als er noch mit Paula zusammen war, war sie einmal Zeugin geworden, wie er von dieser ein Torte von einem Konditor geschenkt bekommen hatte – und Albert glaubte wirklich, dass sie vergiftet wäre. Außerdem meinte er, immer einen schussbereiten Revolver bei sich haben zu müssen, denn die Liebhaber seiner ersten Frau könnten ihm gegenüber Mordabsichten hegen.

Es wurde allmählich wirklich unerträglich. Kein Wunder, dass sie schon nach einem halben Jahr Ehe gründlich genug von ihm hatte. Trotz der großzügigen finanziellen Absicherung an seiner Seite konnte sein Geld ihrer Abneigung gegen ihn nicht mehr beikommen. Er ließ sie einfach kalt, ja mehr noch, sie verachtete ihn. Ihr Klassenunterschied fiel ihr immer drängender auf, und irgendwann fand sie ihn nur noch widerwärtig und wollte weg.

Ach ja – und da war zu dieser Zeit auch noch Anita Berber, die berühmte Nackttänzerin mit ihrem traumhaften Körper, die mit ihren »Tänzen des Lasters, des Grauens und der Ekstase« halb Europa in Begeisterung und Abscheu hinriss.

O Gott, das hätte sie lieber vergessen! Diese Raserei, der Wahnsinn und die Gier, die jene in ihr auslöste, als sie sie im Jahr 1922 während der Dreharbeiten zu einem Film in Wien endlich kennen gelernt hatte. Diese Frau war ein mit entscheidender Grund, warum sie Albert schließlich Ende des Sommers 1922 verließ und ein paar Monate später in das berühmt-berüchtigte lila Berlin fuhr, um dort in der Demimonde, der Welt der Damenbars, der Femmes und Garçonnes und ihrer lesbischen Verhältnisse unterzutauchen.

Dass sie sich danach noch einmal auf Albert eingelassen hatte, war auch eine Art Wahnsinn, für den sie sich heute noch schlagen könnte. Sie hätte es besser wissen müssen. Aber nun muss sie dafür bezahlen und wird sich einiges einfallen lassen müssen, um aus diesem Loch herauszukommen, in das die Beziehung mit Albert Geßmann sie gebracht hatte.

Albert Geßmanns Sicht

Albert Geßmann ist rastlos in diesen Tagen. Am Vormittag ist er früher als sonst in seinem Büro in der Babenbergerstraße. Vielleicht ist ja mehr Arbeit ein gutes Mittel, sich abzulenken. Aber wenn er an seinem nicht mehr ganz zeitgemäßen, wuchtigen Eichenschreibtisch mit den geschnitzten Greifen an den Ecken sitzt, wandert sein Blick immer wieder weg von den Akten und hinaus, über die beiden großen Ringstraßenmuseen und die ehemaligen kaiserlichen Gebäude der Alten Hofburg. Erst in der Ferne, auf den Hügeln des Kahlenbergs, können die Augen ruhen oder sich im Horizont verlieren. Dass er eine der schönsten Aussichten Wiens vor sich liegen hat, fällt ihm nun weniger denn je auf.

Seine erste Aussage im Kommissariat hat er gemacht, und auch da hat ihm Sidonie Csillag hineingepfuscht und der Polizei im Detail von ihrem Gespräch am Gang des Landesgerichts erzählt. Außerdem dürfte sie ihn schwer belastet und behauptet haben, er hätte die ganze Sache selber inszeniert. Jedenfalls ließen die Fragen der vernehmenden Beamten darauf schließen. Damit die Suppe mit der Giftmordanklage gegen Leonie nicht zu dünn wird, musste er die Strategie wechseln: Er hat den Herren bei Gericht ausführlich über die lesbischen Verhältnisse seiner Frau erzählt. Zwei Anklagen – Mordversuch und Unzucht – sind allemal besser als eine, und sie würden Leonie schneller zu Fall bringen.

Dennoch befriedigt ihn das nicht, sondern lässt ihn ruhelos und angespannt seine Tage durchleben. Am Abend wird die Unruhe noch schlimmer. Allein in dieser großen, leeren Wohnung hält er es nicht aus, also geht er wieder in seine vertrauten Etablissements. Vor allem die Femina-Bar und das Tabarin mit den schönen jungen Frauen, die ihn so gut kennen, ihn strahlend begrüßen und ihm ihr Ohr – und nicht nur das – leihen, werden ein zweites Zuhause in dieser Zeit. Aber die bohrenden Gedanken, das dauernde Für-und-Wider und die Wut und Ratlosigkeit verlassen ihn auch in diesen Stunden nicht.

Er hätte sich nie gedacht, dass Leonie so energisch handeln würde, ihn binnen Stunden verlassen und sich sogar den Schutz eines Anwalts verschaffen würde. Das war sicher diese elende Csillag, die seiner Frau schon seit Jahren mit Rat und Tat zur Seite stand und ihn immer etwas misstrauisch und kühl ansah. Sie lehnt ihn ab, das spürt er, und er weiß, dass er sich vor der noch hüten wird müssen. Mit der im Hintergrund wird es nicht leicht sein, Leonie einen Denkzettel zu verpassen und sie doch wieder zurückzubekommen.

An diesen Abenden versucht Albert immer wieder eine Erklärung zu finden, warum er der Baronin so verfallen ist. Mehr als allen anderen Frauen, mit denen er im Lauf seines Lebens zu tun gehabt hat. Auch Paula, seine erste Gattin, hatte ihm durchaus gefallen, aber die Klasse und den Reiz einer Leonie Puttkamer hatte sie nie erreicht. Mit Paula war es nach einiger Zeit langweilig geworden. Er hatte sie geheiratet, weil es beiden Familien recht schien, aber sie hatte es nicht verstanden, ihn sexuell zu erregen.

Aber Leonie! Sie ist von einer Schönheit und Eleganz, dass er noch heute, nach all diesen mühseligen Jahren mit ihr, bei ihrem Anblick schwach wird. Er hatte sie so geliebt, nein, eigentlich liebt er sie noch immer. Und er hat alles für sie getan, wie er es eben verstand. Ihre adelige Herkunft hatte ihm schon sehr imponiert. Für einen Mann seiner Position war dies von äußerster Wichtigkeit. Mit ihr konnte er auftreten, sie zeigte er mit Stolz her, und allen seinen Geschäftspartnern und politischen Freunden blieb der Mund offen stehen vor Neid. Mit ihrer Nonchalance und ihrem perfekten Benehmen, das sie nach Belieben einsetzen konnte, spielte sie alle an die Wand. Sie war wirklich etwas anderes als seine Barbekanntschaften. Diese zahllosen Weiber, an die er sich gar nicht mehr erinnern kann.

Dass er sie trotzdem in einer Bar kennen gelernt hat, und unter welchen Umständen, machte daher einen ganz besonderen Reiz aus. Die wechselnden Männerbekanntschaften, mit denen sie dort auftauchte, wiesen ihn darauf hin, dass sie es in Liebesdingen recht locker nahm. Sie war wohl käuflich. Und auch ihr laszives Lächeln und ihr deutliches Kokettieren sprachen dafür. Das erregte ihn. Seine Phantasien gingen bald mit ihm durch, und das genoss er umso mehr. Es war so schön, wieder zu träumen, vom Erobern zu träumen und vom Erfolg.

Denn je älter Albert Geßmann wurde, je mehr sich sein gesundheitlicher Zustand verschlechterte, desto mehr sehnte er sich – in einer fast unstillbaren Weise – nach Erregung. Und die Baronin und das, was er mittlerweile über sie erfahren hatte, versprach ihm genau diese Erregung. Er musste diese Frau haben, koste es, was es wolle.

Das stellte er sich nicht weiter schwierig vor. Er war schließlich ein stattlicher Mann mit großem Renommee und ebensolcher Protektion in höchsten Kreisen, außerdem hatte er Geld, Grundbesitz und pflegte einen luxuriösen Lebenswandel – das war es doch, was bei Frauen zählte und wofür er allseits bewundert wurde.

Das ließ er Leonie wissen. Und er sparte auch nicht mit Andeutungen über seine sexuellen Erfahrungen. Denn er hatte zahllose Frauen gehabt und war gierig, es sich immer wieder aufs Neue zu beweisen, dass er gut war, der Beste in ganz Wien. Leonie würde sein Meisterstück werden.

Dann hatte er sie nach vielen Monaten endlich gehabt. Paula war er rechtzeitig losgeworden. Dass er dies mit einer Anzeige wegen Knabenschändung beschleunigt hatte, war sicher nicht besonders nobel gewesen. Aber wenigstens war sie eiligst nach Südamerika zu ihrer Schwester verschwunden. Leonies letzten Liebhaber hatte er einfach ausgestochen, mit Geschenken, Eifersucht, Druck und wieder Geschenken. Hatte dafür zu viel Geld ausgegeben und außerdem zu viele Briefe geschrieben in dieser Zeit und sie schließlich dazu gebracht, in die Ehe mit ihm einzuwilligen.

Die ersten Wochen war er wirklich glücklich, zum ersten Mal nach so langer Zeit. Er überschüttete sie mit Aufmerksamkeiten, sie gingen oft aus, fast jeden Abend teuer dinieren und dann in eine der vielen Bars, die sie beide schon lange kannten und mochten. Und vor allem die Liebe mit ihr, die berauschte ihn. Er fühlte sich potent wie schon seit Jahren nicht mehr und konnte seiner Phantasie freien Lauf lassen. Leonie war nicht heikel und kannte wohl alles, was Männern wie ihm Spaß machte. Er hatte ihr Sachen, die ihn sehr erregten, vorgeschlagen und keine Abwehr erfahren. Er liebte es, Minette mit ihr zu machen, und auch die Spiele, wo er sich seine adelige Frau als Hure vorstellte und ihr Geld in die Hand drückte, waren überaus befriedigend. Ein paarmal hatte er sogar Kokotten – er bevorzugte großbusige – aus der Femina kommen lassen und mit ihnen vor Leonie seine Sexspiele getrieben. Dass sie dabei ruhig zusah, dass sie ihm das erlaubte, brachte ihn außer Rand und Band und ließ ihn sich frei fühlen. Niemand konnte ihn mehr einengen, er konnte alles machen, durfte alle besitzen. Er war ein begehrter Mann auf dem Höhepunkt seiner Macht.

Dass er dafür ein wenig tolerant ihren lesbischen Neigungen gegenüber sein müsste, war ihm nur selbstverständlich. Er hatte ja von Anfang an gewusst, worauf er sich da einließ, das sollte daher kein Problem darstellen. Er kannte genügend solche Frauen, und sie waren ihren Ehemännern alle gute Begleiterinnen. Außerdem erregte es ihn, sich Leonie in den Armen einer Frau vorzustellen, wenn sie sich sein Zusehen bei diesen Abenteuern auch immer verbat.

Aber irgend etwas fehlte. Es war wie eine gläserne Wand zwischen ihnen, die Leonie zunehmend umgab. Im Gespräch war sie oft unkonzentriert und hörte ihm gar nicht zu, sondern schien vor sich hin zu sinnieren. Wenn sie mit ihm sprach, war sie kurz angebunden, oft schnippisch und abfällig. Er hatte sich sehr klein gefühlt bei diesen Gelegenheiten. Denn sie verstand es gut, ihm zu zeigen, dass er nichts Besonderes wäre, ein kleiner Bürgerlicher, der trotz seines vielen Geldes nie das Format und den Geschmack haben würde, ihr ein angemessenes Leben zu bieten. Und das nach all seinen Bemühungen und den Unsummen, die sie ihn gekostet hatte! Sie wollte einfach nicht verstehen, dass er sie liebte. Er hatte zwar Hunderte Male ihren Körper besessen, aber zu ihrer Seele war er offenbar nie durchgedrungen.

Außerdem musste er im Lauf des Zusammenlebens bemerken, dass ihr Interesse an Frauen viel weiter ging, als er jemals angenommen hatte. Es war also doch nicht nur das Körperliche, das sie reizte, sondern ihre ganzen Gefühle gehörten Frauen. Gefühle, die sie ihm nie gegeben hatte. Und dieser Schmerz saß tief in ihm.

Er versuchte dann sehr wohl, dem einen Riegel vorzuschieben, und verbot Leonie, sich in der Öffentlichkeit mit Frauen zu zeigen. Aber halte einen Vogel vom Fliegen ab! Leonie hielt sich natürlich nicht daran. Im Gegenteil – es machte ihr größte Freude, diverse Damen tagsüber in seinem Auto auszuführen und mit ihnen Vergnügungsstätten jeglicher Art aufzusuchen. Und ihn damit in aller Öffentlichkeit als Gehörnten zu präsentieren. Sicher glaubten damals alle, der Herr Präsident könne seine Frau nicht befriedigen, deswegen müsse sie sich an Frauen halten. Was für eine Demütigung für ihn!

Und dann kam dieser ganze Wahnsinn mit der Nackttänzerin Anita Berber. Er hatte Leonie noch nie so echauffiert erlebt. Nachdem sie das Bild der Berber in diversen Magazinen gesehen hatte, war sie ihm monatelang in den Ohren gelegen, dieser morphiumsüchtigen Syphilitikerin einen Tanzauftritt im Tabarin zu verschaffen – und er war noch so blöd gewesen, es auch wirklich zu versuchen. Das hatte gottlob nicht geklappt.

Doch dann kam die Berber dennoch nach Wien, zu Filmaufnahmen, und er sah Leonie überhaupt nicht mehr oder nur spät nachts im angetrunkenen Zustand, mit der halbnackten Berber auf dem Schoß und der Ankündigung, dass sie nun miteinander schlafen würden.

Sie war wie von Sinnen und schleuderte ihm eines Abends, nachdem sie beim gemeinsamen Abendessen im Sacher wie toll mit einem Fremden kokettiert und ihn wieder bloßgestellt hatte, hin, dass sie ihn widerlich fände, dass er sich sein Geld in den Arsch schieben solle und sie ihn nie wieder sehen wolle. Da hatte er sie schlagen wollen, worauf sie ihn mit seinem eigenen Revolver bedrohte.

Am nächsten Tag war sie weg gewesen. Und dann trennte sie sich von ihm und verschwand mit einer anderen Kokotte aus dem Berber-Umkreis nach Berlin. Nicht einmal sein Geld konnte irgend etwas ausrichten, da sie alle ihre Möbel und Silbersachen sowie Schmuck, den sie von ihm geschenkt bekommen hatte, versetzte und somit unabhängig und nicht erpressbar war. Mit der unglaublichen Summe von einer Milliarde Kronen reiste sie ab. Die Scheidung war dann im August 1922 durch und er wieder allein.

Noch heute packen ihn Zorn, Scham und Ekel, wenn er daran denkt. Und was ihn noch mehr beschämt, ist, dass er sie trotzdem nicht aus dem Kopf gekriegt hat. Die Sehnsucht war schnell wieder da, und er fühlte sich einsam und gealtert. Also schrieb er dauernd Briefe nach Berlin, versuchte Vermittlerinnen einzusetzen, um, wenn Leonie dazwischen kurz in Wien war, Gespräche mit ihr führen zu können.

Endlich, im März 1923, hatte er sie so weit, dass sie sich zu einer Rückkehr nach Wien bereit erklärte, unter der Bedingung, dass er sie nie mehr von Detektiven bespitzeln lasse, ihr ausreichend Geld zur Verfügung stelle und sie jederzeit verreisen könne, um etwas Ruhe zu haben.

Den Brief, der das damals schließlich zuwege brachte, hat er noch immer in Kopie in der Schublade, und er holt ihn wieder und wieder hervor in diesen ersten Tagen der Anklage:

> Ich, der ich von so vielen Frauen umworben und begehrt werde, muss gerade an jener Frau hängen, die mich nicht leiden kann! Und dafür soll ich arbeiten und dafür soll ich diese Frau erhalten!
>
> Nein, Leonie, so kannst Du nicht darüber denken, und wenn Du auch manchmal sogar so gedacht hast, so waren es nur Stunden der Verirrung, die, wenn vorüber, besseren und vernünftigeren Gefühlen gegen mich Platz gemacht haben. Nicht wahr? Aber sage, wie würdest Du es Dir in finanzieller Beziehung vorstellen, dass ich ferne von Dir dauernd Deine Zukunft sicherstellen kann. Du bist eine verwöhnte Frau mit vornehmen Allüren. Und Dich soutenieren, heißt auch für Frau Carola sorgen. Wenn Du also nicht selbst knapp sein willst, so müsste ich so viel leisten, dass es auch für Frau Carola reichen würde. Denn was immer ich senden würde, Du würdest mit ihr teilen.
>
> Wenn Du aber fern von mir bist, werde ich ganz gewiss nicht unbeträchtliche Auslagen für andere Frauen haben. Denn

Deine Abwesenheit wird mich zwar sehr unglücklich, nicht aber impotent machen. Je unglücklicher ich mich fühle, desto toller treibe ich es aber mit anderen Weibern. Diese traurige Erfahrung habe ich im vergangenen Jahre leider gemacht. Die Frauen, die ich aber in der Regel goutiere, kosten jedoch heidenmäßig viel Geld.

Namentlich der ständige Wechsel mit ihnen … Woher soll ich aber das viele Geld hernehmen, um das mir sehr gegen meinen Willen von Dir aufgezwungene Leben eines Lebemannes zu führen und daneben Dich und mit Dir auch Carola standesgemäß zu erhalten. Du weißt, Leonie, dass ich ein relativ sehr großes Einkommen habe. Aber auch dieses hat seine festen Grenzen. Es würde ausreichen – und das ist in der heutigen Zeit bereits sehr viel –, um Dich als meine Frau mit allen Annehmlichkeiten des Lebens zu umgeben. Und daneben würde Carola als Deine Freundin gewiss auch nicht schlecht dran sein. Als Gegenpflicht für diese meine Leistung wäre es Deine Aufgabe, mich glücklich zu machen und mich dadurch arbeitsfreudig zu erhalten.

Möge es so sein! Mögen wir beide nach so viel Irrfahrten des Lebens endlich in glücklichem Einvernehmen zur Ruhe kommen! Es wäre hoch an der Zeit! Ich und Du sind in einem Alter, wo die tollen Sprünge endlich ein Ende nehmen sollen. Wenn wir die nächsten Jahre – und es könnten die schönsten und besten unseres Lebens werden – nicht in Vernunft und liebevoller Güte gemeinsam verbringen, dann ist unser Leben endgültig vertan! Es wäre schade um Dich und mich!

In banger Erwartung Deines Briefes in Sehnsucht und Liebe
Dein Bertschi

Nach Wien kam Leonie damals mit ihrer neuen Freundin Carola Horn. Der Aufenthalt dauerte allerdings nicht lange, da Albert sich sofort in Leonies Freundin verliebte und ihr eindeutige Anträge machte, was die Situation für die beiden Frauen unerträglich werden ließ. Carola reiste bereits nach zwei Wochen ab, Leonie blieb insgesamt sechs Wochen, fuhr dann wieder nach Berlin zurück und zog im Herbst 1923 zu Carola nach München.

Albert schrieb weiterhin versöhnliche, verliebte oder flehentliche Briefe, aber es sollte fast ein ganzes Jahr vergehen, bevor es zu einem neuerlichen Wiedersehen mit Leonie kam. Dieses fand schließlich im Jänner 1924 in Salzburg statt. Dort gestand ihr Albert, dass er sich tatsächlich im Jahr zuvor in Carola verliebt, sie ihn aber abgewiesen hatte. Bei diesem Treffen vereinbarte Albert mit Leonie, dass sie wieder zu ihm nach Wien zurückkehren sollte. Er schlug auch eine neuerliche Eheschließung vor. Das finanzielle Angebot, über welches wir keine Angaben haben, muss so verlockend gewesen sein, dass Leonie es ganz einfach nicht ausschlagen konnte.

Im März kam Albert also nach München und holte sie ab. Bei dieser Gelegenheit lud er Carola ein, in vier Wochen nach Wien zu kommen, sie könnten ja auch zu dritt ein schönes Leben führen. Carola lehnte das Angebot ab und meinte, sie würde erst in einem halben Jahr, zu einem Zeitpunkt, wo die Beziehung Alberts und Leonies gefestigt sei, kommen. Die neuerliche Verheiratung in Wien war dann eine Sache von wenigen Stunden, und ein Neuanfang schien möglich.

Am 19. März, dem Tag, an dem Leonie angeblich Arsen in Alberts Kaffeetasse tat, soll sie stark überreizt gewesen sein. Während der Vorstellung im Ronacher sei sie angeblich wiederholt von einem Schauer befallen worden, der laut Albert stets einzutreten pflegte, wenn sich ihr Hass gegen die Männer noch mehr als gewöhnlich steigerte. Alles Weitere ist bekannt.

Der Rosenkrieg

Die Aussagen vom 28. und 29. März 1924 von Leonie und Albert Geßmann sowie von Sidonie Csillag werden der Staatsanwaltschaft Wien I vorgelegt, und noch am selben Tag erhebt diese Anklage gegen Leonie Geßmann-Puttkamer. Es wird ihr das Verbrechen des versuchten Mordes durch Gift am Ehegatten vorgeworfen. Doch damit nicht genug, die Staatsanwaltschaft ordnet weiters an:

> 1. die Beschuldigte ist zu befragen in welcher Weise wann und auch wo sie mit Anita Berber, Carola Horn, Bebi Becker,

Susanne Wanowski und Gisela Spira geschlechtlich verkehrt habe (und zwar wie in jedem einzelnen Fall).
2. Entscheidung über das Enthaftungsgesuch (250,000.000 Kronen Kaution).
3. Psychiatrierung der Leonie Geßmann.
4. Anhörung der Anita Berber und Susanne Wanowski nach 38/3 St.P.O. beziehungsweise Feststellung ihres derzeitigen Aufenthaltes in ihren Generalien. Auch wollen die Generalien der Bebi Becker sowie der Carola Horn, die angeblich nur in Berlin mit der Geßmann geschlechtlich verkehrt haben soll, festgestellt werden.

Die Staatsanwaltschaft hat also gehörig viel zu tun, um das nötige Material beizubringen, und versucht zuallererst, sich über Vernehmung des Hauspersonals bei Geßmanns ein klareres Bild über die verwirrende und äußerst widersprüchliche Situation zu machen.

Zu Beginn wird die jetzige Haushälterin, Franziska Waschke, befragt. Die ist nicht sehr gesprächig und gibt eher knapp Auskunft:

Da sie erst seit Ende Jänner 1924 bei Geßmann arbeite, könne sie nicht viel erzählen. Als sie ihren Dienst antrat, wohnte eine Frau Elfriede Hörmann bei Herrn Geßmann. Sie zog aber auf Bitte des Herrn Geßmann aus und verließ Wien in Richtung Berlin, bevor die Gnädige nach Wien zurückkam. Am Abend des 26. März sei Herr Geßmann, gegen sein Gewohnheit, gesprächiger als sonst gewesen und habe ihr spät abends, als sie ihm den Kaffee ins Herrenzimmer trug, erzählt, dass er schon vor Weihnachten vor Leonie gewarnt worden sei. Es sei ihm zu Ohren gekommen, dass ihn diese sukzessive umbringen wolle. Er erzählte ihr auch einiges von einer Carola Horn, die in München auf die Nachricht seines Ablebens warte.
Für weitere Auskünfte empfiehlt die Haushälterin dem Kommissar, sich mit ihrer Vorgängerin in Verbindung zu setzen, einer gewissen Bertha Schramböck, die derzeit im Hotel Auge Gottes wohne.

Noch am selben Tag sucht die Polizei Bertha Schramböck auf. Da sie einige Jahre für Albert Geßmann gearbeitet hatte, konnte sie die Zustände im Haus und das Verhalten der Ehegatten zueinander ausführlich schildern.

> Sie war im November 1919 bei Geßmann als Stubenmädchen eingetreten und hatte bis Mitte Jänner 1924 dort gearbeitet. Gleich nach der ersten Hochzeit, 1922, so erinnert sich Bertha Schramböck, seien schon Freundinnen der Baronin in die Wohnung gekommen. An Anita Berber und eine Bebi Becker könne sie sich besonders gut, wenn auch nicht gerne, erinnern. Von anderen Freundinnen, wie z. B. Klara Waldmann oder einer gewissen Susi Wanowski, habe sie nur immer wieder gehört, sie aber nicht in der Wohnung gesehen.
> Herr Geßmann pflegte das Wochenende meist auf seinem Gut in Reichenau zu verbringen, während Leonie Puttkamer es vorgezogen habe, in Wien zu bleiben. Sie habe oft ihre Freundinnen eingeladen, die dann die Nächte bei ihr verbrachten. Albert Geßmann sei sehr misstrauisch gewesen und kam oft überraschend aus Reichenau zurück. Die Frau Baronin habe zwar versucht, die Spuren dieser Besuche zu verwischen, aber mit Hilfe von Privatdetektiven habe der gnädige Herr schnell herausgefunden, wer mit der Gattin die Nacht verbracht hatte. Natürlich sei es wegen der Freundinnen zu ständigem Streit gekommen, und die Ehegatten waren recht grob miteinander. Die Baronin sei dann oft sehr ordinär geworden, und auf alle besänftigenden Einwände von ihrer, Berthas, Seite habe sie nie hören wollen.
> Sie hasse ihn, meinte sie, er sei nichts als ein Kretin, ein räudiger Hund, bestenfalls ein Skelett. Ein anderes Mal erklärte sie der Haushälterin, dass sie vorhabe, ihren Mann zu ruinieren, und meinte weiter: »Die Männer muss man überhaupt ausbeuten. Nur für Frauen habe ich ein Herz, für diese Huren würde ich mein letztes Hemd hergeben.«
> Außerdem habe sie, Bertha, einige Monate später von der Gesellschafterin Gisa Spira erfahren, dass die Frau Baronin einmal die Äußerung gemacht habe: »Geßmann muss zuerst ein Testament machen, und dann werde ich ihn zizerlweise vergiften.«

> Bertha ist überzeugt, dass die Baronin Albert Geßmann nur wegen seines Reichtums geheiratet hatte, um sich ruhig ihren perversen Neigungen hingeben zu können. Jedenfalls war sie froh gewesen, als die Baronin das Haus verließ. Als sie erfuhr, dass die Puttkamer wieder zurückkommen würde, habe sie gekündigt.

Auch eine weitere Dame, Gisela Spira, Gesellschafterin bei der Varietéschauspielerin Bebi Becker, die 1921 kurz zu Leonie Puttkamers Liebhaberinnen gehörte, wird ausführlich befragt.

Die Aussagen werden immer wilder und ausschweifender und geben dem Verfahren und allen weiteren Befragungen Leonies eine deutliche Wendung in Richtung einer Anklage wegen »Unzucht wider die Natur«.

Leonies Befürchtungen sind also wahr geworden. Sie steht nicht nur unter Anklage, weil sie angeblich Albert Geßmann vergiften wollte, sondern, und das ist ihr fast unmöglich zu leugnen, weil sie lesbische Beziehungen pflegte.

Eine neue Runde in den Erhebungen wird somit eingeläutet, und auch die beiden Streitparteien und deren Anwälte halten die Behörde auf Trab. Eingaben über Eingaben, vor allem von Geßmanns Anwalt Dr. Khittl, langen bei der Ermittlungsbehörde ein. Die Schraube der Anschuldigungen und ihrer Absurdität dreht sich weiter.

Geßmann versucht es dabei mit Wahnsinn, Haltlosigkeit und Sucht seiner Frau:

> Trotz ihres Widerspruchs, sie sei weder Morphinistin noch Kokainistin, bin ich durch viele Personen überzeugt worden, dass sie es tatsächlich ist. Schon vor vielen Jahren hat ihr Vater ihren Geisteszustand untersuchen lassen, weil ihr damaliges Verhalten den Verdacht einer Geistesstörung ergeben hat. Meine Frau ist auch homosexuell veranlagt und empfindet manchmal eine solche Sehnsucht nach einem geliebten Weib, was einen großen Hass und Widerwillen gegen den Mann auslöst … Deswegen weil ich vor der Wiederverehelichung meine Frau nicht mit Carola Horn, sondern nur sie allein zu mir zurücknehmen wollte, wurde meine Frau bei ihrem unheilbaren Geisteszustand durch die wahnsinnige Liebesmanie zu

> Carola Horn zu einem solchen Hasse gegen mich veranlasst, dass sie in die fixe Idee verfiel, zu mir nur zurückzukommen, um durch mein Ableben möglichst rasch in den Besitz großer Barmittel zu kommen, mit denen sie ihr Leben mit Carola Horn in luxuriöser Weise fortsetzen könne.

Sogar Leonies Lektüre wird als Beweis herangezogen:

> Ich habe mich damals vor ihr wirklich gefürchtet, da der Roman der Theodora [Geßmann meint *Der Heilige Palast* von Alma Johanna Koenig] des Rikohaverlages ihre Bibel war; speziell jene Stellen las sie mit Vorliebe, wo Theodora die zur Lust gebrauchten Männer ermordete.

Leonie Puttkamer hingegen weiß genau, mit welchen Anschuldigungen sie ihren Mann am meisten treffen kann, und beschreibt ihn als Impotenzler und Perversen:

> Er leidet unter rheumatischen Beschwerden, kann nicht selbst aufstehen, sich nicht bücken, nicht waschen, die Schuhe aufnehmen. Dies zeigt sich beim Koitus in der schon erwähnten Weise, er muss sein Glied durch vorausgehende onanistische Manipulation versteifen, dasselbe fällt dann in der Vagina gleich wieder zusammen, und er muss nachschieben, und zwar mit den Fingern … Er verlangte von mir bald nach unserer Verheiratung, einmal im Monat eine andere Frau zu haben, nur das mache das Glück einer Ehe vollkommen. Tatsächlich nahm er sich, wie er sich ausdrückte, eine »Bordellhure« herauf, mit der er Minette machte, dann spielte er mit seinen Geschlechtsteilen an ihren Brüsten, zwischen denen er sich schließlich befriedigte. Nach solchen Szenen mussten solche Weiber zu mir kommen, mir die Hände küssen und mich um Verzeihung bitten … Dann näherte er sich mir kniend mit erhobenen Händen und bat mich um Verzeihung. Ich saß während dieser Vorgänge, die mich anwiderten, rauchend auf einem Fauteuil. Er rief kniend: »Frauerl, nicht böse sein! Bitte dich um Verzeihung.«

Das kann Albert Geßmann nicht auf sich sitzen lassen, und er kontert unter anderem mit der Behauptung, dass Leonie ihn zu sadistischer Betätigung zwingen wollte:

> Ihre Sympathie für mich äußerte sich darin, dass sie es mir nicht nur gestattete, sondern geradezu begehrte, dass ich mit einer Frau, an der sie selbst Gefallen fand, geschlechtlich verkehrte ... es ist richtig, dass ich vor zwei Jahren ca. fünfmal andere Frauen in Gegenwart meiner Frau koitierte; natürlich war mir immer eine fremde Frau zugegeben. Meiner Frau machte das großes Vergnügen....
> Eine sadistische Betätigung durch Schlagen erfordert jedoch eine gleichzeitige Inanspruchnahme der Armmuskulatur und der Geschlechtsorgane, wozu ich mich bereits zu faul fühle ... wegen meiner zu geringen sadistischen Betätigung machte sie mir Vorwürfe und erklärte mir einige Male ... ich sei eine Art Sexualschwindler und solle mich schämen, so wenig pervers zu sein. Namentlich darüber ärgerte sie sich wiederholt, dass ich ihren Wunsch, sie vor dem Geschlechtsakte bei den Haaren durch das Zimmer zu zerren und sie mit Füßen zu treten und dann auf dem Fußboden mit ihr Liebe zu machen, nicht erfüllte.

Und was er schon gar nicht unwidersprochen lassen kann, ist der Vorwurf Leonies, er hätte auch gerne mit farbigen Frauen geschlafen. Seine Aussage dazu zeigt, wes Geistes Kind er ist:

> Meine Geschmacksrichtung ist speziell nur auf geistig hochstehende Frauen europäischer Kulturnationen gerichtet und mir sind sogar schwarzes Haar, schwarze Augen und gelblicher Körperteint durchaus unsympathisch. Mein Sexualverlangen ist eher auf Rasseninzucht gerichtet, so dass mir blonde oder braunhaarige Frauen mit blauen oder grauen Augen und rosiger Hautfarbe am begehrenswertesten erscheinen. Negerinnen oder sogar auch Mulattinnen und Kreolinnen vertrage ich, selbst im harmlosesten Verkehre, in meiner Umgebung durchaus nicht.

In dieser Tour geht es in einer Fülle von riesigen Eingaben in einem fort fast bis zum Ende der Vernehmungen. Allerdings liegt am 5. April 1924 das gerichtsärztliche Gutachten zu den Kaffeeproben vor und besagt, dass die Menge Arsen in Tasse und Kanne nie und nimmer ausgereicht hätte, Unwohl- und Krankheitsgefühle hervorzurufen. Außerdem sei auch die Zeitspanne zwischen Kaffeetrinken und Auftreten der Symptome für eine Arsenvergiftung viel zu kurz gewesen.

Das entlastet Leonie zumindest in der Mordanklage, und Alberts Vorwürfen in dieser Richtung ist der Boden entzogen. Sie stellt daraufhin sofort einen Antrag auf Enthaftung, dem aber vorerst nicht stattgegeben wird.

Aber der § 129 b – Unzucht wider die Natur – hängt noch dräuend über der Baronin. Also konzentriert der liebe Bertschi alle Anstrengungen, Leonie zu Fall zu bringen, auf diesen Bereich. Vorher macht er allerdings noch einen geschickten Schachzug, seine Frau wieder in die Hand zu bekommen und in Abhängigkeit zu halten: Er erlegt am 8. April 1924 die Kaution von 250 Millionen Kronen, woraufhin das Landesgericht für Strafsachen Leonie auf freien Fuß setzt. Ihre Freiheit dauert aber nicht lange, da Albert sie ins Sanatorium Löwy in Sulz-Stangau im Wienerwald schicken lässt und versucht, sie psychiatrieren und unter Kuratel stellen zu lassen – natürlich unter seine.

Leonie Puttkamer kann das nicht verweigern, da sie mittellos und daher von ihrem Mann abhängig ist, zudem stehen zwei Untersuchungen durch den Gerichtspsychiater aus. Sie ist also wieder gefangen.

Zusätzlich wird Albert äußerst offensiv gegen Leonies Anwalt. Seine Strategie ist offenbar, ihr rechtliche Hilfe und die Möglichkeit zur Gegenwehr zu entziehen. Sie selbst versucht er zu überreden, dann zu erpressen, ihren Rechtsvertreter doch zu wechseln, da sie dieser in diese ganze Misere hineingeritten habe. Anwalt Dr. Klemperer schreibt er scharfe, drohende Briefe und zeigt ihn schließlich am 25. Mai wegen Überschreitung des Mandats und Beeinflussung der Mandantin bei der Standesvertretung an.

Und vor der Vernehmungsbehörde setzt Albert Geßmann ganz auf die Wirkung des § 129 b. Sein letzter Trumpf ist dazu die Anita-Berber-Geschichte, und die packt er in den nun folgenden Wochen detailliert aus.

4
Tänze des Lasters, des Grauens und der Ekstase

Schon 1921 begann Leonie Puttkamer sich heftig zu bemühen, die persönliche Bekanntschaft der berühmten Anita Berber zu machen. Sie hatte immer wieder in Zeitungen und Magazinen Berichte über die skandalumwitterten Auftritte der Tänzerin gelesen und Bilder gesehen, die eine kleine Frau mit schönem Körper zeigten, die in eigenwilligen oder gar keinen Kostümen, in ungewöhnlichen Posen und mit lasziv blickenden, schwarz umrandeten Augen in einem leichenblassen Gesicht den Lesenden entgegensah. Und seither ging sie der Baronin nicht mehr aus dem Kopf. Immer wieder schickte sie Briefe und Telegramme an die Berliner Adresse der aufregenden Nackttänzerin.

Doch auf all diese Schreiben erhielt Leonie nie eine Antwort. Wahrscheinlich hatte Anita Berber sie gar nicht zu Gesicht bekommen, weil sie an der Hürde einer eifersüchtigen Privatsekretärin, die gleichzeitig Geliebte war, scheiterten.

Im Sommer 1921 waren Albert und Leonie nach Gastein zur Kur gefahren. Dort erfuhr Leonie zufällig durch einen Gast, dass Anita Berber mit ihrer Lebensgefährtin Susi Wanowski in Karlsbad weilte. Jetzt gab es kein Halten mehr, und Leonie bestürmte Albert, doch diesen hässlichen Kurort zu verlassen und ins wundervolle Karlsbad zu wechseln, um dort eine Nachkur zu machen – eine Bitte, die dieser wohl wissend ausschlug. Also musste sie ihre Strategie ändern und schlug ihrem Mann nun vor, für ein paar Wochen nach Berlin zu reisen. Er könne dort seine beruflichen Kontakte pflegen. Da er über die Österreichische Landwirtestelle mit dem Reichsdeutschen Kalisyndikat verbunden sei, deren Leiter schon so oft in Wien gewesen war, würde es einer Taktlosigkeit gleichkommen, wenn Albert nie einen Gegenbesuch abstattete.

Sie würde derweil auskundschaften, was sich in Berlin nach den politischen und wirtschaftlichen Umbrüchen tue.

Albert war aber gewarnt. Die seit Monaten immer heftigere Schwärmerei seiner Frau machte ihn eifersüchtig, und er legte, obwohl er durchaus einige geschäftliche Termine in Berlin wahrzunehmen gehabt hätte, wieder ein Veto gegen diese Reise ein.

Da wurde es Leonie zu bunt und sie erklärte schließlich, allein nach Berlin zu reisen. Sie hatte es aufgegeben, mit Albert über Anita Berber zu reden, und gab statt dessen vor, mit eigenen Augen sehen zu wollen, welche Auswirkung die Inflation auf das Leben in Berlin habe. Sie habe gelesen, dass Leute aus allen Winkeln der Welt jetzt nach Berlin kämen, um von den gewaltigen gesellschaftlichen Veränderungen zu profitieren. Das Zusammentreffen so vieler verschiedener Menschen könne nur eines bedeuten: ein wildes, aufregendes Leben bei Tag und Nacht.

Albert war vorerst machtlos. All seine Versuche, ihr Angst zu machen mit finsteren Bildern von Schiebern und Dieben, denen sie in Berlin in die Hände fallen könnte, fruchteten nichts.

Doch dann kam ihm die rettende Idee, dass es doch möglich sein müsse, Anita Berber nach Wien zu holen. Sicherlich würde eines der vielen Varietétheater sie für einen Tanzabend engagieren. Er meinte, seine Frau, wenn alles vor Ort geschähe, besser kontrollieren zu können. Auf Leonies Drängen erkundigte sich Albert beim Direktor des Tabarin, ob er nicht die Berber verpflichten könne. Der sandte sogar ein Angebot nach Berlin, welches aber abgelehnt wurde, da Frau Berber schon zu viele Engagements habe.

Also wieder nichts.

Aber dann endlich, im Juni 1922, war es so weit. Anita Berber kam wegen eines Engagements für den Stummfilm *Die drei Marien und der Herr von Marana* nach Wien, und Leonie setzte alles daran, sie nun endlich persönlich kennen zu lernen. Sie kombinierte richtig, dass die Tänzerin wohl nur in der Nähe der Filmstudios Quartier bezogen haben könnte, telephonierte ein paar Hotels durch und wurde beim Parkhotel in Hietzing fündig. Denn in Wien bei einem Dreh engagiert zu sein, hieß, in den Filmstudios am Rosenhügel zu arbeiten. Und das Parkhotel, neben dem Schloss Schönbrunn gelegen, bot gleich zwei Vorteile, nämlich

Anita Berber, 1922

eine vornehme und komfortable Absteige zu sein und nicht zu weit von den Studios entfernt zu liegen.

Anita Berber wurde allerdings begleitet von ihrer langjährigen Freundin Susi Wanowski, die auch als Managerin, Privatsekretärin und Rausschmeißerin agierte und aus durchaus nicht uneigennützigem Interesse versuchte, ihrer Partnerin die zahlreichen Verehrerinnen und Verehrer vom Leib zu halten. Es war daher nicht weiter erstaunlich, dass diese etwas raubeinige Dame Leonie bei ihren zahlreichen Anrufen zu verstehen gab, Anita habe überhaupt keine Zeit und auch kein Interesse an einer Bekanntschaft mit ihr.

Doch so leicht ließ Leonie sich nicht abwimmeln. Sie fand immer wieder Gelegenheit, nach Hietzing zu fahren, um in den diversen Cafés und Bars nach Anita Berber Ausschau zu halten. Sogar ihren Mann Albert bezog sie in die Suche ein und wurde eines Abends in der Bar des Parkhotels für ihre Geduld belohnt. Anita Berber betrat in eleganten, fließenden Bewegungen und ebensolchen Gewändern, die ihren perfekten Körper auf das vorteilhafteste zur Geltung brachten, die Szenerie, im Schlepptau die burschikose Susi Wanowski, die den Kerl markierte, und schlug sich, der Blicke des ganzen Lokals bewusst, zur marmornen Theke durch, um einen großen harten Drink zu bestellen. Trotz des Getümmels verstand es Leonie, Anitas Blicke auf sich zu ziehen, und bedeutete ihr mit einem Wink der Augen bald, ihr in den Vorraum zu folgen, wo die beiden in einem unbemerkten Moment ein Gespräch begannen.

Albert witterte schnell, dass da ein erotischer Sturm im Anzug war, und auch Susi Wanowski machte sich auf den Weg, dieses Geplänkel abzustellen. Die doppelte Störung veranlasste Leonie zu einem raschen Aufbruch, jedoch nicht, ohne vorher Anita eine Einladung zu ihr für nächsten Abend zugeflüstert zu haben.

Der Krach zwischen den beiden Partnerinnen kam der Baronin Gott sei Dank nicht mehr zu Ohren. Denn die Wanowski drehte halb durch. In jeder Stadt irgendeine – was heißt eine? – unzählige neue Eskapaden von Anita! Das hatte sie gründlich satt. Sie setzte durch, dass Anita die Verabredung mit Leonie absagte.

Anita Berber war die Szene ihrer Freundin im Grunde ziemlich egal. Diese noble Schönheit, die sich ihr da zu Füßen oder besser gesagt auf den Bettvorleger gelegt hatte, würde sie sich nicht entgehen lassen. Ein paar Tage auf oder ab würden daran auch nichts ändern.

Irgendwie schafften es die beiden Frauen in den nächsten Tagen, sich heimlich hinter dem Rücken Geßmanns und Wanowskis zu treffen.

Mit einer einwöchigen Verspätung kam Anita dann ganz offiziell zu Leonie ins Haus zu Besuch. Das Abendessen wurde gemeinsam mit Albert eingenommen, der noch gute Miene zum bösen Spiel machte und sich etwas säuerlich um Konversation bemühte. Überflüssiger als an diesem Abend war seine Anwesenheit allerdings selten gewesen. Die Speisen, welche die Haushälterin Bertha aufgetragen hatte, waren von den beiden Frauen fast unangetastet in die Küche zurückgeschickt worden, dafür wurden vier Flaschen des besten Champagners geöffnet und schnell geleert. Leonie war aufgekratzt und ergötzte sich an Anitas Erzählungen über ihre zahlreichen amourösen Abenteuer und konnte nicht genug bekommen von den Berichten über das aufregende Nachtleben in Berlin. Schließlich war es spät geworden, und irgend etwas musste passieren – fand zumindest Leonie. Charmant kichernd begann sie Brücken in ihr Schlafzimmer zu bauen. Es sei doch viel einfacher, wenn Anita die Nacht am Sebastianplatz verbrächte und von ihr am nächsten Morgen ins Parkhotel zurückgebracht werden würde. Die Berber grinste und nickte.

Alberts Wut schenkte die Baronin keine Beachtung. Sie hatte ihm ihre Phantasien zur Berber ja nie verheimlicht, und so nahe am Ziel ihrer Wünsche wollte sie sich nicht von einem Mann, ihrem Mann, von der Verwirklichung abhalten lassen. Er musste schließlich das Feld räumen und zog sich in sein Zimmer zurück. Schlaf fand er in dieser Nacht kaum. Immer wieder stand er, gequält von Eifersucht und Neugierde, auf und schlich sich zur Zimmertür seiner Frau. Einzelne Gesprächsfetzen drangen an sein Ohr, und sie bestätigten, was er schon wusste. Leonie verabscheue jegliche sexuelle Betatigung mit ihm und erdulde ihn nur, weil er so viel für ihre Dienste zahlte.

Aus Geßmanns Eifersucht wurde Hass, und er schlich sich mit dem Vorsatz in sein Bett zurück, seiner Frau das alles gründlich heimzuzahlen.

Von da an waren die Tage und die wenigen Zusammentreffen zwischen den Eheleuten schal und gespannt. Sobald Geßmann das Gespräch auf Anita Berber brachte, verließ seine Frau wortlos das Zimmer. Ansonsten war sie ohnehin meistens im Parkhotel oder im Filmstudio. Dort war es zu einigen heftigen Szenen zwischen ihr und Susi Wanowski gekommen. Diese hatte sich, teils um Anita eifersüchtig zu machen, teils aus echtem Interesse, an Bebi Becker, eine Schauspielerin, herangemacht und war eines Morgens nach einem Streit mit Anita ins Hotel Bristol gezogen. Was die Lage merklich entspannte und schlagartig die Beziehung zwischen allen Beteiligten verbesserte und schließlich so weit führte, dass die vier Damen an manchen Abenden sogar gemeinsam ausgingen.

Dann kamen zwei unerträgliche Wochen für die Geßmanns inklusive zweier unerträglicher Urlaubsversuche am Mandelpaß in Südtirol und in Edlach.

Anfang August, gleich nach der Rückkehr aus Edlach, teilte Leonie Albert mit, dass sie die Scheidung wolle.

Nach dieser Mitteilung hielt Leonie nichts mehr in der ehelichen Wohnung. Sie packte das Nötigste und zog zur Schauspielerin Fedy Ferrard in der Gußhausstraße im 4. Bezirk. Die Trennung Leonie Puttkamers von Albert Geßmann erfolgte nach nur siebenmonatiger Ehe am 24. August 1922. Die Scheidung verlief einvernehmlich, obwohl der wirkliche Grund für einschlägige Kreise offenkundig war.

Anita Berber war ja in Wien keine Unbekannte. Schon 1918 hatte sie in dieser Stadt ihren ersten Tanzauftritt gehabt. Erst 1921 kam sie wieder zurück, diesmal, um Filme zu drehen. In *Verfehltes Leben* spielte sie die weibliche Hauptrolle, ihre Partner waren die Burgschauspieler Carl und Philipp Zeska, Vater und Sohn. Im selben Jahr drehte sie auch noch *Lucifer* und *Die Nacht der Mary Murton*. Bis 1925 sollte Anita noch in vier weiteren österreichischen Filmen mitwirken, unter anderem *Irrlichter der Tiefe* (Wankende Erde) – ein Bergwerksfilm – und *Ein Walzer von Strauß*. Und sie schaffte es irgendwie, diese Filme trotz Aufenthaltsverbots in Österreich zu drehen.

Im August 1922 fühlte sich Anita nach den anstrengenden Dreharbeiten erschöpft und wollte eine kleine Pause einlegen, bevor sie sich wieder ihrer Leidenschaft, dem Tanz, widmen und den geplanten Auftritt im Wiener Konzerthaus absolvieren würde. Sie zog ins Hotel Bristol gegenüber der Oper, ganz in der Nähe ihrer neuen adeligen Freundin und der nächtlichen Vergnügungsstätten.

Sidonie Csillag kam im September 1922 aus der Sommerfrische nach Wien zurück und hatte sofort den Eindruck, dass Leonie von einem Feuer verzehrt wurde, das sie bei den bisherigen Frauen noch nie gespürt hatte und welches nicht einzudämmen war. Sie hatte Angst, dass irgendwann auch sie den Flammen zum Opfer fallen würde und verabscheute Anita Berber instinktiv vom ersten Augenblick an. Ein gemeinsamer Besuch mit der Baronin am Krankenlager der Berber im Sanatorium Loew, in der Mariannengasse im 9. Bezirk, zum damaligen Zeitpunkt die bevorzugte Privatklinikadresse der Wohlhabenden, bestätigte ihre Abneigung.

Im Sanatorium Loew hatte Anita Berber viel Zeit. So viel Zeit, dass sie sogar einen Brief an Karl Kraus verfasste, in dem unter anderem stand, dass es seit einigen Tagen in Wien ein Gerücht gäbe, dass sie verrückt geworden sei und auf Steinhof liege. Dabei liege sie vergnügt im Sanatorium Loew, sogar in der Frauenabteilung und erhole sich von einer kleinen Bauchfellentzündung. Anita meinte, sich diese beim Filmen im Schönbrunner Park geholt zu haben. Schon in vierzehn Tagen werde sie allerdings wieder mit ihrem Partner Sebastian Droste nach Italien, Spanien und Paris fahren.

Dann kam am 14. November 1922 der gemeinsame Auftritt der genesenen Anita Berber mit ihrem Partner Sebastian Droste im Konzerthaus. Auch Sidonie sah sich die Aufführung an, und trotz ihrer Abneigung für die Berber kam sie nicht umhin, sie als Tänzerin beeindruckend zu finden. Von Sebastian Droste war sie weniger überzeugt. Viel Getue, aber an Anitas wildes erotisches Feuer reichte er nicht heran.

Bald stand in allen Zeitungen zu lesen, dass er sich auf undurchsichtige Geschäfte eingelassen habe und deshalb nach diesem Auftritt aus Wien abgeschoben werden sollte. Schließlich gelang es ihm aber, durch das Einfädeln von zusätzlichen Auftritten seine Abschiebung zu verzögern. Aber auch hier gab es

Unstimmigkeiten, denn er hatte gleichzeitig Verträge mit mehreren Theatern abgeschlossen, darunter das Apollo, das Ronacher und das Tabarin.

Auf Grund dieser mehrfachen Verträge kam es zu Verhaftungen und Zusammenstößen mit der Polizei. Ein ideales Klima für Anita Berber, die Skandale liebte und deren freche Aussagen immer für Meldungen in den Medien gut waren. Es war die beste Werbung für sie und machte das Wiener Publikum nicht nur neugierig, sondern nachgerade gierig, sie zu sehen, und füllte die Häuser bis auf den letzten Platz.

Das Interessante Blatt vom 28. Dezember 1922 berichtete Folgendes:

> Erst als Anita Berber einige Tänze in vollständiger Hüllenlosigkeit riskierte und zwei Kritiker sich über den künstlerischen Wert dieser Darbietung in die Haare fuhren, wurde das Tänzerpaar als Attraktion gewertet und drei Rauchtheater, Apollo, Ronacher und Tabarin überboten sich in Engagementsanträgen. Die Unmöglichkeit allen Verpflichtungen nachzukommen, gab Anlaß zu einem Konkurrenzstreit … der vor dem Bezirksgericht Innere Stadt endete.

Doch dann wurde es wirklich brenzlig, weil Sebastian Droste verdächtigt wurde, zwei deutschen Gräfinnen Valuten und Schmuck entwendet zu haben. Es kam zwar in dieser Sache nie zu einer Aufklärung, dennoch wurde er schließlich nach Ungarn abgeschoben. Anita blieb noch ein paar Tage in Wien, um allein weiterzutanzen. Als sie in eine Raufszene im Tabarin verwickelt wurde, bei der ihre Faust im Gesicht eines Portiers landete, wurde auch sie des Landes verwiesen, mit Aufenthaltsverbot belegt, und folgte ihrem Tanzpartner nach Budapest.

Der Schleifisch

Während sich Anita Berber noch in Wien mit dem Publikum und der Polizei herumprügelte, hatte Leonie endgültig ihre Sachen gepackt und war über Prag nach Berlin gegangen. Vorher verkaufte sie in Wien noch ihre Möbel und Teppiche, in Prag dann das Silber. Die tschechoslowakische Krone war damals unter den Währungen Mitteleuropas die stabilste und brachte soliden Gegenwert für Leonies Besitztümer.

In dieser letzten Zeit in Wien hatte sie Susi Wanowski besser kennen gelernt, und die anfängliche gegenseitige Ablehnung war bald in eine herzliche Zuneigung umgeschlagen. Susi war für jeden Spaß zu haben, und ihre umgängliche und witzige Art machte sie zum Mittelpunkt einer jeden Gesellschaft. Susis Affäre Bebi Becker war im Jahr zuvor über einen kurzen Zeitraum sowohl Alberts als auch Leonies Bettgefährtin gewesen. Und auch der Zeitraum der Beziehung zwischen der Wanowski und der Becker sollte kurz sein. Susi hatte sehr bald ihr Interesse an Bebi verloren und wollte ihr einen Abschiedsstreich spielen.

Sie überredete Leonie, der Becker doch ihre Gesellschafterin Gisela Spira abspenstig zu machen und mit nach Berlin zu nehmen. Mit dem Versprechen der Übersiedlung nach Berlin gelang es wirklich, die Gesellschafterin zu einem Dienstgeberinnenwechsel zu überreden.

Noch in Wien, Anfang Dezember 1922, hatte also die vierunddreißigjährige Gisela Spira aus Budapest bei Leonie Puttkamer, die gerade im Mezzanin des Hotel Bristol wohnte, den Dienst angetreten.

Sie kannte ihre neue Dienstherrin schon eine Weile und hatte deren Affäre mit ihrer früheren Arbeitgeberin genüsslich beobachtet. Gisela wusste, dass Leonie im einschlägigen Freundinnenkreis üblicherweise »der Leo« genannt wurde und mit Geld um sich warf. Auch Bebi Becker war vom Geldsegen berieselt worden und hatte einige wertvolle Geschenke bekommen. Dabei hatte sie ihre eigenen Einkünfte als Schauspielerin im Revuetheater in der Femina-Bar und verdiente nicht schlecht an der Lust eines russischen Prinzen.

Gisela Spira war auch Zeugin geworden, wie sich die freundschaftlichen Bande zwischen Susi Wanowski und Leonie Puttkamer in Liebesränke verwandelten. Und bevor es zu Eifersuchtsdramen mit der geschassten Bebi Becker kommen konnte, hielten es die beiden neuen Freundinnen für angebracht, sich nach Berlin abzusetzen. Im Tross natürlich auch die neue Hausdame.

Am 16. Dezember 1922 bestiegen Susi, Leonie und Gisela also den Nachtzug nach Berlin. Dort bezogen Herrin und Bedienstete im Hotel Eden Quartier, die Geliebte wohnte im Hotel Zoo.

Die Nächte wurden zum Tag, und Leonie Puttkamer lernte die einschlägigen Lokale Berlins kennen. Ihr bevorzugter Ort wurde die Comobar, wo es leicht war, Frauen kennen zu lernen, die sie dann Nacht für Nacht auf ihr Hotelzimmer mitnahm.

Anita Berber war schon längst Schall und Rauch, und bald trat auch Susi Wanowski, die immerhin Biberpelz und Perlenring als ewiges Andenken zurückbehalten konnte, in den Hintergrund und eine Neue auf den Plan. Die Neue war Carola Horn, die mit einer Frauenärztin zusammenlebte, für die sie auch als Assistentin tätig war.

Eigentlich hatte Leonie die Ärztin Lotte Oeltjen zuerst kennen gelernt und sie einmal sogar zu sich mitgenommen. Aber ihre Freundin war viel attraktiver und zeigte sich Leonies Werben keineswegs abgeneigt. Als Carola nächtelang bei Leonie zu bleiben begann, war es mit dem guten Einvernehmen zwischen Frau Doktor Oeltjen und der Baronin allerdings vorbei, und stürmische Szenen zogen, wie zu allen Zeiten bei solchen Konstellationen, über das Dreieck hinweg. Letztendlich entschied sich Carola, bei Leonie zu bleiben.

Diese verwandelte sich wieder zu »Leo« und verstand es, ganz Kesser Vater, ihre neue Geliebte zu verwöhnen. Sie besorgte ihr neue Garderobe, Schmuck und schließlich sogar ein Motorrad mit Beiwagen, das die beiden Frauen, mit Lederhelmen, Staubbrillen und Schals bewaffnet, oft »sattelten«, um Ausflüge auf das schöne flache Land rund um Berlin zu machen. Der Kauf dieser so seltenen wie teuren Beiwagenmaschine war nur möglich geworden, weil Leonie einen Brillantsolitär verkauft hatte. Während einer ausschweifenden Nacht hatte sie den Solitär ursprünglich im Suff schon an ein Barmädchen verschenken wollen, war aber von Hausdame Gisela, die diese Damenbars auch sehr schätzte, in letzter Minute davon abgehalten worden.

Mit so einem Lebensstil waren Leonies eigene Geldreserven natürlich bald am Ende, und sie begann Schulden zu machen. Irgendwer würde schon irgendwann die offenen Rechnungen begleichen, notfalls würde halt wieder ein Mann herhalten müssen.

Leonie Puttkamer und Carola Horn auf ihrer Beiwagenmaschine

Doch die Liebe zwischen Leonie und Carola blühte und bescherte den beiden stürmische Nächte miteinander. Die Gesellschaftsdame Gisela, die wohl alles andere als eine Anstandsdame war, erhielt dann des Morgens – so erinnerte sie sich zumindest zwei Jahre später bei ihrer Einvernahme – angeblich Bericht über die unzähligen Male, die die beiden Frauen miteinander verkehrt hätten. Es waren immer zweistellige Zahlenangaben, und bei jeder Zahl wurde versichert, dass »gut gefickt« oder »getitschkerlt« worden sei.

Doch das erotische Repertoire wollte erweitert werden. Und Gisela Spira verstand ihre Aufgabe da ganz im wörtlichen Sinn und sorgte für Gesellschaft – wenn auch der sehr ungewöhnlichen Art.

Eines Tages kam sie mit einem großen Gurkenglas voll mit Wasser und zwei etwas verloren herumschwimmenden kleinen grauen Fischen ins Hotel. Sie konnte gar nicht aufhören zu kichern, als sie die verwunderten Blicke von Leonie und Carola sah.

»Schaut, was ich uns mitgebracht habe! Meine Schwester hat das wärmstens empfohlen. Allerneueste Mode bei den Damen hier in Berlin.«

»Jetzt sag schon, Gisela, wofür diese ekligen Tierchen gut sein sollen«, drängte Carola.

»Folgen Sie mir ins Badezimmer, Herrschaften.«

Das Glas plus Inhalt schwankte und schwappte bedenklich auf dem Weg dorthin, und Gisela Spira musste sehr Acht geben, es vor Lachen nicht fallen zu lassen.

Carola und Leonie folgten ihr, die eine berstend vor Neugierde, die andere etwas scheu – schließlich darf man sich ja mit Dienstboten nicht so verbrüdern.

Daraus sollte nichts werden.

Die Gesellschafterin postierte ihre glitschige Fracht auf dem Fensterbrett und ließ das Bidet ein. Dann das Gurkenglas umgekippt, und die Fischchen flutschten hinein, nicht ahnend, dass die neue Freiheit nicht lange währen würde.

»Wollen Sie sich bitte freimachen, meine Damen.«

Jetzt hatten Carola und Leonie kapiert – und sie machten sich frei. Unter Gekichere, ein bisschen Erröten und gespieltem Protest nahmen sie abwechselnd auf dem Bidet Platz. Die Spira hatte es ihnen schließlich gerade vorgemacht: Ein fester Griff hinter die Kiemen, das Tierchen, das als Schleifisch vorgestellt worden war, Kopf unter Wasser, Schwanz zuoberst, aufrichten – und dann vorsichtig einführen.

So etwas hatte eine Schleie natürlich auch noch nie erlebt und zappelte um ihr Leben. Welche Freuden ihr Überlebenskampf den Damen über ihr bereitete, konnte sie naturgemäß nicht wissen.

Aus den Protesten war leises Stöhnen geworden, und ein Gedrängle und Geschubse um das kleine Fischbassin setzte ein. War ein Fisch zu erschöpft, um noch mit dem Schwanz zu schlagen und verabschiedete sich gerade von seinem Leben, kam der andere dran, der mit frischer Energie drauflos zappelte und zu neuen Höhepunkten führte.

Wie die drei Frauen den glattesten und glitschigsten Vertreter der Kiemenatmer so griffig und steif bekamen, dass er ein würdiger Vorläufer des modernen Vibrators werden konnte, wird allerdings ein ewiges Rätsel bleiben.

Getrübt wurden das ausgelassene Leben in Berlin und die Freuden dieser Art im Jänner und Februar 1923 nur von den fast täglichen Briefen und Telegrammen Albert Geßmanns aus Wien. Er versuchte, seine frühere Frau mit allen Mitteln zu überreden, wieder zu ihm zurückzukommen. Wenn Leonie diese Briefe las, entschlüpften ihr meistens abwertende Bemerkungen, und sie legte das Gelesene achtlos in eine Schublade. Nur die große Not an Geldmitteln bewog sie Anfang März, dem Drängen Alberts nachzugeben und nach Wien zu reisen.

Wieder ging es zu dritt auf die Fahrt. Aber statt mit Susi reisten Leonie und Gisela diesmal mit Carola. Die Reise führte zuerst nach München, Carolas Wohnsitz, wo alle ein paar Tage abstiegen, dann zum endgültigen Zielort.

Leonie schaffte es sehr schnell, auch in Wien Schulden zu machen, aber Albert weigerte sich, diese zu begleichen. Wegen Carola gab es bald wieder Krach, und die beiden Frauen zogen es vor, ins Hotel Bristol zu übersiedeln. Als die Baronin merkte, dass bei ihrem Exmann nicht das zu holen war, was sie sich vorstellte, verließ sie einen Monat später, Mitte April, Wien Richtung Deutschland.

Unmittelbar darauf kam es wieder zu einem regen Briefwechsel zwischen den früheren Eheleuten, und Leonie ließ Bertschi unzweideutig wissen:

> Du bist und bleibst in meinen Augen ein erbärmlicher Feigling, der, wie es Deinem untergeordneten verlogenen Charakter entspricht, seine Gemeinheiten mir gegenüber noch mit einer Lüge vor sich selbst entschuldigen muss. Jede Stunde, die ich mich in Dein widerlich verlogenes spießbürgerliches Milieu gezwungen, war schade und meiner unwürdig. Im übrigen sind Deine vornehmen gentlemanlike Unternehmungen, mich zu ruinieren und blamieren, ein Fehlschlag, da meine Art, wenn auch hochmütig und reserviert, doch mehr geschätzt wird als Deine wohlfeilen Gemeinheiten, die nur auf Dich selbst zurückfallen.
> Zu manchen Dingen, sei es, um sein Wort zu halten, oder sei es, eine Gemeinheit wirklich durchzuführen, gehört eben mehr Rasse, Niveau und Geist, wie Du jemals gehabt und besitzen wirst … Die mir noch zukommenden 15 Millionen stelle ich Dir nebst meiner tiefsten Verachtung zur Verfügung. Vielleicht gelingt es Dir, Deine wackelnde Marmeladenfabrik oder das ominöse Sauerkraut (welches ich übrigens nicht ohne Deine »echte« Chippendale-Garnitur in die Donau versenken würde) finanziell geschickt damit zu unterstützen. Ich verbitte mir, mich mit weiteren Briefen zu belästigen, da ich glücklich bin, Deinen endlosen uninteressanten Äußerungen entgangen zu sein und der Vorhang nach dieser widerwärtigen verlogenen Komödie für mich endgültig gefallen ist. Mileonie.

Nur Gisela Spira blieb in Wien zurück und mit ihr ein verschnürtes Paket mit Albert Geßmanns Briefen an Leonie. Diese erinnerte sich, dass sie Gisela die Briefe anvertraut hatte, mit der Bitte, sie Sidonie Csillag zur Verwahrung zu übergeben. Die Spira weiß sich zu erinnern, dass Leonie ihr geraten habe, die Briefe zu veröffentlichen, damit Bertschi lächerlich gemacht werde.

Jedenfalls tat sie weder das eine noch das andere, sondern wählte einen dritten Weg: Sie witterte bessere Einnahmequellen als bei Frau Puttkamer-Geßmann und begann, ihre Dienste dem

Herrn Geßmann anzutragen. Sie brachte die Briefe zu Albert Geßmann, und dieser gab ihr aus reiner Dankbarkeit freiwillig 3 Millionen Kronen.

Im Mai fuhr Gisela im Auftrag Alberts nach Berlin, um Erkundigungen und möglichst schlechte Nachrede über Leonie für Geßmanns »Sammlung« einzuholen. Von diesem Besuch kehrte die wetterwendische Hausdame mit Geschichten über Leonies angeblich abartige Beziehung zu ihrem Hund wieder, den sie dermaßen sodomitisch überreize, dass sogar der Tierarzt zur Hilfe gerufen werden musste.

Über den Sommer war Leonie mit Carola ganz nach München gezogen, wo sie in der Kunigundenstraße wohnten und auch immer wieder Zeit bei Carolas Mutter am Tegernsee verbrachten. Und selbst dorthin reiste ihr Gisela Spira nach, beauftragt von Albert Geßmann, wieder einmal eine Rückkehr Leonies nach Wien zu verhandeln. Leonie brachte es klipp und klar auf den Punkt: sie werde nur nach Wien zurückkehren, wenn es sehr viel Geld dafür gäbe.

Und dieses Geld gab es offenbar. Die Baronin Puttkamer kehrte, wie wir wissen, nach der »Versöhnung«, oder sollte man besser sagen dem Vertragsabschluss in Salzburg, Mitte März nach Wien und zu Albert Geßmann zurück.

Das Ende von allem

Die Vernehmungsbehörde ist zwar durchaus beeindruckt von Albert Geßmanns Enthüllungen und deckt selber in ausführlichen Verhören noch viel mehr Details auf, aber unternehmen kann oder will sie offenbar nicht viel. Die meisten von Leonie Puttkamer-Geßmanns »Unzuchtshandlungen« haben im benachbarten Deutschland stattgefunden, wo gleichgeschlechtliche Liebe zwischen Frauen nicht unter Strafe steht, außerdem ist Geßmann ein hohes Tier, und seine Frau wegen § 129 b in ein österreichisches Gefängnis zu werfen, mag nicht günstig sein.

Also tut das vernehmende Straflandesgericht, was die gesamte österreichische Bürokratie noch von der guten alten Kaiserzeit her gewöhnt war und sich weiter erhalten wird: sie wartet ab.

Im Moment heißt es das psychiatrische Gutachten über die Frau Baronin abzuwarten, dann wird man schon weitersehen.

Am 5. und 20. Mai 1924 ist es dann soweit, und die vom Gericht bestimmten ärztlichen Gutachter führen zwei lange Gespräche mit Leonie und schreiben in der Folge einen sehr langen Bericht. Auszugsweise können wir diesem Bericht Folgendes entnehmen:

> Was zunächst jene Ungleichmäßigkeit ihrer verschiedenen seelischen Anlagen betrifft, die man wissenschaftlich psychopathische Minderwertigkeit nennt, so kommt dieselbe an der Beschuldigten hauptsächlich darin zum Ausdruck, dass sie sofort durch eine große Oberflächlichkeit des Wissens und eine norddeutsche, oft geradezu hausbacken anmutende Nüchternheit auffällt, die nur notdürftig durch die ihrer Klasse entsprechende gewandte Umgangsform überdeckt werden. Sie besitzt keineswegs eine »außerordentliche geistige Begabung« … wurzelt in der Realität. Keine Symptome pathologischer Lügenhaftigkeit, wie Herr Geßmann meint … Sie kann schlagfertig und sogar witzig sein. Bisweilen entschlüpfen ihr auch ordinäre Dialektausdrücke oder banale Redensarten, die bei ihrer gesellschaftlichen Stellung überraschen, ihr etwas Dirnenhaftes verleihen und offenbaren, dass sie viel in deklassierten Kreisen verkehrt haben muss und schon das Gefühl für weibliche Zartheit verloren oder nie ganz besessen hat. Letzteres ist sehr wahrscheinlich, da ihr femininer Geschlechtscharakter körperlich nicht sehr ausgeprägt ist und ihr »selbstsicheres, herrisches, eigenwilliges, keinen Widerspruch duldendes Auftreten« mit Sportliebhaberei, starkem Rauchen, Unlust zur ausgesprochen weiblichen Betätigung bei »großen agrarischen-kulturtechnischen Kenntnissen«, die ihr Herr Geßmann nachrühmt, ein mehr maskulines Wesen verrät, welches auch in Form und Inhalt ihrer Briefe deutlich zum Ausdruck kommt. Geßmann dürfte einer Selbsttäuschung unterlegen sein und wie so viele Männer in die Frau mehr hineingelegt haben, als wirklich in ihr ist.
>
> Der Urning oder die Lesbierin werden sich um so weniger diesem Zwange entziehen können, wenn der Geschlechtstrieb

> wie überall periodisch besonders stark hervortritt und okkasionelle Momente seine Betätigung begünstigen, wie dies bei der Betroffenen im Geßmannschen Milieu im höchsten Grade zutraf. Wenn er selbst als Gatte ihre lesbische Geschlechtsbetätigung toleriert und als außergewöhnlich intelligenter Mann deren Bedeutung und Folgen, wie sie z.B. jetzt zutage treten, nicht absah, oder richtig einschätzte, so kann man dies wohl dieser degenerativ veranlagten, moralisch haltlosen, willensschwachen und homosexuellen Frau noch viel weniger zumuten.
> Sie ist nicht geisteskrank, aber ihr ganzes seelische Leben ist wesentlich gestört und deshalb hat sie die Einsicht in das Strafbare ihrer Delikte nicht mehr zur Verfügung. Dazu kommt noch, dass in Deutschland zum Unterschied von Österreich nur widernatürliche Beziehungen zwischen Männern bestraft werden, aber nicht solche zwischen Frauen, was auf sie gleichfalls hemmungslösend einwirken musste.

Gleichzeitig rüstet sich Leonie zum Gegenschlag und ist jetzt bereit, um jeden Zoll ihrer Freiheit zu kämpfen. Sie dreht mit Hilfe ihres Anwalts den Spieß einfach um und wirft ihrem Mann mit Ausnahme einer Mordanklage genau das vor, wessen er sie bezichtigte, und noch ein paar andere Kleinigkeiten dazu.

Am 31. Mai 1924 langt eine Anzeige Leonie Puttkamer-Geßmanns gegen ihren Mann wegen Verleumdung, Erpressung, Verleitung gemäß § 129 b (Unzucht wider die Natur) und Irreführung der Behörden beim Landesgericht ein. In diesem Schreiben fordert sie Geßmanns Einweisung in die Psychiatrie und begründet dies ausführlich.

Jetzt sitzt Geßmann selber in der Klemme und muss seine geistige Gesundheit beweisen. Dafür zieht er eine der bekanntesten Kapazitäten auf diesem Gebiet heran – er konsultiert Professor Wagner-Jauregg.

Am 17. Juni 1924 wird ein handgeschriebenes ärztliches Gutachten des Psychiaters und Neurologen Julius Wagner-Jauregg, dem späteren Nobelpreisträger für Medizin, über den geistigen Zustand von Albert Geßmann vorgelegt – und natürlich ist mit Bertschi alles in Ordnung.

191

Aerztliches Gutachten!

Der Gefertigte hat am 17. Juni 1924 in einer längeren Unterredung Herrn Albert Gessmann, Präsidenten der öst. Landwirtestelle, über seinen Wunsch in Bezug auf seinen geistigen Zustand untersucht und kann feststellen, dass er nicht den mindesten Anhaltspunkt gefunden hat, der es rechtfertigen könnte, an der vollen geistigen Gesundheit des Herrn Präsidenten Gessmann zu zweifeln.

Eine specielle besonders eingehende Erörterung des Sexuallebens des Herrn Präsidenten hat ergeben, dass derselbe zwar in geschlechtlichen Dingen ziemlich liberalen Anschauungen huldigt und vielleicht seiner Potenz entsprechend, als hypersexuell bezeichnet werden kann; dass aber keinerlei Momente vorliegen, welche beweisen würden, dass Herr Präsident Gessmann „selbst" in irgend einer Richtung sexuell pervers veranlagt ist, sondern sich zu geringfügigen Abweichungen vom ganz normalen Verkehr nur über Wunsch sexueller Partnerinnen herbeigelassen hat, um deren sexuelles Empfinden zu steigern.

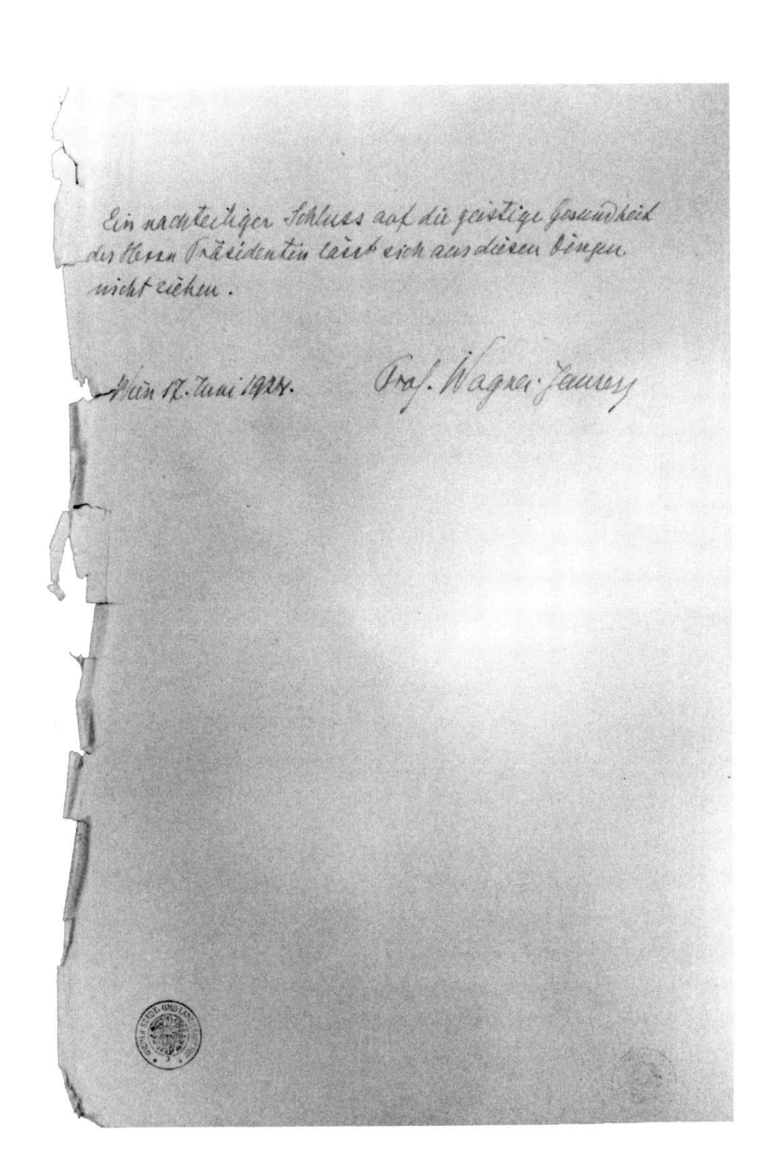

Ein nachteiliger Schluss auf die geistige Gesundheit des Herrn Präsidenten lässt sich aus diesen Dingen nicht ziehen.

Wien 12. Juni 1924.

Prof. Wagner-Jauregg

Gutachten von Prof. Julius Wagner-Jauregg

> Eine specielle besonders eingehende Erörterung des Sexuallebens des Hr. Präsidenten hat ergeben, dass derselbe zwar in geschlechtlichen Dingen ziemlich liberalen Anschauungen huldigt, und vielleicht seiner Potenz entsprechend, als hypersexuell bezeichnet werden kann; dass aber keinerlei Momente vorliegen, welche beweisen würden, dass Herr Präsident Geßmann »selbst« in irgendeiner Richtung sexuell pervers veranlagt ist, sondern sich zu geringfügigen Abweichungen vom ganz normalen Verkehr nur über Wunsch sexueller Partnerinnen herbeigelassen hat, um deren sexuelles Empfinden zu steigern. Ein nachteiliger Schluss auf die geistige Gesundheit des Herrn Präsidenten lässt sich aus diesen Dingen nicht ziehen.

Das ganze Hin und Her der letzten Monate ist zu einer Patt-Stellung gekommen. Selbst die Behörden scheinen die Lust an weiteren Vernehmungen verloren zu haben und bemerken nur noch trocken: »Schwierigkeiten, weil beide Ehegatten einander gegenseitig als geisteskrank bezeichnen, ihre Angaben müssen mit einer gewissen Vorsicht aufgenommen werden.«

Am 5. Juli 1924 verlässt Leonie das Sanatorium Löwy in Sulz und zieht wieder in die Pension Reiter im 9. Bezirk. Dann beschließt sie Mitte des Monats, für drei bis vier Wochen an den Achensee in Tirol zu reisen. Die Ruhe der schönen großen Wälder und des Sees werden ihr gut tun und helfen, die schrecklichen vergangenen Monate zu vergessen. Von ihrer treuen Freundin Sidi hat sie schon eine Weile nichts gehört. Sie hatte ihr Anfang Juli erzählt, sie würde nun mit den Eltern auf Sommerfrische fahren, zuerst vielleicht nach St. Gilgen und dann wie jedes Jahr nach Brioni.

In ihrer Abwesenheit, am 30. Juli 1924, zieht Albert Geßmann die Bürgschaft für seine Frau zurück, und Leonie wird nach ihrer Rückkehr selber schauen müssen, wie sie vor Gericht weiterkommt.

Um weiter auf freiem Fuß bleiben zu können, wird sie zwei Pelzmäntel und eine mit Brillanten besetzte Platinarmbanduhr als Kaution anbieten. Die Uhr wird gern genommen, nur Pelze können nicht akzeptiert werden, da die Polizei es offenbar nicht schafft, sie vor Mottenfraß sicher zu verwahren. Leonie wird noch 20 Millionen Kronen in bar drauflegen müssen und sich so ihre Freiheit erkaufen.

Das Telegramm

»Ersuche jeden Kontakt mit meiner Tochter einzustellen. Antal Csillag.« Leonie Puttkamer hat diesen Satz schon mehrere Male gelesen und schüttelt immer nur mechanisch den Kopf. Gerade war sie zur Tür ihres Pensionszimmers hereingekommen, nach schönen erholsamen Wochen in Tirol, wo sie all das Schreckliche hier in Wien fast vergessen konnte. Hatte gerade ihre Tasche auf den Boden fallen lassen, den Hut auf den Fauteuil geworfen und das Fenster aufgemacht, um den warmen Sommerwind in das ungelüftete Zimmer zu lassen. Dann erwartungsvoll zur Post gegriffen. Und jetzt das!

Ihr ist zum Weinen zumute, aber Tränen fallen einer preußischen Landjunkerin nicht leicht, und mit einem Schlag ist alle Energie selbst dafür aus dem Körper gewichen.

Sie ist fassungslos. All die Jahre hatte der strenge alte Csillag sie mit Verachtung gestraft, aber er hatte sie nie direkt angesprochen, ihr nie direkt den Kontakt mit seiner Tochter untersagt. Hatte sie nur spüren lassen, was er von ihr hält, durch die Einschränkungen und Verbote für seine Tochter. Ihr in die Augen zu schauen und ihr ins Gesicht zu reden, dafür war sie ihm zu minder. Diese kalte Verachtung ist das Schrecklichste, und sie schlägt ihr wieder aus dem Fetzen Papier vor ihr entgegen.

Ja, das Telegramm war auf Brioni aufgegeben worden, an seiner Echtheit besteht kein Zweifel.

Leonie wischt sich nun doch über den Nasenrücken.

Wie gern würde sie sich jetzt hinsetzen und Sidi ein paar Zeilen schreiben. Aber würden diese Zeilen die Freundin je erreichen? In den nächsten Tage wurde Antal Csillag sicherlich die Post seiner Tochter abfangen. Es wäre wohl besser, sich beim nächsten Termin mit dem Rechtsanwalt zu beraten. Vielleicht kann er den Kontakt zu Sidi wieder herstellen und den Vater umgehen.

Sie darf jetzt nicht die wichtigste Freundin und engste Vertraute verlieren! Es ist ganz unmöglich! Die Freundin, die ihr all die Jahre zur Seite gestanden ist, egal, was in der Welt vorgegangen ist, egal, welchen Frauen sie wieder ihre ganze Aufmerksamkeit gewidmet hat, ja sogar egal, ob sie eines Kapitalverbrechens angeklagt ist. Noch nie hat sie jemand so bedingungslos geliebt. Sie darf das jetzt nicht verlieren, das steht sie nicht durch.

Zwei Tage später legt Leonie Puttkamer dem Anwalt Dr. Klemperer das Telegramm vor.

»Herr Doktor, es ist noch etwas Schreckliches passiert. Und ich brauche auch hier dringend Ihre Hilfe. Können Sie da nicht vermitteln, dem Fräulein Csillag einen Brief zukommen lassen?«

Dr. Klemperer liest den Satz auf dem Papierstreifen mehrere Male und schüttelt immer wieder den Kopf.

»Ich weiß nicht, Frau Baronin«, sagt er in seinem gepflegten Wienerisch, »an Ihrer Stelle würde ich die Hände von dem Mädel lassen.«

»Aber das ist doch von ihrem Vater …«, protestiert Leonie Puttkamer. »Sie will sicher von mir hören.«

»Das kann schon sein, aber wissen Sie, sie ist jung und soll ja doch noch eine Chance haben in der Gesellschaft. Sie soll eine gute Partie machen. Wenn sie weiterhin in diesen Fall verwickelt ist, wird ihr Ruf endgültig ruiniert sein. Schauen Sie, Sidonie Csillag hatte es immer so gut mit Ihnen gemeint, tun Sie ihr einmal einen Gefallen und lassen Sie es gut sein.«

Leonie zuckt die Schultern, resigniert und wieder den Tränen nahe. Wahrscheinlich hat der Anwalt recht. Sidi hat so viel riskiert für sie. Vielleicht würde sie es schaffen, doch noch einen Mann zu finden. Sie kann sich zwar nicht vorstellen, was es für sie bedeuten würde, Sidi nicht mehr zu sehen, aber im Namen der Freundschaft muss sie ihr diese Chance wohl geben.

Eine helle, scharfe Nachmittagssonne steht über Brioni, der Himmel ist wie getöntes Glas, flirrend und blaugrau, und die Hitze hat ihren Höhepunkt erreicht. Dabei ist es heute etwas kühler, da in den letzten Tagen der Schirokko über die Insel gezogen war und Regen brachte.

Sidi hat sich auf das Sonnendeck des Saluga, des nobelsten Bades hier am felsigen Strand, zurückgezogen und einen Platz im Schatten einer großen Pinie gefunden. Alle anderen halten nun Siesta, was ihr endlich die Gelegenheit gibt, mit sich allein zu sein und nachzudenken.

Die letzten Monate waren so anstrengend gewesen. Eigentlich sogar die letzten drei Jahre. Und der Name ihrer Anspannung, des emotionalen Wechselspiels, war immer derselbe: Leonie. Durch diese schreckliche Gerichtsgeschichte war die Baronin in Not geraten und hatte ihre Hilfe gebraucht, da gab es für sie natürlich kein Halten – und wohl auch keine Grenzen. Denn damit hat sie sich wieder einmal so sehr verausgabt, dass sie völlig leer und erschöpft zurückgeblieben war und hierher flüchten musste, um ein bisschen Ruhe zu finden.

Nie wird sie eine Antwort finden, ob Leonie das ist, was sie so lange in ihr gesehen hat oder eine wertlose Ausbeuterin. Und diese Ambivalenz macht sie zusätzlich wahnsinnig und lässt das Karussell in ihrem Hirn nicht mehr stoppen. Ihr Herz ist mit diesen Fragen ohnehin nicht zum Schweigen zu bringen. Sie wird wohl ihre Vernunft walten lassen müssen.

Sie hat immerhin einiges riskiert für Leonie. Die gesamte Verteidigungsstrategie hat sie gemeinsam mit dem Anwalt Dr. Klemperer entworfen und diese in den peinlichen Befragungen vor der Polizei durchgezogen. Dabei hatte ihr Vater sie beschworen, ihr befohlen, dort kein anderes Wort als »ja« und »nein« zu sagen, um ihre gesellschaftliche Stellung nicht zu gefährden. Und er hat alle seine Kontakte spielen lassen müssen, damit sie nicht kompromittierend in den Zeitungen zu finden war. An diese Order hat sie sich natürlich nicht gehalten, weil sie die Vorwürfe von Geßmann so unerhört fand. Aber was sie im Zuge dieser Vernehmungen hören und sich fragen lassen musste, öffnete ihr doch ein weiteres Stück die Augen über Leonie.

Dass es gesellschaftlich eng wurde für sie, hat sie dann im Zuge der Hochzeitsvorbereitungen einer ihrer besten Freundinnen, der Komtess Schallenberg gemerkt. Eigentlich wäre es ja selbstverständlich gewesen, dass sie Kranzeljungfer sein würde. Aber da war ein sonderbares Zögern bei der Freundin, und es wurde ihr Tratsch zugetragen, dass ihr Umgang mit der Puttkamer, noch dazu eine Involvierung in einen Skandal, für solche gesellschaftlichen Auftritte sehr hinderlich sei.

Aus dieser Situation hat sie ihre beste Freundin Ellen Schoeller, jetzt Baronin Ferstel, gerettet. Diese war gerade jung verheiratet, lebte mit ihrem Mann in Andritz bei Graz und erwartete ihr erstes Kind. Und die schrieb ihr damals einen rührenden Brief: »Du musst jetzt viel durchmachen, komm uns doch besuchen …« Das haben die anderen wichtigen Familien natürlich erfahren, und was eine Ferstel tut, ist auch für eine Schallenberg nicht falsch. So war sie doch Kranzljungfer geworden.

Aber da erkannte sie, dass sie ab nun sehr aufpassen würde müssen.

Was hat sie sich eigentlich von der Beziehung zur Baronin Puttkamer erhofft? Sie hatte lange keine Worte gehabt für das, was sie sich wünschte, aber heute, wenn sie ehrlich zu sich ist, muss sie zugeben, dass sie Leonie für sich haben wollte. Sie wollte von ihr geliebt werden und nicht sehen müssen, wie sie sich an grauenhafte Männer und Frauen verschleuderte. Eine Zeitlang konnte sie sich ja noch damit hinwegtäuschen, dass sie etwas Besseres wäre, edel und nur auf das Wohlergehen der Geliebten bedacht, und sie hat hinuntergeschaut auf diese miesen Geschöpfe. Aber auf die Dauer war das doch ein bisschen wenig: nur die nächste Vertraute sein, während Leonie ihre Leidenschaften mit anderen lebte.

Als die Baronin im Dezember 1922 nach Berlin fuhr, war sie, Sidi, so verzweifelt, dass sie wieder einmal ernsthaft überlegte, ihrem Leben ein Ende zu setzen. Bei einer Tanzveranstaltung schaffte sie es, einer Freundin unbemerkt eine Giftampulle abzunehmen. Damals hatten viele Gift bei sich, weil doch vielleicht die Kommunisten kommen würden, und das wollte man keinesfalls erleben.

In einer Nacht der Verzweiflung schluckte sie die Ampulle mit dem Effekt, dass sie sich stundenlang elend fühlte und sich zigmal übergeben musste, aber der gewünschte Tod trat nicht ein.

Dann war die Baronin – mit einer kurzen Unterbrechung – über ein Jahr in Berlin geblieben. Die Briefe, die ihr die ferne Freundin damals so unbefangen aus dem angeblich so tollen Berlin geschrieben hatte, waren überhaupt kein Trost, sondern jedesmal ein neuer Schmerz – sie verbrannte sie sofort. Ihre Retourbriefe waren leer und hölzern, bemühtes Geplauder in schriftlicher Form.

Dass sie es – um ihr Leben mit irgendwas zu füllen und außerdem dem Drängen ihres Vaters nachzugeben – mit Männern versuchte, fand sie keiner Zeile wert. Dass ihr dann ein gewisser Klaus den Hof machte, erwähnte sie nur am Rande. Erst als er bei ihrem Vater um ihre Hand anhielt, teilte sie dies in wenigen Worten Leonie mit. Die berührte nicht einmal das.

Es sollte März 1923 werden, bevor sie Gelegenheit hatte, die Baronin kurz wiederzusehen. Die kam in Begleitung einer neuen Freundin aus Berlin angereist. Carola Horn, die Neue, war zwar keine Schauspielerin und nicht so schlimm wie die Berber, aber ihr Auftreten und ihr Verhalten waren alles andere als damenhaft. Nur sechs Wochen blieben die beiden in Wien. Als Leonie danach den Zug bestieg, war ihr klar, dass es lange dauern würde, bevor sie die geliebte Frau wiedersehen würde. Sie willigte in das Werben von Klaus ein und ließ all die Verlobungsvorbereitungen mechanisch über sich ergehen. Die Treffen mit der Schneiderin, die Pläne für die Hochzeitsreise – im Grunde ihres Herzens war ihr das alles egal.

Der Kontakt mit Leonie brach bald darauf ab. Klaus war ihr völlig gleichgültig, trotzdem hielt sie die Verlobung aufrecht. Daneben lebte sie irgendwie vor sich hin, stumpf und sehr traurig, von einer täglichen Routine mit den Eltern und ein paar Freundinnen gehalten – oder doch gefangen? Allmählich erholte sie sich etwas, die Tage wurden wieder heller, sie fasste Pläne, manchmal gelang ihr ein Lachen, und sie fand das Leben für Momente wieder lebenswert.

Als eines Morgens im März 1924 das Telephon klingelte und sie an den Apparat gerufen wurde, hörte sie das aufgeregte Lachen Leonies, die ein paar Stunden zuvor in Begleitung Albert Geßmanns in Wien eingetroffen war. Und wieder und trotz allem – es fuhr ihr die Freude ins Herz. Vielleicht bestand doch eine Möglichkeit, die Beziehung in altgewohnter Manier fortzusetzen? Wieder ein Alltag mit Leonie? Sie wagte gar nicht daran zu denken. Würde der Freude nicht unweigerlich die Enttäuschung folgen? Wieder irgendwelche unmöglichen Weiber, die in ihrer ganzen Verderbtheit einen schrecklichen Einfluss auf Leonie ausüben würden?

Das Wiedersehen am Nachmittag wischte alle Bedenken beiseite. Leonie in den Armen zu halten, sie wieder ansehen zu können, ihre Stimme zu hören, machte sie euphorisch. Sie war glücklich, spürte erstmals wieder, dass sie ein Herz im Leibe hatte. Irgendeine Zukunft würde es für sie beide schon geben.

Und dann, zwei Wochen später, begann der Wahnsinn mit der Giftmordanklage.

Ein scharfer Wind weckt Sidi aus ihren Gedanken. Die Schatten ihrer Pinie sind lang geworden, die Sonne steht schon tief, und rund um sie haben viele Sommergäste Platz genommen, kleine Kinder tollen herum, und auch unten im Wasser ist wieder gehöriger Trubel, ohne dass sie irgendetwas gemerkt hätte. Etwas steif erhebt sie sich, zieht das Tuch um ihre Schultern enger und geht auf ihr Zimmer. Sie hat einen Entschluss gefasst. Am Schreibtisch in der Fensternische, in den schmalen Lichtstreifen, die durch die schräggestellten Holzjalousien hereinfallen, schreibt sie die paar Zeilen, die sie morgen über den Telegraphen an Leonie schicken lassen wird: »Ersuche jeden Kontakt mit meiner Tochter einzustellen. Antal Csillag«

Es ist der 4. August 1924, und ein Lebensabschnitt ist zu Ende.

Am 7. Oktober 1924 wird die Staatsanwaltschaft Wien beschließen, alle Strafverfahren gegen Leonie Puttkamer-Geßmann aus Mangel an Beweisen einzustellen und der Baronin ihre Kaution zurückzugeben. Leonie Puttkamer hält nichts mehr in Wien. Mit der Summe von 50 Millionen Kronen in der Tasche packt sie schleunigst ihre Habseligkeiten und verlässt Wien für immer in Richtung Deutschland. Auch für sie ist ein Abschnitt endgültig vorbei.

Die zivilrechtlichen Klagen zwischen den Geßmanns ziehen sich bis in das Jahr 1925. Es geht weder aus dem Gerichtsakt noch aus den Zeitungen hervor, was aus diesen Klagen geworden ist. Die Baronin ist nicht mehr in Wien, und mit ihr sind auch die süffigen Skandale gegangen, über die sich die Wiener Gesellschaft so gern das Maul zerrissen hatte.

5
Zwischenstationen

Der Motor des schönen dunkelgrünen Chrysler Cabrios summt beruhigend trotz der mörderischen Hitze. Kleine Steinchen springen wie Hagel in die elegant geschwungenen Kotflügel und spritzen unter den Reifen weg. Was für ein Segen, dass der junge Strakosch das Verdeck aufgemacht hat, so kann man den Kopf zumindest ein bisschen in den Fahrtwind halten. Fast hätte er es zu lassen wollen, damit die heilige Kuh der Familie keinen Schaden beziehungsweise die rote Lederpolsterung keinen Staub abbekommt – Vater Strakosch würde sonst schimpfen.

Am Vordersitz macht Sidonies älterer Bruder Heinrich gerade wieder einen seiner großspurigen Witze, Georg Strakosch lacht dazu und legt ganz fesch den linken Ellenbogen auf die Tür, die Hand gerade noch am Volant, in der Rechten lässig eine Zigarette, beide natürlich in die schicksten hellen Schweinslederhandschuhe gehüllt. Ist ein bisschen zu aufdringlich, der Kerl, denkt Sidonie und lässt den Kopf weit auf der rechten Wagenseite in den Fahrtwind hängen. Neben ihr döst Georgs jüngerer Bruder Hans Friedrich und ganz außen sitzt der ältere Wunsch-Sohn, Hans, und gibt manchmal knappe Anweisungen zum Weg. Denn die Partie junger Leute ist gerade unterwegs zur Badehütte der Familie Wunsch, die etwas außerhalb von Velden direkt am Wörthersee liegt.

Sie hat gar nicht hierher wollen, aber Heinrich hat sie im Verein mit den Eltern fast dazu gezwungen. »Bevor du muffig in Wien herumsitzt«, hat er gesagt, und so ist sie eben mitgefahren. Heinrich ist seit seiner Schulzeit am Wasagymnasium sehr mit der Familie Strakosch befreundet, die ihn und seine Schwester nach Kärnten eingeladen hat. Und nun sind sie nach mehrstündiger Zugfahrt seit gestern nachmittag da. Der Empfang bei den

Strakosch war sehr herzlich gewesen, mit selbstgemachtem Ribiselsaft und einem köstlichen Marillenkuchen auf der Holzveranda ihrer hübschen Villa gleich hinter der Veldener Promenade, wie man die schmale Ortsdurchfahrt hier großspurig nennt.

Heute war es schon beim Aufwachen so heiß, dass Sidonie fast die Betttücher am Leib kleben geblieben sind. Sie hasst es, so zu schwitzen, dann zu riechen und nicht frisch zu sein. Daher zieht sie das weiteste Leinenkleid an, das sie finden konnte, und drückt sich missmutig einen Strohhut ins Gesicht. Ihre Laune ist nicht zum besten, und vor allem in der Früh, bevor die bohrenden Gedanken an Leonie über sie herfallen, würde sie sich am liebsten umdrehen, die Decke über den Kopf ziehen und nicht mehr aufwachen, aber dafür ist es wie gesagt zu heiß. Sie kennt Heinrichs Freunde hier nicht sehr gut, und nach Konversation und Flirten ist ihr im Moment überhaupt nicht zumute.

Der Frühstückstisch auf der Veranda war schon fast leer, aber das störte sie nicht, sie hatte ohnehin keinen Hunger. Sie wollte nur den Morgenwind auf ihrer Haut spüren und niemanden sehen müssen.

Aber keine zehn Minuten später ist Heinrich mit einem ganzen Trupp junger Männer um die Ecke gebogen.

»Los, Sidi, Badeanzug, gemma, gemma. Wir fahren schwimmen«, hat er gebrüllt Und hinter ihm erkannte sie die beiden Wunsch-Söhne. Ja, richtig, die sind im Sommer auch immer am Wörthersee. Mit Hans Wunsch, dem Vater, Direktor der Floridsdorfer Mineralöl Fabrik, hat ihr Vater geschäftliche Verbindungen, daher hat sie die beiden Burschen einmal bei einem Mittagessen kennen gelernt und auch gleich wieder vergessen.

Innerlich murrend hat sie also ihr Badezeug gepackt, zwei große Handtücher von der Stange im Bad gezogen und sich in einen der beiden Wagen gesetzt, die mit laufendem Motor auf dem Kiesplatz vor der Ausfahrt auf sie warteten.

»Dass du auch immer so ewig brauchst«, fuhr sie ihr Bruder noch an. »Ja, ja, die Damenwelt …« Georg Strakosch und der eine Wunsch-Bub grinsten blöd dazu, während der andere schon den Wagen vor ihnen aus der Ausfahrt steuerte.

Sidonie Csillag, 1922

Fritz Dietz von Weidenberg blinzelt schmaläugig in die Sonne, gerade so viel, dass er das scharfe Glitzern der Wasseroberfläche noch aushalten kann in den Augen. Der See ist nur leicht gekräuselt, gegenüber liegen die dunklen Waldhügel des Südufers, dahinter das herrliche Panorama der Karawanken, die in einem glühenden fahlen Grau diese unglaubliche Hitze zurückzuwerfen scheinen.

Die Holzplanken des Badestegs brennen sich in Fritz' Rücken, die Wassertropfen auf den Beinen vom letzten Badegang sind längst verdampft und sein schwarzes Trikot verströmt einen Geruch, als ob gerade ein brennheißes Plätteisen drübergefahren wäre. Es ist nicht mehr zum Aushalten. Fritz richtet sich auf und lässt sich von der Stegkante ins Wasser gleiten.

Als er wieder auftaucht, ist der Badesteg hinter ihm doppelt so voll wie vorher. Ach ja, die Neuankömmlinge aus Wien, die ihm sein bester Freund Klaus Bäckström und Hans Wunsch gestern angekündigt haben. Die jungen Csillags, sollen nett sein, vor allem ist ein Mädel dabei, und von denen haben sie diesmal ohnehin zu wenig hier, wenn man von seiner Schwester Sylvie, die schon verheiratet ist, absieht.

Fritz schüttelt sich das Wasser aus den Haaren und lässt sich wieder auf das raue Holz sinken.

›Herrgott, ist die schön!‹ In drei, vier Metern Entfernung steht eine große, schlanke junge Frau, die dunklen langen Haare in einem Knoten im Nacken zusammengefasst, wie beiläufig einen Arm in die Seite gestützt, während der andere in ihrem Nacken ruht, Standbein-Spielbein-Stellung, perfekter Hüftknick, die Taille schmal betont – die versteht zu wirken, und nichts an diesem Bild ist zufällig. Dafür weiß Fritz zu viel von Frauen.

Als sie ihn anschaut, bleibt ihr Blick um Momente zu lange bei ihm, sehr ernst, sehr dunkel. Und Fritz spürt eine Wehmut und Trauer in diesen Augen, dass er zu frösteln beginnt und die Härchen auf seinen Armen sich aufstellen. Sie ist ihm fast unheimlich. Das ist keine Frau für einen leichten Flirt.

»Na, Fritzl, schau dir nicht die Augen aus.« Eine nasse Hand legt sich dem jungen Mann auf die Schulter. Gleichzeitig tauchen hagere abgewinkelte Knie und ein weißblonder Schopf neben ihm auf. Der lange Klaus Bäckström, der wie ein zu dünn geratener

Sidonie Csillag am Badestrand

nordischer Hüne aussieht, hat sich gerade zusammengeklappt und hockt neben Fritz auf den Planken. Auf dem braungebrannten Gesicht liegt ein spöttisches Lächeln. »Die gefällt dir, was? Aber diesmal bin ich dran. Komm mir ja nicht in die Quere, du Lump.«

Und schon ist er wieder aufgesprungen, steuert auf Sidonie zu und stellt sich ihr kurz darauf mit einer leicht windschiefen Verbeugung vor.

Sidonie und Fritz werden offiziell erst kurz darauf beim Mittagspicknick in der Badehütte miteinander bekannt gemacht.

Die Geschwister Dietz von Weidenberg sind Cousins der Brüder Wunsch und wie diese aus Floridsdorf. Der Vater ist Architekt und hat schon einiges gebaut in Wien, vor allem die Wohnhäuser und Fabrikanlagen der Familie Mautner, deren Produkte in Wien jedem Kind bekannt sind. Fritz ist ein paar Monate jünger als Sidi und dürfte irgendwas studieren. Was, hat sie noch nicht herausgefunden. Jedenfalls scheint er es recht locker zu nehmen. Ganz im Gegensatz zur drei Jahre jüngeren Sylvie, die gerade eine Ausbildung zur Photographin an der Wiener Graphischen begonnen hat – recht ungewöhnlich für ein Mädchen aus besseren Kreisen, denkt Sidi. Vielleicht stammen die beiden nicht aus einer der feinsten Familien, aber sie sind so nett, dass sie sie schon fest ins Herz geschlossen hat. Solche Freunde möchte sie haben.

Die weitere Woche vergeht für Sidi wie im Flug beim gemeinsamen Schwimmen, Tennis spielen und Wandern mit der neuen Freundesrunde. Ihre Schwermut ist wie weggeblasen, und immer, wenn sie Fritz sieht, macht ihr Herz einen kleinen Sprung. Sie muss sich eingestehen, dass sie sich verliebt hat. Viel zu schnell nähert sich der letzte Abend. Der soll, bevor sie morgen wieder in alle Himmelsrichtungen auseinander gehen, etwas Besonderes werden. Die jungen Leute beschließen, noch einmal schön zu essen und dann in das einzige Tanzlokal am Veldener Korso, das am Samstagabend für die »besseren« Gäste geöffnet hat, zu gehen.

Zu später Stunde und schon recht lustig von ein paar Flaschen guten Rheinrieslings, kommen sie im Tanzsaal an. Nein, die Strakosch haben nicht zu viel versprochen, es ist wirklich einer der

Klaus Bäckström am Wörthersee

schönsten Plätze im Ort. Große Glastüren öffnen sich auf eine Terrasse direkt über dem See, alles ist mit Lampions bunt beleuchtet, Deckchairs und gemütliche Korbsessel um die Tanzfläche laden zum Rasten, Schauen und Trinken ein. Es ist gesteckt voll. Sidi wird von Klaus am Arm gepackt und aufs Parkett gezogen, wo er sie zwischen die Leute schiebt und versucht, ohne allzu gravierende Zusammenstöße einen langsamen Walzer mit ihr zu tanzen. Sie hat sich nicht getraut, ihn zurückzuweisen, aber eigentlich hätte sie viel lieber mit Fritz getanzt, ja den ganzen Abend möchte sie in seinen Armen liegen, ob tanzend oder nicht. Der Walzer ist vorbei, dann kommt Foxtrott, dann Shimmy und immer noch Klaus. Sidi wird schwindlig, sie will an den Rand und wartet, bis ihr Klaus einen Cocktail in die Hand drückt, an dem sie gnädig lächelnd nippt. Fritz hat sie noch immer nicht aufgefordert, dafür aber eine äußerst attraktive ältere Frau, die er offenbar an der Bar aufgelesen hat. Blöder Kerl! So geht das fast den ganzen Abend, und Sidis Laune sinkt auf den Nullpunkt. Nur einmal ist er zu ihr gekommen und hat sie strahlend, als ob nichts wäre, zum Slowfox geführt. So eng wie Klaus hat er sie dabei nicht geführt und ihr sanftes Sich-an-ihn-Pressen gleich in der nächsten Drehung wieder korrigiert.

Sidi ist verwirrt und tief innen schmerzt es unmerklich. Als sie kurz darauf nachdenklich an der Terrassenbrüstung steht und in den nächtlichen See starrt, kommt Sylvie und hängt sich in sie ein.

»Gell, du hast ihn gern.«

Sidi nickt unmerklich.

»Wir werden das schon machen. Ich würde mich sehr freuen, wenn du in Wien bald zu uns kommst, nicht wahr?« Sylvie lacht sie so lieb an, dass Sidi fast die Tränen in die Augen steigen.

Beim Abschied, spät in der Nacht auf der Straße, hat Fritz sie dann kurz und leicht umarmt und auf die Wange geküsst.

»Bis bald« und »wir hören voneinander«, hat er gesagt, und sie hat sich gedacht ›o ja, bitte, bis ganz bald‹, hat sein Wort für bare Münze genommen und sich schon wieder vorauseilend gefreut.

Am nächsten Tag sind sie dann alle abgereist. Die Csillag-Geschwister nach Brioni, wo die Eltern auf sie warten, Klaus zu seinen Verwandten ins Baltikum, und die beiden Dietze nach

Wien. Nur die Wunsch- und die Strakosch-Brüder würden noch zwei Wochen bleiben, bevor der Herbst 1922 sie wieder zu ihren Pflichten rufen würde.

Als Sidonie nach Wien zurückkommt, schlägt der Alltag wieder über ihr zusammen. Die Stadt übt sich, obwohl erst Anfang September, im Herbst und ist wolkenverhangen, kühl und regnerisch. Die junge Frau weiß noch nicht, was sie sich von den nächsten Monaten erwarten soll, aber die Auspizien sind nicht sonderlich gut. Ihr Dauerthema Leonie macht sie in einem fort unglücklich, sie weiß jedoch nicht, wie sie dem entrinnen soll. Jetzt hat Leonie sich zwar endlich von ihrem ungustiösen Ehemann getrennt, aber bekanntlich kommt ja nichts Besseres nach.

Obendrein drängt Sidonies Vater sie nun schon seit Monaten, nicht untätig zu Hause herumzusitzen. Er fragt sie immer wieder, ob sie nicht doch einen Beruf ergreifen wolle, wo sie doch so talentiert sei und die Schule mit einem sehr guten Zeugnis abgeschlossen hätte. Dass sie null Interesse daran hat, braucht sie ihm ja nicht zu sagen.

Sie solle sich wenigstens nach einer ordentlichen Ausbildung umsehen – wenn sie schon keinen Mann nach Hause bringt oder arbeitet, soll sie wenigstens was Anständiges lernen, Stenographie oder Kochen, irgendwas, das später von Nutzen sein kann.

Aber jetzt hat sie ja etwas vorzuweisen, was ihn ein bisschen besänftigen und ihr für eine Zeitlang Ruhe verschaffen wird.

Also erzählt sie ihm an einem der kommenden Tage nach dem Abendessen, als er in seinem großen Fauteuil im Salon sitzt und fahrig und unkonzentriert im fahlen Licht einer Stehlampe mit schrumpligem Pergamentschirm in der Tageszeitung blättert, vom Wörthersee. Wie nett es gewesen sei, diese wunderbare Gastfamilie mit den zwei charmanten Söhnen, und so viele neue Bekanntschaften hätten sie gemacht, mit denen sie Landpartien unternommen hätten. Und sogar gewandert seien sie und ganz sportlich gewesen. Das bringt einen zusätzlichen Bonus beim natur- und sportbesessenen Vater.

»Und stell dir vor, Papa, wen ich da kennen gelernt habe, den jungen Klaus Bäckström.« Irgendwo in ihrem Hinterkopf hat sie sich rechtzeitig erinnert, dass dieser Name mit einer väterlichen

Geschäftsverbindung zu tun haben muss, wie fast alle die jungen Männer in ihrem Umfeld irgendwie über ihre Väter mit dem ihrigen »verbandelt« sind – wie das eben so ist in diesen Kreisen.

»Ja, Bäckström – da kenn' ich den Vater sehr gut, mit dem arbeit' ich öfter zusammen, er ist Direktor bei der Alpinen Montan, ein sehr feiner Mann. Den jungen hab' ich auch einmal gesehen, scheint ganz nach dem Vater zu schlagen … schön, Sidilein, sehr schön …«

Das hatte gewirkt. Wenn der Vater sie mit ihrem Kinderkosenamen anspricht, alles besonders im ungarischen Akzent eingefärbt, dann weiß Sidonie, dass er weich wird und mit ihr zufrieden ist.

»Geh, Sidilein, mach bitte das Grammophon an und leg mir den Vivaldi auf.«

Das ist dann das Zeichen für die endgültige Entspannung und gleichzeitig das Ende der Unterredung. Gleich würde ihr Vater die Zeitung laut raschelnd aufschütteln und beruhigt hinter seinen Wirtschaftsnachrichten verschwinden.

Jetzt müsste sie ihn nur von Zeit zu Zeit mit Männerneuigkeiten füttern, dann würde sich die Klammer seiner Unzufriedenheit ein bisschen lockern.

Und Antal Csillag ist mit seinem Kopf wahrlich woanders in diesen Zeiten.

Er hat turbulente Jahre hinter sich, in denen er sehr um die Sicherheit seiner Familie gefürchtet hatte, aber nun ist die Furcht vor einer neuerlichen politischen Umwälzung in den Hintergrund getreten. Erstaunlich, wie die junge Republik sich hält. Die Grenzen sind stabil, und auch die Regierungen in den k. u. k. Nachfolgestaaten sind es. Es ist zwar nicht alles so, wie es sich die politischen Drahtzieher und Wirtschaftsbarone wie Csillag gewünscht hätten, aber momentan gibt es keine Möglichkeiten, an den neu geschaffenen Zuständen etwas zu ändern.

Die Besitzenden haben sich arrangiert, und eigentlich geht es ihnen gar nicht so schlecht. Sie haben ja schon vor dem Krieg gewusst, dass sie den nationalen Strömungen in Böhmen – das Wort Tschechoslowakei wollte ihnen nicht über die Lippen kommen – und bei den Italienern nicht trauen konnten. Aber deswegen die Zuckerfabriken in Böhmen aufgeben, die Erdöl- und Erdwachsgruben in Polen abstoßen oder ein Geschäft mit einem Handelspartner in Triest sausen lassen? Das wäre Unsinn. Die alten Handels- und Familienbeziehungen sind vielleicht auf Grund der politischen Ereignisse etwas gestört, aber letzten Endes ist es in aller Interesse, Schadensbegrenzung zu betreiben und unliebsame politische Einflüsse vor allem von links so gering wie möglich zu halten oder notgedrungen zu akzeptieren.

Antal Csillag hat seine Aktienanteile bei den diversen Firmen, die er gegründet hatte, halten können. Die galizische Mineralölindustrie war zur polnischen geworden, und der polnische Staat zog es vor, wirtschaftliche Partner im Westen zu fördern, deshalb wanderte ein Großteil der Mineralölinteressen an belgische und französische Banken. Außerdem hat er vor kurzem eine erdwachsverarbeitende Fabrik in der Nähe von Paris gekauft: die galoppierende Inflation in Österreich, zusammen mit der im März 1919 verordneten Auflage, alle Wertpapiere, Schmuck und Sparkasseneinlagen zu melden, hatte ihn in seinen diversen Aktienspekulationen ein bisschen verunsichert, warum also nicht in eine Fabrik investieren? Seit sein Schwager Viktor, Emmas Bruder, im Jahr 1916 gefallen war, hatte er niemand Verlässlichen in Polen, dem er wirklich vertrauen und die Erdwachsverarbeitung übergeben könnte, daher war es ihm lieber, das in einem Land zu wissen, in das er einen seiner Söhne zu schicken beabsichtigte. Zwar wickelt er einen Teil seiner Geschäfte noch mit österreichischen Banken ab, greift aber immer wieder gern auf ein holländisches Bankhaus zurück, welches es perfekt versteht, sehr zufrieden stellend auf seine persönlichen Wünsche einzugehen. Letztlich ist die Situation mit den Banken in Österreich doch viel zu unsicher.

In Wien gab es 1914 etwa fünfhundert Bankfirmen, die acht größten unter ihnen verfügten über zwei Drittel des gesamten zur Verfügung stehenden Kapitals Österreich-Ungarns. In jenem Jahr betrug der Kurswert der Credit Anstalt 60 Millionen US-Dollar, im Jahre 1920 dann nur noch 2,4 Millionen. Durch diesen ungeheuren Wertverlust war Österreich ein Paradies für internationale Spekulanten, denn um wenig Geld konnte man schon in den Besitz einer Bank kommen. Und ganz offensichtlich verleitete die finanzielle Instabilität viele dazu, ihre eigene Bank zu gründen. Von 1919 bis 1922 waren Hunderte neue Banken registriert worden, ganz zu schweigen von denen, die ihre Geschäfte ohne offizielle Erlaubnis führten. Im Frühjahr 1924 – zum Zeitpunkt der Währungsreform – sollte es in Österreich nicht weniger als 1500 Bankinstitute geben.

Antal Csillag hat seine Interessen zwar klug über Europa verteilt, aber als österreichischer Patriot hat er natürlich auch im eigenen Land investiert. Hatten nicht auch seine Geschäftspartner Camillo Castiglioni, Paul Goldstein, Friedrich Wagenmann, Philipp Broch und Adolf Popper-Artberg ihre Aktien und ihr Geld den österreichischen Instituten anvertraut? Politisch halten sie alle nicht viel von der Konstruktion der neuen Republik, aber wirtschaftlich stehen sie immer noch gut da. Die Produktion und der Konsum laufen weiter und ihre Einnahmen ermöglichen ihnen, ihren Wohlstand zu mehren und ihr gutes Leben fortzuführen.

Das einzige, was Antal Csillag in solchen stillen Abendstunden bedenklich stimmt, sind die zunehmenden Ausschreitungen gegen die Juden. Fast wöchentlich ziehen Tausende völkisch Ausgerichtete mit antisemitischen Parolen über den Ring, aber wahrscheinlich muss man das zur Kenntnis nehmen, oder »net amal ignorieren«, wie der Wiener sagt. Auch das würde vergehen, sobald sich die wirtschaftliche Lage endgültig stabilisiert hat.

Nur im Sommer, bei seinen letzten Touren, die der begeisterte Bergwanderer im Salzkammergut unternommen hatte, ist es ihm sauer aufgestoßen. Haben doch der Alpenverein und der Österreichische Touristenclub allen Ernstes einen Arierparagraphen eingeführt und die Hütten für Juden gesperrt. Und in der Zeitung vom Alpenverein hat er gelesen, dass es Orte gibt, wie Windischgarsten in Oberösterreich oder Mattsee in Salzburg, die sich damit brüsten, Juden nicht als Sommerfrischler aufzunehmen. Wie sie das wohl erkennen wollen, denkt er bitter. Elendes G'sindel, dann wird er sein Geld eben woanders hintragen.

Was für ein Segen, dass seine Kinder davon nicht betroffen sind, die katholische Taufe hat sie von dem lästigen Makel und somit von solchen Unannehmlichkeiten befreit. Jetzt würde ihnen niemand mehr Schwierigkeiten bereiten können.

Eigentlich ist er ganz froh, dass sich seine Kinder nicht wirklich für Politik interessieren. Die politische Arena der Großbourgeoisie war seit dem Ende der Monarchie ohnehin sehr eingeschränkt, und es würde besser sein, wenn sich seine Kinder aus der Parteipolitik heraus hielten. Nur dass Sidi so gar kein Interesse an einer beruflichen Ausbildung zeigt, bereitet ihm Sorgen. Natürlich würde eine gutbürgerliche Frau nicht arbeiten müssen, aber sicher, dass es so bleiben würde, ist sich Antal Csillag nicht. Weder politisch noch persönlich – denn Interesse an Männern hat sie bisher nie gezeigt, woher soll also ein gut verdienender Ehemann kommen? Aber vielleicht hat der Aufenthalt am Wörthersee was gebracht. Man soll nichts verschreien.

Sidonie erhält in den nächsten Tagen doch wirklich einen Anruf von Sylvie Dietz. Sie hätte sich das nie erwartet und ist ganz gerührt, dass die neue Freundin offenbar eine treue Seele ist. Sylvie hat sie für Samstag zu einem Tee bei ihren Eltern eingeladen. Fritzl würde auch da sein. Das ist eine Frohbotschaft, die ihren eintönigen Alltag, nur gefüllt mit Leonie-Besuchen bei der Kokotte in der Gußhausstraße, belebt. Sie genießt die Träume, wie schön es sein wird, wie Fritz sich freuen wird, wie sie vielleicht allein sein werden … denn ein Gegengewicht zu Leonie und all dem Schmerz und der Vergeblichkeit, die sich mit ihr verbinden, hat sie bitter nötig. Vielleicht wird die Wirklichkeit ausnahmsweise einmal besser als ihre Phantasien.

An besagtem Samstag beginnt Sidonie sich schon am frühen Nachmittag herauszuputzen, ein helles Wollkostüm mit schickem schwarzen Hütchen, Parfum hier, Parfum dort, Puder, Handschuhe, und los geht's. Sie ist gerade noch rechtzeitig dran, denn der Wermutstropfen an den Dietz-Kindern ist, dass sie am Ende der Welt wohnen. In Floridsdorf! Abgesehen davon, dass es eine ziemlich unfeine Gegend ist, in der Sidonie noch nie in ihrem Leben war, braucht man mit mehrmaligem Umsteigen mehr als eine Stunde bis ans Ziel. Als sie endlich mit dem 31er über die Floridsdorfer Brücke zuckelt, beginnt sie sich kräftig zu freuen. Mehr als einen Monat hat sie Fritz nicht gesehen.

Bei der Station »Am Spitz« steigt sie aus, und gleich vis-à-vis liegt das Dietzsche Haus, ein hübsches langgestrecktes Altwiener Haus, nur ein Stockwerk hoch, Fassade gelb, Fenster grün – das haben sich Generationen von Wiener Hausbesitzern wohl vom Schloss Schönbrunn abgeschaut.

Sidonie betritt etwas schüchtern den Hof, als auf ihr Läuten niemand geantwortet hat, und schaut sich um. Links liegen alte Ställe, die jetzt Abstellplätze für alles sind, was man sonst im Haus nirgends mehr sehen will, daneben führt ein Aufgang offenbar in den ersten Stock, wo über ihrem Kopf ein kleiner umlaufender gemauerter Balkon mit wunderschönen Jugendstilverglasungen in den Ecken liegt. Und alles ist umwachsen von Efeu, in dem Spatzenheere lärmen, ansonsten ist es ganz still, niemand ist da. Also muss Sidonie allein hinauf. Da fliegt auch schon die Tür auf und Sylvie kommt ihr strahlend entgegen und nimmt sie in den Arm. Dahinter ein älterer Mann mit blitzenden Augen und einem wuchtigen weißen Schnauzbart und hinter ihm eine elegante, feine und etwas scheue Frau – offenbar die Eltern Dietz von Weidenberg.

»Ah, das junge Fräulein Csillag, meine Verehrung«, und schon folgen Verbeugung und Handkuss, was Sidi wegen Alters- und Standesunterschied erröten lässt. »Die Dame mit dem hübschesten Badeanzug am ganzen Wörthersee, wurde mir erzählt – und ich muss feststellen, nicht nur dem Badeanzug.«

Sidi kommt aus dem Rotwerden gar nicht mehr heraus und weiß jetzt, woher Fritz seinen Charme hat.

Sie wird in den ersten Stock geführt, durch ein furchterregendes Vorzimmer, in dem ausgestopfte Auerhähne und Dutzende Geweihe von der Wand starren und von der Jagdleidenschaft des Hausherrn trauriges Zeugnis ablegen. Dann wird sie durch die halbe Wohnung ins Wohnzimmer gezogen und in der Folge üppigst bewirtet.

Vater Dietz erzählt von seinem Architektendasein, von den letzten Kabarettvorführungen im Ronacher, wo er eine Dauerloge gemietet hat, von der Entenjagd und den eigenen Pferden, die sie einmal hatten und die er bis vor wenigen Jahren angespannt hat und mit ihnen in die nahe gelegenen Donauauen gefahren ist. Jetzt wird alles verbaut, die Sumpfgebiete werden trockengelegt, aber daran sind genau solche Kerle wie er schuld – und schon lacht er wieder polternd. Jetzt fahre er nach Ungarn zur Jagd, jedes Wochenende mit dem Zug, sehr zur Freude seiner Frau und Tochter, die ihn los seien, meint er verschmitzt.

Nur Fritz taucht nicht auf, und Sidi traut sich nicht, nach ihm zu fragen. Sylvie scheint ihren suchenden Blick und ihre Zerstreutheit in der Konversation zu bemerken und flüstert ihr bei der nächsten Kuchenrunde zu, dass er angerufen hat, sich entschuldigen lässt, einer Bekannten ginge es gar nicht gut, er würde sich bei Sidi melden.

Dieser sinkt das Herz, die Aufgeregtheit ist weg, sie schluckt, schaut durch die Fenster in die hellgrauen Wolken, hört die nächsten Sätze nicht, räuspert sich und widmet sich mit äußerster Disziplin wieder den Scherzen des alten Fritz und der Fürsorglichkeit seiner Frau und Tochter.

Nach der Anstandsstunde, die ein Nachmittagsbesuch schon dauern sollte, beginnt sie ihren Aufbruch, entschuldigt ihre Eile mit einer Verkühlung ihrer Mutter, der sie noch etwas aus der Apotheke mitbringen sollte, und steht schon mit Handtasche überm Arm angespannt im Ausgang. So steif, dass sie sogar vergisst, Sylvie zum Gegenbesuch einzuladen. Die ist lieb wie immer, versichert, man werde alles nachholen, und sie werde ihr unverlässliches G'frast von Bruder an den Ohren ziehen. Man sähe sich ohnehin spätestens nächstes Wochenende beim Tanztee bei den Weinbergers in Katzelsdorf. Sidi weiß davon nichts, sagt nur mechanisch »ja, ja«, schüttelt mit gequältem Lächeln die freundlich hingestreckten Dietz-Hände und versucht diese Niederlage so schnell wie möglich hinter sich zu lassen. Erst im 31er lösen sich ein paar Tränen, und die gewohnten blaugrauen Schleier in ihrem Inneren bemächtigen sich wieder ihrer Seele.

Das Landhaus Weinberger in Katzelsdorf bei Wiener Neustadt ist wirklich mehr als ein Landhaus, es ist ein Landsitz. Sidonie ist nicht zum ersten Mal da, aber jedesmal, wenn sie die Einfahrt hinauffährt, denn ohne Auto ist der Ort schwer zu erreichen, ist sie wieder beeindruckt. Breite, frisch gerechte Kieswege, gesäumt von Fliederbüschen, dann von üppigen Hochstammrosen, führen auf einen standesbewussten Eingang zu. Ionische Säulen links und rechts, darüber ziemlich überproportioniert ein Familienwappen in Sandstein. Das Haus selbst ist eine mächtige asymmetrische Anlage, der linke Teil niedriger, mit einer halbrunden Veranda, von der weg ein Arkadengang auf einen Sitzplatz mit romantisch geschwungener Steinbank führt. Von beiden Vorplätzen führen geschwungene Freitreppen in den riesigen Garten mit Tennisplatz. Über dem Eingang liegen Balkon und Terrasse, die in den rechten höheren Wohnteil mit Turm überleitet. Offene Terrassentüren hinter ausladenden Holzspaletten und helle Raffrollos, die sich leicht im Nachmittagswind kräuseln, zeigen, dass es ein besonders warmer Herbsttag ist.

Hier würde also der sehnsüchtig erwartete Tanztee inklusive Wiedersehen mit Fritz stattfinden, von dem Sidonie nicht weiß, ob sie sich freuen oder fürchten soll.

Hinter ihrem brüderlichen Anstandswauwau Heinrich klettert sie aus dem Auto und tritt auf die Eingangstreppe, um sich für die Begrüßungsrunde anzustellen. Die Freundin Grete Weinberger wird herzlich gedrückt, ihre Mutter Muni, der Grete wie aus dem Gesicht geschnitten ist, artig beknickst. Papsl, der grimmig aussehende Vater, der immer eine halbgerauchte Zigarette im Mundwinkel hängen hat, aber unendlich gutmütig ist, will sich diesen »Halbwüchsigenkram« offenbar nicht antun und ist nirgends zu sehen.

Alle anderen sind schon da und stehen im Salon in der Veranda herum und halten sich an einem Bowleglas fest oder flanieren auf der Terrasse und im Garten. Die Wunsch-Söhne, die Schallenbergs, der ausgesprochen fesche Egon Jordan, ein ausgezeichneter Bridgespieler, der gerade an seiner Schauspielerkarriere bastelt und sich, was Sidonie gefällt, wenig aus der Damenwelt macht, Gretes Ehemann Willy, der angeregt mit Sylvies Mann plaudert, und ja, dort hinten, an die Terrassenbrüstung gelehnt, auch die Dietz-Geschwister. Sylvie drückt Sidi zwei kräftige Küsse auf die Wange, Fritz drückt ihr leider nur die Hand und lächelt sie von unten verschmitzt an. Das Haar glänzt streng zurückgebürstet vor Pomade und der helle Doppelreiher ist gerade nicht so verknautscht, dass es schlampig wirken würde.

Sidi lächelt verunsichert und sucht bald das rettende Weite beim Buffet. Klaus, der ein paar Meter neben Fritz steht, hat sie peinlicherweise übersehen.

Ein paar Stunden später blickt Sidonie mit brennenden Augen auf die Tanzfläche. Dort dreht sich gerade Fritz mit ihrer Freundin Grete schnell zu den Takten eines Walzers. Es ist schon zwei Stunden vor Mitternacht, und er hat sie erst einmal aufgefordert.

Landhaus Weinberger, Katzelsdorf bei Wiener Neustadt

Steif hat er sie im Arm gehalten, nicht so eng wie er jetzt Grete hält. Sie hat ihm im Lauf des Abends immer wieder, vom Alkohol ermutigt, unverhohlene Blicke zugeworfen, aber er hat so getan, als ob er davon keine Notiz nehmen würde. Jetzt steuert schon wieder Klaus auf sie zu, und diesmal fällt ihr keine Ausrede mehr ein, warum sie nicht mit ihm tanzen sollte. Etwas missmutig steht sie auf und folgt ihm auf die Tanzfläche. Vielleicht sollte sie ihre Taktik ändern und so tun, als ob sie richtig verschossen wäre in Klaus, möglicherweise würde wenigstens das Fritz auffallen.

Also presst sie sich regelrecht an den jungen Bäckström. Schlecht schaut er ja nicht aus, wenn er nur nicht so ernst und steif wäre. Es fällt ihm kaum was zu reden ein, was die Konversation etwas schleppend macht. Dafür zieht er sie fest an sich und führt sie eng beim anschließenden langsamen Walzer. Sie hat genug getrunken, dass es ihr nicht unangenehm ist, was ihr allerdings unangenehm auffällt, ist der harte Gegenstand in seiner Hosentasche.

»Sag einmal, hast du einen Schlüssel in der Tasche?«

Klaus verneint vehement.

»Ja, aber da ist etwas Hartes bei dir im Sack, das ist unangenehm beim Tanzen«, lässt sie nicht locker. Erst als der junge Mann blutrot wird, den Tanz vorzeitig abbricht und fast davonrennt, dämmert ihr, dass sie etwas Falsches gesagt hat.

Aber dem nicht genug, begeht sie zu fortgeschrittener Stunde einen noch viel gröberen Fauxpas. Als man *Little Japanese Man*, ihr Lieblingsstück, spielt, steuert sie spontan auf Fritz zu und fordert ihn zum Tanz auf. Der kräftige Schwips, den die tückischen Fruchtstücke der Bowle erzeugt haben, hilft den beiden über die Anspannung hinweg, und die nächsten Tänze gehören nur ihnen. Sidis Taktik plus anschließende – unbeabsichtigte –Taktlosigkeit scheinen gewirkt zu haben. Fritz ist lustig, charmant und sehr aufmerksam, Klaus ganz vergessen.

Kein Wunder, dass alle hinter ihrem Rücken zu munkeln beginnen. In einer Pause, als sie erschöpft, schwitzend und glücklich am Rand steht, kommt ihre Freundin Grete, gibt ihr einen kleinen Stoß in die Rippen und meint: »Na, stimmt's, was alle sagen, dass du einen Impasse gemacht hast?« [Für alle, die des Bridgespiels nicht kundig sind: ein Impasse ist die Seele des Spieles. Der Bube

Fritz Dietz (mit Pfeife) und Christl Schallenberg

wird ausgespielt, die Dame macht den Stich, aber nur um den König oder das As zu bekommen.]

Sidi tut naiv und ahnungslos, stammelt kichernd: »Wieso denn, ich amüsiere mich nur, das sollte euch doch freuen.« Und schon schweifen ihre Augen wieder im Raum herum, um ihren letzten Tanzpartner zu finden.

Ahnungslos ist sie wirklich, denn eigentlich hat sie keinerlei praktische Erfahrung beim Flirten mit jungen Männern. Von zu Hause ist sie völlig unaufgeklärt, das bisschen, was sie weiß, ist reichlich theoretisch und stammt aus den *Mutzenbacher*-Lesestunden bei Leonie. Real hatte sie bisher keiner interessiert. Die Freunde ihres Bruders Heinrich waren ihr immer zu kindisch gewesen, die Brüder ihrer Schulfreundinnen ließen sie allesamt kalt und die Geschäftspartner, die der Vater nach Hause brachte, waren viel zu alt und hässlich – nichts für eine Frau, die sich in Schönheit verliebt. Ab und zu hatte es in den diversen Sommerfrischen Männer gegeben, für die sie schon einen Blick riskierte, aber dann kam sofort ein scharfer mahnender Blick der Mutter, der signalisierte: »Hände weg, den will ich.«

Nur jetzt, bei Fritz, ist es anders. Er macht sie so lustig, ganz tief in ihrem Inneren kullert's und kichert's, sie kann sich nicht einmal dagegen wehren. Ihr Ernst und ihre Melancholie schmelzen dahin, und das darüberliegende blasierte Getue und die Arroganz fallen von ihr ab. Er tut ihr einfach gut und sie will ihn.

Das beruht aber nicht auf Gegenseitigkeit, denn – und das wird Sidonie nie erfahren – ihre Begegnungen mit Fritz und Klaus sind ein abgekartetes Spiel.

Fritz ist trotz seines jugendlichen Alters erfahren mit Frauen und hat alle Initiationsriten für junge Männer seiner Generation und Schicht absolviert. Er kennt die Nobelpromenade der leichten Damen auf der Kärntnerstraße und die Etablissements mit den berühmten roten Laternen von innen und hat in den Armen dieser Frauen viel gelernt. Und er liebt es, das Gelernte in die Praxis umzusetzen. Mit Sidonie würde das nicht gehen.

Er hat zwar schnell ihre Schwärmerei, die dunklen Blicke aus halbgesenktem Kopf und die weichen, biegsamen Bewegungen beim Tanzen bemerkt. Und es schmeichelt ihm auch, dass diese schöne Frau ihm ihr Wollen zu verstehen gibt, aber eine Beziehung mit ihr? Um Himmels willen, nein! Zu viel Arbeit, zu viel Einschränkung und Unfreiheit.

Wochen später, als ihn Muni Weinberger, die so gern die Vertraute ihrer jungen Gäste ist und damit selbst wieder jung wird, einmal zur Seite zieht und fragt: »Sag einmal, Fritz, wieso hast du kein Verhältnis mit der Sidi?«, würde er antworten: »Mit Sidi? Niemals! Mit jeder, nur nicht mit ihr. Sie ist so eine Ästhetin, und im Bett hört sich die Ästhetik auf.«

Schon sehr bald nach der ersten Begegnung am Wörthersee hatte er sie Klaus zugedacht. Dessen schmachtende Blicke und seine romantische Traurigkeit waren ja nicht zu übersehen. Also hatten die beiden ungleichen Freunde sich in Wien bei einem Bier abgesprochen, wer sie denn haben solle.

Klaus war anfänglich aggressiv und unsicher, weil er dachte, er würde wieder einmal unterliegen und Fritz würde ihm einen Strich durch die Rechnung machen mit seinem Charme und dieser schrecklichen Leichtlebigkeit, die er selber so gar nicht besaß und so gerne hätte, um die Frauen leichter herumzukriegen. Fritz hatte nur gelächelt und ihm die Hand auf die Schulter gelegt.

»Ich will sie nicht, mein Freund. Ich bin nicht für diese romantischen Verrücktheiten. Du hast freie Bahn. Und … tu dir nicht weh dabei, du weißt ja, was man so erzählt über sie.«

Und dann sprachen sie noch ein Weile über den Tratsch, der angeblich seit Jahren durch die Wiener Gesellschaft ging, dass Sidi Csillag einen auffälligen Hang zu Frauen hätte. Aber die beiden jungen Männer waren sich einig und in grandioser Selbstüberschätzung völlig überzeugt, dass so etwas bei Frauen nichts Bleibendes wäre. Ein passender Mann müsste her, und Klaus wäre ein solcher, auf jeden Fall. Dann würde sie ihr Interesse an Frauen schon verlieren.

Klaus war euphorisch. Auf der Straße umarmte er seinen Freund wieder und wieder, tanzte um ihn herum und hieb ihm fest auf den Rücken, bis Fritz sich losmachte und den blonden Traumer nach Hause schickte ins Bett zum Weiterträumen.

Sidi bekommt diesen Handel schon bald nach dem Tanztee, der bis tief in die Nacht gedauert hat und sie so glücklich und hoffnungsvoll machte, zu spüren. Fritz meldet sich nicht bei ihr, und auch die ein, zwei vorsichtigen Vorstöße, über Sylvie an ihn heranzukommen, bleiben ergebnislos. Dann verbietet es ihr Stolz, ihm noch weiter nachzulaufen, und sie kehrt ihre Liebe und ihren Kummer nach innen und wird wieder still, fassadenhaft und steif. Die endgültige Abreise ihrer großen Liebe, der schönen Baronin, nach Berlin macht alles nur noch schlimmer.

Mittlerweile beginnt die Ballsaison 1923, und es gibt viele Gelegenheiten für Klaus, mit Sidi zusammenzutreffen und ihr immer wieder zu verstehen zu geben, wie anziehend er sie findet und wie sehr er sie mag. Sie lässt es mit sich geschehen und lächelt wächsern und abwesend dazu, was Klaus zumindest nicht als Zeichen der Ablehnung versteht.

Eines Abends nach einer Redoute im Palais Auersperg, an dem er schon die ganze Zeit seine Hände nicht von ihr bekommen hat, bringt er sie mit dem Taxi nach Hause. Schon im Fond des Wagens spürt sie seinen warmen Atem an ihrem Ohr und manchmal ein sachtes Anstreifen seiner Lippen. Dann im Freien vor dem Haustor, neben einem großen Schneehaufen, ist es soweit. Er schlingt seine Arme um sie und drückt sie fest an sich, und Sidonie Csillag wird, einige Wochen vor ihrem dreiundzwanzigsten Geburtstag, das erste Mal von einem Mann geküsst – eine Erfahrung, von der sie sich bis ins hohe Alter nicht erholt.

Mit Schaudern erinnert sie sich an seine Zunge in ihrem Mund, seinen heißen, heftigen Atem und die zudringlichen Hände, die unter ihren Mantel greifen und die Taille hoch bis an ihre Brüste fahren wollen. Ihr ekelt. Sie findet es tierisch, dreht in einer heftigen Bewegung Kopf und Körper von ihm weg und stößt ihn zurück. Er ist verdattert, verlegen, gekränkt, murmelt eine Entschuldigung, küsst ihr in einem eilig improvisierten Abschied noch die Hand und tröstet sich schnell in seinem Inneren, dass es schon werden würde und sie Zeit brauche.

Es würde nie werden, aber das muss Klaus in dieser Winternacht des Februar 1923 noch nicht wissen.

Sidonie beschäftigt diese Episode nachhaltig, und sie ist konfus. Sie weiß nicht, ob es zwischen Männern und Frauen einfach so ist, dass jene aufgeregt, gierig und fordernd sind, während diese das lustlos hinnehmen. Vielleicht ist es eine Einrichtung der

Natur und normal, dass eine Frau mit Männern keinen Spaß hat. Oder ist sie nicht normal? Das einzige, was ihr dazu in den Kopf kommt, sind die Doktorspiele mit ihren Brüdern vor vielen Jahren. Da waren der Ältere und auch schon der Jüngere ganz gierig, sie in ihrer Nacktheit anzusehen und ihr zwischen die Beine zu greifen. Sie hat das wenig beeindruckt, genausowenig wie das kleine Stück Fleisch, das jene mehr zwischen den Beinen hatten. Eigentlich hatte es sie nur beklommen gemacht und beschämt, und sie hatte sich schnell wieder nach ihren Kleidern umgesehen. Im Grunde beneidet sie die Tiere, die wenigstens ein Fell haben, um ihre Nacktheit und Gier zu verstecken.

Heftige Gefühle vermochten und vermögen immer nur Frauen in ihr auszulösen, aber auch da hat sie nie den Wunsch, dass diese sie ausziehen, sie mit feuchten Küssen bedecken und ihren Körper betasten. Wenn schon, dann umgekehrt.

Warum haben denn ihre Freundinnen nie etwas gesagt? Nie hat sie eine gewarnt, dass es eigentlich schrecklich ist mit Männern. Die kichern und gackern immer nur herum, wackeln mit dem Hintern und tun furchtbar erfahren.

Und im Moment ist es besonders schlimm. Alle haben geheiratet oder sind schon verlobt: Ellen hat Paul Ferstel geheiratet, Christl Schallenberg ist als nächste dran. Sylvie Dietz hat es schon hinter sich. Sie hatte schon sehr früh, mit achtzehn, den Sidi sehr unsympathischen, zudem sehr unstandesgemäßen Rudi Mumb geheiratet, von dessen Frauengeschichten nun alle außer Sylvie Bescheid wissen. Grete Weinberger ist verheiratet, mit einem, dem man auch Männeraffären nachsagt, aber das scheint sie nicht zurückzuhalten, auch weiterhin sehr locker mit Männern umzugehen.

Nur Christl Kmunke bleibt vom Bazillus der Ehe verschont. Vielleicht sollte sie sie fragen, warum. Aber das ist unsinnig, weil sie die Antwort schon im Vorhinein weiß, respektive nur in Christls schalkhafte, sehnsüchtige Augen schauen muss, wenn sie sie wieder einmal verliebt anblickt.

Vielleicht ist da etwas, was sie noch nicht weiß, ein Geheimnis zwischen Männern und Frauen, dem alle in ihrer Bekanntschaft folgen. Das so stark ist, dass es zur Konvention wurde, der sich alle anpassen und ihr Leben rundherum aufbauen. Dann ist es wohl normal, in dieser Konvention zu leben, und auch normal, dass es keinen Spaß macht. Sie sollte sich danach richten und ihre Träume vergessen.

In dieser Stimmung trifft Klaus' immer intensiveres Werben auf einen bereiteten, wenn auch dürren Boden. Als er sie eines Tages fragt, ob sie ihn nicht heiraten wolle, zuckt sie ein bisschen die Schultern, lächelt kryptisch und sagt kokett: »Warum nicht?« Dass dieses Leichthin mit Traurigkeit und großem Schmerz erkauft ist, weiß Klaus nicht. Alle Lieben und Leidenschaften von Sidonie sind ihr durch die Finger geronnen und mittlerweile unerreichbar. Leonie liebt andere Frauen so viel mehr, dass sie nach Berlin gezogen ist von einem Tag auf den anderen, Fritz vergnügt sich mit anderen Frauen so viel besser, dass er sie meidet – was soll das also noch?

Daher kann es auch ein Klaus sein. Er ist sanft und gutmütig und so in sie vernarrt, dass sie immer ihren Willen durchsetzen wird. Wenn eines Tages wieder eine schöne Frau ihr Herz betört – worum sie betet und worauf sie hofft, um dem Einerlei ihres Lebens zu entfliehen –, wird er das wohl schlucken müssen. Und sie hat von Leonie gelernt, wie gut sich eine gesellschaftliche Fassade mit einem Leben nach der eigenen Fasson vereinbaren lässt.

Außerdem hat Klaus einen Riesenvorteil: Er ist ein gute Partie und würde bei ihren Eltern mehr als willkommen sein. Sein Vater ist Geschäftspartner ihres Vaters, und solche Verbindungen schätzt dieser ganz besonders. Damit wäre das ganze Gezeter und die Kontrolle ihrer Eltern aus der Welt.

Nun gut, also Klaus.

Als Sidonie ihren Eltern an einem Frühnachmittag im späten Frühjahr 1923 ankündigt, dass Klaus Bäckström um ihre Hand anhalten werde, sind diese vor Glück außer sich und wollen alles ganz genau wissen. Sidi erzählt in knappen Worten von dem jungen Mann, von dem zumindest der Vater schon ein bisschen was weiß. Dass er aus sehr guter Familie stamme, dass er bald sein Studium abschließen würde und über seinen Vater einen gut dotierten, aufstiegsträchtigen Bankposten zu erwarten habe, dass sie ihn in den letzten Monaten immer wieder getroffen habe und ein tadelloses, aufmerksames Benehmen feststellen konnte und er sehr in sie verliebt sei. Es wäre wohl günstig, mit der Heirat noch zu warten, bis er wirklich fertig ist. Aber alle Vorbereitungen könne man ja schon beginnen.

Sidis Eltern ist das mehr als recht. Sie hätten es ja schon begrüßt, wenn Sidi von einem der Wunsch-Söhne umworben worden wäre, denn schließlich war Vater Wunsch ein guter Geschäftspartner Antal Csillags. Auch Fritz Dietz wäre als künftiger Schwiegersohn herzlich aufgenommen worden, obwohl die Familie, wie die Gesellschaft munkelt, auf dem absteigenden Ast ist, weil der alte Dietz sein Leben genießt und über seine Verhältnisse lebt und außer eines guten Namens nicht viel zu bieten hätte. Aber bei Sidis Heirat ist es wichtig, dass sie überhaupt stattfindet, Geld würde da keine so entscheidende Rolle spielen.

Doch ein Klaus Bäckström als künftiger Schwiegersohn, das ist mehr als sich die Eltern Csillag in ihren kühnsten Träumen erhofft haben.

Sie schlagen vor, den jungen Mann doch gleich nächste Woche zum Tee zu bitten, da könne er seine Aufwartung machen und alles Weitere auch erledigen. Sidi solle es nur gleich am Telephon abmachen.

Als Klaus ein paar Tage später zu Csillags kommt, vibriert die Wohnung vor freudiger Anspannung. Überall stehen herrliche Blumenarrangements, Sidis Brüder sind auch da und in ihren dunklen Anzügen fast eleganter als der zukünftige Bräutigam. Die beiden Eltern sind von ausgesuchter Herzlichkeit und begrüßen Klaus Bäckström wie ein Familienmitglied.

Das eigentlich Hand-Anhalten ist eine Sache von Sekunden, und ohne weitere Fragen von Sidis Eltern sieht sich Klaus am Ziel seiner Träume: er würde seine große Liebe, die schöne Sidonie Csillag aus reicher, angesehener Familie, zur Frau haben – bis dass der Tod sie scheide.

Antal und Emma Csillag sind hochzufrieden, als sie an diesem Abend in ihr Ehebett sinken, und sprechen das erste Mal seit Jahren wieder mehr als zwei Sätze miteinander.

Klaus machte einen seriösen Eindruck auf sie, und dass er in Sidonie verliebt ist, war offensichtlich. Aber was in Antals Augen wohl am meisten zählt, ist Klaus' Vater. Heinrich Bäckström, der lange der technische Direktor der Alpinen Montangesellschaft gewesen ist, war nach dem frühen Tod Oskar Rothballers in die Position des Direktors aufgestiegen. Die Alpine Montangesellschaft ist mittlerweile eines der wichtigsten, wenn nicht überhaupt das wichtigste Industrieunternehmen Österreichs, mit einer Bedeutung, die weit über die Grenzen des Landes hinausgeht. Das sind Sicherheiten, welche die beiden jungen Leute durch die schlimmsten Zeiten bringen könnten, und ihre Tochter würde gut aufgehoben ein Leben in Luxus führen. Ob sie glücklich ist und ihn liebt – ach, was für eine Frage! Der Appetit kommt mit dem Essen, denkt sich der alte Csillag und löscht das Licht.

In der Parallelwelt der Eltern Bäckström ist auch alles eitel Wonne, als Klaus seine Heiratspläne offenlegt. Klaus ist das einzige Kind der Bäckströms, geliebt und verwöhnt. Die Eltern wissen, dass seine sensible, etwas zu ernsthafte Art es ihm immer schwer gemacht hat, Anschluss zu finden. Eine liebevolle Frau würde ihm das sehr erleichtern und auf seine empfindliche Seele aufpassen. Dass sie Jüdin ist und so mancher Tratsch über sie in der Gesellschaft zu hören war – was soll's. Die Bäckströms sind weltoffen und liberal, und in ihrem Haus ist eine Schwiegertochter – auch aus jüdischem Elternhaus – gern gesehen, solange der einzige Sohn mit ihr glücklich wird.

Das offizielle Treffen von Sidonies und Klaus' Eltern bei Csillags kann somit nur ein Erfolg werden. Die beiden Väter haben schnell ein Gesprächsthema gefunden und debattieren die gemeinsamen Geschäftsinteressen, am Kamin stehend, im eleganten Stresemann, mit Portweinglas in der Hand. Die Mütter besetzen je eine Ecke des Sitzgarnitur, nippen am Kaffee und lassen Ringe blitzen und schwere Gold- und Platinarmbänder leise klirren. Schnatternd begeistern sie sich für die Gästeliste, Brautkleidmodelle und die Ausstattung der Hochzeitstafel. Klaus und Sidi halten Händchen auf dem Kanapee gegenüber und sind bei diesem Treffen nur stumme Schachfiguren beim Brettspiel der Heiratspolitik der Wiener Gesellschaft.

Die Unterhaltung von Antal Csillag und Heinrich Bäckström dreht sich um das damals beherrschende Thema der Wiener

Börse: die Spekulationen mit dem französischen Franc. Fast alle österreichischen Anleger hatten französische Francs gekauft, denn diese Währung war schwach und wurde täglich schwächer. Alle warteten auf den Moment, wenn sie ihren Tiefpunkt erreichen würde. Dann würden sie ihre Devisen gegen einen guten Gewinn abstoßen.

Einer von Antal Csillags engen Geschäftspartnern ist Kommerzialrat Paul Goldstein, seit 1922 Präsident der Depositenbank. Die Depositenbank war groß in die Franc-Spekulationen eingestiegen, und Goldstein hatte Antal Csillag dazu bewogen, einen Teil seines Vermögens in französischen Francs anzulegen. Auch Heinrich Bäckström hatte den Versuch gewagt und ein bisschen spekuliert. Nun fragen sich die beiden Herren am Kamin, wann es so weit sein werde und sie ihre Gewinne einfahren könnten.

In diesem Fall sollte das Warten auf Gewinne allerdings vergeblich sein. Die Creditanstalt und die Bodencreditanstalt waren rechtzeitig informiert, dass das amerikanische Bankhaus Morgan den Franc stützen wollte, und hatten ihre Francs abgestoßen. Die Depositenbank jedoch war nicht in das Vorhaben des Bankhauses Morgan eingeweiht worden und hatte am 5. Mai 1924 wegen der enormen Verluste ihre Kassen schließen müssen.

Das Ende der Franc-Spekulation wirkte sich auch auf dem Aktienmarkt verheerend aus. Aus dem Ausland kamen viele Aktien nach Österreich zurück, und zwischen Anfang März und Ende Juli 1924 flossen fast dreißig Prozent der Devisenbestände der Nationalbank im Wert von 1.250 Milliarden Kronen aus dem Land ab. Das war der Beginn des großen Börsenzusammenbruchs der Ersten Republik. Zwischen 1924 und 1926 wurden 37 Aktien- und 136 Privatbanken liquidiert. Die Börsenkurse wurden immer schlechter, und der gesamte Markt war verunsichert. Herren wie Csillag und Bäckström verloren viel Geld mit diesen Spekulationen.

Daher musste in der Familie Csillag ab Herbst 1924 ein bisschen mehr aufs Geld geschaut werden, und die Hochzeit würde vielleicht nicht so rauschend ausfallen, wie es die eitle Emma Csillag gern gesehen hätte.

Aber zum Zeitpunkt des Bekanntmachens der Verlobung scheint alles noch eitel Wonne. Ein kleiner, aber sehr eleganter Empfang bei Bäckströms gibt der Wiener Gesellschaft die Gelegenheit, die neuen Nachrichten zu Tratsch zu verarbeiten und dem Brautpaar zu gratulieren. Sidi sieht reizend aus und Klaus vornehm, steif und glücklich. Sidi mag ihn wie einen Freund und Bruder, aber in stillen Stunden fragt sie sich, wie sie bloß eine Ehe mit ihm ertragen würde. Bald nach der Verlobung hat sie allerdings wenig Zeit, sich weiter mit ihrer Zukunft an der Seite eines Mannes auseinanderzusetzen.

Denn Leonie kehrt im März 1924 unerwartet nach Wien zurück. Der anschließende Skandal plus Gerichtsverfahren wird Sidonies ganze Kraft und fast ihren guten Ruf kosten. Zudem reißt es eine nur ungenügend verheilte Wunde in ihrem Herzen wieder auf. Der Schmerz des Nicht-gewollt-Seins und mit ihm eine tiefe Sehnsucht, eine beglückende Liebe leben zu können, steigt wieder auf. Diese Gefühle haben Namen, sie heißen Leonie und Fritz und machen Sidi immer klarer, dass sie Klaus nicht heiraten kann.

Dabei ist im Oktober 1924 das Brautkleid schon bestellt – ein Traum in Weiß, für Sidi ein zunehmendes Symbol der Verzweiflung. Klaus schwärmt von der Hochzeitsreise und fährt mit dem Finger über die Landkarte. Alles hatte er schon geplant: die Aufenthalte in Venedig und Florenz, die Besuche in den Museen, die Nächte in den besten Hotels. Sidi gerät in Panik.

Aber auch hier wird sie einen Ausweg finden – radikal wie immer, wenn sie mit dem Rücken zur Wand steht und Angst hat, ihrem Vater die Wahrheit zu sagen.

Gibt es da nicht noch die ewig treue, immer verständnisvolle Freundin Christl Kmunke? Die einen jagdbesessenen Vater hat, der Waffen sammelt? Über sie sollte es ein Leichtes sein, an einen Revolver heranzukommen, als Geschenk an den Verlobten vorgeblich.

Und Christl schafft es tatsächlich, ihr bald das Gewünschte zu übergeben.

Für das nächste Wochenende ist wieder einmal ein Treffen im kleinen Freundeskreis bei Weinbergers in Katzelsdorf geplant. Sidi hat schon zugesagt, hinauszufahren, um ihre engsten Freunde

Depositenbank, Wien I., Schottengasse, Ecke Teinfaltstraße

wiederzusehen. Klaus ist verhindert. Grete, Sylvie, Hans Wunsch und sie verbringen einen gemütlichen spätherbstlichen Nachmittag mit Spaziergängen, Punsch und einem üppigen Abendessen. Sogar Fritz ist nach langer Zeit wieder einmal mit von der Partie. Sie hatten sich ewig nicht mehr gesehen, und Sidi ist es noch immer nicht gleichgültig, ihm zu begegnen. Obwohl er nicht sehr gut aussieht, irgendwie blass und schmal geworden ist, kann sie sich seiner Ausstrahlung wieder nicht entziehen. Noch lange sitzt sie mit ihm im Salon bei einem Glas Wein und redet über die letzten Monate, in denen sie sich aus den Augen verloren hatten. Dass sie nicht glücklich ist, kann Fritz deutlich spüren. Als das Thema auf ihre baldige Hochzeit kommt, steigen ihr die Tränen in die Augen, und sie bricht das Gespräch ab. Fritz möchte nicht weiter bohren und verabschiedet sich bald darauf zur Nachtruhe. Da steht Sidi auf, und in einer für sie ganz ungewöhnlichen und ihm unerklärlichen Direktheit tritt sie auf ihn zu und legt die Arme um seinen Hals.

»Leb wohl, Fritz. Ich hab' dich sehr lieb, immer noch.«

Spät in der Nacht, als alle schon längst schlafen und das Haus still und dunkel daliegt, dreht Sidonie in ihrem Zimmer noch einmal das Licht auf. Sie öffnet ihre Handtasche und fasst hinein, bis sie die kühlen Metallrillen einer Patronentrommel unter ihren Fingern spürt. Langsam hebt sie den Revolver heraus. Sie kontrolliert noch einmal die Trommel – ja, alle sechs Patronen stecken in ihren Kammern. Das Kaliber würde stark genug sein, da hatte sie sich vorsorglich erkundigt. Ausreichend, um ein größeres Tier in den Tod zu befördern, daher auch stark genug für sie.

Mit angehaltenem Atem streicht sie über den feinen Nussholzgriff, dessen Maserung etwas Weiches, Tröstliches hat. Auch das hellgraue Metall der Läufe erschreckt sie nicht – vielleicht ist der Tod etwas Sanftes. Ihr Entschluss steht fest. Sie kann so nicht weiterleben, sie kann keinen Mann heiraten, den sie nicht liebt, und die immer vermissen und loslassen müssen, die sie so sehr liebt. Gleichzeitig die Schande für ihre Eltern, das nicht zu können! Es ist der einzige Weg.

Langsam dreht sie Waffe zu sich, umspannt mit beiden Händen

den Griff und setzt die Mündung an ihr Herz. Mit aller Kraft drückt sie am Abzug, bis er endlich nachgibt.

Der Schuss peitscht durch das Haus und lässt die Gäste aufgeregt und verstört zusammenlaufen. Noch weiß man nicht, was passiert ist, ob ein Einbrecher sich eingeschlichen hat, ein Mörder durchgedreht hat ... aber schnell ist es klar. Sidonie liegt blutüberströmt und bewusstlos am Fuß ihres Bettes, mit einer Einschusswunde in der Brust. Aber sie lebt. Muni Weinberger versucht panisch, die Blutung zu stillen, und schreit ihren Mann an, das Auto aus der Garage zu holen, damit Sidonie, deren Puls noch schwach schlägt, ins Krankenhaus nach Wiener Neustadt gebracht werden kann. Grete muss dort anrufen und den diensthabenden Chirurgen alarmieren. In rasendem Tempo geht es dann in Papsls großem Steyr-Coupé mit der röchelnden Sidi auf dem Rücksitz ins Spital.

Die Freunde verbringen angsterfüllte Stunden im Wartesaal des Krankenhauses, bis am frühen Morgen die erlösende Botschaft kommt: Sidonie hat einen Lungensteckschuss erlitten, und nur der – wohl unbewussten – Wahl einer Vollmantelpatrone, die sich nicht im Körper aufspaltete und ihre Organe zerriss, hat sie ihr Leben zu verdanken. Und einer höheren Fügung oder ihrer Ungeschicklichkeit als Schützin, dass sie ihr Herz nur um zwei Zentimeter verfehlt hat. Sie würde überleben. Allerdings ist sie vom hohen Blutverlust sehr geschwächt, und der Heilungsprozess würde Wochen in Anspruch nehmen.

Als Sidonie nach ihrer tiefen Ohnmacht und Stunden unruhigen Schlafs die Augen öffnet, muss sie feststellen, dass sie es wieder nicht geschafft hat, ihrem Leben ein Ende zu setzen. Der dritte ihrer Selbstmordversuche war fehlgeschlagen – offenbar ist es doch nicht die ihr bestimmte Art, aus der Welt zu gehen. Als die Schleier vor ihren Augen schwinden, der ärgste Schmerz vorüber ist und sie wieder atmen kann, zieht sie als erstes ihren Verlobungsring vom Finger und übergibt ihn Heinrich. Der Bruder soll ihn Klaus zurückgeben. Und es wird kein Kommentar, keine Botschaft und kein Brief von ihr mitgeschickt. Um die Gefühle ihres Verlobten kümmert sie sich herzlich wenig und ist froh, ihn los zu sein. Zwar möchte sie Klaus etwas sagen, das schon längst vor ihrer Verlobung fällig gewesen wäre: dass sie ihn gern mag, dass er wie ein brüderlicher Freund ist, mit dem sie ihr Leben befreundet sein möchte, aber dass es für eine Ehe eben nicht ausreicht. Aber dafür fehlt ihr, die immerhin genug Mut hatte, die Waffe auf sich zu richten, jede Courage. Also erhält der fassungslose Klaus mit der schrecklichen Nachricht, dass seine geliebte Sidi einen Selbstmordversuch unternommen hat, auch gleich den Verlobungsring und somit die Trennungsnachricht. Davon wird er sich nie erholen. Er wird nie wieder um eine Frau werben und sein kurzes Leben allein verbringen. Mit zweiundvierzig, beim Warten auf die Anprobe eines neuen Anzugs beim Schneider, fällt er vom Stuhl und ist tot.

Der, um den sich eigentlich alles dreht, Fritz, lässt sich während Sidis wochenlangem Aufenthalt im Krankenhaus nicht blicken, was ihr schmerzhaft bestätigt, was sie ohnehin schon weiß: er meidet sie.

Als sie endlich das Krankenhaus verlassen kann, ist Sidonie auch äußerlich sehr verändert. Alles Jungmädchenhafte ist von ihr abgefallen. Sie ist gertenschlank und von der ernsten noblen Schönheit einer erwachsenen Frau, der man ansieht, dass sie tiefgreifende Dinge erlebt hat. Auch Fritz kann sich ihrem Zauber plötzlich nicht mehr entziehen. Eines Abends kurz vor ihrem fünfundzwanzigsten Geburtstag lädt er sie zu einem gemeinsamen Kinobesuch. Und es sollte ein Abend der Missverständnisse, der Empfindlichkeiten und der ambivalenten Kommunikation werden.

Nach dem Film in einem kleinen Restaurant vertraut er Sidonie an, dass er nachgedacht habe, dass er sich binden möchte, gern heiraten will. Ihr gibt es wieder einmal einen Stich ins Herz. Sie fragt sich, warum er ihr das erzählt, wieso er ihr weh tut, denn sie wird mit dieser Ankündigung wohl nicht gemeint sein. Scharf fragt sie, wie er denn an Heiraten denken könne, wenn er doch nicht einmal mit dem Studium fertig sei.

Fritz zuckt zusammen und sagt nur bitter: »Ja, das glaub' ich, heiraten möchtest du mich nicht.«

Sidonie glaubt ihren Ohren nicht zu trauen. All die lange Zeit hat er sie gemieden, und nun plötzlich macht er ihr indirekt einen

Heiratsantrag? Ist wirklich sie gemeint und nicht eine andere? Warum hat sie ihn auch bloß nach seinem Studienabschluss gefragt? Jetzt kann sie nicht mehr zurück. In ihr schreit es, dass es ihr ganz egal ist, wie es mit seinem Studium steht, dass sie ihn will, nur ihn, und dass er sie bitte noch einmal fragen soll.

Aber Fritz schweigt, mit gesenktem Kopf, in sich gezogen und verschlossen.

Und in ihr brechen schon wieder die Zweifel auf, wohlbegründet aus den Erfahrungen der letzten Monate mit ihm. Fritz fragt sie vielleicht jetzt um ihre Hand und überlegt es sich dann in ein paar Wochen anders. Vor allem nach dem, was sie seinem besten Freund angetan hat. Wenn er sie wirklich will, soll er sie noch einmal fragen, später, wenn sie all das überstanden hat, mit Klaus, mit Leonie und sich selbst.

Und so ertrinken Liebe und Spontaneität im bitteren See des Zweifels, des Misstrauens und der Verletzung. Und weder Sidonie noch Fritz können die verfahrene Situation je wieder klären.

Denn Fritz wird seine Promotionsfeier und damit die Möglichkeit, Sidonie noch einmal dieselbe Frage zu stellen, nicht mehr erleben. Knapp nach seinem 26. Geburtstag, Ende März 1926, wird er mit einer Geschlechtskrankheit in ein Wiener Krankenhaus eingeliefert. Sidonie bleibt nicht einmal Zeit, ihn dort zu besuchen. Fritz Dietz wird offenbar in der Behandlung verpfuscht und stirbt binnen kürzester Zeit an einer Sepsis.

Der jüngere Wunsch-Sohn, Fritz' Cousin, wagt es nicht, selbst mit Sidonie am Telephon zu sprechen. Er bittet Antal Csillag, seiner Tochter die traurige Botschaft zu überbringen. Stumm vor Schmerz und Entsetzen nimmt Sidi die Todesnachricht auf. Das Begräbnis am Stammersdorfer Friedhof wird einer ihrer schwersten Gänge, und am Ende der Einsegnung fühlt sie sich fast wie eine junge Witwe. Fritz' Grab am Stadtrand von Wien wird für viele Monate zweimal wöchentlich Ziel ihrer Besuche werden. Das Hin- und Herfahren braucht jedesmal fast den ganzen Tag, aber was hat sie denn sonst zu tun? Der tote Fritz ist ein verlässlicherer Anker als der lebende, und vielleicht kann sie dem dunkelgrünen Serpentin des Grabsteins zwischen zwei halb kahlen Fichten und der roten Friedhofsmauer endlich das sagen, was sie dem lebenden Mann nie zu sagen in der Lage war.

Das letzte Jahr war für sie zu viel gewesen. Es hatte zu viele Trennungen gebracht. Zuerst der Abschied von ihrer geliebten Leonie, von der sie sich lösen musste, weil es für sie beide keine Zukunft gab und ihr sonst wohl das Herz gebrochen wäre. Dann ihre Trennung von Klaus, die sie fast das Leben gekostet hätte. Und jetzt der Tod von Fritz. So viel Tod und Abschied, so viel unerfüllte Liebe. Alles um sie herum hat sich gewandelt, und sie weiß nicht weiter. Das Leben muss anders werden, das ist alles, was sie weiß.

6
Frauenkörper, Männerkörper

Sidonie hasst diesen Frühling 1926. Gerade als Fritz tot war, fingen die Kastanien und der Flieder in einer Üppigkeit und Kraft zu blühen an, die ihr widerwärtig ist. Sie kann die Schönheit und den Farbenrausch ihrer aufbrechenden Knospen nicht ertragen, die Kaskaden in Weiß- und Lila-Schattierungen, diese aufdringliche Lebendigkeit, die sich ihr überall duftend entgegendrängt. Deswegen und wegen der Erinnerungen, die sich ihr auf Schritt und Tritt grausam ins Hirn bohren, meidet sie die Straße – hier die Wege, wo sie mit Leonie entlang spazierte, dort das Haus der Familie Wunsch, wo sie zuletzt bei einer Soirée mit Fritz tanzte, hier ein Kino, eine Parkbank, ein Baum …

Sie verbringt die Tage, mit Ausnahme der häufigen Besuche auf dem Stammersdorfer Friedhof, zu Hause, abwesend und still in einen Fauteuil gedrückt. Den Blick zum Fenster hinaus oder an die Decke gerichtet, verträumt und verdöst sie die Zeit, unansprechbar für ihre Eltern und Brüder, die vorsichtig und fast auf Zehenspitzen um sie herumschleichen, gebannt und berührt von ihrem Schmerz. Sie hat wochenlang kein Mittel und keine Kraft, diesem etwas entgegenzusetzen. Die Stunden und Minuten verrinnen in quälender Langsamkeit, und sie muss sich stumm den immer wiederkehrenden Wellen der Gefühle und Erinnerungen hingeben.

Manchmal ist sie versucht, Leonie nach Berlin zu schreiben, doch dann lässt sie es, erstickt diesen Wunsch mit Gewalt. Was sollte es auch bringen, außer neue Anlässe für Gefühle, Phantasien und Sehnsüchte.

Doch dann kommt die Rettung unerwartet in Form eines kleinen hellblauen Briefchens: Marianne Kraus hat aus Prag geschrieben.

Marianne, die Nichte des berühmten Karl Kraus, ist eine Freundin seit Jugendtagen, keine von den ganz nahen, aber eine liebenswerte, hübsche junge Frau, die Sidonie mag und in den letzten Jahren regelmäßig gesehen hat. Denn die Familie ihres Vaters Alfred Kraus hatte eine Wohnung ganz in der Nähe, auch im 3. Bezirk, in der Mohsgasse, und Sidonie war vor allem in Zeiten des Krieges einfach hinübergelaufen, um mit Marianne ein bisschen zu tratschen oder die Gäste zu beobachten, die das kosmopolitische Haus Kraus gern einlud. Dabei begegnete ihr auch manchmal der berühmte Onkel, der Fackelkraus, wie er in Wien genannt wurde. Ihr war er ein bisschen unheimlich, weil er abweisend auf sie wirkte, sie streng aus seiner randlosen Brille anblickte und sich gleich wieder kühl und hocherhobenen Hauptes abwandte, weil er offensichtlich kein Interesse an ihr und den anwesenden Frauen hatte. Er stand immer in einem kleinen Kreis ernst und wichtig dreinblickender Männer, die sich angeregt und teils heftig gestikulierend über die politische Lage unterhielten. Man wusste, dass er ein brennender Antimilitarist und Kriegsgegner war und an einem entsprechenden Werk schrieb.

Marianne hatte kürzlich geheiratet, leider einen Mann, den Sidonie aus mehreren Gründen nicht gutheißen konnte, deren wichtigster lautete, dass er Jude war, der zweitwichtigste, dass sie ihn unattraktiv fand.

Die Familie Kraus hatte sich nicht so eindeutig vom Judentum distanziert wie die Familie Csillag, und Sidonie war ein bisschen entsetzt, als ihr Marianne eines Tages erzählte, dass sie von ihrer Familie einem wohlhabenden jüdischen Rechtsanwalt aus Prag vorgestellt worden war, wohl mit dem klaren Hintergedanken, dass sie ihn heiraten sollte. Marianne hatte zwiespältige Gefühle Max Winterberger gegenüber, war er doch wesentlich älter, dicklich und wenig anziehend. Zunächst fühlte sie gar nichts für ihn, dann bemühte sie sich und redete sich die Verliebtheit ein, die sie nicht empfand. Schließlich willigte sie ein, seine Frau zu werden.

Die Hochzeit war ein rauschendes Fest gewesen, und danach galt es für Marianne, Abschied von Wien und ihren Jugendfreundinnen zu nehmen. Tränenreich bat sie alle, sie nicht zu vergessen und sie jederzeit und so oft wie möglich in Prag zu besuchen.

Wohnzimmer von Marianne Kraus-Winterberger, Prag, 1926

Und nun ist es so weit. Eine großzügige dunkelblaue Schrift auf hellblauem Papier bittet Sidonie, Marianne Kraus-Winterberger in der nächsten Zeit zu besuchen. Der Frühling in Prag sei herrlich, man würde zahlreiche Familien der Prager Gesellschaft besuchen, viel Bridge spielen und das Leben genießen.

Das ist genau das, was Sidi braucht, denn die unendliche Stille der letzten Wochen lastet zunehmend auf ihr, und sie weiß, dass sie dies nicht mehr lange aushalten würde. Vielleicht wäre ein Sprung ins Vergnügen die probatere Strategie gegen ihren Schmerz. Außerdem würden ihre Eltern einer Reise nach Prag bedenkenlos zustimmen.

Also kurzerhand die Koffer gepackt und die Zugkarten erster Klasse reserviert.

Sidonie genießt die Eisenbahnfahrt durch das Waldviertel und die Wälder Böhmens – allein unterwegs zu sein ist ganz nach ihrem Geschmack. Am Bahnhof in Prag wird sie von einer aufgeregten Marianne freudig in Empfang genommen und gleich in ein Taxi geschoben. Die Fahrt dauert nicht lange, denn die Winterbergers wohnen ganz zentral in der Altstadt. Sidonie kommt in eine elegant eingerichtete Wohnung nicht weit vom Graben, die es an nichts fehlen lässt. Eine prachtvolle Flucht von Räumen, durch große Flügeltüren verbunden, erwartet sie. Und nichts, was sie aus Wien von den herrschaftlichen Wohnungen kennt, in denen ihre Freundinnen aufwuchsen, fehlt hier. Das Wohnzimmer, in dem sie Marianne mit einem Glas Sherry begrüßt, ist von einer beeindruckenden Bibliothek aus Nussholz umrahmt, mehrere bequeme Sitzgarnituren in schweren Seidenstoffen machen die Wahl schwer, wo man sich denn niederlassen sollte, die Kassettendecken mit den schweren polnischen Lustern lasten über ihr, und die zahllosen Perserteppiche lassen ihre Füße nie auf gewöhnlichem Parkett aufsetzen.

›Wie zu Hause‹, denkt sie und lehnt sich entspannt zurück, um in die blitzenden Augen ihrer Freundin zu schauen, die gerade Pläne schmiedet, was sie in den nächsten Tagen unternehmen könnten. Marianne ist ausschweifend und phantasievoll dabei, und es fällt ihr viel mehr ein, als die beiden jemals würden bewältigen können, selbst wenn Sidonie einen Monat hier bliebe. ›Sie muss wohl sehr einsam sein‹, schießt es dem Gast durch den Kopf.

Nach dem Sherry und einer kurzen Rast geht es gleich los. Obwohl Marianne noch nicht lange in Prag lebt, kennt sie sich sehr gut aus, und es ist ein Vergnügen, mit ihr durch die Stadt zu spazieren. Denn überall scheint sie Bekannte zu haben, sei es in den eleganten Geschäften um den Wenzelsplatz oder in den Kaffeehäusern. Es dauert nicht lange, und schon sind die beiden Frauen zur ersten Bridgepartie eingeladen. Sidonie ist es von Wien her gewohnt, Bridge immer in privater Gesellschaft zu spielen, aber hier in Prag scheinen alle die Angewohnheit zu haben, zum Kartenspiel ins Café zu gehen. Nun hängen Sidonie und Marianne schon seit ein paar Stunden im Continental am Graben und gewinnen eine Partie nach der anderen. Von den vorwiegend Deutsch sprechenden Stammgästen wird das Café, in dem die beiden ab nun fast jeden Tag die Karten klopfen werden, liebevoll Conti genannt. Marianne zieht es fast magisch hierher, und ein bisschen entschuldigend meint sie mit einem wehmütigen Lächeln, wenn sie ins Conti ginge, fühle sie sich fast so zu Hause wie im Herrenhof in Wien.

Nur mit dem Tschechischen hat Sidonie ihre Schwierigkeiten. Sie findet es eine ordinäre Sprache, eine Dienstbotensprache, denkt sie abfällig, und obwohl sie von Mariannes Tschechischkenntnissen beeindruckt ist, kann sie sich an den Klang nicht gewöhnen. Es gefällt ihr einfach nicht, dass dieses undankbare Land sich losgemacht hat von der Monarchie, alles Altösterreichische getilgt scheint und Marianne *Václavské námesti* statt Wenzelsplatz sagt.

An nächsten Nachmittag drängt die Freundin, mit ihr weitere Sehenswürdigkeiten zu besichtigen und danach ins Slavia zu gehen. Es sei zwar ein Treffpunkt tschechischer Künstler, aber dort habe man nicht nur das Nationaltheater als Gegenüber, sondern auch einen wunderbaren Blick auf die Moldau und den Laurenziberg. Bei diesen Rundgängen durch die Altstadt stellt Sidonie mit Erstaunen fest, dass Prag weit weniger unter den Spätfolgen des Krieges zu leiden scheint als Wien. Alles wirkt besser erhalten, die Menschen sind gediegener gekleidet und fröhlicher, und fast könnte sie sich anstecken lassen davon und sich frei und leicht fühlen im abtrünnigen Böhmen, das nun Tschechoslowakei heißt.

Dann passiert eines Nachmittags, nach dem Mittagessen, etwas, von dem sich Sidonie einige Stunden später gar nicht mehr erklären kann, wie es dazu gekommen ist. Sie waren am Vorabend bei Bekannten von Marianne und Max gewesen und erst in den frühen Morgenstunden nach Hause gekommen. Die Vormittagsroutine im Hause Winterberger ist in den gewohnten Bahnen verlaufen, aber anstatt nach dem Mittagessen gemeinsam Kaffee zu trinken, ziehen sich alle etwas übernächtig zu einem kleinen Nachmittagsschlaf zurück. Auch eine andere Freundin Mariannes ist zu Gast, und bald nach dem Essen begeben sich die drei Frauen in Mariannes Schlafzimmer.

Sidonie ist die erste, die sich auf das überbreite Bett in den weichen hellrosa Seidenbezug sinken lässt. Ihr fallen fast die Augen zu, sie rollt sich ein und beginnt zu dösen. Doch bald wird die Begleitmelodie ihres Halbschlafs zu laut, das Kichern, geflüsterte Worte und leises Seufzen lassen sich nicht mehr zu Traumbildern formen, und Sidonie wendet irritiert den Kopf. Sie glaubt ihren Augen nicht zu trauen.

Das, was sie seit Jahren zitternd herbeisehnt, worüber sie phantasiert und zweifelt, passiert ganz knapp neben ihr. Nur eine Hand müsste sie ausstrecken und wäre Teil des Damenspiels. Aber sie ist erstarrt, gebannt von der Schönheit der Situation, der Verwerflichkeit des Augenblicks, der vibrierenden Erotik und der Entrüstung in ihrem Kopf.

Die beiden Frauen neben ihr küssen einander heftig, Mariannes Hand zieht in einem weichen sehnsüchtigen Bogen die Freundin zu sich herab. Die versinkt in ihrem Hals, Wellen von langem, dunklem Haar gleiten herab, verdecken und enthüllen die Intensität des Begehrens.

Die Frauen merken noch nicht, dass sie eine Beobachterin haben. Als sie es merken, kommen leichthin ein paar Bemerkungen, eine Einladung, ein Scherz und verführerische Blicke.

Aber Sidonie ist wie eingefroren, liegt steif auf ihren Ellenbogen, kann nur den Kopf schütteln.

Da erhebt sich die eine, streift das Kleid glatt, zieht ihre Hand langsam von Marianne weg und sagt: »Zeig es ihr.« Mit einem leisen, tiefen Lachen wirft sie Sidonie noch einen Blick zu, dann schließt sie leise die Tür.

Marianne wendet sich langsam zu Sidonie, die offenen Ärmel ihrer Bluse fallen weit zurück, als sie ihr die Arme entgegenstreckt, die Knöpfe sind geöffnet und lassen die junge Frau, die da erstarrt im Bett sitzt, weiche, füllige Brüste in einem hellen Spitzenmieder sehen.

Bevor sich die Hände Mariannes in ihrem Nacken verschließen, denkt Sidonie noch, dass es schön ist, was sie da sieht, die helle, feine Haut, das kräftige Haar, einen sinnlichen Mund, der sich jetzt drängend auf ihren presst.

Plötzlich ist Leonie da, und ein heller, scharfer Schmerz durchzieht sie. Um die Gedanken an das nie Gewesene zu verscheuchen, erwidert Sidonie die Küsse heftiger als es ihrem Wollen entspricht. Und sie schmecken besser als die von Klaus.

Aber eigentlich ist sie ratlos, fühlt sich klein, weiß nicht, was sie jetzt tun soll mit dem Begehren, das ihr entgegenbrandet. Marianne ist jedoch erfahren, und was sie ihr zeigt, kann sie nicht von ihrem Mann gelernt haben. Es vergeht keine Minute, und Sidonie hält eine nackte Frau in Armen, die ihre Hand zu führen versteht und weiß, was sie erfüllt. Wenn sich Mariannes Hände allerdings an der Liebhaberin gütlich tun wollen, werden sie weggeschoben. Sidonie gestattet keine Berührung und keine Zärtlichkeit, ihre Lust wird klein und ängstlich, wenn die Reihe an ihr wäre. Sie lebt nur in der Hingabe der anderen.

Als Marianne unter ihr ein letztes Mal aufstöhnt und zurück in die Kissen fällt, steigt Sidonie, wie immer in den unpassendsten Momenten, ein Lachen in die Kehle.

›Und deshalb machen sie sich alle so verrückt? Wie die Tiere sind wir – wie absurd, dieser Aufwand, das Seufzen und Sehnen‹, kreist es in ihrem Kopf.

Wie ist sie nur in diese Sache geraten mit einer, die doch gar nicht so veranlagt ist, deren Mann zwei Zimmer weiter schläft und die plötzlich ganz für sie zu zerschmelzen scheint?

Marianne liegt neben ihr, zieht Sidonies Hand auf ihr Gesicht und bedeckt die gewölbte Innenflache mit Küssen, das Glück strömt aus ihre Augen und ein leises Lachen bahnt sich ununterbrochen den Weg aus ihrem Inneren.

Sidonie ist berührt, befangen, verständnislos … sie kann diese Gefühle nicht erwidern und ängstigt sich vor ihrer Macht.

Schnell erhebt sie sich, ordnet ihr zerknittertes Kleid, das sie nie ausgezogen hat, und lässt eilig das Zimmer hinter sich, die zerwühlten Kissen, die schweren Pfingstrosen in einer blauen chinesischen Vase, das Nachmittagslicht auf dem nackten Körper einer beglückten Frau.

Der Abend des nächsten Tages gibt dann dem Erlebten noch eine besondere Note. Das Ehepaar Winterberger hat zu einem frühsommerlichen Kostümfest geladen, und die Protagonisten nehmen ihre Plätze in einem Spiel ein, die einen wissend, die anderen ahnungslos.

Sidonie ist der Rosenkavalier, schmal und androgyn, in seidenen Kniebundhosen und brokatenem Gehrock mit breiten Aufschlägen. Den Dreispitz tief ins Gesicht gezogen, kann sie sich allerlei erlauben. Tief sieht sie in die Augen der Frauen und drückt ihre Lippen auf Hände und andere Lippen. Auch die von Marianne – besser gesagt Pierrot Lunaire – lassen sich ganz unverfänglich küssen. Und es ist ein weicher, anschmiegsamer Pierrot, in seinem weißen, glänzenden Kostüm mit den dicken schwarzen Bommel-Knöpfen auf der Jacke und der Tüllhalskrause, der, ganz seiner Rolle gemäß, um Sidonie tanzt und zärtliche Clownereien mit ihr treibt.

Nur als Max Winterberger breit und schwerfällig die Szenerie betritt, fällt der Rosenkavalier fast aus der Rolle – und zwar vor Lachen. Eine dicke ungarische Marischka schiebt sich durch die Salontür, der Busen unter der Spitzenbluse aus großen Zeitungsballen geformt, mühsam gebändigt von einem Korsett. Schürze und Trachtenrock wölben sich über Marischkas Bierbauch, und lange schwarze Zöpfe umrahmen das dicke geschminkte Gesicht.

Sidonie macht sich ihren Spaß und klopft Max mit ihrem Degen auf den Hintern. Sie macht sich lustig über die ungarische Schönheit und bringt sie in Verlegenheit durch die Frechheit ihres Flirts mit dem Pierrot. Max fühlt mehr als er ahnt, dass der Geschlechtertausch ein mächtiges Mittel ist, das ihn nicht nur an diesem Abend zum Narren gemacht hat.

Danach bleibt Sidonie noch eine Woche, genießt die Frühlingstage an der Moldau und ein wenig auch die Arme von Marianne, die jeden Nachmittag sehnsüchtig auf sie wartet. Aber innerlich hält sie sich fern, rettet sich in die Ironie und in dauernde Selbst-

Sidonie Csillag als Rosenkavalier, Prag, 1926

Marianne Kraus-Winterberger als Pierrot, Prag, 1926

Max Winterberger als Marischka, Prag, 1926

versicherungen, so gar nicht in sie verliebt zu sein. Und sie ist eigentlich froh, dass dies alles in Prag passiert ist, aus dem man wieder wegfahren und sich distanzieren kann. Fern vom strengen Auge des Vaters und auch fern von den gesetzlichen Verfolgungen, die ihr in Österreich für solche Liebesverhältnisse drohen könnten.

Am darauffolgenden Wochenende fährt sie wirklich weg und lässt eine traurige Marianne auf dem Bahnsteig zurück. Obwohl es nicht das letzte Mal sein wird, dass sie Marianne in den nächsten zwei Jahren besuchen wird, wissen beide, dass diese Begegnung nie mehr werden wird als eine Affäre am Nachmittag. Nur der Bommel vom Pierrotkostüm, den ihr Marianne auf dem Perron in die Tasche schiebt, wird Sidonie noch daran erinnern.

Ihren Freundinnen in Wien erzählt sie lieber nichts von ihren Erlebnissen in Prag. Manchmal würde sie gern mit Ellen darüber reden, aber die hat gerade den Kopf mit ihren beiden kleinen Töchtern voll. Und außer Windeln, Kindernahrung und dem Unterhaltungsprogramm für die Kleinen und auch den Ehemann, der selten da ist und zu viel arbeitet, gibt es kein Thema. Zwar lebt Ellen mit ihrer Familie direkt um die Ecke von Sidonie in der Pfarrhofgasse, was nah und bequem für Sidi ist und sie zum Dauergast im Hause Ferstel macht. Aber die beste Freundin ist abwesend und überlastet, oft auch von schwerem Kopfweh geplagt, für das niemand, nicht einmal die Ärzte, eine Erklärung haben. Wie sollte sie die Verwirrung und die Gefühlssprünge einer Freundin verstehen, die gerade ihr erstes sexuelles Erlebnis mit einer Frau hinter sich hat?

Aber wenn schon Sidonies Innenleben kein Thema ist, gibt es wenigstens Abwechslung im Außen. Fast jeden Sonntag macht sie mit den Ferstels und weiteren Freunden der Familie eine Landpartie mit eigenem Auto und Chauffeur. Irgendwer ist immer dabei, der ein Landhaus im Umland von Wien hat, wo dann gern Bridge gespielt wird oder wo sich alle – je nach Jahreszeit – zum Spazieren gehen, Schwammerl suchen, Eis laufen oder einfach nur zum Tee versammeln.

Schon während des Sommers, den die Familie Csillag wie immer traditionell auf Brioni verbrachte, hat der Vater wieder mit dem Berufsthema angefangen und ein ernstes Wort mit Sidi geredet. Bald nach der Heimkehr ins herbstliche Wien muss sie eine Schulung machen. Bis Ende Dezember 1926 geht sie täglich in die Lehranstalt Weizmann in der Wollzeile und absolviert dort Kurse in diversen kaufmännischen Fächern, von Kaufmännischem Rechnen angefangen, über Buchhaltung, Handelsrecht, Wechselkunde, Kontorarbeiten bis zu Korrespondenz, und kann dafür einen vorzüglichen Lernerfolg nachweisen. Sie belegt am selben Institut auch einen Maschineschreibkurs, und es wird ihr ausdauernder Fleiß und große Fertigkeit in der Handhabung verschiedener Schreibmaschinen-Systeme bescheinigt.

Aber Sidonie hat keine Lust, diese neu erworbenen Fähigkeiten irgendwie umzusetzen, und sie weigert sich sogar, das Angebot ihres Vaters anzunehmen, bei ihm im Büro unter der Betreuung seiner besten Sekretärin das Gelernte zu perfektionieren. Nur das Maschineschreiben gefällt ihr – von nun an wird eine kleine Schreibmaschine sie immer begleiten und ihr als eifriger Briefschreiberin helfen, einen Großteil ihrer privaten Korrespondenz zu erledigen.

Während der Woche weiß Sidonie nicht viel mit sich anzufangen. Sie flaniert ein bisschen durch Wien, erledigt hier und da kleine Besorgungen und verbringt sonst viel Zeit zu Hause. Dort hat sie sich die Zeitvertreiber angewöhnt, die verwöhnte Frauen ihre Fadesse vergessen lassen: Sie ist eine eifrige Leserin. Aber nicht die schwülstigen Frauenromane haben es ihr angetan, sondern die Schilderungen von fernen Welten und Tieren. Abenteuerberichte aus Gegenden, wo man frei ist und alles anders ist als in diesem kleinen elenden Restösterreich, in dem in ihrer Phantasie die Sozialisten immer stärker werden und die Straße unsicher machen und mit ihren Protesten ihre Welt bedrohen.

So wird sie nicht Zeugin der antisemitischen Demonstrationen von Nationalsozialisten, Deutschnationalen und Christlichsozialen, die mit diesen Aktionen versuchen, den im August 1925 in Wien tagenden Zionistenkongress zu stören. Auch die Großkundgebung für den Anschluss Österreichs an das Deutsche Reich auf dem Rathausplatz, organisiert vom österreichisch-deutschen Volksbund, geht an ihr vorüber.

Sie will nicht wissen, was bei Tag draußen vorgeht, und versenkt sich mit großer Leidenschaft in ihre Patiencen und vor allem

Puzzles: über den Hunderten, oft Tausenden von Teilen kann sie ganz die Zeit vergessen und schreckt dann tief in der Nacht oder beim ersten Lied einer Amsel im Arenbergpark hoch und ist erstaunt, dass es so spät bzw. früh ist, schon wieder ein Tag vorbei und der nächste zu bewältigen ist.

Nur ihr Lieblingsbruder Robert rüttelt sie immer wieder aus ihrer Lethargie. Und nur seiner Aufmerksamkeit ist es zu verdanken, dass Sidonie überhaupt Notiz von den politischen Veränderungen Wiens nimmt. Robert verbringt immer noch viel Zeit in den Kaffeehäusern der Stadt, liest Zeitungen und Magazine, spricht mit Leuten und beobachtet. Der Vater kann ihn auf noch so viele Handelsschulen schicken, Robert lacht über Bilanzen und setzt sich über alle Geheimnisse des korrekten Schriftverkehrs hinweg, aber für die Geheimnisse der politischen Machtmechanismen hat er sich einen feinen Blick erworben. Auf seine Kaffeehaustouren nimmt er jetzt seine ältere Schwester mit, zeigt ihr die Braunhemden, deren Zahl langsam und stetig im Zunehmen ist, und erklärt ihr, warum es immer wieder Auseinandersetzungen zwischen den sozialdemokratischen Schutzbündlern und der konservativen Heimwehr gibt.

Dabei fangen die Geschwister oft zu streiten an, sitzen schließlich mit roten Köpfen in ihrem Stammcafé Herrenhof und beflegeln sich. Robert hat überhaupt kein Verständnis für Sidonies Freunde und weigert sich schon seit geraumer Zeit beharrlich, mit ihnen Kontakt zu haben. Er findet sie blasiert, erzkonservativ und nennt sie abfällig »politische Blindschleichen«. Vor allem die Familien Weinberger und Wunsch sind das Ziel seiner pauschalen Kritik. Und er hat leider recht.

Denn die jungen Männer um Sidonie sind dem aufkommenden Nationalsozialismus gegenüber durchaus aufgeschlossen. Der ältere Bruder von Grete Weinberger, Hans, kommt immer mit glühenden Augen aus München zurück, wo er in irgendeinem rauchigen Keller, einer Wirtsstube oder einem Bierzelt den gellenden Reden Adolf Hitlers lauschte. Und obwohl die Familie Weinberger selber jüdische Wurzeln hat, schafft es Hans, sogar seinen Vater mitzureißen. Papsl und Hans frönen nun gemeinsam einer Art Hitler-Tourismus und reisen regelmäßig über das Wochenende nach München.

Auch Hans Wunsch, der ältere der beiden Brüder, die Sidonie am Wörthersee umschwärmt hatten, ist so ein fragwürdig schillernder Begeisterter, der sich sogar im Aussehen bemüht, dem blonden Reckenideal der Nationalsozialisten zu entsprechen.

Und mittendrin Sidonie, eine Jüdin, die keine sein will, ahnungslos und politisch ignorant. Sie sind doch ohnehin alle so nett zu ihr, meint sie gekränkt, und was er, Robert, denn habe.

»An solche Leute streift man nicht an«, lässt sich Robert giftig vernehmen und leert den Rest seiner Melange.

Sidonie fühlt sich angegriffen und in die Ecke gedrängt. Robert hat gut reden. Er, der sich schon mit neunzehn heimlich mit einer Jüdin verheiratet hat. Und nach einem Jahr wieder geschieden war, aber immer noch mit dieser Frau verkehrt. Gegen ihre Freunde polemisieren, das kann er, wo sie doch eigentlich auch ein wenig recht haben.

Ihre Verletzung lässt die Schleusen fallen, und ungebremst bricht es aus ihr heraus, dass sie Juden nicht mag, dass sie ein Volk zweiter Klasse sind und ein Fluch auf ihnen liege, weswegen sie besser zusehen sollten, von dieser Erde zu verschwinden.

Die Juden, das sind doch immer die anderen, diese armen, zerlumpten Gestalten, die Anfang des Jahrhunderts aus dem Osten kamen, die das Ansehen aller anderen, die schon lange da waren, zerstörten. Wie bei den Csillags. Wie kommen Familien wie sie, die längst getauft sind, die sich so gut angepasst haben, dazu, sich durch diese jiddisch sprechenden, benehmenden und aussehenden Gestalten dem Antisemitismus auszusetzen, als Menschen zweiter Klasse behandelt zu werden? Mit ihr nicht.

Ihr Bruder ist fassungslos. Die Heftigkeit seiner sonst so ruhigen Schwester erstaunt ihn. Wie kann sie nur die Wurzeln der eigenen Familie negieren, was tut ihr denn so weh? Wütend knallt er die Tasse auf den Unterteller, stößt den Sessel zurück und geht mit wuchtigen, ausgreifenden Schritten und hocherhobenem Kopf aus dem Lokal.

Er lässt sich nicht sagen, mit wem er sich treffen darf und mit wem nicht, schon gar nicht von seiner antisemitischen Schwester. Wo er doch die Frauen so liebt. Frauen und Musik, das ist sein Leben, das er irgendwann gegen alle Konventionen durchsetzen wird. Gegen den Vater, gegen die Gesellschaft und gegen diese erschreckende Engstirnigkeit, die sich gerade in diesen seinen Kreisen wie eine Krankheit ausbreitet.

Seine Ex-Frau hat er im Milieu der Musik und des Tanzes, in dem er sich so wohl fühlt, gefunden. Vor allem letzterer hat es ihm angetan. Er hat sie alle gesehen, die Tanzgrößen dieser Jahre. Grete Wiesenthal versäumt er nie und hat ihre beiden letzten Auftritte in der Oper und im Hagenbund gebannt verfolgt. Und auch hinter der berühmten Tilly Losch ist er seit 1924, ihrem ersten Soloauftritt in dieser Stadt, her. Und obwohl es äußerst schwierig war, dafür Karten zu ergattern, weil sich ganz Wien darum riss, hat er es nach stundenlangem Anstellen, sogar während der Nacht, geschafft.

Als Mathilde Szendrö-Jaksch, eine Künstlerin der Wiener Werkstätte, im Jahr 1927 eine Figurine seiner angebeteten Losch für die Augarten-Porzellanfabrik entwirft, hatte er sich wirklich eine gekauft, zu einem für seine Verhältnisse horrenden Preis, und sie in sein Zimmer zum Bett gestellt.

Im Jahr 1927 eskalieren die politischen Verhältnisse, und nicht einmal Sidonie kann die Augen vor den rauchenden Ruinen des Justizpalastes verschließen.

Zwei Tage vor ihrem Geburtstag im April hat sie ihren Stimmzettel bei der dritten Nationalratswahl abgegeben. Ihr Vater hatte sich besorgt gezeigt über das schnelle Wachsen der Sozialdemokraten. Bei den letzten Wahlen im Jahr 1923 hatten sie 68 Mandate errungen. Diesmal würden es bestimmt mehr sein. Die Christlichsozialen waren nahe an die Großdeutschen herangerückt und grenzten sich nicht immer gegen die Nationalsozialisten ab. Dies gefiel dem Vater zwar nicht, aber solange die Konservativen die Regierung bildeten, könnte den Geschäftsgängen nichts passieren, daher müsse man die braunen Flecken wohl in Kauf nehmen. Das Wahlergebnis von 1927 brachte keine großen Veränderungen: Die Christlichsozialen und Großdeutschen errangen 85 Mandate, die Sozialdemokraten 71 und der Landbund 9 Mandate. Der christlichsoziale Parteivorsitzende Prälat Ignaz Seipel erhielt wieder den Auftrag zur Regierungsbildung.

Am 30. Jänner 1927 kommt es zu einem bewaffneten Zusammenstoß zwischen Schutzbündlern und der Heimwehr nahestehenden Frontkämpfern im südburgenländischen Schattendorf, bei dem zwei Wehrlose, ein Kind und ein Greis, von den rechten Kräften erschossen werden. Außerdem sind elf Verletzte zu beklagen.

Zu Beginn des Schattendorfer Prozesses im Wiener Landesgericht am 5. Juli sind die Csillags nicht in Wien, sondern auf Sommerfrische in St. Gilgen im Salzkammergut. Aber auch im Salzkammergut lesen die Sommerfrischler die Zeitungsberichte aus Wien, die am 14. Juli den Freispruch der Todesschützen der Heimwehr durch ein Wiener Schwurgericht verkünden. Am nächsten Tag in den Nachmittagsstunden herrscht dann noch größere Aufregung an den Ufern des Wolfgangsees: der Justizpalast brennt.

Es dauerte Stunden, bevor klar wird, dass nicht nur der Justizpalast in Flammen aufgegangen ist, sondern dass es auch zu heftigen Zusammenstößen zwischen Demonstranten und der Polizei gekommen war. In den Zeitungen vom 16. Juli steht es dann genau: 89 Tote, 600 schwer und 1000 leicht Verletzte. Die aufgebrachte sozialistische Menge hatte den Justizpalast am Schmerlingplatz, in der unmittelbaren Nachbarschaft des Parlamentsgebäudes, gestürmt und, nachdem die Fenster zertrümmert waren, Möbel und Akten in Brand gesteckt. Die Feuerwehr wurde am Löschen gehindert, die herbeigeeilten sozialdemokratischen Funktionäre inklusive des Bürgermeisters Karl Seitz konnten die wütende Menge nicht dazu bewegen, nach Hause zu gehen. Zu diesem Zeitpunkt hatte der Wiener Polizeipräsident Johann Schober schon den Einsatz von Schusswaffen angeordnet und damit das folgende Blutbad in Gang gesetzt.

Tagelang wird nun selbst im Salzkammergut, in den Seebädern, den Gastgärten, auf den Privatveranden und in den Salons über nichts anderes gesprochen. Eine eigenartige Anspannung und Nervosität liegt wie der sommerliche Dunst über dem Land. Die Menschen wissen nicht, ob sie nur entsetzt sind, nur ängstlich und sorgenvoll oder auch aufgeregt und neugierig auf das Kommende. In Sidonies Kreisen will man zunächst den Nachrichten nicht glauben, und bei den nachmittäglichen Bridgerunden kommt es immer wieder zu heftigen Diskussionen. Die Herren im Steirerloden oder den grünbesetzten Leinenjoppen über der feschen kurzen Krachledernen und die Damen im Dirndl oder luftigen Leinenkleid teilen sich in mehrere Parteien. Jene, die es nicht richtig finden, dass die Polizei in die Menge geschossen hatte, und denen, die meinten, dies sei der einzige Weg, um mit dem roten Pöbel fertig zu werden. Dann gibt es auch einige, die behaupten, dass Polizeipräsident Schober gar keinen Schießbefehl gegeben, sondern die Polizei auf eigene Faust gehandelt hätte. Es ist ein Summen wie im Bienenstock, und die gewohnte laue Trägheit, begleitet von dahinplätschernder Konversation, will sich nicht einstellen.

Sidonie beklemmen die Neuigkeiten zwar, aber als fanatische Bridgespielerin ist sie viel ungehaltener über den schleppenden Spielverlauf als über den politischen Skandal in Wien. Ungeduldig fordert sie ihre Mitspielenden auf, die Diskussionen doch während des Essens fortzusetzen und sich während des Spielens auf die Karten zu konzentrieren.

Erst als sie nach der Sommerfrische wieder nach Wien zurückkehrt, kann sie sich der Aufgeregtheit und Brisanz in der Stadt nicht entziehen. Der Anblick des ausgebrannten Justizpalasts erfüllt sie mit einem ihr fremden Schaudern, in einem kurzen Aufblitzen drängen sich tagtraumähnliche Bilder einer schlimmen Zukunft für sie und das Land in ihr Bewusstsein. Aber wie die dunkeln, irrational aufsteigenden Bilder des Halbschlafs drängt sie diese zurück, macht sich wach, strafft sich, geht in unmerklich schnellerem Schritt durch die Straßen. Letztendlich verdirbt ihr die Anspannung aber die Lust an solchen Stadtspaziergängen.

Wie gut, dass ihrereins immer noch zahlreiche Möglichkeiten, sich anderweitig abzulenken, zur Hand hat. Eines Abends, als sie daheim ihren Kleiderkasten durchstöbert, was sie denn weggeben könnte, fällt ihr das alte Reitkostüm in die Hände. Lächelnd sitzt sie vor dem Schrank und lässt das dunkle Tuch durch die Finger gleiten. Vor Jahren, als ihr Vater seine Kinder noch in die Berge quälte, so sehr quälte, dass Sidi vor solchen Bergtouren erbrechen musste und ihr älterer Bruder überhaupt zielgerichtet zum Bergfeind gemacht wurde, da war das ein Schianzug gewesen. Die weiten dunklen Röcke, die man damals über dicken Wollstrümpfen trug und wie eine Vogelscheuche auf Holzlatten, mit nur einem

Justizpalastbrand, Wien, Juli 1927

langen Stock, über die Hänge kurvte. Dann, als sie endlich in das Alter gekommen war, ihrem Vater wenigstens die Bergtouren zu verweigern, hatte sie sich den Schianzug zu einem sehr schicken, knapp sitzenden Reitkostüm umschneidern lassen und heimlich ihre ersten Reitstunden im Prater genommen.

Das könnte sie doch jetzt wieder aufnehmen.

Ihre beiden Freundinnen Grete Weinberger und Sylvie Dietz reiten schon seit Jahren und sind in der Zwischenzeit zu richtigen Amazonen geworden. In jeder Hinsicht. Denn Sylvie ist schon geschieden, zieht ihre kleine Tochter allein auf und übt ihren Beruf als Photographin aus, und Grete, die mittlerweile eine Ausbildung zur Bildhauerin an der Akademie absolviert hat, lässt ihren Mann und die beiden kleinen Buben gern zu Hause, um das Leben in Reiterkreisen in vollen Zügen zu genießen. Sidonie beneidet die Selbständigkeit und Unbekümmertheit der beiden Frauen den Konventionen gegenüber. Vielleicht kann sie sich ein Stückchen davon abschneiden beim gemeinsamen Reiten.

Also arrangiert sie mit den beiden den Neustart ihrer Reiterinnenkarriere. Die Freundinnen sind erfreut und versprechen, ihr den besten Lehrer dafür zu organisieren.

Der Prater ist schon seit Kaiserzeiten das beliebteste Gebiet für die Bewegung von Mensch und Pferd. Die kilometerlangen, von Kastanien gesäumten Zeilen der Hauptallee bieten sich ebenso für Ausritte an wie die wilden Augebiete, die gleich hinter dem kleinen runden Vergnügungspavillon, dem Lusthaus aus k. u. k. Zeiten, beginnen. Trainiert wird allerdings hinter den langgestreckten, weitläufigen barocken Stallanlagen auf gepflegten Rasenplätzen mit kleinen Buchsbaumhürden oder den dunklen Dressurkarrees, auf denen die Pferde bis zu den Fesseln in der weichen Sägemehlbeschüttung versinken.

Dort nimmt Sidonie nun am späten Vormittag immer ihre Reitstunden. Ihre spärlichen Kenntnisse von früher sind dahin, und sie muss wieder von vorn beginnen. Und das immer noch in diesem schrecklichen Damensattel, den sie vor Jahren schon hasste. Sie kämpft beim Aufsteigen mit ihren Röcken und dem Bügel, sie kämpft beim Hinsetzen mit den beiden harten ledernen Bögen, die ihre Beine, züchtig zusammengelegt, auf der linken Seite halten sollen, sie kämpft mit dem Kuddelmuddel der Zügel, ihrer Reithandschuhe, der Gerte, die alle eigentlich in geordneter Ruhe auf dem Mähnenkamm ihres Reittieres liegen sollten, und am allermeisten kämpft sie, wenn das Vieh sich in Bewegung setzt.

Während sie also etwas verkrampft versucht, die Trabstöße des Pferdes auszugleichen und dabei ihre schwachen Oberschenkel verflucht, preschen Grete und Sylvie an ihr vorbei.

Grete hat ein eigenes Pferd, eine prachtvolle kleine Araberstute, weiß, mit einer feinen hellgrauen Apfelung auf der Kruppe. Auch Sylvie hat ein eigenes Pferd, einen großen braunen Wallach, der sinnigerweise wie die Männer ihrer Familie Fritz heißt. Auf Fritz übt sie gerade für einen Dressurbewerb und schwebt in herrlichen Passagen und Traversen an ihr vorüber.

Sidi würde noch sehr lange brauchen, bis sie so reiten kann, wenn sie es überhaupt je schaffen wird. So beißt sie sich täglich durch die Niederungen der einfachsten Schrittfolgen und merkt nicht einmal, mit welcher Geduld ihr Reitlehrer ihr wieder und wieder mit seiner schnarrenden Stimme zuruft: »Weich in der Hand, ruhiger Schenkel, Knie runter.«

Eines Tages teilt er ihr mit, dass er ab nun nur noch um sieben Uhr früh mit ihr üben könne, denn den Rest des Tages müsse er für den nächsten Concours hippique trainieren.

Sidonie beißt in den sauren Apfel und quält sich also frühmorgens in den Prater. Dieses Unterfangen wird ihr schon bald durch den Anblick eines überaus eleganten Reiters, der offenbar auch für den Concours übt, versüßt. Von ihrem Reitlehrer erfährt sie, dass es sich bei dem Reiter um einen gewissen Herrn von Weitenegg handelt, der sogar für die Spanische Hofreitschule ritt. Am Concours hippique nehme er auch teil, und seine Künste im Dressurreiten hätten ihm schon zahlreiche Preise eingebracht.

Seit dem Tod von Fritz hat sie keinen Mann mehr angeschaut, aber dieser hier gefällt ihr ausnehmend gut. Sie bemüht sich, jeden Morgen vor ihm auf dem Reitplatz zu sein, und das Aufstehen fällt ihr auf einmal ganz leicht. Wobei es ihr eigentlich unangenehm ist, dass von Weitenegg sie auf dem Pferd sehen könnte, denn ganz offensichtlich ist sie nicht gerade eine Könnerin. Er hingegen ist wie ein Gott in maßgefertigten Reithosen. In kerzengerader, herrischer Haltung trabt er, zugleich völlig entspannt, an ihr vorüber. Völlig unangestrengt, mit ein paar klaren scharfen Hilfen, macht er sich sein Pferd untertan. Wenn er absteigt, sieht er nach zwei Stunden Dressurübungen immer noch so aus, als ob er gerade frisch aus der Garderobe kommen würde, nur den Staub auf den Stiefelschäften schlägt er mit hellen Rehlederhandschuhen herunter.

In Sidonie beginnt es bei seinem Anblick zu kribbeln, und gerade seine souveräne herrische Haltung und die ernste Distanziertheit ziehen sie besonders an. Sie arrangiert es mehrere Tage hintereinander, immer dann mit dem Reiten aufzuhören, wenn auch Herr von Weitenegg vom Pferd steigt. Wie zufällig lässt sie dabei einen ihrer Reithandschuhe fallen und lächelt entzückt über den Sattel hinweg, als er ihn sofort aufhebt und ihr galant mit einem prüfenden Blick überreicht.

»Sie reiten noch nicht lange«, sagt er zu ihr, und es ist mehr eine Feststellung als eine Frage.

Sidonie, ganz Dame, zieht eine ihrer Brauen hoch. »Danke«, sagte sie mit einem leichten Kopfnicken in Richtung Handschuh. »Nicht so lange wie Sie.«

Auf diese Antwort ist Herr von Weitenegg nicht vorbereitet, und es kommt ihm peinlich zu Bewusstsein, dass er es verabsäumt hat, sich vorzustellen. Er verbeugt sich und sagt: »Von Weitenegg.«

»Csillag«, erwidert Sidonie fröhlich und hält ihm ihre Hand hin, die er formvollendet zu den Lippen führt, was einen Schauer in Sidi auslöst. Sie hat sich nicht getäuscht, auch ganz aus der Nähe ist er ein sehr attraktiver Mann. Er dürfte um die Vierzig sein, mit einem markanten Gesicht, einer scharf gebogenen Nase und kantigen Wangen, die auch davon herrühren könnten, dass er oft die Kiefer zusammenbeißt und die Muskeln seiner Wangen spielen lässt. ›Ein richtiger Herr‹, schießt es ihr durch den Kopf. Wenn sie das mit seinem Freizeitvergnügen kombiniert hätte, wäre sie richtiger gelegen: »Herrenreiter«.

Nach dieser Vorstellung sehen die beiden einander fast täglich beim Absitzen und wechseln immer wieder ein paar belanglose Worte, bis von Weitenegg Sidonie eines Tages fragt, ob er sie mit seinem Wagen in die Stadt mitnehmen könne. Das erste Mal schlägt sie das Angebot aus, um anständig und desinteressiert zu

Grete Weinberger auf ihrer Araberstute

wirken, beim zweiten Mal nimmt sie aber gern an und lässt sich auf den Nebensitz seines dunklen Steyr-Coupé gleiten. Es gefällt ihr, an der Seite dieses Mannes gesehen zu werden, über den sie in der Zwischenzeit weit mehr als seinen Namen in Erfahrung gebracht hat. Denn Herr von Weitenegg ist gesprächig auf der Heimfahrt vom Prater, und es bleibt nicht nur bei dieser einen.

Er erzählt vom Krieg. Fast begeistert und in schaurig-romantischen Bildern beschreibt er seinen Wagemut. Eduard von Weitenegg war hoher Offizier der k. u. k. Armee und als Flieger im Einsatz gewesen. Noch immer ist er beinahe wehmütig bei diesen Schilderungen und gesteht, sich nach dem Fliegen und all dem, was dazugehörte, zu sehnen. Denn damals war man jemand als Offizier, und schon gar die Flieger hatten einen besonderen Nimbus der Wildheit, des Mutes und der Kaisertreue. Heute sei das alles untergegangen, und Ehre, Patriotismus und herrische Männlichkeit seien verschwunden, schließt er bedauernd.

Er vergisst zu sagen, dass in den letzten Kriegsjahren zwar die Offiziere noch immer gut gelebt hatten, aber ihre Truppen, die einfachen Soldaten, nur noch Brocken von Sterz oder Polenta in ihren Blechnäpfen vorfanden, die gerade für zwei Stunden den ärgsten Hunger wegschoben und die Männer danach wieder in die immer sinnloser werdenden Schlachten geschickt und aufgerieben wurden.

Und worüber er schon gar nicht spricht, weil es ihn schaudert, sich die Bilder wieder ins Gedächtnis zu rufen, sind die Blicke der ausgehungerten Wehrmänner, die begannen, ihre Vorgesetzten zu hassen und, sofern sie bis 1918 überlebt hatten, sich ihnen widersetzten und sich rächten für die jahrelange Schmach. Mit Grausen erinnert er sich noch an die Szenen auf den Bahnhöfen und Straßen Wiens unter den Heimkehrern, als den Offizieren die Kokarden heruntergerissen und sie oft von ihren eigenen Leibburschen verprügelt und gedemütigt wurden.

Dennoch trauert der einstige k. u. k. Offizier Eduard von Weitenegg der verlorenen Monarchie, ihren bewährten Hierarchien und ihren Armeen nach. Er war ja sozusagen hineingeboren worden in diese Gesellschaft. Schon sein Vater hatte es weit gebracht, und er, wie auch der jüngere Bruder, waren in Vaters Fußstapfen getreten und hatten eine Militärkarriere eingeschlagen.

Ed Weitenegg beim Dressurbewerb

Der Vater, der aus einer polnischen Familie stammte, hatte 1867 als Eduard Rzemenowsky seine Laufbahn im Infanterieregiment von Erzherzog Carl Ludwig begonnen. Ab 1884 war er dann an der Fachlichen Bildungsanstalt, der Kriegsschule, in Wien tätig. Die letzten Jahre vor seinem Ruhestand im Jahr 1906 war er am Militärgeographischen Institut in Wien Gruppenvorstand gewesen. In diese Zeit fiel auch seine Adelung, ab 1902 durfte er sich Eduard Rzemenowsky von Weitenegg nennen.

Der erste Sohn des Eduard Rzemenowsky von Weitenegg, wie der Vater Eduard genannt, wurde 1886 geboren. Im September 1905 trat er als Kadett in ein Infanterieregiment ein. Sein jüngerer Bruder Franz wurde ab Juli 1907 Seekadett. 1914, zu Beginn des Krieges, war Eduard zum Oberleutnant aufgestiegen, und ab 1915 begann er seine Piloten-Ausbildung. Nach dem Krieg schied er im Rang eines Hauptmanns und mit zahlreichen Orden ausgezeichnet aus der Armee aus.

Den polnischen Namen Rzemenowsky legte die Familie nach 1918 ab. Die Familienmitglieder nahmen die österreichische Staatsbürgerschaft an, und ein schwer auszusprechender polnischer Familienname schien kein guter Start für die Geschäfte, denen sich die beiden Brüder nun widmen wollten. Sie ließen den Hauptnamen fallen, nahmen das Adelsprädikat als Namen und hießen von nun an nur noch Weitenegg.

Sidonie ist beeindruckt, obwohl sie sich fast gedacht hatte, dass Eduard Soldat gewesen sein musste. Denn seine Haltung, die ihr von allem am meisten gefiel, hatte vom ersten Augenblick an militärisch auf sie gewirkt. Zwar hatte sie so allerlei über den schlechten Ruf der Offiziere gehört, die angeblich allesamt Schürzenjäger seien, die sich reiche Damen der Gesellschaft zur Frau nähmen – nicht aus Zuneigung zur Auserwählten, sondern weil sie Zugriff auf ihre Mitgift brauchten. Aber diese Zeiten sind vorbei, und Eduard von Weitenegg wirkt seriös, ruhig und souverän und muss doch auch eigenes Geld haben, sonst könnte er sich diesen Lebensstil mit großer Wohnung im 3. Bezirk, Auto und eigenem Pferd nicht leisten. Mit welchen Geschäften er dieses Geld verdient, hat sie allerdings noch nicht herausgekriegt.

Dennoch wäre er durchaus herzeigbar bei ihr zu Hause, und ihr

Vater würde, angesichts der so positiven Tatsachen, vielleicht sein eingefleischtes Misstrauen gegen Offiziere ablegen.

Und Eduard Weitenegg hatte auch schon Erfahrung mit der Ehe gemacht. Eine ungarische Adelige war seine erste Frau gewesen, und gemeinsam hatten sie eine kleine Tochter. Knapp nach der Geburt der Tochter im Frühjahr 1919 war es zu einer Trennung gekommen, und seit einiger Zeit lebte seine ehemalige Frau mit ihrem neuen Ehemann, einem ungarischen Grafen, wieder in ihrer früheren Heimat. Das Töchterchen hatte sie mitgenommen.

Sidi stört das gar nicht, im Gegenteil, sie findet es aufregend, dass ihr ein Mann den Hof zu machen beginnt, der im Gegensatz zu den jungen Männern ihrer Kreise schon Erfahrung in Sachen Ehe hat und Gewandtheit und Souveränität ausstrahlt.

Er lädt sie in der Folge immer wieder ein: einmal zu einem Abendessen, dann ins Kino oder zu einem Konzertbesuch und gelegentlich am Wochenende zu einem Ausflug in den Wienerwald. Dabei ist er sehr lange zurückhaltend und im Zugehen auf sie sensibel und achtsam. Manchmal hält er vorsichtig ihre Hand – weiter nichts.

Sidi schöpft Hoffnung, dass die Nähe mit ihm angenehmer als bei Klaus sein könnte, dessen drängendes Begehren sie völlig in die Defensive gebracht hatte. Vielleicht könnte sie mit ihm einen kleinen Funken von Erregung spüren und bewahren, in der Art, wie sie es zumindest in Ansätzen bei Frauen vermochte.

Und sie wird offener und zutraulicher zu Eduard, den sie schon längst Ed nennen soll.

Ed nimmt das als Signal zur Offensive. Bei einem ihrer Wochenendspaziergänge auf die Sophienalpe, als sie in der Wiese in der Sonne sitzen, hält er nicht mehr nur ihre Hand, sondern drückt sie ins Gras und beginnt sie heftig zu küssen. Wie schon einmal wird Sidi steif und hölzern und dreht sich weg.

Ed entschuldigt sich gleich für sein Drängen. »Du musst mich richtig verstehen«, meint er – in der Zwischenzeit waren sie auch schon zum Du-Wort übergegangen –, »du gefällst mir sehr gut. Seit Maria mich verlassen hat, hat mir keine Frau mehr so gut gefallen.«

»Ach ja«, erwidert Sidonie mit ihrer scheinbaren phlegmatischen Gelassenheit, die sie in solchen Situationen immer an den

Tag legt. Heimlich fährt sie sich jedoch durchs Haar, das während des Küssens ein bisschen in Unordnung geraten ist. Es fällt ihr schwer, diese Küsserei zu akzeptieren. Ein innerer Aufruhr, gemischt mit Abneigung und Ekel gegen die fremde Zunge in ihrem Mund, ergreift von ihr Besitz.

Aber eigentlich kann es so ja nicht weitergehen – sie wird sich etwas einfallen lassen müssen und irgendwie ihren Tribut an die »Normalität« erbringen. Sonst würde sie unverheiratet bleiben, eine Außenseiterin am Rande ihrer Kreise, die argwöhnisch beobachtet würde. Und sie will keine Außenseiterin sein, ist ohnehin schon genug gefährdet durch ihre heimliche Liebe zu Frauen und ihr Jüdisch-Sein. Sie will dazugehören, einfach wie alle sein und das Spiel mitspielen. Ihr Körper sollte dabei nichts mitzureden haben. Und eine leise innere Stimme sagt ihr, dass sie ihre Jungfräulichkeit bald verlieren sollte. Sie ist achtundzwanzig, worauf soll sie noch warten? Und Ed ist nicht der Schlechteste, der kennt sich wenigstens aus, und ein bisschen verliebt ist sie immerhin auch.

An einem der nächsten Vormittage nach dem Reiten lässt sie sich von ihm überreden, in seine Wohnung mitzukommen, auf einen Kaffee, wie es unverfänglich heißt, um die Müdigkeit des Ausrittes zu vertreiben. Sidonie findet den Vormittag eine günstige Zeit, da sie von zu Hause keine neugierigen Fragen zu erwarten hatte oder gar Empörung, wie bei einem Fortbleiben über Nacht. Und Gast wie Gastgeber wissen, dass es beim Kaffee nicht bleiben wird.

Auch Ed wohnt im Nobelteil des 3. Bezirks, nicht weit von den Csillags in der Reisnerstraße, in einer großen, dunklen Wohnung, der jede Eleganz und Ordnung fehlt, wie sie Sidonie aus ihren Freundeskreisen kennt. Er scheint nicht viel Geld zu haben, denkt sie noch, dann überlässt sie sich ihrem Herzklopfen und der Koketterie und dem Geziere, von dem sie meint, dass es in solchen Momenten dazugehört und Männer scharf macht.

Aber was in der nächsten Stunde passiert, übersteigt ihr Vorstellungsvermögen.

Ed braut eigenhändig Kaffee, und sie wagt ihm nicht zu sagen, dass sie nie einen trinkt, weil er sie auf Stunden in schreckliche

Zustände versetzt. Kaum hat er die silbernen Kannen und Kännchen auf dem Tablett hereinbalanciert und auf ein Tischchen neben dem Kanapee abgestellt, beginnt er schon ihre Beine zu streicheln. Sie empfindet das noch als recht angenehm. Beine sind für sie unverdächtig, keine Zielpunkte für erotische Angriffe und daher unbelastet. Wenn es nur dabei geblieben wäre.

Aber dann sind da wieder seine Küsse, die heute immer fordernder werden. Ihre Sprödigkeit scheint auf ihn keinen Eindruck zu machen.

»Komm doch«, flüstert er, »du willst es doch auch. Ich werde ganz vorsichtig sein, und du wirst sehen, es wird dir gefallen.« Und schon hat er ihr Kleid aufgeknöpft und es von ihren Schultern gestreift. Dann sagt er nichts mehr zu ihr und vergräbt seine Lippen in ihren Hals. Sobald sie sich auf einen Punkt konzentriert, macht er sich ganz woanders zu schaffen. Plötzlich sind ihre Kleider weg, und sie würde später nicht mehr rekonstruieren können, wie er sie auch ihrer Unterwäsche entledigt und mit seinen Händen von ihrem ganzen Körper Besitz ergriffen hat.

Als er sich nun selber auszieht, schließt sie schnell die Augen. Sie hat noch nie einen erregten Mann nackt gesehen, und was sie da kurz erblickte, hat sie sehr erschreckt. Fortan lässt sie die Augen zu, was den Vorteil hat, dass er in ihnen nicht ihre Überforderung und völlige Lustlosigkeit lesen kann.

Als er in sie eindringt, stöhnt sie laut auf, weil ein heißer, scharfer Schmerz kurz alles überlagert. Dann fragt sie sich nur noch, was das Geächze und zappelige Getue soll und wann es endlich zu Ende ist. Das ist bald so weit, und Ed fällt mit einem tiefen Seufzer neben sie. Sie starrt leer und enttäuscht zur Decke. Mit Liebe kann so etwas nichts zu tun haben. Eine Operation ohne Narkose kann nicht schlimmer sein.

Ed sieht sie liebevoll an, streichelt ihr die Wangen und nennt sie »meine kleine Frau«. Murmelt, dass es wunderbar mit ihr ist und ihre Schönheit ihn so erregt, dass er es nun ganz oft mit ihr tun möchte.

Sie verlässt schnell das Kanapee, rafft ihre Kleider zusammen, verbringt ewige Minuten im Bad, kann gar nicht aufhören, mit dem Waschlappen zwischen ihren Beinen zu rubbeln, und steht dann fertig angezogen im Vorzimmer, mit einer halbherzigen Entschuldigung auf den Lippen, nicht zu spät zum Mittagessen kommen zu wollen. Sie kann Ed allerdings nicht davon abhalten, sie noch bis zur Haustür zu bringen. Zärtlich schließt er sie noch einmal in die Arme und verabschiedet sich mit einem fröhlichen: »Bis morgen.«

Dann ist sie auf der Straße, saugt die frische Luft wie eine Ertrinkende ein und rennt fast zur elterlichen Wohnung.

Benommen steigt sie die Treppen hoch. Sie hegt Groll gegen die ganze Welt. Darauf hatte ihre Mutter sie nicht vorbereitet! Warum hatten ihre guten Freundinnen bloß nie etwas gesagt? Die hätten das doch wissen müssen. Sie haben sie alle ins Messer laufen lassen.

Sidonie will mit diesen unappetitlichen Dingen zwischen Männern und Frauen nie wieder etwas zu tun haben. Sie beschließt, Ed morgen früh ein Kärtchen zu schicken, mit der Botschaft, dass sie ihn nie wieder sehen will.

Jetzt geht sie vorerst einmal gleich ins Bett. Sie schützt bei den Eltern Migräne vor und fällt in einen bleiernen, erschöpften Schlaf der Verdrängung.

Als sie wieder aufwacht, ist der Wirbel in ihrem Hirn nicht gewichen. Sie dreht sich auf den Bauch und stützt das Kinn auf ihre zusammengelegten Hände. Ein Finger bohrt sich versonnen in die Muster der Seidendecke, kratzt am verschwimmenden Rot der Seerosenblüten, sticht in die hellgelben Blütenkelche.

Was ist denn mit ihr, dass ihr alles, was ihren Freundinnen in der Liebe keine Schwierigkeiten zu machen scheint, so gar keinen Spaß macht. Vielleicht ist sie nicht normal. Ganz sicher sogar. Dabei weiß sie, was Leidenschaft und Erregung ist, nur spürt sie diese in Momenten, die andere gar nicht besonders aufregend finden. Einer fremden Schönheit auf der Straße nachzublicken oder Leonies Hand zu halten und zu küssen hat Feuerstürme durch ihren Körper geschickt, Fritz in die Augen zu blicken, hat ihr den Atem genommen. Wie gern würde sie diese Glut auch bei Ed spüren. Aber sie kann es nicht hinüberretten vom Prickeln der Verliebtheit und Anbetung zum gelebten Leben.

Leonie musste nie von ihrem Podest herunterkommen, weil sie nicht Realität wurde. Fritz ist gestorben, bevor mehr hätte passieren können.

›Wenn es zum Klappen kommt, ist es vorbei. So funktioniere ich wohl‹, denkt sie verbittert.

Schönheit, das ist ihr Kriterium, das ist ihr Aphrodisiakum. Und Sehnsucht der Motor, der sie treibt. Erfüllung, Realität – das ist nur niederschmetternd.

Am nächsten Morgen ist sie immer noch zu aufgewühlt, um Ed zu schreiben, und als er sie dann anruft, weiß sie nicht, was sie der zärtlichen tiefen Stimme erwidern soll, um einem neuerlichen Treffen aus dem Weg zu gehen. Sie verabreden sich zum Abendessen.

Da schrumpfen alle Vorsätze zu einem Nichts zusammen, denn er gefällt ihr nach wie vor. Irgendwie versteht er es, sie zu gewinnen. Und sie bringt es nicht fertig, ihm zu sagen, wie abstoßend ihr erstes Liebeserlebnis für sie gewesen ist, kann ihm nicht sagen, dass sie ihn nicht mehr sehen will, versinkt in Passivität und Schweigen und lässt seine Zärtlichkeiten über sich ergehen. Nur als er sie nach dem Essen noch zu sich einladen will, lehnt sie mit dem Vorwand ab, dass sie absolut sicher sein wolle, nicht schwanger zu werden. Er tätschelt ihr beschwichtigend den Arm und meint, das solle sie nur seine Sorge sein lassen, und vereinbart gleich das nächste Treffen.

Und so ist aus einer Ablehnung eine halbherzige Zustimmung geworden und aus einer halbherzigen Zustimmung eine stillschweigende Übereinkunft, und Sidonie ist auf einmal mitten in einer Beziehung.

Sie versteht es in den nächsten Monaten gut, die intimen Begegnungen mit Ed auf ein Minimum zu beschränken. Das scheint sein Interesse an ihr und seine Begierde noch zu steigern, was sie paradoxerweise mit einer gewissen Befriedigung erfüllt. Für alles andere redet sie sich recht gelungen ein, dass er ihr guter Freund ist, mit dem sie gern ihre Zeit verbringt.

Im Elternhaus versucht Sidi, Eduard von Weitenegg vor ihren Eltern noch zu verheimlichen. Sie würden früh genug von ihrer Praterbekanntschaft erfahren und wohl nicht sonderlich entzückt darüber sein.

Trotzdem ist Antal Csillag schon zu Ohren gekommen, dass sich seine Tochter in letzter Zeit häufig mit einem geschiedenen Offizier sehen lässt. Er fragt sie nicht einmal, was es damit auf sich hat. Vielleicht ist er alt und nachsichtig geworden oder auch mürbe. Jedenfalls hat er es aufgegeben, verstehen zu wollen, wie es seine einzige Tochter immer schaffte, mit großer Zielsicherheit die denkbar ungünstigsten Verbindungen einzugehen. Er kann sich nicht entscheiden, woran es lag. Hatte er es verabsäumt, ihr genügend Liebe und Halt zu geben, oder war er nicht streng genug gewesen? Er hätte sie vielleicht in eine Vernunftehe mit dem Sohn eines Geschäftspartners zwingen sollen, dann hätte er sich und seiner Frau viel erspart.

Aber das schaffte er nicht. Denn er weiß, wie schwer es ist, schon mit einem geliebten Menschen sein Leben zu verbringen. So bleibt ihm wohl nichts anderes, als Sidi zu unterstützen, egal, was sie tut, egal, ob es ihm nun passt. Er wird sie nicht mehr ändern können, er kann sie nur noch lieben.

Außerdem hat er noch ganz andere Sorgen. Er spürt, dass er nicht mehr der Jüngste ist. Die Zuspitzung der politischen Lage raubt ihm den Schlaf und somit die Kraft. Erst kürzlich war sein Mittlerer, Robert, ganz aufgebracht nach Hause gekommen, weil es nach der Erstaufführung von Ernst Kreneks Oper *Jonny spielt auf* zu organisierten Naziprotesten gekommen war.

Antal Csillag ahnt Veränderung und spürt Bedrohung. Vielleicht wäre es an der Zeit, sein Erbe und mit ihm zumindest die Zukunft der beiden älteren Söhne zu sichern.

Er sollte Robert einerseits den Unsinnigkeiten seiner Musikbegeisterung, andererseits den möglichen Anfeindungen einer unsicheren Zukunft entziehen. Deshalb wäre es wohl besser, ihn in das liberale Amsterdam zu schicken, wo er in der Bank eines Freundes Berufserfahrung sammeln könnte. Und Heinrich könnte vielleicht nach Frankreich gehen, um sich dort in der Erdwachsfabrik einzuarbeiten.

Als er seinen Söhnen den Entschluss mitteilt, ist der Jüngere entsetzt und will nur widerstrebend Wien verlassen, während Heinrich sich auf die Abwechslung freut. Er hat schon seit einiger Zeit eine Affäre mit der Frau seines besten Freundes, und jeder Abstand zu dieser komplizierten Situation ist ihm willkommen. Nur der Jüngste ist von Vaters Zukunftsplanungen nicht betroffen. Er hat gerade erst mit dem Gymnasium angefangen und wird noch ein paar Jahre im Elternhaus sein.

Das Jahr 1929 beginnt mit riesigen Schneemengen und eisiger Kälte, die bis in den März hinein anhält. Später würde sich Antal Csillag immer wieder fragen, ob dieser Winter wohl Vorbote und eisiges Symbol für das wirtschaftliche Debakel im darauf folgenden Herbst gewesen war. Anfang Oktober 1929 wird die Creditanstalt, das Bankhaus der Rothschilds, vom Staat Österreich gezwungen, sich mit der bankrotten Boden-Creditanstalt zu fusionieren. Nur wenige Tage später kommt es zum Zusammenbruch der New Yorker Börse, und im Lauf der nächsten Monate bekommt die ganze Welt die wirtschaftliche Krise dramatisch zu spüren.

Auch Ed Weitenegg spürt den neuen wirtschaftlichen Wind, versteht aber vorerst seine Tragweite nicht. Er hatte sich bis dahin ja ganz gut über die Runden gebracht. Hatte Vertretungen für Zeiss und Michelin übernommen und war dann auch bei seinem Bruder in die Firma eingestiegen, die er schließlich übernahm. Franz hatte eine Eisen- und Metallwarenerzeugung Ges.m.b.H. gegründet, aber seit seiner Heirat mit Thea Kuhlemann, deren Vater Inhaber der Imperial Feigenkaffee Fabrik war, wollte er sich aus allen kleinen Geschäften zurückziehen und seine ganze Energie auf den etablierten schwiegerelterlichen Betrieb konzentrieren.

Ed beginnt in diesem krisenhaften Jahr Sidonie mit neuen Augen zu sehen. Vielleicht wäre es keine schlechte Idee, sie zu heiraten. Ihr Vater würde schon eine ordentliche Mitgift springen lassen, und möglicherweise könnte er so wie sein Bruder beim Schwiegervater einsteigen. Je länger er die Angelegenheit betrachtet, desto klarer wird ihm, dass es unsinnig von ihm wäre, sich einer neuen Ehe zu verweigern, wie er es ursprünglich geplant hatte. Mit ihrem finanziellen Hintergrund wäre Sidonie die ideale Partnerin für einen deklassierten Offizier. Dass sie außerdem noch schön ist, macht die Idee gleich noch um einiges reizvoller.

Und eigentlich sollte sie froh sein, wenn er um ihre Hand anhielte und dafür andere Angebote ausschlug. Immerhin hatte er die Avancen einiger Damen aus dem Mautner-Markhof-Clan abgewiesen, deren Eltern regelrecht bei ihm angefragt hatten. Die Hauptkandidatin hatte eine ansehnliche Mitgift, aber ihr Äußeres entsprach überhaupt nicht seinem Schönheitsideal. Mit einer in seinen Augen hässlichen Frau zu leben schaffte nicht einmal er.

Das einzige, was ihm ziemlich Kopfzerbrechen bereitet, ist die Tatsache, dass er eine Jüdin heiraten würde, wenn auch eine konvertierte. Für einen Heimwehroffizier keine besonders kluge Aktion. Denn Eduard von Weitenegg – und das hatte er seiner Zukünftigen tunlichst verschwiegen – war schon seit 1927, nach dem Brand des Justizpalastes, aktiv am Aufbau der Heimwehr beteiligt. Obwohl er eher dem monarchistisch-katholischen Flügel der Heimwehr angehört und nicht dem kleinbürgerlich antisemitischen, muss er im Hinblick auf seine Karriere dort seine Schritte vorsichtig planen. Und er möchte seine vielen Freunde aus der früheren k. u. k. Armee, die ihre Waffen und ihr militärisches Wissen in den Dienst dieser Kampfbewegung stellen, nicht enttäuschen.

Dennoch unterbreitet Ed Anfang 1930 Sidonie seinen Vorschlag, auch mit der Begründung, dass er es in Zeiten wie diesen besser fände, ihr Verhältnis in einen festen Ehebund zu verwandeln.

Sidonie ist ein bisschen verwundert und verweist Ed an ihren Vater: schließlich sei der für das Geschäftliche in der Familie zuständig. Denn mehr ist es für beide offensichtlich nicht. Ed hat bei seinem Antrag mit keinem Wort »Liebe« ins Spiel gebracht, und Sidi ist eigentlich froh darüber. Denn seit ihren körperlichen Begegnungen ist sie ganz und gar nicht mehr verliebt in ihn.

Ja, gern hat sie ihn schon – so ähnlich wie ihren Vater, die Brüder oder ein paar nächste Freunde. Ein Arrangement der Vernunft wäre hier wohl das Sinnvollste. Eds Hintergedanken kennt sie noch nicht. Ihr würde eine Verbindung mit ihm den Vorteil bringen, nach ihren berühmten Eskapaden endlich in der »besseren« Gesellschaft als vollwertiges Mitglied anerkannt zu werden und zugleich hinter der Fassade viel Freiraum zu haben, ihre eigenen Wege zu gehen.

Also begibt sich Eduard von Weitenegg eines schönen Sonntagnachmittags zu Csillags, um offiziell um Sidonies Hand anzuhalten. Der Empfang ist kühl und formell. Diesmal keine Blumenarrangements in der Wohnung und keine freudige Aufregung über die richtige Wahl der einzigen Tochter. Zwar kennen die Eltern Csillag den zukünftigen Mann ihrer Tochter schon seit fast zwei

Jahren, aber sie mögen ihn nicht besonders. Die Mutter noch eher, denn sie kann der Ausstrahlung eines Feschaks einfach nicht widerstehen. Aber Antal Csillag ist eisig. Er mag das eitle Getue des Herrn von Weitenegg gar nicht. Dass er ehemaliger Offizier und geschieden ist, macht die Sache nicht besser. Und ein Vertreter und »kleiner Eisentandler«, wie Antal sich seiner Frau gegenüber ausdrückt, ist auch nicht das, was sich ein Wirtschaftsbaron für seine Tochter vorstellt.

Wie bei der Vertragsunterzeichnung einer feindlichen Geschäftsübernahme sitzen die Parteien einander gegenüber. Antal nimmt Eduard das Versprechen ab, besonders gut auf Sidi zu schauen und ihr in diesen politisch turbulenten Zeiten verlässlich zur Seite zu stehen. Und gibt seinerseits das Versprechen ab, dem jungen Ehepaar eine Starthilfe mitzugeben. Ansonsten müsse Gütertrennung vereinbart werden.

Nachdem das Formale geregelt ist, wird Sidonie zum Gespräch hinzugezogen. Zuerst müsse sie, so wie auch Ed, zum Protestantismus übertreten, denn nur dann sei es möglich zu heiraten. Die katholische Kirche gestattete nach wie vor keine Scheidung und keine Wiederverheiratung Geschiedener. Der Vater erklärt sich außerdem bereit, für das Paar eine Wohnung zu mieten. Der anzuschaffende Hausrat, inklusive Silber und Hauswäsche, sollte Teil der Mitgift sein. Sidi würde auch nach der Eheschließung monatliche Zahlungen vom Vater bekommen, aber dieses Geld sei ausschließlich für ihre privaten Ausgaben bestimmt und sollte nicht zur Führung des gemeinsamen Haushalts verwendet werden.

Ed lächelt steif und spielt den Zufriedenen. Im Innersten ärgert er sich aber – denn da ist keine Beteiligung an den Geschäften des Schwiegervaters in Sicht. Und solange der alte Herr lebt, würde er an das Geld seiner Frau nicht herankommen.

Bei der Verabschiedung tauschen die Herren einen knappen Handschlag und ein angedeutete Verbeugung aus, Ed küsst Emma manierlich die Hand und seine Zukünftige kurz auf die Wangen. Als er draußen ist, nimmt Antal ganz zart die Hand seiner Tochter und legt sie zwischen seine beiden.

»Ach, Sidilein«, sagt er nur wehmütig, und auch Sidonie steigen die Tränen in die Augen. »Ich wünsch' dir alles Glück auf Erden, mehr als allen, aber pass auf dich auf …«

Und beide wissen, dass das Glück in diesem Fall wohl eine relative Sache ist.

Über seine Kanzlei veranlasst der Vater kurz darauf die Anmietung einer Wohnung in der Weyrgasse, auf der anderen Seite der Landstraßer Hauptstraße, aber dennoch in Sidonies geliebtem 3. Bezirk gelegen. Bis zur Hochzeit im Mai sollte sie fertig renoviert und hergerichtet sein.

Ed hat einiges an eigenem altem Mobiliar und findet zusätzlich, dass die vom Vater zur Verfügung gestellte Summe für ein paar extravagante, neu vom Tischler angefertigte Möbelstücke verwendet werden könnte. Sidonie ist ein bisschen säuerlich, dass er ihre eigene Aussteuer, die hauptsächlich aus altdeutschen Stücken besteht, nicht haben will, versteht aber nichts von Tischlerei und lässt den Verlobten walten.

Obwohl Antal Csillag seinen Schwiegersohn nicht mag und ihm den Teller nicht gönnt, von dem er isst, will er doch seiner Tochter eine besondere Freude machen. Er hat über Geschäftsfreunde, die auch Kunstsammler sind, gehört, dass etwas Besonderes zur Versteigerung anstünde. So nimmt er Sidi mit ins Dorotheum, um ihr dort das zum Verkauf angebotene Service aus dem Besitz der Burgschauspielerin Katharina Schratt zu zeigen. Das Service war auf Anordnung Kaiser Franz Josephs angefertigt worden. Ursprünglich war es wohl 36-teilig, aber einige Teller und Schüsseln hatten den Lauf der Jahre nicht überstanden, und das war offenbar der Grund, warum dieses damals schon rare und kostbare Set zum Verkauf angeboten wurde. Trotzdem ist es schrecklich teuer. Sidis Augen leuchten beim Anblick dieser wunderbaren Stücke. Antal hat dieses Leuchten, das er über alle Maßen liebt, schon so lange nicht gesehen, dass er Angst hatte, es wäre erloschen. Aber hier ist es endlich wieder und öffnet die Geldbörse des Vaters, der für einige Momente wieder zusammen mit seiner Tochter glücklich ist.

Am 18. Mai 1930 schließen Sidonie und Ed im evangelischen Pfarramt Landstraße den Ehebund. Es ist eine Feier im engsten Familienkreis und keineswegs ein gesellschaftliches Ereignis.

Während Sidonie und Ed ihr privates Ja vor einem evangelischen Geistlichen ablegen, legen Eds Gesinnungsgenossen, Tausende Heimwehrleute, unter ihnen auch Julius Raab, später ein Bundeskanzler der Zweiten Republik, das »Korneuburger Gelöbnis« ab. Darin bekräftigen sie, dass sie die Macht im Staat wollen, um ihn neu zu ordnen. Der westlich-demokratische Parlamentarismus wird verworfen, an seine Stelle solle die Selbstverwaltung der Stände treten. Alles sei der neuen deutschen Staatsgesinnung zu unterwerfen, basierend auf Gottesglauben, dem eigenen Willen und dem Wort eines Führers.

In diesem Jahr, 1930, gibt es in Österreich fast 300.000 offiziell gemeldete Arbeitslose. In diesem Klima finden am 9. November Parlamentswahlen statt, es sollten die letzten freien der Ersten Republik sein. Die Sozialdemokraten gehen wieder als stimmenstärkste Partei aus dieser Wahl hervor und erhalten 72 Mandate. Aber der bürgerliche Block, bestehend aus Christlichsozialen, Nationalem Wirtschaftsblock und Landbund sowie Heimatblock, hält zusammen, und die Sozialdemokraten bleiben in der Opposition. Bei diesen Wahlen kommen die Nationalsozialisten auf knappe drei Prozent der Stimmen und ziehen nicht ins Parlament ein.

Sidonie interessiert sich wie immer nicht für Politik, und auch Eds mittlerweile offene Schilderungen über die Heimwehr langweilen sie fürchterlich. Sie ist froh, dass er viel Zeit mit seinen Kriegskameraden verbringt, denn diese Zeit bleibt dann völlig ihr. Sie will sich nicht anhören, was für großartige Pläne diese Männer für die Zukunft Österreichs haben.

Eigentlich macht sie sich Sorgen um ganz andere Dinge. Mit Entsetzen hat sie feststellen müssen, dass sie in ihrem neuen Haushalt mit nur einer Wirtschafterin das Auslangen finden muss, da Ed nicht genug Geld nach Hause bringt. Zur Arbeit scheint er ein eher lockeres Verhältnis zu haben; die Geschäftigkeit, die Sidonie von ihrem Vater und ihrem Bruder Heinrich kennt, ist ihrem Angetrauten völlig fremd. Und auch in der neuen Wohnung ist nicht alles nach ihrem Geschmack. Ed hat das Trauungsgeschenk ihres Vaters sofort für besagte Tischlereinrichtung ausgegeben und dabei seinen Geschmack walten lassen, der eindeutig nicht der ihre ist. Noch dazu steht das teure Zeug im Herrenzimmer, und so sehr er das auch als gemeinsamen Salon propagiert, stellt Sidonie bitter fest, dass er egoistisch über sie hinweggegangen ist.

Zumindest hat sie auf getrennte Schlafzimmer bestanden. Das hatte sie schon bei Leonie gelernt. Sie fragt sich ja heute noch, wie Ehepaare wie ihre Eltern es ertragen, die Nächte seit Jahren im gemeinsamen Schlafzimmer zu verbringen. Daher findet sie es sehr dienlich, nicht jeden Abend einem aufdringlichen Ehemann zur Hand zu sein. Es genügt, dass Ed sie mehrmals in der Woche besucht und sie ihm dann »Komödie« vorspielen muss.

In diesen beginnenden Ehealltag tritt völlig unerwartet ein Ereignis, das eine tiefgreifende Veränderung im Leben aller Csillags herbeiführen wird.

Anfang April 1931 läutet bei Sidonie spät abends das Telephon. Ihre Mutter ist am Apparat und schluchzt völlig aufgelöst in den Hörer. Sidonie versteht vorerst gar nichts. Erst allmählich kann sie aus dem Gestammel die Worte »der Papa ist tot« heraushören. Ihr Herz fällt in einen bodenlosen Abgrund. Ihr geliebter, gütiger Vater tot! So früh schon! Warum hat er nicht noch ein bisschen warten wollen, ihr die Liebe und Sicherheit, die sie so gewohnt ist und von Ed nicht bekommen kann, weiterhin geben?

Sie holt Ed aus seinem Herrenzimmer und fährt ihn knapp an: »Bring mich sofort zu meinen Eltern!« Dann läuft sie in die Garderobe, um ihren Mantel anzuziehen. Erst auf der Straße beginnt sie zu weinen und erklärt ihrem erstaunten Mann, was passiert ist.

Zu Hause muss sie dann die Details erfahren. Antal Csillag starb plötzlich. Am späten Nachmittag war er von einer Schitour auf die Rax zurückgekommen, windzerzaust, verschwitzt und glücklich, wie immer, wenn er in den Bergen gewesen war. Nach einem ausgiebigen Bad hatte er sich in seinen Lesefauteuil gesetzt, ein bisschen Radio gehört und ein Buch zur Hand genommen. Auf einmal war das Buch heruntergefallen und er hatte aufgehört zu atmen.

Am 17. April 1931, wenige Tage vor Sidonies einunddreißigstem Geburtstag, versammelt sich eine große Trauergemeinde aus Freunden und Geschäftspartnern bei der Feuerhalle des Zentralfriedhofs, um Antal Csillags Asche beizusetzen. Und zwischen ihren Tränen weiß Sidonie, dass sie nun ein Stückchen mehr allein ist, auf sich selbst gestellt, und niemand mehr eine schützende Hand über sie halten würde.

Antal Csillag (rechts) mit Bergkameraden auf dem Großglockner

7
Wjera

Es ist Damentee bei Ferstels. Ellen Ferstel hat die beiden Töchter zur Kinderfrau gegeben und endlich wieder einmal eine Reihe von Freundinnen und Damen der Gesellschaft in die elegante Wohnung in der Pfarrhofgasse geladen. Ihr Mann wurde an diesem Freitagnachmittag des November 1934 ins Büro geschickt, um liegengebliebene Akten aufzuarbeiten, und die etwa fünfzehn Damen können ganz unter sich sein. Sidi, die engste Freundin, die ja fast zum Inventar gehört, ist schon da. Sie hat sich im Wohnzimmer in den großen roten Lederfauteuil niedergelassen und inspiziert lässig rauchend die ankommenden Gäste. Zwei Stubenmädchen im dunkelblauen Kleid unter weißer Spitzenschürze und weißen gehäkelten Handschuhen bringen Tabletts mit Petit Fours und Käsebäckerei, die sie auf der Anrichte abstellen, um gleich wieder in die Küche zu eilen und Kaffee in die silbernen Kannen abzufüllen.

Sidi ist ein wenig müde und hat sich nur mit Mühe einen Nachmittagsschlaf und somit eine Absage verkneifen können. Sie kennt doch alle diese Frauen schon, die heute zu Ellen kommen werden, und fast hätte sie es als die größere Langweile empfunden, hierherzukommen, als zu Hause zu bleiben bei ihrem untätigen Mann, der seine Zeit statt mit Arbeit über Militärkarten gebeugt in alten Zeiten verbringt.

Aber nun fühlt sie sich ganz wohl am Rauchtisch neben dem Kamin, in dem ein paar glühende Buchenscheiter gemütliche Wärme verbreiten. Sie drückt gerade ihre Zigarette aus und zieht den Filter aus der Spitze, als sie im Augenwinkel zwei neue Gäste aus dem Vorzimmer hereinkommen sieht. Kennt sie die beiden Damen? Die Neugierde lässt ihren Blick hochgleiten.

Ach ja, die erste kommt ihr bekannt vor. Eine ältere, etwas

gedrungene Frau betritt den Raum. Der Blick aus den leicht schräg gestellten Augen über dem schmalen Mund hilft Sidonies Erinnerung nach. Ja, richtig, Helene Rothballer, sie war ihr schon auf anderen Gesellschaften wegen ihres rauen Charmes und ihres originellen Witzes aufgefallen. Außerdem trägt sie immer eine Blume im Knopfloch auf der rechten Reversseite ihres Kostüms. Auch heute ziert eine leuchtend orangefarbene Gerbera die Aufschläge ihres Kamelhaarensembles.

Aber die Frau dahinter kennt Sidonie nicht, und sie fesselt ihren Blick. Sie ist viele Jahre jünger als Helene, aber irgendetwas in den Augen und im Lächeln erinnert an sie. Könnte es die Tochter sein? Nein, viel zu hübsch! denkt Sidonie und lächelt der Unbekannten zu. Diese steht für Momente mitten im Raum, weiß nicht, wohin sie sich setzen soll, lässt sekundenlang hinter ihrer bestechenden Eleganz eine Unsicherheit aufblitzen. Sidonie ergötzt sich an ihrer Erscheinung. Eine hohe, gerade Gestalt in dunklem wadenlangem Kostüm, die Polarfuchsstola, die sie nicht abgenommen hat, liegt weich auf ihren Schultern und umschmeichelt ein ruhiges, verhaltenes Gesicht, in dem prüfende helle Augen über einem leichten Lächeln stehen.

Die Schöne nickt Sidonie kurz zu und lässt sich zwei Plätze weiter nieder.

Als die ersten Tassen schwarzen Kaffees geleert sind und die Konversation ihren beruhigend summenden Fluss erreicht hat, steht Sidonie auf, scheinbar um sich weitere Bäckereien zu holen, und tritt an die Anrichte. In Wirklichkeit hat sie nur darauf gelauert, Ellen in einem unbeachteten Moment zu erwischen. Sie packt sie am Oberarm.

»Wer ist sie?«

»Wen meinst du?«, fragt Ellen verwundert. Hat sie ihre Gastgeberinnenpflichten vernachlässigt und vergessen, alle einander vorzustellen?

»Na, die da drüben. Die mit den kurzen brünetten Haaren und der Fuchsstola.«

»Das ist Wjera Fechheimer, jetzt aus Nürnberg. Die Tochter von Helene. Du musst sie doch kennen. Sie war Anfang der zwanziger Jahre in Wien mit einem Gutmann verheiratet. Sie ist eine Schönheit, nicht wahr? Wenn auch eine herbe Schönheit.«

Sidonie kann sich nur vage erinnern. Gleich nach dem Krieg, das ist eine lange Zeit her, und außerdem hatte sie damals nur Augen für Leonie Puttkamer, da muss ihr Wjera entgangen sein. Doch jetzt ist sie gebannt von dieser Frau und muss sich bemühen, sie nicht den ganzen weiteren Nachmittag ungebührlich anzustarren. Erst bei der Verabschiedung im Vorzimmer, als Wjera sich zum Gehen bereit macht und versucht, in die Armlöcher ihres Mantels zu finden, ist Sidonies Moment gekommen. An der Garderobe hilft sie Wjera in den Mantel, wirft einen ersten Blick auf den feinen Haaransatz in ihrem Nacken, den sie jetzt schon so gern küssen würde, spürt ein warmes Rieseln in ihrem Körper und kann gerade noch ein paar belanglose Worte wechseln und einen schönen Abend wünschen.

Am nächsten Morgen ist Sidonie, kaum dass sie wach wurde, schon zum Telephon gelaufen, und nun kauert sie, noch im Nachthemd, nur mit einem wärmenden Mohairtuch um die Schultern und aufgelösten Haaren neben dem Apparat. Am Hörer hat sie Ellen, die Gott sei Dank eine Frühaufsteherin ist und schon in der Lage scheint, Auskunft zu geben.

Ellen muss lächeln, als sie zu dieser für die Freundin ungewöhnlich frühen Stunde ihre Stimme wach und drängend durch die Leitung vernimmt. Fast hätte sie darauf wetten wollen, dass hinter dem ersten Klingeln an diesem Morgen Sidi steckt. Und sie weiß auch, warum.

Sidi klemmt sich am anderen Ende gerade den schweren schwarzen Hörer zwischen Schulter und Wange, zündet sich noch ein Zigarette an, dann lehnt sie sich mit dem Ausblasen der ersten großen Rauchwolke an die Wand, streckt die nackten Beine auf dem Parkett aus – es kann losgehen. Und sie will alles wissen, jedes Detail über die schöne, fast Unbekannte vom Vorabend.

Ellen ist verwundert, dass Sidi sich nicht mehr an Wjera erinnern kann. Geduldig erzählt sie daher der Freundin haarklein die ganze Geschichte. Und Sidi findet heraus, dass es seit Jahren mehr Verbindungen zu Wjera gegeben hatte, als ihr bis zum Vorabend bewusst war.

Wjera hieß mit Mädchennamen Rothballer und hatte in Moskau das Licht der Welt erblickt. Ihr Vater, Oskar Rothballer, war als junger Mann Karl Wittgenstein, der um die Jahrhundertwende im Besitz von großen Eisenproduktionsstätten in Mähren und Schlesien und damit Konkurrent der Rothschilds und Gutmanns gewesen war, aufgefallen. Daraufhin hatte sich Wittgenstein persönlich um die Karriere des ehrgeizigen jungen Mannes gekümmert. Er schickte Oskar Rothballer auf einige längere Geschäftsreisen in den Osten – Wittgenstein hatte wichtige Geschäfte mit Russland laufen –, und während eines mehrmonatigen Aufenthalts in Moskau war im Dezember 1896 Oskars und Helenes Tochter Wjera zur Welt gekommen. Bald nach Wjeras Geburt ließ sich die Familie in Prag nieder, wo Oskar Rothballer als kommerzieller Direktor bei der Prager Eisenindustriegesellschaft angestellt war.

Das Jahr 1906 brachte eine große Veränderung. Der damalige Generaldirektor der Alpinen Montangesellschaft, Anton Kerpely, bewog Oskar Rothballer, eine Stellung in Wien anzunehmen und mit seiner Familie dorthin zu übersiedeln. Im Sommer bezog die Familie eine schöne Wohnung am Brahmsplatz im 4. Bezirk, und Oskar fungierte als Prokurist und bald darauf als kommerzieller Direktor der Alpinen Montangesellschaft. 1914 wurde Rothballer dann Nachfolger Anton Kerpelys und somit Generaldirektor eines der größten Industriebetriebe der k. u. k. Monarchie – immerhin deckte die Alpine den gesamten Eisenbedarf des Landes und belieferte die angrenzenden Länder. In seiner Funktion hatte er auch sicher mit Sidonies Vater, Antal Csillag, geschäftlich zu tun.

Die Position des Generaldirektors hatte Oskar Rothballer bis zu seinem frühen Tod im Jänner 1922 inne. Er schaffte es, den Betrieb durch die Kriegsjahre und die ersten Jahre der österreichischen Republik zu führen und war in Industriellenkreisen wegen seiner profunden Kenntnisse der Eisenindustrie sehr geschätzt. Offensichtlich hatte er auch großes Verhandlungsgeschick, denn bei allen großen Aktientransfers fungierte er als einer der Hauptverhandler. In der *Neuen Freien Presse* kam er immer wieder zu Wort, wenn er vehement gegen maßlose Preissteigerungen, die den Konsum lahmlegten, und gegen den Preiswucher, der in vielen Industriekreisen betrieben wurde, auftrat.

1921 erkrankte er schwer und konnte seinen Beruf nur noch sehr beschränkt ausüben. Der damalige technische Direktor der

Alpinen Montangesellschaft, Henrik Bäckström, dessen Sohn Klaus ja mit Sidonie verlobt war, und der kommerzielle Direktor, Eugen Herz, übernahmen vorübergehend die Agenden Oskar Rothballers. Nach dem Tod Rothballers wurde dann Eugen Herz Generaldirektor der Alpinen Montangesellschaft.

Wjera Rothballer hatte also ihre Jugend in Wien verbracht, 1921 Ernst Gutmann geheiratet und wohnte mit ihrem Mann im Cottage-Viertel im 18. Bezirk. Die Familie Gutmann war im damaligen Wien vor allem wegen ihrer Kohlengruben bekannt. Ab der Mitte des 19. Jahrhunderts bis zur Arisierung durch die Nationalsozialisten waren die Gutmanns eine der wohlhabendsten jüdischen Wiener Familien. Und das ehemalige Gutmannsche Ringstraßenpalais – zwischen Schubertring und Beethovenplatz gelegen – legte davon Zeugnis ab.

Wilhelm Gutmann hatte um 1850 den Grundstein zum Vermögen der Familie gelegt, welches hauptsächlich aus dem montanistischen Unternehmen in Witkowitz und dem Steinkohlebergbau in Orlau-Lazy gespeist wurde. Außerdem war er sehr in der Jüdischen Gemeinde engagiert und finanzierte eine Reihe von Wohlfahrtseinrichtungen, von Krankenhäusern bis zum Israelitischen Mädchenwaisenhaus.

Max Gutmann, Wilhelms Sohn, trat 1883 in den Familienbetrieb ein. Für viele Jahre war er Präsident des Industriellenverbandes und Vorstand zahlreicher Vereine, darunter der Philanthropische Verein, die Allgemeine Poliklinik und das Rudolfinerhaus. Max Gutmann heiratete Emilie Hartmann, die Tochter des Hofschauspielerpaares Ernst Hartmann und Helene Schneeberger. Ernst Hartmann war aus Hamburg nach Wien gekommen und brachte es am k. u. k. Hoftheater zu großen Erfolgen. Bei einem Spaziergang durch die Säulenhallen des heutigen Burgtheaters treffen wir sowohl auf Statuen Ernst Hartmanns wie auch Helene Schneebergers.

Max und Emilie Gutmann hatten fünf Kinder, drei Töchter – die ältesten Zwillinge – und zwei Söhne. Der ältere Sohn Ernst wurde 1898 in Wien geboren, wie viele junge Männer seiner Generation nach der Matura zum Militär eingezogen und verbrachte fast ein Jahr zusammen mit Heinrich, Sidonies älterem Bruder, an der italienischen Front. Nach seiner Rückkehr vom

Kriegsgeschehen ging Ernst offensichtlich auf Brautschau. Auch bei Ellen, damals noch Schoeller, machte der charmante Ernst Gutmann des öfteren seine Aufwartung. Und sein gewinnendes Wesen beeindruckte Ellen durchaus. Ellen und Ernst tanzten gern, und sie sollen zusammen ein wahres Traumtanzpaar gewesen sein. Doch dann steckte ihr Heinrich bei einem Cocktail zu, dass Ernst an einer unheilbaren Krankheit litte, keine Kinder zeugen könne und sie sich daher besser nach einem anderen Mann umsehen solle.

Im Jahr 1921 heiratete Ernst Gutmann Wjera Rothballer. Im Hause Gutmann gab es strenge Regeln, und diese untersagten es den männlichen Familienmitgliedern, aus der jüdischen Glaubensgemeinschaft auszutreten. Den Töchtern stand es frei, zum Christentum überzutreten oder in christliche Familien einzuheiraten, und auch die Ehegattinnen der Gutmanns konnten christlich sein, nur die Männer waren verpflichtet, dem Glauben ihrer Väter treu zu bleiben.

Bald nach der Hochzeit erfuhr Ellen, dass Wjera schwanger geworden war, und musste sich fragen, ob Heinrichs Informationen über Ernsts Krankheit doch nicht richtig gewesen waren. Mit Bestürzung erfuhr sie dann, dass Wjera Monate später tote Zwillinge zur Welt brachte.

Und auch der nächste Schlag für Wjera ließ nicht lange auf sich warten. Schon nach vier Jahren Ehe, im Oktober1925, starb Ernst Gutmann an Leukämie, damals eine schwer zu heilende Krankheit. Ob dies die Krankheit war, die sich schon während des Krieges angekündigt hatte?

Nach dem Tod ihres ersten Mannes hatte Wjera eine Seereise unternommen, auf der sie ihren jetzigen Mann kennen gelernt hatte. Sie waren öfter am selben Tisch gesessen: er war ein großer blonder Typ in Begleitung einer schönen blonden Frau, die Wjera für seine Gattin hielt. Erst beim Verlassen des Schiffes hatte er sie aufgeklärt, dass die Frau seine Schwester sei, und seine Tischbekanntschaft um ihre Adresse gebeten. Dann waren regelmäßig Blumen und Billetts eingetroffen. Schließlich war Hans Martin Fechheimer selbst nach Wien gereist und hatte der schönen jungen Witwe einen Heiratsantrag gemacht.

Die Gutmanns hätten die Schwiegertochter gern in der Familie

Wjera Rothballer zur Zeit ihrer Ehe mit Ernst Gutmann

behalten. Sie war zwar manchmal etwas streng, aber das wurde von ihrer Schönheit aufgewogen. Der Geiger Bronislaw Hubermann soll einmal gesagt haben: »Wenn diese Frau auch noch Charme hätte, dann wäre sie unwiderstehlich.« Es gab bald nach Ernsts Tod viele offene und heimliche Bewunderer und Bewerber um ihre Gunst. Hans Martin Fechheimer war sicherlich eine standesgemäße Partie. Die Fechheimers waren eine großbürgerliche Nürnberger Familie, der die dortigen Vereinigten Margarine-Werke gehörten. Zu dem Zeitpunkt, als Wjera Hans Martin kennen lernte, hatte dieser sein Jusstudium beendet und arbeitete als Syndikus im Familienbetrieb. Das Vermögen der Fechheimers war nicht so weit verzweigt wie das der Gutmanns, aber im Alltag würde Wjera es nicht schlechter haben als in Wien.

Im April 1928 hatte Wjera Hans Martin in Dresden das Jawort gegeben. Nach der Hochzeit wohnten die jungen Eheleute in der Villa von Hans Martins Eltern in Nürnberg und ab Mai 1929 in ihrem eigenen Heim.

In der Geschichte der Juden in Nürnberg taucht immer wieder der Name Fechheimer auf. Nürnberg als Stadt kann sich keines guten Verhältnisses zu ihren jüdischen Bürgern und Bürgerinnen rühmen. Während umliegende Gemeinden, vor allem Fürth, der Ansiedlung jüdischer Familien keine Schwierigkeiten in den Weg legten, verweigerte Nürnberg lange den Zuzug von Juden und Jüdinnen. Erst im Jahr 1874 kam es zur Einweihung der Hauptsynagoge, die dann im August 1938 abgerissen wurde.

Ende 1935 – knapp bevor der antisemitische Rassenwahn der Nazis seinen grenzenlosen Vernichtungszug antrat – waren in Nürnberg und Fürth noch einundzwanzig Prozent der im Handelsregister eingetragenen Firmen jüdisch, und viele Privatbanken der Stadt waren teilweise in jüdischem Besitz. Die Vorgangsweise der Nationalsozialistischen Partei gegen jüdische Bürger und Bürgerinnen und der Arisierungsprozess glichen in vieler Hinsicht den Vorgängen in Österreich. Dies war sicher auf das Treiben des *Stürmer*-Herausgebers Julius Streicher zurückzuführen, der in Nürnberg ansässig war und dem es daran lag, in der Stadt ein Beispiel für den Rest Deutschlands zu setzen. So schlug Streicher schon im November 1938 vor, alle Juden Nürnbergs zu internieren, um das Wohnungsproblem zu lösen.

Die Fechheimers bekamen den scharfen braunen Wind wohl schon früher zu spüren, denn im Juni 1935 meldeten sich Hans Martin und Wjera aus Nürnberg nach München ab. Hans Martins Eltern blieben bis zum März 1939 in Nürnberg und zogen dann nach Berlin-Charlottenburg, wo Hans Martins Schwester seit ihrer Heirat im Jahr 1933 lebte.

Die Fechheimers waren zu diesem Zeitpunkt zwar alle protestantisch, aber nach den Nürnberger Rassengesetzen galten sie als jüdisch und hatten ab 1. Jänner 1939 die Zwangsvornamen Israel bzw. Sara zu tragen.

Doch zu dem Zeitpunkt der Heirat Wjeras mit Hans Martin lag der Aufstieg der Nazis noch in einiger Ferne.

Und auch zum Zeitpunkt, als Sidonie Wjera in Wien wiederentdeckt, scheint die Welt Österreichs noch halbwegs in Ordnung.

Sidonie ist zufrieden über die Informationen, die sie über Ellen in Erfahrung gebracht hat. Und da gerade Ed – wie immer eitel im Seidenpyjama mit Bügelfalte, die er dem Hausmädchen zwingend abverlangt – noch etwas verschlafen in der Tür des Wohnzimmers erscheint, findet Sidonie es besser, schnell Schluss zu machen mit ihrem Telephonat. Er muss ja nicht wissen, dass sie endlich wieder einen Schwarm hat, der beginnt, sich tiefer in ihr Herz einzugraben, und dass dieser Schwarm wieder eine schöne Frau ist.

Schnell bekommt sie aus Ellen in den abschließenden Sätzen noch heraus, wo Wjera während ihrer Wien-Aufenthalte wohnt. Dann klickt der Hörer in die Gabel.

Nun gut – das Sacher. Und schon beginnt sie am Frühstückstisch zwischen Ed-hinter-der-Zeitung-Ansehen, Ei-Aufklopfen und Brot-Streichen einen Plan zu schmieden, wie sie Wjera treffen könnte.

Ihre Ideen gleichen denen aus der Zeit mit Leonie Puttkamer. Das Sacher wäre der ideale Ort, um jemandem zufällig zu begegnen. Natürlich wird sie es heutzutage anders anstellen, sie ist schließlich keine pubertäre siebzehn mehr, sondern selber eine begehrte Frau, von der man sagt, sie sei eine der schönsten Wiens. Ganz zufällig sollte es aussehen – zwei miteinander bekannte elegante Damen treffen einander bei ihren Vormittagsbesorgungen im Herzen von Wien.

Aber innerlich ist Sidonie aufgewühlt wie eine Siebzehnjährige. Nichts hat sich geändert, das Herzklopfen, die Aufregung und die freudige Erwartung, eine verehrte Frau zu treffen, sind gleich geblieben, und Sidonie ist glücklich, dass dieses Prickeln nach so vielen Jahren nicht verlorengegangen ist.

›Das werd' ich wohl immer haben‹, denkt sie sich vergnügt.

Schon am nächsten Tag geht sie am frühen Vormittag aus dem Haus, sie wird schnell in der Konditorei Demel etwas kaufen, dann schaut es so aus, als ob sie gerade ein paar Besorgungen in der Stadt gemacht hätte und nur zufällig Wjeras Weg kreuzen würde. Anschließend geht sie zur Oper. Dort platziert sie sich in den Arkaden und behält den Hoteleingang im Auge. Der September 1917 war ihr für solche Kindereien lieber als der November 1934. Beißend schleicht sich die Kälte in ihre pelzbesetzten Stiefletten, und selbst der dicke Nerzmantel mit seinem weiten Schalkragen, den sie hochgestellt hat, scheint kein Schutz vor den Temperaturen zu sein. ›Ich bin zu alt für solchen Blödsinn‹, denkt sie noch mit einem Anflug von Selbstironie, da erscheint Wjera im Hoteleingang. Sidonie versteht es meisterhaft, unbemerkt die Straßenseite zu wechseln, ihr wie abwesend entgegenzugehen und dann die hocherfreute Überraschte zu spielen.

Sie nimmt Wjera am Arm, und diese sitzt, ehe sie es sich versehen kann, schon wieder im Café Sacher in den Nischen aus dunklem Edelholz und makellos weiß gedeckten Tischchen. Die beiden Frauen wechseln ein paar Belanglosigkeiten, sprechen über den netten Damentee vor zwei Tagen, das Wetter …

Wjera erzählt ein wenig über die letzte Zeit in Nürnberg und klagt über die Provinzialität jener Stadt. Die immer wieder abgehaltenen Parteitage der Herren in den schwarzen Lederstiefeln und den braunen Uniformhemden tragen nicht unbedingt dazu bei, das Leben dort zu erleichtern.

Sidonie versteht nicht, vielleicht auch, weil sie Wjeras Hände dauernd ansehen muss. Versonnen verfolgt sie ihren Weg über den Tisch, von der Zuckerdose zum Löffel, retour, zur Tasse und mit ihr zum Mund. Dort wagt sie nicht, mit ihrem Blick allzu lang, auffällig lang, zu bleiben. Ganz unverfänglich muss alles wirken. Daher wandern Sidonies Augen nur kurz den feinen, sensiblen Mund entlang, die gerade Nase hoch, treffen für Momente helle,

Hotel Sacher, Wien

verspielte und energische andere Augen und senken sich hinunter in die weiße Halsbeuge auf die leuchtende Perlenkette. Aber diese Hände, die zart und doch relativ breit und fest auf und ab springen während des Gesprächs, sich weich drehen zur Untermalung der Worte und nur kurz zur Ruhe kommen neben der Tasse, die kann sie länger unentdeckt im Auge behalten. Und sie betet sie an, stellvertretend für die Frau, die ihre Seele in ihnen ausdrückt.

Ein kurzes »Sidi, ich muss mich nun verabschieden«, reißt die Träumerin aus ihren Betrachtungen. Die Damen stehen auf, lassen sich vom Ober in die Pelze helfen, mit einem kurzen Blick in den Spiegel werden die Hüte zurechtgerückt. Dann sind sie wieder auf der Straße.

»Ich fahre morgen nach Nürnberg zurück«, sagt Wjera noch, »wir sehen einander sicher bei meinem nächsten Besuch.«

Dann noch zwei Wangenküsse, und Sidonie kann mitsamt ihren Demel-Einkäufen nach Hause gehen.

Zuvor betritt sie aber noch ihr bewährtes Lieblingsblumengeschäft in der Führichgasse, und wählt einige der schönsten Orchideen aus. Sie hatte zu Hause schon ein kleines Gedicht vorbereitet, und zusammen mit den Blumen lässt sie es im Sacher für Wjera abgeben. Unterschrieben hat sie es natürlich nicht, schließlich sind sie beide verheiratete Frauen. Aber sie hätte ein kleines Vermögen dafür gegeben, Wjera beim Lesen des Billetts zu beobachten und ein Erstaunen und Rätseln über ihr Gesicht ziehen sehen zu können.

Dann war Wjera also abgereist. Sidonie hatte nicht zu fragen gewagt, ob sie sie in Nürnberg brieflich kontaktieren dürfe. Aber schon nach einer Woche ist ihr klar, dass sie irgendeine Verbindung zu, irgendeine Nachricht von der schönen Frau haben will. Und sie zermartert ihr Hirn. Irgendetwas wird sie sich einfallen lassen müssen, etwas Dezentes – so ungestüm wie in ihrer Jugend kann sie diesmal nicht vorgehen.

In der Stille der Nacht vor dem Einschlafen spinnt sie gedankliche Fäden, geht alle Personen durch, die sie mit Wjera verbinden könnten, und landet bei Helene Rothballer. Sie erinnert sich, dass Grete Weinbergers Mutter mit Wjeras Mutter befreundet ist

Ed Weitenegg und Sidonie Csillag

und dass die beiden auf Grund der räumlichen Nähe – die eine wohnt in der Schwindgasse, die andere in der Wohllebengasse – sicher immer wieder zusammentreffen.

Ein Telephonat mit Muni Weinberger in den folgenden Tagen ist ein Leichtes, beiläufig werden Wjera und Helene ins Gespräch eingeflochten, und Muni beißt an.

Ja, sie würde Helene gern wiedersehen, was für eine gute Idee, sie werde sie fürs nächste Wochenende nach Katzelsdorf einladen. Und Sidi und Ed sollten doch auch wieder einmal kommen. Man könne mit dem Wagen hinausfahren, die ersten Schneefälle dieses Herbstes seien auch im Rosaliengebirge ganz weggeschmolzen, und man könne das Landhaus gut erreichen.

Schritt zwei in Sidonies Plan steht also nichts mehr im Weg.

In diesen Tagen muss Sidonie aufpassen, dass ihre schlagartig bessere Laune bei ihrem Ehemann nicht zu sehr auffällt. Schon am Vortag hatte er sie verwundert gefragt, ob sie voreilige Frühlingsgefühle hätte, als sie im Bad vor dem Spiegel Grimassen schnitt und eine vergnügte Melodie summte. Er war dann gleich hinter sie getreten und hatte sie an sich gepresst, um zu verdeutlichen, dass auch bei ihm der Frühling ausgebrochen wäre, was bei ihr die übliche Eiszeit zurückbrachte.

Sidonie ist nicht glücklich mit Ed. Nun war sie schon über vier Jahre mit ihm verheiratet, und es hatte sich irgendwie eingespielt in einer Art permanenter Äquidistanz. Aber zu Beginn hatte sie sich das alles ganz anders vorgestellt.

Das einzige, was unterm Strich positiv für diese Ehe blieb, ist, dass sie mit einem männlichen Wesen ihr Leben teilt und somit der Form Genüge getan hat. Aber selbst ihre engsten Freundinnen und Freunde mögen Ed nicht und spotten hinter vorgehaltener Hand über ihn. Als ehemaliger Offizier ist er in diesen selber gerade erst aufgestiegenen Kreisen des niederen Adels nicht gern gesehen. Dass er nichts arbeitet, wird vor allem von den Männern mit Verächtlichkeit kommentiert, dass er – fast wie zum Ausgleich – bis zur Geckenhaftigkeit den eleganten Lebemann gibt, wird belächelt. Denn er ist bekannt für seine Eitelkeiten, wofür der Seidenpyjama mit den Bügelfalten nur eines der Symbole ist. Zudem hat er eine scharfe, herrische Art, die einen Kontakt mit ihm nicht angenehm macht, aber eigentlich nur heiße Luft ist. Denn Ed ist Herr auf Sidonies Kosten. Seit Beginn ihrer Beziehung hat ihr Geld entschieden zu seinem komfortablen Lebensstil beigetragen. Alle Anschaffungen, von den Möbeln angefangen, über ein neues Auto, die Einstellkosten für sein Pferd bis hin zu seiner nicht gerade billigen maßgeschneiderten Garderobe kommen aus ihrer Tasche, respektive aus Antal Csillags Tasche und dann von dessen Erbteil. Vor kurzem hat Sidonie sich entschlossen, wenigstens eine zweite Haushaltshilfe einzustellen, damit sie nicht auch noch die Hausarbeit, für die sie gänzlich ungeeignet ist, erledigen muss. Und selbst das hat zu Streit geführt. Denn Ed ist kurioserweise mit allem Geld, das nicht ihm zugute kommt, besonders geizig.

Nach außen hin bemüht sich Sidonie nach wie vor, den Schein aufrechtzuerhalten und das glückliche Paar zu mimen. Wer weiß, vielleicht glaubt Ed auch, dass sie hervorragend zusammenpassen, denn sie spielt dieses Spiel bis ins Schlafzimmer weiter und gibt ihm die Illusion, dass er der perfekte Liebhaber sei, der sie sozusagen *au point* in die Ekstase befördert. Und auch hier wird er – unwissend – verspottet, denn Sidonie kann sich mit der erlösenden Bitterkeit der Unbefriedigten darüber ausschütten, dass sie sich ja den Zeitpunkt für ihre Komödie aussuchen könne und ihn damit über Jahre für blöd verkauft hat.

Aber im Moment treten ihre persönlichen Sorgen angesichts der massiven politischen Ereignisse etwas in den Hintergrund.

Österreichische Machtspiele

Schon am 20. Mai 1932 war Engelbert Dollfuß österreichischer Kanzler geworden und bildete seine erste Regierung, bestehend aus Christlichsozialen, Landbund und Heimatblock. Politisch verfolgt Dollfuß seinen Weg, installiert seine Leute in Schlüsselpositionen, kann aber nicht verhindern, dass Ende September 1932 die Nazis einen Gauparteitag in Wien abhalten, wo unter anderem auch Joseph Goebbels und Ernst Röhm anwesend sind.

Die schlechte wirtschaftliche Situation können Dollfuß und seine Leute auch nicht verbessern. Im Jahr 1932 gibt es bereits

362.000 Arbeitslose und 150.000 Ausgesteuerte, das heißt Menschen ohne jeglichen Anspruch auf Sozialleistungen. Diese Zahlen steigen monatlich. Die Hüttenwerke der Alpine Montan werden 1932 dreimal stillgelegt und die Arbeiter entlassen. Und die Zahl der Ausgleiche und Konkurse ist in diesem Jahr doppelt so hoch wie 1929. Das durchschnittliche Einkommen eines Wiener Haushalts war seit 1930 um vierunddreißig Prozent gesunken.

Am 7. März 1933 erklärt die Bundesregierung, dass sie von der Parlamentskrise – alle drei Präsidenten des Nationalrats sind am 7. März zurückgetreten und das Plenum des Nationalrats handlungsunfähig – nicht betroffen sei und regiert von nun an mittels des Kriegswirtschaftlichen Ermächtigungsgesetz vom 24. Juli 1917. Dieses Gesetz steht für ein allgemeines Versammlungs- und Aufmarschverbot sowie für die Verhängung einer Vorzensur. Im Lauf des Jahres gehen die Christlichsozialen und ihre diversen Verbände weiter gegen die Sozialdemokraten und ihnen Nahestehende vor. Abgeordnete werden daran gehindert, das Parlament zu betreten, der Republikanische Schutzbund wird aufgelöst, der traditionelle Maiaufmarsch verboten. Die Sozialversicherungen werden beschränkt und Beamte, die nicht auf Regierungslinie sind, entlassen.

Im Mai 1933 gibt Italiens faschistischer Führer Benito Mussolini der Heimwehr finanzielle Unterstützung, um eine Türkenbefreiungsfeier in Wien auf die Beine zu stellen, zu der etwa eine Viertelmillion Menschen kommt. Im Juni desselben Jahres wird die NSDAP in Österreich verboten, Internierungslager werden errichtet und die Todesstrafe wieder eingeführt.

In Österreich gibt es zu diesem Zeitpunkt nur noch fünfzehn Betriebe mit mehr als tausend Beschäftigten, und vierundvierzig Prozent aller Industriearbeiter sind arbeitslos. Die Regierung versucht dieser Situation durch große Bauprojekte beizukommen. Der Bau der Wiener Höhenstraße sowie der Bau einer Straße über den Großglockner werden in Auftrag gegeben und auch der Neubau der Reichsbrücke wird in die Wege geleitet.

Im Februar 1934 eskalieren die Konflikte der Christlichsozialen und der ihnen nahestehenden Heimwehr mit den Sozialdemokraten. Es kommt zu bürgerkriegsähnlichen Auseinandersetzungen mit wahrscheinlich 1500 Toten und unzähligen Verletzten. In der

Folge passieren Massenverhaftungen, alle Kulturorganisationen, Gewerkschaften sowie die Sozialdemokratische Partei werden aufgelöst und ihre Vermögen konfisziert. Viele der Reformen und Programme, die von den Sozialdemokraten durchgeführt wurden oder noch im Gange waren, werden abgesetzt oder rückgängig gemacht.

Der nationalsozialistische Putschversuch und die Ermordung des Kanzlers Dollfuß am 25. Juli 1934 bringt keine Änderung der Regierungslinie. Präsident Miklas wendet sich an Justizminister Kurt Schuschnigg und beauftragt ihn mit der Regierungsbildung.

Die wirtschaftliche Lage in Österreich wird immer schlechter. Die Zahl der Arbeitslosen und Ausgesteuerten ist ständig im Steigen, und viele werden gar nicht mehr gezählt. Die Phönix Versicherung, die über viele Jahre die Heimwehr finanziert hatte, erklärt 1936 ihren Bankrott, und der österreichische Staat übernimmt ihre Schulden.

Jene, die noch Arbeit haben, bekommen im Durchschnitt einen Lohn von 60 bis 120 Schilling im Monat. In den Gasthäusern, in denen Plakate mit dem sinnigen Spruch »Trink dich voll und iss dich dick, sprich nicht viel von Politik«, hängen, kann man für 1 Schilling ein Mittagsmenü mit drei Gängen – Suppe, Hauptspeise mit Beilage und Nachtisch – bekommen. Und wer keine Suppe braucht, dem wird statt dessen ein Telephonat angeboten.

Dieses Wochenende ist also Katzelsdorf angesagt für das Ehepaar Weitenegg, und obwohl das Wetter für seinen schönen dunkelblauen Steyr verheerend sein wird und der Wagen mit Dreck bespritzt von den Sandstraßen des Rosaliengebirges zurückkehren wird, hat Ed Sidi zugesagt, mit ihr zu den Weinbergers zu fahren. Sie ist so fröhlich in den letzten Tagen, und er will ihr den Wunsch, den sie mit leuchtenden Augen und Nachdruck äußert, nicht abschlagen.

Nach einer knappen Stunde Fahrt sind sie am großen Gittertor des Weinbergerschen Landsitzes angekommen, und ein vor Kälte zitternder Diener in Livree kommt aus dem Portalhäuschen gelaufen, um das Tor zu öffnen. Da tönt vom Haupthaus auch schon die obligate Glocke, die das Personal zusammenruft, wenn Gäste kommen. Noch ein Stückchen Weg, an dessen Rand hohe Koniferen und Buchen stehen, dann sind sie da.

Sidi springt fast aus dem Wagen und eilt, ohne Ed noch irgendwie zu beachten, auf das Haus zu, an dessen offener Eingangstür Muni Weinberger die Arme ausbreitet und mit lauten »Sidi, Sidi«-Rufen die junge Freundin in die Arme schließt. Zwei Pekinesen umspringen wedelnd und kläffend die Szene.

Sidonie hat es eilig, in den riesigen Salon zu kommen, in dem sich die Gäste in einem halben Dutzend verschiedener Sitzgruppen verlieren, denn eigentlich wartet sie ja dringend auf das Wiedersehen mit Helene Rothballer, der Mutter von Wjera und ihrer einzigen Hoffnungsträgerin für regelmäßige Information. Doch zuerst müssen die Freundinnen, die gewissermaßen den Weg versperren, begrüßt werden. Sylvie Dietz ist da, diesmal mit ihrer kleinen Tochter Dorli, und Grete Weinberger, die mehr als genug zu tun hat, ihre beiden Buben, Peter und Rolf, zu zähmen. Auch Willy, von dem Grete schon geschieden ist, der aber weiter mit ihr zusammenlebt, hilft ausnahmsweise bei der Kinderbändigung. Er ist ein kleiner zäher Mensch mit lustigen Zügen, hinter denen sich eine gefürchtete Cholerik verbirgt.

Dann ist Sidonie endlich zu Helene Rothballer durchgedrungen, heute mit gelber Rose am grauen Revers, die sie mit schildkrötenhafter Verschmitzheit anlächelt und freundlich zwei Wangenküsse entgegennimmt.

Und schon ruft die Hausfrau zum Mittagessen. Mit gerötetem Gesicht ist sie, die es sich trotz jeder Menge Personal nicht nehmen lässt, leidenschaftlich selber zu kochen, gerade aus der Küche gekommen, hat die Schürze auf einen Sessel in einer Ecke des Esszimmers geworfen und sich an der Spitze des Tisches niedergesetzt. Es gibt klassischen Wiener Schweinsbraten mit Knödeln, und die Freundesgesellschaft tut sich gütlich am köstlichen fetten Essen. Aber die Ruhe hält nicht lange, und bald herrscht das übliche Chaos am Weinbergerschen Mittagstisch. Die Männer haben sich wieder einmal in einer politischen Diskussion verfahren. Papsl und Hans, Vater und Sohn Weinberger, äußern sich zufrieden über die Lage in Deutschland, die sie sich auch für Österreich bald erhoffen, Willy hingegen ist ein strikter Anti-Nazi und redet scharf dagegen, Ed versucht als moderater Austrofaschist auszugleichen, und schließlich endet alles in einer schrecklichen Brüllerei, bei

Grete Weinberger mit Ehemann Willy und den Söhnen Peter und Rolf, im Hintergrund Ed Weitenegg

der wütend Servietten geworfen und Gläser unsanft auf den Tisch zurückgestellt werden.

Bis Muni wie üblich mit eiserner Freundlichkeit die Schreierei beendet und zum schwarzen Kaffee bittet. Ihr Wort gilt für alle und lässt sofort wieder eine gutmütige Ruhe einkehren, in der niemand mehr böse auf den anderen ist.

Sidi hat die Gesellschaft von Helene Rothballer gesucht und sich gerade neben ihr in einen Fauteuil sinken lassen. Sie beginnt gekonnt oberflächliche Konversation. Im Laufe derselben findet sie mehrere wichtige Dinge heraus. Nämlich dass Wjera immer wieder nach Wien kommt, um ihre Mutter zu besuchen und – wie Helene mit tiefem Lachen meint – ihr schlechtes Gewissen ihr gegenüber zu beruhigen, und dass der nächste Besuch erst in ein paar Monaten, im späten Frühling, zu erwarten sei. Des weiteren erfährt sie, und das wird sich als äußerst günstig zur Überbrückung der Zeit bis dorthin und zur weiteren Informationsbeschaffung in Sachen Wjera erweisen, dass Mutter Helene sehr gern Eis läuft. Da die österreichischen Winter lang sind, scheinen die nächsten drei Monate gesichert. Sidi, die in ihrer Kindheit viel Zeit im Eislaufverein verbracht hatte, beschließt, ihre Schuhe hervorzuholen und sich wieder sportlich zu betätigen. Und die beiden Damen vereinbaren gleich einen Termin für die ersten Runden auf glattem Eis.

Nach dem schwarzen Kaffee, viel Fachgesimpel, Geplauder und Gehänsel beginnt die Runde sich am späten Nachmittag aufzulösen. Ed und Sidi bieten, da Weinbergers auf dem Land bleiben werden und kein weiterer Wagen nach Wien zurückfährt, Helene an, sie nach Hause zu bringen.

Nach allgemeinem Geküsse und Verabschiedungsritualen im Vorzimmer endet ein für Sidonie sehr erfolgreicher und angenehmer Nachmittag, der für die Zukunft viel Gutes erhoffen lässt.

In den folgenden Wochen beginnt Sidonie vermehrt Kontakt mit Helene Rothballer zu suchen. Die ist eine wirklich nette, lebenslustige Frau, die früh verwitwet war und es sich seither zur Aufgabe gemacht hat, das Leben zu genießen. Sie ist keinem Vorschlag, etwas zu unternehmen und keiner Möglichkeit für einen noch so subtilen Flirt abgeneigt. Die ältere Frau fühlte sich daher geschmeichelt über das lebhafte Interesse der schönen jungen und neuen Freundin. Trotzdem kommt es ihr etwas sonderbar vor, dass diese junge Schönheit gerade mit ihr statt mit Männern aus der Bekanntschaft so viel Zeit verbringen will. Vorsichtshalber erkundigt sie sich bei ihrer Freundin Muni Weinberger, ob Sidi denn glücklich verheiratet sei. Muni, die von Sidi oft über die Details ihrer Ehe ins Vertrauen gezogen wurde, kann die Frage Helenes ausführlich beantworten und klärt sie außerdem darüber auf, dass Sidi eigentlich nur an Frauen Interesse habe.

Helene Rothballer fühlt sich umso mehr geschmeichelt. Sie ist aus der Lebensphase heraus, Interesse von Frauen an Frauen gefährlich zu finden, und genießt das Prickeln, welches die vermeintlich ihr geltende Aufmerksamkeit auslöst.

Es vergeht fast ein halbes Jahr, bis Sidonie am Ziel ihrer Wünsche ist und erfährt, dass Wjera sehr bald wieder nach Wien kommen wird. In ihrem ersten freudigen Überschwang vertraut sie Helene an, dass sie überglücklich sei, Wjera wiedersehen zu können.

Jetzt versteht diese endlich, dass Sidis Aufmerksamkeit nicht ihr, sondern ihrer Tochter gilt. Sie muss über ihre Eitelkeit lachen, die sie dazu verleitet hatte, völlig falsche Schlüsse zu ziehen. Aber sie ist Sidi nicht böse und verspricht, während Wjeras Aufenthalt in Wien ein paar Treffen zu organisieren, die der jungen Freundin Gelegenheit geben würden, mit ihrer Tochter beisammen zu sein.

Das erste dieser Treffen wird ein Abendessen für Wjera bei Weiteneggs sein, das Sidonie ab Anfang Mai minutiös plant. Sie, die Haushalt sonst das Letzte findet, hat Spaß, die Speisenfolge festzulegen, über das Tischdecken und die Weinsorten nachzudenken. Die Einladungskarte für diesen Abend hat sie längst nach Nürnberg abgeschickt und bald darauf eine Antwortkarte bekommen, auf deren Vorderseite eine kleine Radierung der Frauenkirche prangt und auf der Rückseite in schwungvoller, eigenwilliger Schrift eine Zusage steht, die mit »herzlichen Grüßen« schließt. Der einzige Wermutstropfen für Sidonie ist, dass Wjera nicht allein, sondern in Begleitung ihres Mannes Hans Martin kommen wird. Aber das würde ihr wenigstens die Möglichkeit geben, die Beziehung der beiden zu beobachten und auf ihre Chancen bei Wjera zu prüfen.

Am 28. April 1935 ist es so weit. Sidonie schwirrt seit dem Vormittag aufgeregt durch die Wohnung. Sie hat die Hausgehilfinnen schon in der Früh auf den Naschmarkt geschickt, um die Zutaten für das Abendessen einzukaufen. Eine Köchin, die sie sich eigens für diesen Abend von ihrer Freundin Ellen »ausgeliehen« hat, wird hoffentlich das Wunder vollbringen und ein köstliches Mahl zubereiten. Es soll Forelle blau geben, vorher eine leichte Gemüsesuppe, danach Brandteigkrapfen – wie sie herausgefunden hat, Wjeras Lieblingsspeise –, deren mühsame Zubereitung die Köchin schon am frühen Nachmittag in grantige Verzweiflung gestürzt hat.

Der Tisch wird mit dem besten Service, dem von Katharina Schratt, das sie als Hochzeitsgeschenk von ihrem Vater bekam, und schwerem, schönem Kristallglas gedeckt. Auf dem Wjera zugedachten Gedeck liegt eine kleine hellrosa Rose.

Sidonie hat sich besonders schön gemacht für diesen Abend und hat, ganz entgegen dem frühsommerlichen Wetter, ein dunkles, enganliegendes Kleid gewählt, das ihre Figur, ihre Eleganz und ihre ernste Schönheit unterstreicht. Kurz vor Eintreffen der Gäste zupft sie noch an den prachtvollen Blumenbuketts in den Fensternischen – üppige Calla, bunte Anemonen und dunkler Eisenhut –, die Hoffmann aus der Führichgasse geliefert hat.

Um sieben klingelt es, und Sidonie öffnet höchstpersönlich. Ein kurzer Blick auf Wjera bestätigt ihr, dass sich an deren Schönheit und ihrer Anziehung für sie nichts geändert hat. Aber Hans Martin erstaunt sie. In ihrem herablassenden Vorurteil hatte sie sich einen »jüdisch aussehenden« Mann erwartet. Hans Martin ist aber groß und blond und sieht aus, als ob er aus Nordschweden kommen würde. Er gefällt ihr, ein Eindruck, der später bei Tisch durch seine leichte, ironische Art und den liebevollen, aufmerksamen Umgang mit seiner Frau noch verstärkt wird.

Nach der Vorspeise entschuldigt sich Wjera kurz und lässt sich Sidis Garderobe zeigen, um sich die Nase zu pudern. Diese Gelegenheit muss Sidi nützen. Gleich darauf steht auch sie auf und geht ihr nach, nicht unbemerkt von Ed, der die Nase hebt, als ob er einen ungewohnten Wind wittern würde.

Als Sidi ihr Boudoir betritt, steht Wjera in ihrem hellen Seidenkleid vor dem Spiegel und trägt etwas Rouge auf. Vom Geräusch der Tür gestört, wendet sie halb den Kopf und ihre unbändigen kurzen rötlichen Locken geben ihr Profil frei.

Sidi kann nicht an sich halten. In zwei schnellen Schritten ist sie bei ihr, nimmt sie in die Arme und küsst sie leidenschaftlich. Für Momente lässt Wjera sich in ihre Arme sinken, und ihre Lippen erwidern weich und nachgiebig den unerwarteten Kuss. Doch dann fährt eine erschrockene Kälte in sie, ihr Körper wird steif, und sie schiebt Sidi von sich.

»Wie kannst du das deinem Mann antun?« Ihre Stimme klingt streng, als wollte sie das eben Geschehene damit ungeschehen machen.

Sidi lächelt und zuckt die Schultern. »Er hat ja die Frau, die er liebt. Ich aber nicht.«

Wjera schüttelt den Kopf und seufzt. »Wenn das so ist …«, murmelt sie. »Das hab' ich nicht gewusst.« Verlegen schließt sie das Puderdöschen, das immer noch offen in ihren Händen liegt. »Ich weiß nicht, Sidi …, ich weiß nicht, wohin das führen sollte …« Und sie schaut sie an in einer Mischung aus Weichheit, Ernst und Traurigkeit, die Sidi tief berührt. Dann dreht sie sich entschlossen um und verlässt den Raum.

Sollte dieses alte, lang verdrängte Thema wieder hochkommen? Sie hatte ja immer wieder Gefallen an Frauen gefunden, und Sidi hat etwas Besonderes an sich, das sie beschäftigt, seit sie sich das erste Mal trafen. Aber sie hatte geglaubt, dass diese sonderbare Anziehung zu Frauen ein Teil ihrer Jungmädchengeschichte war. Dass dies jetzt wiederkommt, kann sie gar nicht brauchen.

Von diesen Gedanken ahnt Sidonie nichts. Nach ein paar Minuten folgt sie Wjera zurück ins Speisezimmer, wo beide nahtlos und elegant wieder in die Tischgespräche einsteigen, als schöne, gewandte Ehefrauen ihrer Männer und nichts weiter.

Doch in Sidonies Kopf dreht sich ein einziger Gedankenwirbel: ›Ich werde sie wieder küssen, immer wieder küssen und in meinen Armen halten, so lange, bis sie mich will. Und sollte es Jahre dauern.‹

Auf dem Heimweg ist Wjera konfus. Sie hatte Sidi ja schon flüchtig gekannt und auch immer wieder die Gerüchte über ihr Faible für Frauen zu hören bekommen. In der Korrespondenz mit ihrer Mutter hatte es so geklungen, als ob Sidi ihrer Mutter den Hof machte. Nur deshalb hatte Wjera eingewilligt, einen Abend bei den Weiteneggs zu verbringen, denn sie wollte Sidi unter die Lupe nehmen. Und nun das!

In den nächsten Tagen ist Wjera unruhig und unkonzentriert, spricht kaum mit ihrem Mann und lässt sich nicht von ihm berühren. In der Nacht hat sie heftige Träume, in denen sie sich angstvoll und lustvoll in den Armen der verschiedensten Frauen findet. Allmählich wird es besser und das Erlebte rückt von ihr ab. Und sie tut alles, es nicht wieder zu nahe an sich heranzuholen. Sidi sieht sie bei diesem Wien-Aufenthalt nur noch zweimal, zum Spaziergang im Stadtpark, bei dem immer ihre Mutter dabei war, was die Situation entspannte. Da saßen sie dann in der Meierei in der Sonne und rauchten, und fast schien es, als ob es ganz lockere, beiläufige Gespräche wären. Beim Abschied drückte sie sich vielleicht einen Moment zu lange an Sidi, und diese zog ihre beiden Hände zum Mund und küsste sie innig. Dann saß sie bald wieder im Zug, neben ihr Hans Martin, vor ihr Nürnberg, und hinter ihr verschwanden wie im Nebel all diese irrealen Ereignisse.

Als Sidonie aus der Sommerfrische nach Wien zurückkehrt, erfährt sie von Helene Rothballer, dass Wjera und ihr Mann schon Ende Juni nach München gezogen sind. Sidonie ist enttäuscht, weil Wjera ihr das nicht selbst mitgeteilt hat, aber sie schiebt diesen kleinen Schmerz beiseite. Der Alltag mit all seinen Belanglosigkeiten macht ihr mehr zu schaffen.

Ed scheint von ihrem Werben für Wjera wenig oder gar nichts bemerkt zu haben, was ihr durchaus recht ist, denn dadurch kann sie sich ungestört in ihrem Traumland namens Wjera bewegen. Sie denkt oft an sie, fast täglich, zwingt sich aber, nicht dauernd mit ihr Kontakt aufzunehmen. Obwohl die Begegnungen mit der Angebeteten schon länger her sind, weiß sie noch jedes Datum und jedes Detail. 11. November, 19. November, 28. April – nur zwei Tage nach ihrem Geburtstag … rekapituliert sie in ihrem Inneren. Aber sie ist älter geworden und weiß, dass das Stürmische ihrer Jugend hier völlig unangebracht ist. Und sie tröstet sich, dass die Mühlen eines Gottes, der nicht der ihre ist, langsam, aber beständig mahlen.

Als sie zur Weihnachtszeit noch immer nichts von Wjera gehört hat, hält Sidonie es nicht mehr aus und beschließt, Blumen nach

Sidonie Csillag, Wjera Fechheimer, Helene Rothballer im Wienerwald, 1936

München zu schicken. Und wiederum gehen sie mit einem Gedicht anonym ab.

Wjera bedankt sich artig bei ihrem früheren Wiener Schwager, der ihr immer ein bisschen den Hof gemacht hat, für Blumen und Gedicht. Doch der weiß von nichts. Sie ist verwirrt über seine Absage, beginnt aber dann Verdacht zu schöpfen. In ihrem nächsten Brief bittet sie ihre Mutter, Erkundigungen anzustellen, welche die ahnungsvolle Helene Rothballer direkt zu Sidonie führen. Und sie hat richtig geahnt, denn Sidi gibt mit einem kleinen Lächeln zu, die Absenderin gewesen zu sein.

In Sidonies Außenwelt geht alles seinen gewohnten Gang. Ausflüge am Wochenende, Bridgepartien hier und dort, Einladungen bei Ellen, Grete, Sylvie und in letzter Zeit auch vermehrt bei den Verwandten ihres Mannes.

Ed hat wie sie drei Geschwister, zwei Schwestern und einen Bruder. Die beiden Schwestern sind Sidonie recht wohlgesinnt und bemühen sich um sie. Irene, die ältere, ist Volksschullehrerin, verheiratet, mit einer kleinen Tochter, und sehr sozial engagiert. Sie ist in etlichen Wohlfahrtsvereinen tätig und überredet Sidi, doch ein bisschen von ihrer Zeit in den Dienst einer guten Sache zu stellen.

Sidi hat zwar für die »Guttuerei« nicht viel übrig. Aber sie will Irene nicht enttäuschen, und außerdem macht es sich für eine Dame der Gesellschaft ganz gut, das Geld ihres Mannes – in diesem Fall ihr eigenes – den Armen dieser Welt zukommen zu lassen, selbst wenn man keine Ahnung hat, wo und wieso die arm sind.

Sie willigt also ein, einmal in der Woche beim Elisabethtisch mitzuhelfen. Dies ist eine Einrichtung, wo Damen der Gesellschaft für Witwen und Waisen kochen. Eigentlich die ungeeignetste Betätigung für Sidi, und sie macht allen klar, dass sie beim Kochen keineswegs helfen könne und auch nicht die Absicht habe, dafür extra kochen zu lernen. Aber sie könnte die Tische schön decken, servieren und ein bisschen mit den Armen plaudern.

Einige andere karitative Damen haben sie dabei kühl empfangen und werden trotz Sidonies Zugehen nicht freundlicher. Überheblich und schnippisch drehen sie sich weg, wenn sie den Raum betritt, und einmal hört sie im Vorbeigehen einen Gesprächsfetzen mit dem Wort »jüdisch«. Sidonie schiebt das sofort wieder weg und behandelt ihrerseits diese Frauen mit ausgesuchter Arroganz.

Mit Eds jüngerer Schwester Grete versteht Sidonie sich besser. Grete neigt wie sie zum Schwermütig-Sein und empfindet dieselbe große Zuneigung zu Tieren. Zum Zeitpunkt der Eheschließung von Sidonie und Ed sind seine beiden Schwestern verheiratet, auch Grete. Sie hat einen sehr viel älteren Ministerialbeamten zum Mann und scheint sich wenig aus ihm zu machen. Ganz zufällig trifft Sidonie Grete eines Tages im Rathauspark in Begleitung einer burschikosen jungen Frau. Es war für die beiden Frauen zu spät gewesen, auszuweichen, und sie werden sehr verlegen. Sidonie ist zuerst versucht, Grete herablassend zu behandeln, doch dann entschließt sie sich in Anbetracht ihrer eigenen Vorlieben, ihrer Schwägerin zu signalisieren, dass sie ihre Begleitung in Ordnung findet. Als der Ministerialbeamte im nächsten Jahr stirbt und Grete, mit einer schönen Pension versorgt, unbekümmert in die Zukunft blicken kann, macht sie aus ihrer Zuneigung für Frauen kein Geheimnis mehr. Die burschikose Dame, eine gewisse Olga, zieht bei ihr ein und weicht nicht mehr von ihrer Seite. Und Ed hat nun – unwissend – schon die zweite lesbische Frau in der Familie.

Nur mit dem jüngeren Bruder Franz kann Sidonie nicht viel anfangen. Er ist so eitel wie sein älterer Bruder, zudem noch geltungssüchtig und karriereorientiert. Das und die Möglichkeit, in der schwiegerväterlichen Imperial Feigenkaffee Firma einzusteigen, dürften wohl der Hauptgrund für seine Heirat mit Thea Kuhlemann gewesen sein.

Seither sind Franz und Thea sehr am Aufbau ihrer gesellschaftlichen Position interessiert und geben eine hochkarätige Gesellschaft nach der anderen, zu denen auch Ed und Sidonie eingeladen werden. Anfangs geht Sidonie ganz gerne hin, allmählich aber beginnt ihr das neureiche Getue auf die Nerven zu gehen. Dennoch sind diese Einladungen in gewissen Kreisen sehr beliebt, und Aufsteiger aller Art treffen sich dort, in der Hoffnung, die etablierten Herrschaften kennen zu lernen, die ihnen mit ihrer

Anwesenheit bestätigen würden, dass sie es geschafft hätten und nun auch »dazugehören«. Doch sie sehen dort maximal ihresgleichen, unter ihnen auch ein paar Herren mit kleinen Hakenkreuzabzeichen unterm Revers und Bärtchen nach ihrem großen Vorbild.

1936 muss Franz sich einer Blinddarmoperation unterziehen, an deren Folgen er stirbt. Danach brechen Eds und Sidonies Kontakte zu den Kuhlemanns so gut wie ab. Sidonie ist das nur recht, denn der Nazi-freundliche Ton, gepaart mit einem heftigen Antisemitismus, ist selbst ihr zu viel geworden. Sie hat eine Zeitlang gefürchtet, dass ihr Mann Ed in dasselbe Horn blasen könnte, aber diese Befürchtungen sind unbegründet. Ed ist wohl eher der Mitläufertyp, der nicht anecken will. Ihm ist immer nur wichtig, dass seine Geschwister nichts von der jüdischen Abstammung seiner Frau wissen, und er hat Sidonie vor der Ehe eingeschärft, darüber den Mund zu halten. Und mit diesem Schweigen haben sich die beiden Eheleute – aus sehr unterschiedlichen Motivationen – durchaus getroffen.

St. Gilgen

Nun nähert sich zu Sidonies Erleichterung der Sommer 1936, der eine Unterbrechung in die Eintönigkeit ihres Alltags bringen wird. Ed und sie haben wie jedes Jahr Pläne zu verreisen, und wieder einmal wird St. Gilgen am Wolfgangsee das Ziel der Sommerfrische.

Schon etwa um 1880 herum begann St. Gilgen seinen Aufstieg zu einem der beliebtesten Sommerfrischenorte des Wiener Bürgertums. Viele wohlhabende Familien kauften in dieser Zeit dort Gründe und bauten Villen. Einer der ersten war der Wiener Arzt Theodor Billroth, der 1883 einen Grund erwarb und dort ein Haus errichten ließ. Auch der Fabrikant und Bankier Max Feilchenfeld, der sich später auf Brioni niederlassen würde, war in St. Gilgen angesiedelt. Von seinem Landsitz wurde gesagt, dass er zu den großartigsten Anlagen, die nach der Jahrhundertwende im Salzkammergut errichtet worden waren, gehörte.

Um die Gegend für den wachsenden Tourismus auch gut zu

erschließen, wurde 1916 von hundert russischen Kriegsgefangenen eine neue Straße gebaut. Auch ein Fußweg von Fürberg über Brunnwinkl nach St. Gilgen wurde angelegt.

In den Jahren des Ersten Weltkriegs waren die Sommerfrischler eine Weile nicht so gern gesehen, weil der Mangel an Milch, Butter und Fleisch es schwierig machte, so viele Menschen zusätzlich zu versorgen. Aber danach sind sie wieder sehr willkommen, und in den zwanziger und dreißiger Jahren wird das gesellschaftliche Leben Wiens während der Sommermonate wieder ins Salzkammergut verlegt. Die von Max Reinhardt ins Leben gerufenen Salzburger Festspiele sorgen für reges Kommen und Gehen eines internationalen Publikums, und die Villen der Reichen füllen sich mit Leben. Viele dieser Villen sind luxuriös ausgestattet, mit eigenem Tennisplatz, Kegelbahn oder Reitviereck.

Die Leute vom Ort beginnen es den Städtern nachzumachen und bauen noch weitere Sommerhäuser, die sie an jene, welche sich ein eigenes nicht leisten können oder wollen, recht günstig vermieten. Denn gerade jetzt ist der österreichische Fremdenverkehr mehr denn je auf Gäste aus dem eigenen Land angewiesen. Seit der 1933 von der deutschen Reichsregierung über Österreich verhängten »Tausendmarksperre« – deutsche Staatsbürger müssen vor einer Reise nach Österreich eine Gebühr von tausend Reichsmark zahlen – war die Zahl der deutschen UrlauberInnen zum Beispiel in Tirol von durchschnittlich 1,25 Millionen auf 130.000 gesunken. Um den ÖsterreicherInnen Ferien im eigenen Land schmackhaft zu machen, gab es teilweise sehr billige Angebote. So wurde in Kärnten in der Nachsaison ein zweiwöchiger Urlaub mit Vollpension um 80 Schilling angeboten.

Und auch das Ehepaar von Weitenegg hat ein preiswertes Quartier gefunden: Sidi und Ed wohnen bei Schöpkes. Das ist ein brummiger älterer Deutscher, der eine Villa unmittelbar am See besitzt. Seine Cousine führt die Wirtschaft und kümmert sich um die Gäste. Im Garten gibt es ein winziges Häuschen mit nur einem Zimmer, das Sidi und Ed in diesem Sommer 1936 mieten. Sie lieben das rustikale, ursprüngliche Gepräge und spielen die wenigen Wochen gern Landleben. Da akzeptieren sie auch, dass sie ein Bett miteinander teilen müssen, dass es kein Fließwasser gibt und man sich vor dem Haus am Brunnen waschen muss.

Das Schönste ist aber der Ausblick. Direkt vor dem Haus beginnt der See, der im wechselnden Licht des Tages von Hellgrau und Malvenfarben in der Morgen- und Abenddämmerung auf gleißend Weißblau in der Mittagssonne zu einem warmen Oliv am späten Nachmittag wechselt. Sidi liebt es, auf der Bank vor ihrem Häuschen zu sitzen und stundenlang auf den See zu schauen. In solchen Momenten genießt sie sogar die Anwesenheit von Ed.

Wenn es sonnig und warm ist, gehen die Weiteneggs baden oder Boot fahren. Bei bedecktem Himmel oder Regen wird gewandert oder es werden Freunde besucht. Die Weiteneggs sind zu dieser Zeit sehr gut mit den Imhofs befreundet, die auf der anderen Seite des Sees in Fürberg einquartiert sind. Sidonie liebt die fröhlichen Imhofs. Der Vater und einer der beiden Söhne sind dick und lachen viel und herzhaft, während die Mutter eine schöne, schlanke, elegante Frau ist, die Sidonie aus ganz anderen Gründen gefällt. Und die Imhofs sind immer für eine exzessive Bridgepartie zu haben.

Ellens Eltern haben ebenfalls eine Villa in St. Gilgen gemietet, wo sich ihre Kinder samt Enkeln und Enkelinnen einfinden. Und auch dort gibt es fast täglich gesellschaftliche Zusammenkünfte, den Treffen in Wien nicht unähnlich, bei denen man baden geht, Tennis spielt, wandert und bei Schlechtwetter Bridge spielt.

Auf den Wanderungen kam es zu so manchen Begegnungen und Verbeugungen und auch immer wieder zu Getuschel, wer denn nun hier sei und wer durch Abwesenheit glänzte. Die Hocharistokratie traf sich nach wie vor in Bad Ischl, dem Ort, wo einst die Kaiserfamilie die Sommer verbrachte, die Künstler und Künstlerinnen hatten sich am Attersee niedergelassen – im Mittelpunkt stand zu dieser Zeit Schloss Kammer im Besitz der Berliner Familie Mendelssohn, deren Gästeliste sich wie ein internationales Who is Who der Schwulen und Lesben las. Die bürgerliche Welt, die Geschäftemacher, die Industriellen und ihre Familien hatten es sich rund um den Wolfgangsee bequem gemacht.

Wenn es also im Salzkammergut regnet, was oft der Fall ist, fahren Weiteneggs mit dem Wagen zum anderen Seeufer oder zu Ellens Familie und verbringen Stunden beim Kartenspiel. Dabei

Ellen Ferstel und Sidonie Csillag im Cabrio

wird von den Männern anhand von Eds hübschem dunkelblauen Steyr eifrig über Autos diskutiert, denn Ed gehört mit seinem fahrbaren Untersatz zu den wenigen, zirka 10.000 Privilegierten, die Mitte der dreißiger Jahre einen Privatwagen haben, was die Augen vieler anderer, selbst finanzkräftiger Männer neidisch aufblitzen lässt.

Sidi, die sich nicht für Autos interessiert und auch nichts davon versteht, muss sich immer wieder die Vorteile diverser Modelle anhören und wundert sich, wie Männer es zustande bringen, stundenlang über all die verschiedenen Arten der motorisierten Fortbewegung zu reden. Sie fährt in diesem Sommer viel lieber in das Schloss des Grafen Almeida an den Mondsee, das ihr mittlerer Bruder Robert, mittlerweile ein erfolgreicher Musiker, mit seiner Operntruppe, *The Salzburg Opera Guild*, gemietet hat.

Roberts zweite Karriere hatte sich wirklich großartig entwickelt. Bald nach dem Tod des Vaters 1931 teilte er der Familie mit, dass er die ungeliebten Geschäfte in Amsterdam aufgeben, nicht mehr dorthin zurückkehren und sich endlich seinen Traum erfüllen werde, am Konservatorium zu studieren. Er habe schon mit Josef Reitler gesprochen, und der würde sich glücklich schätzen, Robert als seinen Schüler aufnehmen zu können. Reitler war Leiter des von ihm gegründeten Neuen Wiener Konservatoriums und einer der Mitbegründer der Salzburger Festspiele. Er hatte noch Gustav Mahler persönlich gekannt und pflegte Kontakt mit den wichtigsten Dirigenten, Sängern und Sängerinnen.

Die übrige Familie war erstaunt, aber nicht ablehnend. Mama Csillag fand alles, was ihre Buben taten, großartig, Sidonie war für ihren Lieblingsbruder froh, dass er nun seinem Herzen folgen konnte. Die Geschäfte hatten ihn ja nie interessiert, sollte er doch mit seiner Musik glücklich werden. Nur der besonnene Heinrich bat Robert, sich seinen Entschluss noch einmal zu überlegen. Schließlich wäre es doch mehr im Sinne des Vaters, einen soliden Beruf zu haben und die Musik weiterhin als Liebhaberei zu betreiben.

Robert ließ sich aber durch keine Einwände abhalten und betrieb mit einem Eifer, den die Familie noch nie bei ihm gesehen hatte, seine Studien. Er hatte allerlei Pläne für Kompositionen und wollte ein einflussreicher Dirigent werden. Von seiner ersten

Frau hatte er sich schon vor einiger Zeit getrennt und war am Konservatorium mit einer Sängerin bekannt geworden, die auch bald seine zweite Frau werden sollte. Herta Glaz hatte eine schöne Altstimme und war auf dem besten Weg, in Deutschland Karriere zu machen. Diese Pläne konnte sie aber nur so lange verfolgen, als die Nationalsozialisten noch nicht an der Macht waren. Bald nach ihrer Rückkehr von einer Deutschlandtournee, im Frühjahr 1933, heiratete sie Robert.

1935 hatte Robert seine Musikstudien abgeschlossen, und da es schwer war, in Europa Karriere zu machen – der wichtige deutsche Markt war Künstlern und Künstlerinnen jüdischer Abstammung verschlossen –, beschloss er, eine neue Sache auf die Beine zu stellen, die eng mit Hertas guten Kontakten zusammenhing. Im Herbst 1934 hatte Herta Gelegenheit gehabt, im Rahmen des von Ernst Krenek geleiteten Österreich-Studios Kreneks *Reisebuch* vorzutragen und damit Erfolg zu erzielen. Die Konzerte des Österreich-Studios wurden vor einem an Neuer Musik interessierten Publikum im Ehrbarsaal des Konservatoriums gegeben. Herta sang auch in anderen Konzerten Ernst Kreneks, einmal waren es Lieder von Adorno, ein anderes Mal österreichische Volkslieder.

Die Zusammenarbeit von Ernst Krenek und Herta Glaz wurde erfolgreich fortgesetzt. Im November 1935 waren beide in London, wo sie Aufnahmen für die BBC machten. Im Anschluss daran gab es gemeinsame Konzerte in Genf, Lausanne und Lugano. Während österreichische MusikerInnen in London und in der Schweiz Anerkennung für ihre Arbeit fanden, kam es in Österreich schon zu Konzertabsagen, und das Monate vor dem Anschluss an das Deutsche Reich. Ernst Krenek erinnert sich an eine Konzertabsage aus Graz, weil den dortigen Veranstaltern die Religionszugehörigkeit und die rassischen Eigenschaften der Herta Glaz nicht genehm waren.

Im Jahr 1936 hatte Robert endlich eine Idee, die es sich lohnte umzusetzen. Er war im Begriff, ein Opernensemble zu gründen, welches mit beispielhaften Opernfragmenten in den Vereinigten Staaten auf Tournee gehen sollte. Aus werbewirksamen Gründen wurde das Ensemble *Salzburg Opera Guild* genannt und gleich im ersten Sommer im prachtvollen Schloss des Grafen Almeida am

Mondsee untergebracht, nicht weit von der kulturinteressierten, finanzkräftigen Wiener Bourgeoisie und den internationalen Gästen, die im Salzkammergut auf Sommerfrische waren.

Und so pilgerten außer Sidonie noch viele andere Urlaubsgäste zum Mondsee, um das junge Ensemble rund um Robert, Ernst Krenek und Herta Glaz zu inspizieren. Das weitläufige Schloss war zwar nicht besonders gemütlich, aber es war groß und bot Platz für alle. Das Repertoire bestand aus *Cosí fan tutte*, der von Krenek dirigierten Monteverdi-Oper *Poppea* und einer Kombination aus einer kleinen Oper Rossinis, Iberts *Angelique* und Milhauds *Le pauvre matelo*. Robert war der festen Überzeugung, dass Opern in der Originalsprache gesungen werden sollten, und schien sich nicht daran zu stoßen, wenn darunter manchmal das Verständnis zu leiden hatte. Herta war ausersehen, alle weiblichen Hauptpartien zu singen. Mitglied des Ensembles war auch eine junge, attraktive Sopranistin, die später Roberts dritte Frau werden sollte. Die Bezahlung war gering, aber die Aussicht auf Auftritte in den Vereinigten Staaten half über diesen Aspekt hinweg.

Dieses hochgesteckte Ziel sollte früher als erhofft Wirklichkeit werden, denn schon im Oktober 1937 würde die Truppe eine Einladung für eine ausgedehnte USA-Tournee erhalten und sich von Le Havre aus nach New York einschiffen.

Als Ed und Sidonie Ende August aus der Sommerfrische zurückkommen, wissen beide noch nicht, dass es bald eine Entscheidung in Eds Leben geben sollte, die weitreichende Konsequenzen für beide haben würde.

Ed war seit Beginn der dreißiger Jahre gewissermaßen auf der Straße gestanden beziehungsweise arbeitslos im Wohnzimmer seiner Frau gesessen, da sich nach der Einheirat seines Bruders Franz in das Imperial-Feigenkaffee-Unternehmen der Familie Kuhlemann das gemeinsame Eisengeschäft in Luft aufgelöst hatte. Wie viele ehemalige k. u. k. Offiziere hatte er zwar gute Verbindungen und gute Umgangsformen, aber in den komplizierten wirtschaftlichen Zeiten waren das nicht die gefragten Eigenschaften, um im Geschäft zu bleiben oder einen neuen Posten zu finden.

Herta Glaz und Robert Csillag, 1934

1936 kommen ihm endlich die Kameraden von der Heimwehr zu Hilfe. Im November dieses Jahres bieten sie Ed die Leitung eines Instituts an. Er hat zwar keine Ahnung von der Materie, aber die Möglichkeit, einen fixen Arbeitsplatz zu haben, ist eine willkommene Rettung aus seiner schwierigen gesellschaftlichen und pekuniären Lage.

Das austrofaschistische Regime hatte nach der Zerschlagung der Arbeiterschaft im Februar 1934 begonnen, Institutionen, die den Sozialdemokraten gehörten oder ihnen nahestanden, aufzulösen. Am 5. April 1934 war dem 1925 von Otto Neurath gegründeten Verein Gesellschafts- und Wirtschaftsmuseum ein Auflösungsbescheid ins Haus geflattert. Otto Neurath, ein Philosoph, der sich als Organisator des Siedlungs- und Kleingartenverbands gegen die akute Wohnungsnot nach dem Ersten Weltkrieg einen Namen gemacht hatte, rief das Gesellschafts- und Wirtschaftsmuseum ins Leben, um komplizierte soziale und ökonomische Verhältnisse zu veranschaulichen. Gemeinsam mit dem Graphiker Gerd Arntz entwickelte er die heute weltweit verbreitete Wiener Methode der Bildstatistik, die Isotypie.

Im April 1934 war Otto Neurath, um einer Verhaftung zu entgehen, in die Niederlande emigriert. Das Auflösungsverfahren zog sich eine Weile hin, bis im Herbst desselben Jahres ein Verwaltungsausschuss eingesetzt wurde, der aus dem Heimwehr-Major A.D. Dr. Fritz Lahr, Dr. Karl Drexl und dem Heimwehr-Hauptmann Richard Caminada bestand. Es kam zu einer Namensänderung, und der Verein hieß von nun an Österreichisches Institut für Bildstatistik.

Im November 1936 wird Richard Caminada von Fritz Lahr wegen Unterschlagung von etwa 10.000 Schilling Subventionsgeldern seiner Funktion enthoben. In dieser Situation entsinnen sich die Heimwehrkameraden Eds und fragen ihn, ob er nicht die Leitung des Instituts übernehmen wolle, sozusagen als Mann der neuen Ära und Geisteshaltung. Ed will und sagt gerne zu. Im Lauf der nächsten Jahre würde er sich noch einiges einfallen lassen, um diesen Posten auch zu behalten. Denn die Zeiten sind schlecht, und Anpassung ist überall gefragt und zunehmend gefordert.

Eines Tages meint Ed beim Mittagessen, dass es Zeit wäre, ein neues Automobil anzuschaffen. Desinteressiert zieht sich Sidonie ins Schweigen zurück. Doch auf einmal ist sie voll und ganz bei der Sache. Sie hört ungläubig zu, wie Ed ihr erklärt, dass sie doch einen Teil ihres Geldes dafür hergeben solle, und wenn es nicht reiche, könne sie doch ihren Bruder Heinrich bitten, ihr etwas vorzustrecken. Sie glaubt ihren Ohren nicht zu trauen, und plötzlich steigt ihr die Galle hoch. Jetzt ist es genug, und sie schleudert ihm alles an den Kopf, was sich schon seit Jahren in ihr zusammengeballt hat und sie zornig und verächtlich macht. Der ganze Ekel schwappt über ihr zusammen. Mit überschnappender Stimme schreit sie ihn an, dass es ihr reicht, dass er sich ja nichts einbilden solle auf seine Fähigkeiten als Liebhaber. Er sei seit Jahren zu blöd zu merken, dass es ihr überhaupt keinen Spaß mache. Nein, es grause ihr sogar. Und dass er sie ausnehme wie ein Suppenhuhn, nur um seine Eitelkeit und Bequemlichkeit zu unterstützen, das werde jetzt ein Ende haben. Sie will nichts mehr von ihm wissen und werde noch heute ihre Koffer packen und ihn verlassen.

Ed ist völlig verdattert. Das kann doch nicht wahr sein! Er war doch ein liebevoller und rücksichtsvoller Liebhaber. Vielleicht stimme es, dass er sie manchmal dazu angehalten habe, sich nicht so viel zu waschen, denn er liebe ihren natürlichen Geruch mehr als all die Seifengerüche der Welt. Aber er habe sie doch nie gedrängt. Er habe doch einige Erfahrung mit Frauen und wisse zu unterscheiden, ob eine nur so tue oder ob es echt sei. Dass ihre Gefühle für ihn echt seien, daran habe er keine Sekunde gezweifelt. Sie könne ihn doch nicht einfach zur Seite schieben.

Lange hat er noch in immer einschmeichelnderem Ton auf Sidi eingeredet. So lange, bis sie eigentlich gar nicht mehr wusste, warum sie ihn so angeschrien hatte.

Er bittet sie um Verständnis, wo er sich ohnehin so bemühe und jetzt mit dem neuen Posten bald alles anders werden würde. Aber sie wisse doch, wie schwer die wirtschaftliche Situation sei, der Jüngste sei er auch nicht mehr, und ehemalige Militärs hätten es in dieser Republik nicht leicht.

Sie solle ihm nur vertrauen, er würde sie bald auf Händen tragen und ihr all das zurückgeben, was sie in den letzten Jahren für ihn getan habe.

Sidi ist ein wenig besänftigt, schiebt den Groll wieder tief nach innen und beschließt, noch einen Anlauf mit Ed zu machen. Trotzdem bleiben die nächsten Monate zwischen dem Ehepaar gespannt.

Und zunehmend gespannt ist auch die äußere Lage.

Mit wachsender Sorge blicken viele Menschen auf die Entwicklung in Deutschland und fragen sich, wie lange es noch dauern könne, bis die braune Flut auch Österreich überschwemmen werde. Sidonie und ihre Freundinnen machen sich weniger Gedanken, sie meinen, dass all dies für ihre kleine Welt keine Bedeutung haben würde. Aber ihre Brüder erinnern Sidonie immer wieder an ihre jüdischen Wurzeln und versuchen ihr zu erklären, dass die 1935 in Nürnberg verabschiedeten Rassengesetze auch sie betreffen.

Dann beginnt das Jahr 1938, und die Ereignisse überstürzen sich. Am 12. Februar kommt es zum Berchtesgadener Abkommen, welches das Ende des österreichischen Staates besiegelt.

Am 11. März verabschiedet sich Kanzler Kurt Schuschnigg von Österreich, und am nächsten Tag ist der Anschluß an Hitler-Deutschland offiziell vollzogen. Die Nazibonzen Himmler und Heydrich treffen in Wien ein, während ab den frühen Morgenstunden deutsche Truppen einmarschieren. Am 15. März ist Adolf Hitler in Wien. Von Neugierde getrieben, geht Sidonie zu einer Freundin, die im Heinrichshof wohnt, um den Nazi-Aufmarsch am Ring aus sicherer Distanz verfolgen zu können. Die Jubelschreie vom Heldenplatz dringen bis zu ihr herauf, und so sehr sie auch die Ohren verschließen möchte, die Töne der neuen Zeit beginnen ihr doch unheimlich zu werden.

Die Nazis hatten den Anschluß Österreichs minutiös vorbereitet. Alles lief wie am Schnürchen. Am 26. März erklärt Hermann Göring bei einer Kundgebung in Wien, dass die Stadt innerhalb von vier Jahren »judenrein« sein müsse. Schon am 1. April rollen die ersten Transporte von »Schutzhäftlingen« in das KZ Dachau. Am 10. April wird über den Anschluss abgestimmt, und wie erwartet fällt das Ergebnis mit 99,75 % auffällig positiv aus.

Ed Weitenegg, Wachau, dreißiger Jahre

Im Hause Weitenegg gibt es heftige Diskussion zwischen Ed und Sidonie. Was sollten sie angesichts der neuen politischen Umstände tun? So sehr sie sich gegen den Gedanken sträubt, muss Sidi doch erwägen, ihr geliebtes Wien zu verlassen. Ed ist bereit, mit ihr überall hin zu gehen. Ihr ältester Bruder Heinrich in Frankreich würde sie doch sicher aufnehmen. Aber Sidi bekommt bei dem Gedanken, mit Ed im Ausland unterwegs zu sein, Schweißausbrüche. Er beherrscht keine einzige Fremdsprache. Als Offizier der k. u. k. Armee spricht er etwas Polnisch, Tschechisch und Ungarisch – alles Sprachen, die in ihren Augen nicht als solche gelten –, aber sein Englisch und Französisch sind katastrophal. Außerdem hat er nie gelernt, mit Menschen anders umzugehen als mit seinen Untergebenen beim Militär. Mit diesen spärlichen Fähigkeiten würde er im Ausland auf große Schwierigkeiten stoßen.

Doch Ed hat offensichtlich schon vorgesorgt und mit seinen alten Kameraden die Zukunft in Österreich abgesteckt. Sie würden ihn decken, und solange er sich nicht unbedacht in Szene setzte, würde ihm nichts passieren. Nur hatte ihm ein Freund, der Rechtsanwalt war, darüber aufgeklärt, dass er keinen Posten im Dritten Reich behalten könne, wenn er weiter mit einer jüdischen Frau verheiratet sei.

Als er Sidonie vorschlägt, eine Pro-Forma-Scheidung durchzuführen, ist sie nicht abgeneigt. Sie könnte fast zwei Fliegen mit einem Schlag erlegen. Ihm sagt sie, sie wolle seinem Weiterkommen keinen Stein in den Weg legen, und in ihrem Inneren tritt so etwas wie Erleichterung ein, ihn unauffällig loszuwerden.

Die beiden gehen also zum Rechtsanwalt und beauftragen ihn, die Scheidung einzuleiten. Diesem Begehren gibt das Gericht aber nicht statt, sondern beschließt, die Ehe Sidonies und Eds aufzuheben. Für die Aufhebung lieferte das Gericht am 13. September 1938 eine ausführliche Begründung. Darin heißt es unter anderem:

> Der Kläger behauptet, dass er anlässlich der Eheschließung über die jüdische Abstammung seiner Frau keine Kenntnis hatte. Diese Behauptung erscheint nicht unglaubwürdig, da ja die Beklagte seit ihrer Geburt, seit 1900 römisch-katholisch

Der Kläger behauptet,dass er anlässlich der Eheschliessung über die jüdische Abstammung seiner Frau keine
Kenntnis hatte.Diese Behauptung erscheint nicht unglaub-
würdig,da ja die Beklagte seit ihrer Geburt,seit 1900
römisch katholisch war und die Beklagte selbst als
Partei vernommen glaubwürdig angegeben hat,dass bei
der Eheschliessung und auch in der Folge irgendwelche
Erörterungen über Abstammungsfragen nicht gepflogen
wurden,und auch sonst dem Kläger keine Kenntnis über
ihre Abstammung zugekommen ist.Es kann daher mit Recht
angenommen werden,dass der Kläger bei Abschluss der
Ehe in einem Irrtum über einen die Beklagte betreffenden
Umstand befangen war,welcher ihn bei Kenntnis der
Sachlage von einer Eheschliessung abgehalten hätte.
Nach den glaubwürdigen Angaben der Parteien ist dieser
Umstand erst nach dem politischen Umbruch hervorgekommen
als XXXX jüdische Rassenangehörige gesetzlich zur
Vermögensanmeldung verhalten wurden. Wie aus den bei-
geschafften Akten des Bezirksgerichtes Landstrasse
1 Nc 137/38 hervorgeht,haben die beiden Parteien
aus ihrer rassischen Verschiedenheit sich bereits
zur einverständlichen Scheidung von Tisch und Bett
entschlossen,deren Erledigung aber mit Rücksicht
auf die Einführung des neuen Scheidungsrechtes
unterblieb. Sie haben hiedurch zweifellos zum
Ausdruck gebracht,dass keiner der beiden Teile
die Ehe fortsetzen will.

Nach dieser Sachlage schienen dem Gerichte die
Voraussetzungen für die Aufhebung im Sinne § 37
öLGBl.244/38 gegeben.
Kostenentscheidung entfiel mangels Verzeichnung.

Das Landgericht ZRS Wien Abt.17,am 13.September 1938

Dr. Karl Paschinger

Eheaufhebungsakt von Sidonie Csillag und Ed Weitenegg, 1938

> war und die Beklagte, selbst als Partei vernommen, glaubwürdig angegeben hat, dass bei der Eheschließung und auch in der Folge irgendwelche Erörterungen über Abstammungsfragen nicht gepflogen wurden, und auch sonst dem Kläger keine Kenntnis über ihre Abstammung zugekommen ist. Es kann daher mit Recht angenommen werden, dass der Kläger bei Abschluss der Ehe in einem Irrtum über einen die Beklagte betreffenden Umstand befangen war, welcher ihn bei Kenntnis der Sachlage von einer Eheschließung abgehalten hätte. Nach den glaubwürdigen Angaben der Parteien ist dieser Umstand erst nach dem politischen Umbruch hervorgekommen, als jüdische Rassenangehörige gesetzlich zur Vermögensanmeldung verhalten wurden. Wie aus den beigeschafften Akten des Bezirksgerichts Landstraße 1 Nc 137/38 hervorgeht, haben die beiden Parteien aus ihrer rassischen Verschiedenheit sich bereits zur einverständlichen Scheidung von Tisch und Bett entschlossen, deren Erledigung aber mit Rücksicht auf die Einführung des neuen Scheidungsrechts unterblieb. Sie haben hiedurch zweifellos zum Ausdruck gebracht, dass keiner der beiden Teile die Ehe fortsetzen will.

Sidi und Ed sind nun, anstatt rechtlich geschieden zu sein, in der Diktion der neuen Machthaber als nie verheiratet gewesen eingestuft. Ihrer Herkunft nach gilt Sidi – wie schon in den Nürnberger Rassengesetzen festgelegt – als Volljüdin. Ihrer katholischen, »liegenden« Taufe, auf die sie immer so stolz war, wird keine Bedeutung beigemessen. Ed ist offiziell nicht mehr »jüdisch versippt«, und die Beamtenverordnung vom 7. April 1933, in der es heißt, »Beamte, die mit einem jüdischen Ehepartner oder einem Mischling 1. Grades verheiratet sind, sind ebenfalls in den Ruhestand zu versetzen«, trifft auf ihn nicht mehr zu. Seine Karriere ist gerettet.

Der Partei tritt Ed allerdings nicht bei. Er führt familiäre Gründe an, aber es ist wohl anzunehmen, dass er als alt-österreichischer Monarchist Abneigung vor dem Deutschen Reich – egal unter welchen Machthabern – empfand. Gerade deswegen muss er besonders gute Beziehung gehabt haben, um seinen Posten zu behalten, ja es sogar zu schaffen, die Auflösung des Instituts für

Bildstatistik zu verhindern. Denn bevor ein Instituts- oder Vereinsleiter bestätigt wurde, gab es Anfragen zur Person bei der zuständige Gauleitung der NSDAP, den Dienststellen der Gestapo und dem Sicherheitsdienst des Reichsführers SS. Erst nach dessen Bestätigung durch die zuständigen Hoheitsträger der NSDAP erfolgte die Freistellung, das heißt, die Unbedenklichkeit der Person für ihre Position wurde von Staatsseite her bestätigt.

Schon am 15. März, also nur drei Tage nach dem Einmarsch der deutschen Wehrmacht, wird Arthur Seyss-Inquart zum Reichsstatthalter, das heißt zum Chef der österreichischen Landesregierung ernannt. Am folgenden Tag gibt es einen Befehl des Gauleiters Josef Bürckel, dass alle organisatorischen Tätigkeiten bis zur Volksabstimmung am 10. April zu ruhen haben. Am 18. März wird Albert Hoffmann, ein Gefolgsmann der Partei aus München, zum Stillhaltekommissar für Vereine, Organisationen und Verbände ernannt, der in seiner Funktion nur dem Gauleiter Bürckel verantwortlich ist.

Am 31. März ergeht an alle Vereine ein Schreiben Hoffmanns mit der Anweisung, dass alle Verhandlungen über personelle, organisatorische oder finanzielle Um- und Angliederungen nur im ausdrücklichen Einverständnis des Gauleiters Bürckel oder in seinem Einverständnis geführt werden dürfen. Die Einverständniserklärung muss schriftlich vorliegen.

Dennoch bescheinigt der Parteigenosse Prof. Dr. Anton Haasbauer in seiner Funktion als Leiter der NS-Kulturgemeinde am 9. Mai Ed Weitenegg, dass er weiterhin als kommissarischer Leiter des Instituts für Bildstatistik fungieren könne. Dem gegenüber steht eine Ernennung Hoffmanns, der einen Grafiker des Instituts, der sich als Parteigenosse seine Sporen verdient hatte, zum provisorischen Leiter einsetzten will. Mitte Mai erscheint der Grafiker in Begleitung von zwei SS-Männern im Institut in der Ullmannstraße 44 im 15. Bezirk. Aber offensichtlich sind die Beziehungen Ed Weiteneggs langfristig doch besser, denn der Grafiker kann sich nicht durchsetzen, und Ed bleibt Leiter des Instituts.

Am 17. Mai legen dann Bürckel und Hoffmann, die sehr bemüht sind, den Schein der Rechtsstaatlichkeit aufrechtzuerhalten, ein

Gesetz vor, in dem das weitere Vorgehen genau festgehalten wird. Es geht den beiden vorwiegend um die Sicherung von Vermögenswerten. Erst in zweiter Linie ist Bürckel daran interessiert, eine eigene Meinungsbildung und ein unabhängiges Vereinsleben in Österreich, jetzt Ostmark genannt, zu unterbinden. Den genehmigten Vereinen werden Satzungs-, in vielen Fällen auch Namensänderungen vorgeschrieben.

Während Ed sich also fürs Überleben der nächsten Zeit – lange würde der Nazispuk ja nicht halten – auf seine Art einrichtete, versucht Sidonie ihren eigenen Weg zu gehen. Die Brüder drängen sie zu einer schnellen Ausreise, aber Sidi will ihren warnenden Worten noch keine Bedeutung beimessen. Wien ist ihre Heimat, die sie um keinen Preis verlassen will.

8
Ich bin doch nicht eine von denen

Emma Csillag steht am offenen Zugfenster und streckt den Kopf hinaus. Wie eine kleine Eule hebt sie sich blass und zerbrechlich vom Hintergrund der schwarzen eisernen Zugwand ab. Der einzige noch schärfere Kontrast ist das emaillierte Schild unter ihr, das in schwarzen Lettern auf weiß glänzendem Grund das Ziel verrät: Paris. Emma lächelt, winkt und wirft kleine Kusshändchen aus dem Fenster, dabei fliegt ihr Atem in weißen Wölkchen gegen das Perrondach. Sie tut so, als ob da auf dem Bahnsteig eine Schar von Bewunderern stehen würde, die sie um eine mondäne Urlaubsreise glühend beneiden. Es wird keine Urlaubsreise, sondern an diesem 16. Februar 1939 gerade noch rechtzeitig die Fahrt ins Exil, aber Emma scheint das zu verdrängen.

Sidi, die auf dem Bahnsteig steht, krampft es das Herz zusammen. Ihre Mutter, die ihr so viele Schmerzen bereitet hatte, dass sie schließlich ihre Empfindungen für sie begrub, steht da oben, benimmt sich wieder einmal unpassend, klammert sich an ihrer Eitelkeit, für die es jetzt so gar keinen Anlass gibt, fest und zerbricht dahinter. Alt ist sie geworden – das sieht Sidi zum ersten Mal. Eine weißhaarige Frau mit schwarzem Hütchen und Schleier, ein kariertes Wollkleid liegt auf den dünnen Schlüsselbeinen, darüber trotz der Kälte des Februars ein offener dunkler Mantel, und eine viel zu wuchtige Kette aus riesigen schwarzen Holzperlen um den faltigen Hals. Das Handtäschchen, von dem sie nicht lassen will, baumelt beim Winken vom Arm. Aber das Unmöglichste an ihrer Mutter sind ihre schwarzen kreisrunden Hornbrillen, wie sie sonst nur Herren tragen. Verschwommen wie durch Butzenscheiben blicken ihre wässrigen Augen – oder ist es wegen der Tränen? – auf das kleine Häufchen der engsten Freunde, die beklommen auf dem Bahnsteig stehen.

Genug! Sidi umarmt noch einmal Ellen, dann springt sie entschlossen die beiden steilen Stufen hoch und schließt mit einem lauten Knall die Zugtür. Sie wird ihre Mutter nach Kehl begleiten, wenigstens bis an die deutsch-französische Grenze. Von dort an wäre die alte Dame sicher vor den Nazis und könnte das letzte Stück Weges bis nach Paris, wo der älteste Sohn Heinrich auf sie wartet, ungefährdet fortsetzen.

Ja, es ist das erste Mal, dass Sidonie sich älter als ihre Mutter vorkommt. Sie fühlt sich verantwortlich und wird sie schützen, so gut sie kann – und auch das erste Mal seit Jahren steigt so etwas wie Zärtlichkeit zu dieser Frau in ihr hoch. Sich selber zu schützen, auf diese Idee kommt sie nicht. Als der Zug laut quietschend anfährt, die gusseisernenen Säulen auf den Bahnsteigen immer schneller an ihr vorbeigleiten und schließlich die gläserne, eisenverstrebte Halle des Westbahnhofs hinter ihnen zurückbleibt und sich in einen dunkelblauen Abendhimmel öffnet, weiß Sidonie, dass sie nach Wien zurückkehren und hier ihr Leben weiterführen wird. Sie wird diesen Dahergelaufenen nicht weichen, sich nicht als »eine von denen«, die sechseckige Sterne auf den zertrümmerten Auslagen prangen hatten, abstempeln lassen.

Wenige Tage nach dem Anschluss Österreichs an das Deutsche Reich hatte Heinrich seine Geschäfte in der Erdwachs verarbeitenden Fabrik, der er vorstand, liegen und stehen gelassen und war aus Paris angereist gekommen. Er glaubte seinen Augen nicht zu trauen, was er während der Fahrt vom Zug aus und in Wien sehen musste. Alles glich einem riesigen Volksfest. Auf den Bergrücken am Land brannten Höhenfeuer, immer wieder sah er beim Durchfahren von Orten jubelnde Versammlungen, die Kirchenglocken läuteten im ganzen Land. Wien war zugeklebt von Hitlerbildern, und auch die Medien waren schon gleichgeschaltet und feierten Hitler in höchsten Tönen. Von einer euphorischen Sitznachbarin musste er sich erzählen lassen, dass der Führer in Wien jetzt sogar zwanzigtausend »Volksempfänger« verteilen habe lassen, damit auch alle seine Reden hören könnten.

Am späten Abend nach seiner Ankunft waren alle Csillags außer Robert, der in den USA auf Tournee war, in der mütterlichen Wohnung zu einer Besprechung zusammengekommen. Die Mutter wohnte immer noch im 3. Bezirk in der Neulinggasse, wo Heinrich, Sidi, Robert und Ernst ihre Kindheit verlebt hatten. Ein Teil der Etage war vermietet worden, aber die wichtigsten Räume waren geblieben. Und obwohl Sidi fast jede Woche bei ihrer Mutter zum Mittagessen war, mutete es sie sonderbar an, unter diesen Umständen wieder hier zu sein. Es hatte sich kaum etwas verändert seit ihrer Kindheit, die Stuckrosen auf vier Meter Höhe blühten noch immer, die Sitzgruppe war etwas durchgesessen, der gelbe Damastbezug erneuert, und selbst die alte Leselampe ihres Vaters stand noch immer auf ihrem Platz. Wie gut, dass er das alles nicht mehr erlebte, er hätte sich zu Tode gekränkt, dachte sie. Es war ein kalter Abend im März, und die Aufregungen der letzten Tage standen allen Familienmitgliedern ins Gesicht geschrieben.

Auch Heinrich war, zwanzig Jahre dazugezählt, wie früher. Der typische Älteste, der für alles Verantwortung übernahm und nun, nach dem Tod des Vaters, auch die Stellung des Familienoberhaupts beanspruchte. Er ergriff das Wort und legte mit fester Stimme klar, dass es das Beste wäre, Wien so schnell und leise wie möglich zu verlassen. Er war in der Zwischenzeit französischer Staatsbürger geworden und könnte ihnen allen, bis sie sich selber in Frankreich eingerichtet hätten, hilfreich unter die Arme greifen. Geld dürfte bei all dem keine Rolle spielen, die Familie hätte ausreichend Mittel, und die Fabrik bei Paris werfe genug ab. Es galt nur, schnell und entschlossen zu handeln. Robert war ja noch in den Vereinigten Staaten, Heinrich würde ihm Anweisung geben, nicht mehr nach Österreich zurückzukehren. Sidi sollte der Mutter bei der Auflösung des Haushalts behilflich sein und dann mit ihr nach Paris kommen. Den kleinen Bruder, der gerade mitten im Militärdienst ist, aber als Jude sicherlich bald entlassen wird, werde er möglichst gleich nach Paris mitnehmen.

Als Heinrich endete, war die Abenddämmerung in den Raum gefallen und mit ihr ein betroffenes Schweigen. Niemand war aufgestanden, um das Licht aufzudrehen. Die Brüder hatten die Hände auf ihren Knien gefaltet und starrten zu Boden, die Mutter sah an die Wand auf das Photo ihres Mannes. Man konnte nicht mehr sagen, was unter den tiefen Schatten auf den Gesichtern geschah, aber fühlen konnten sie es alle beim anderen.

Sidi war die erste, die den Bann brach und sich zu Wort meldete. Nein, sie werde Wien nicht verlassen. Die ein, zwei Jahre, die dieser Nazi-Spuk dauern könnte, würde sie durchhalten. Sie habe vor ein paar Tagen erwogen, mit ihrem Mann in die Emigration zu gehen, aber das sei unmöglich, und sie hätten statt dessen beschlossen, die Scheidung einzureichen. Er könnte so seine Arbeit und seine Kontakte behalten und ihr besser helfen, als wenn sie weiter verheiratet blieben. Sie würde bei ihm wohnen bleiben, ihre geschiedenen Freundinnen hätten das in ähnlichen Fällen ja auch gemacht. Aber ihre Mutter müsse fort, das wäre klar, und sie werde mit ihr alles vorbereiten.

Und dann hatte mit dem Sommer und Herbst 1938 die schreckliche Packerei begonnen.

Sidonie war deswegen für die nächsten Monate zur Mutter gezogen, um alles in die Wege zu leiten. Eigentlich machte es sie wahnsinnig, täglich Seite an Seite mit ihrer Mutter zu verbringen, und das Leben in der Wohnung, in der sie Kind gewesen war, brachte alte Erinnerungen hoch, die sie lieber vergessen hätte.

Emma jammerte viel, wie grausam es sei, ein ganzes Leben wegzupacken, wenn sich die beiden Frauen generalstabsmäßig von Zimmer zu Zimmer vorarbeiteten, und begann oft haltlos zu schluchzen, wenn es darum ging, Dinge wegzuwerfen. Von ihrer überschüssigen Garderobe und den paar alten Anzügen, die sie von Antal Csillag aufgehoben hatte, konnte sie sich gar nicht trennen. Sie wollte die zwanzig Jahre alten Stücke partout nicht zur Wohlfahrt geben und stand wimmernd vor dem Kleiderkasten, die Hände in den Stoff geklammert, mit dem ein Teil ihres Lebens verschwinden würde. Bei den Möbeln war es nicht einfacher. Auch hier wollte sie alles mitnehmen, obwohl Heinrich händeringend gebeten hatte, nur die zwei, drei wichtigsten Stücke mitzuschicken, da er einerseits in Paris selber alles hätte und außerdem nie Platz wäre, Mobiliar einer ehemaligen Neun-Zimmer-Wohnung und einer sechsköpfigen Familie unterzubringen. Außerdem sei er nicht gewillt, in diesem Ausmaß Reichsfluchtsteuer zu zahlen. Also musste sich Emma nach hitzigen Diskussionen mit Sidi begnügen, ihren Biedermeiersekretär, einen ausladenden Schminktisch mit Schliffspiegel und ihr prächtiges altdeutsches Ehebett mitzunehmen. Die erhielten große weiße Zettel mit der Zieladresse angeheftet.

Ernst Csillag vor der Emigration

Das einzige, was sie ein bisschen tröstete, und dieser Trost entsprang nur ihrem Trotz, den Nazi-Vorschriften nach Registrierung und Abgabe von jüdischem Vermögen keine Beachtung zu schenken, war, dass sie ihren gesamten Schmuck mitnehmen würde. Zumindest mit ihm würde sie Erinnerungen behalten. Und knapp vor der Auswanderung saß sie Tag und Nacht, um die geeignetsten Kleider- und Mantelsäume, Gürtelfutter und Taschenfalze zu finden, wo sie den Schmuck Stück für Stück einnähen konnte. Der Rest der Möbel wanderte zu Ferstels in einen großen Keller zum Unterstellen und zu Ed in die gemeinsame Wohnung, dem Sidi zu diesem Zeitpunkt noch genug Anständigkeit zubilligte, ihre Möbel im Lauf der Zeit nicht als die seinen zu bezeichnen und sie ihr auf Verlangen wieder auszuhändigen.

Was sich viel schwieriger gestaltete, waren die Formalitäten rund um Emmas Auswanderungspapiere. Es brauchte tagelanges Anstehen im Hauptbüro der Auswanderungsstelle, die im Rothschildpalais in der Prinz-Eugen-Straße untergebracht war. Die zuständigen Beamten waren eine Mischung aus Wiener Grantigkeit und Abfälligkeit, die aus den neuen Größengefühlen der Beamtenschaft erwuchs, und schikanierten Jüdinnen und Juden, die um ihre Auswanderung bangten. Nach dieser Prozedur dauerte es weitere Wochen, bis die französischen Behörden bereit waren, ein Visum für Emma Csillag auszustellen.

Als endlich alle Papiere beisammen waren, konnte Sidonie darangehen, die Zugkarten nach Paris zu bestellen. Der Abreisetermin wurde mit Mitte Februar 1939 festgelegt. Damit diese Reise für Sidi in irgendeiner Weise erträglich wurde, beschloss sie, auf der Rückfahrt von Kehl nach Wien in München auszusteigen und ein paar Tage bei ihrer geliebten Wjera zu verbringen. In Zeiten wie diesen wusste ja niemand, wann es wieder eine Gelegenheit zum Wiedersehen geben würde. Sie schrieb ein vorsichtig liebevolles Briefchen, das von Wjera sofort mit einer freudigen Bestätigung beantwortet wurde. Und Sidi war inmitten dieses ganzen Schreckens glücklich.

Als im Dezember 1938 die Möbelpacker kamen, um die Wohnung leerzuräumen, brach das traurigste Kapitel der ganzen Geschichte an. Emma wollte die Auflösung ihres Wiener Lebens nicht mit ansehen und ging in die Stadt einkaufen. Aber der

Schock, als sie am späten Nachmittag in die leere Wohnung kam, war noch größer, als wenn sie das ganze Geschleppe und Geräume miterlebt hätte. In den Räumen, in denen sie die letzten dreißig Jahre ihres Lebens verbracht hatte, standen nur noch drei Schrankkoffer, die sie bald nach Paris mitnehmen würde. Da konnte sie sich nicht mehr halten. Sie setzte sich auf einen der mächtigen Koffer und hörte nicht mehr auf zu weinen. Sidi setzte sich zu ihr und nahm ihre Hände. Als ihre Mutter sich etwas beruhigt hatte und wenigstens wieder sprechen konnte, sagte sie die ganze Zeit kopfschüttelnd: »Ich verstehe das alles nicht, wir sind doch alle getauft.« Bis Sidi dem Ganzen ein Ende bereitete und ein Taxi rief, das sie zu ihrer vorübergehenden Bleibe in der Bösendorferstraße bringen würde. In den nächsten Tagen würden die neuen Mieter, sicher irgendwelche Nazi-Günstlinge, kommen und hier ihr Leben beginnen. Emma Csillag hatte gerade eines beendet.

Nun sitzen Sidonie und ihre Mutter Emma also im Erste-Klasse-Abteil nach Paris. Nur noch wenige Stunden trennen sie von einem Abschied, und beide wissen nicht, wann sie sich wiedersehen werden. Was kann man unter diesen Umständen noch sagen? Sidi versucht es mit Zweckoptimismus und malt schöne Bilder von Paris, wo ihre Mutter sich bei ihrem geliebten Ältesten sicher wohl fühlen werde und besser aufgehoben sei als irgendwo auf dieser Welt. Außerdem sei Paris immer noch *die* Stadt für schöne, modebewusste Frauen, wie ihre Mutter eine sei, und sie würde gar nicht wissen, wohin mit den wunderbaren neuen Kleidern, Kostümen und Schuhen, die sie dort erstehen würde. Eigentlich könne sie froh sein, das provinzielle Wien hinter sich zu lassen. Emma nickt nur und murmelt manchmal: »Gott geb', dass du recht hast.«

Dann ist die deutsch-französische Grenze da. Der Zug fährt in die Station Kehl ein, und zackige deutsche Grenzbeamte und Schutzpolizisten springen in die Waggons. Ihr strammes, scharfes Getue und die genauen Kontrollen lassen Sidi noch so lange bei ihrer Mutter bleiben, bis ihre Papiere gesichtet und die Weiterfahrt ungehindert möglich ist.

Dann kommt in einer schnellen, fast beiläufigen Szene der Abschied. Emma ist mit Sidi auf den Gang getreten, die beiden

Frauen umarmen sich kurz, und Mutter Csillag streicht in einer kleinen Bewegung ihrer Tochter über die Wange.

»Gott schütze dich, mein Kind«, und dann, ganz leise und unter Tränen, »du warst immer so gut zu mir.«

Sidi rettet sich mit: »Ich schreibe dir und komm' dich bald besuchen«, und »du wirst sehen, bald ist das alles vorbei.« Dann hastet sie aus dem Zug, um ihren Anschluss nach München nicht zu verpassen. Dass sie ihre Mutter erst in zehn Jahre wiedersehen würde, ahnen beide nicht.

In München wird Sidi von Wjera und ihrem Mann auf dem Bahnsteig erwartet. Die beiden Frauen haben einander schon länger nicht gesehen, aber die Wärme und Innigkeit zwischen ihnen ist unverändert. Wjera sieht in Sidis ernstem, traurigem Gesicht, wie schwer die letzten Wochen für sie gewesen sein müssen, und schließt sie lange und fest in die Arme. Für Momente lässt Sidi ihren Kopf auf die Schulter der geliebten Freundin sinken, doch dann ist sie wieder ganz Contenance, auch um Hans Martin nicht gänzlich unwichtig daneben stehen zu lassen.

In der schönen großen Wohnung in Bogenhausen nahe der Isar wird Sidi herzlich aufgenommen, und Wjeras Gesellschaft in den nächsten Tagen ist so bezaubernd, dass Sidi alles vergisst und in den erneuerten Wogen ihrer Verliebtheit versinkt.

Doch die Realität lässt sich nicht ganz zur Seite schieben. Bei einem Stadtspaziergang am nächsten Tag muss Sidi beide Seiten der neuen deutschen Wirklichkeit erkennen. Am Marienplatz benimmt sie sich noch als richtige Touristin und ist entzückt von den alten Häusern und dem gotischen Rathaus, die Marienkirche mit ihren beiden runden Turmkuppeln und ihrem wunderschönen Hochaltar berührt sie tief, und sogar Weißwurstessen mit Wjera macht Spaß. Gleichzeitig kann sie über die vielen braun und schwarz Uniformierten und die massive Beflaggung der Stadt mit Hakenkreuzfahnen nicht hinwegsehen.

Erst im menschenleeren Englischen Garten lassen die vorsichtigen Blicke Wjeras nach, und die beiden Frauen können – dick vermummt wegen der eisigen Kälte – unbefangen miteinander reden. Und was sie sich zu erzählen haben, ist desillusionierend, was die politischen Realitäten betrifft. Wjera berichtet, dass ihr Mann immer wieder Angriffen und Bedrohungen des Nazi-Regimes ausgesetzt sei. Der väterliche Betrieb in Nürnberg wurde gerade, wie es nun offiziell heißt, »entjudet«. Er selbst lebe fast wie ein Untergetauchter, um den Anfeindungen zu entgehen. Nur die Ehe mit ihr als Nichtjüdin schütze ihn vor dem, worüber man schon munkeln höre, vor der Deportation und dem Konzentrationslager. Seine Eltern überlegten, Nürnberg baldigst zu verlassen, um zu ihrer Tochter nach Berlin zu ziehen. Die ist mit einem »Arier« aus dem Hochadel verheiratet, vielleicht schützt das die beiden alten Leute.

Sidi ist entsetzt, da sie dem Ausmaß der Bedrohung bisher noch nie ins Auge geblickt hatte, und berührt von der Tapferkeit ihrer Geliebten. Als sie in den ersten fahlen Strahlen der Spätwintersonne am Eisbach entlang spazieren, nimmt sie an einer nicht einsehbaren Stelle, zwischen ein paar zerfledderten Eiben, Wjeras Hand. Was sie selbst zu erzählen hat, ist auch nicht besser und stürzt wiederum Wjera in Entsetzen. Sie wusste noch nichts von Sidis Eheauflösung durch die Nazi-Behörden und die schlechte Figur, die Ed dabei gemacht hatte. Und dass die gesamte Familie Csillag auf dem Weg in die Emigration ist und Sidi quasi schutzlos in Wien zurückbleibt, alarmiert sie.

»Sidi, du musst jetzt deine eigene Haut retten. Da ist niemand mehr, der dich schützen kann«, sagt sie nachdrücklich. »Geh auch fort, suche dir ein sicheres Land, bevor es zu spät ist, selbst wenn es für mich gar nicht einfach wäre, dich fern zu wissen.«

Dann fallen sich die beiden in die Arme, und ein Kuss besiegelt die Ängstlichkeit und Sorge umeinander.

Am Abendbrottisch mit Hans Martin kommt noch einmal das Thema Emigration zur Sprache, und auch er rät Sidi dringend, Wien zu verlassen. Er redet sich ins Feuer gegen die Nazis, und als ihm die blonden Strähnen wild in die Augen fallen und er sich weit über den Tisch beugt, Wjeras Hand nimmt und voll Pathos sagt, dass er ihr sein Leben zu verdanken habe, wird er Sidi richtig sympathisch. Er scheint ihre Geliebte zu lieben und sie auch ihn – ja, eindeutig, die beiden sind ein gutes Paar. Und was sie bekümmern müsste, beruhigt sie gleichzeitig. Ihre Wjera ist in guten Händen, wenn es auch leider nicht die ihren sind.

Kurz darauf fährt Sidi in die Stadt zurück, von der ihr alle abraten und in der sie dennoch zu bleiben beschlossen hat. Auch ein

Wiedersehen mit Wjera wird viele, viele Jahre auf sich warten lassen müssen. Trotzdem wird die Liebe zu dieser Frau in Sidis Herz alles überdauern.

Zurück in Wien ist aus der katholisch getauften und zum Protestantismus übergetretenen Sidonie in der Sprache des Dritten Reiches eine »Nicht-Arierin« geworden. Sie klammert sich an diesen Begriff, obwohl im Alltag meistens nur von Juden und Jüdinnen die Rede ist. Doch seit dem Spätherbst muss sie die Realitäten auch in ihrer Heimatstadt erkennen. Nach dem großen Pogrom in der Nacht vom 9. auf den 10. November 1938 war alles anders geworden, und die neuen Machthaber zeigen unverhüllt ihr Gesicht. Die Gesetzeslage wird immer enger, der Alltag immer hürdenreicher.

Mit Stichtag 16. Juni 1933 lebten im Deutschen Reich 499.682 Juden, während die Zahl der »von den Nürnberger Gesetzen betroffenen Christen jüdischer Abstammung« auf 340.000 geschätzt wurde. Hinzu kamen noch 50.000 getaufte Juden, 210.000 so genannte Halbjuden und 80.000 so genannte Vierteljuden. Am 17. Mai 1939 lebten im so genannten Altreich 213.930 Juden und 19.716 nicht-jüdische »Rassejuden«, von denen 3025 Katholiken waren. Im Jahr 1939 wurden bis auf einige Ausnahmen alle »Juden« ohne Berücksichtigung ihrer Religionszugehörigkeit zwangsweise in der »Reichsvereinigung der Juden in Deutschland« zusammengefasst.

Nach der deutschen Besetzung Österreichs am 12. März 1938 führten die Nationalsozialisten ihre seit 1933 in Deutschland praktizierten Maßnahmen gegen die »Nicht- Arier« auch in der ab Mai 1938 so genannten Ostmark durch, wo besonders viele Katholiken davon betroffen waren. Für sie rief der Jesuitenpater Georg Bichlmair in Wien eine Hilfsaktion ins Leben, die gewissermaßen den Vorläufer der im Dezember 1940 errichteten »Erzbischöflichen Hilfsstelle für nicht-arische Katholiken« darstellte. Die in Österreich einsetzende Judenverfolgung veranlasste viele, in die Nachbarländer auszuwandern, wobei Bichlmair und später die Erzbischöfliche Stelle Hilfe leisteten.

Ferner gab es schon ab 1935 Gesetze, die im nationalsozialistischen Sinne »Rassenschande« definierten. Für das Verbrechen der »Rassenschande« war nur der Mann verantwortlich, daher konnte die beteiligte Frau auch nicht wegen Teilnahme bestraft werden. Allerdings musste der Verkehr außerehelich sein, das heißt, dass auch der Geschlechtsverkehr eines Juden mit seiner geschiedenen deutschblütigen oder »vierteljüdischen« Frau strafbar war.

Die Nationalsozialisten erließen ständig neue Verordnungen. In einer Verordnung vom 17. August 1938, die sämtliches Rassengefasel der Nazis über Kopfmaße, Nasen und Ohren eigentlich in sich ad absurdum führt, werden die jüdischen Vornamen geregelt. In dieser Verordnung wird betont, dass es bekannt sei, dass sich die »Assimilationsjuden« gern die Namen der deutschen Helden aus Sage und Geschichte zulegten und deshalb nicht sofort als jüdisch zu erkennen seien. Deshalb müssen ab 1. Jänner 1939 männliche Juden den Vornamen Israel, weibliche Juden den Vornamen Sara annehmen. Zusätzlich sind Juden und Jüdinnen verpflichtet, diese jüdischen Vornamen, sofern es im Rechtsverkehr und Geschäftsverkehr üblich ist, anzugeben. Außerdem haben Juden und Jüdinnen »jüdische« Familiennamen zu tragen. Was als jüdischer Familienname anzusehen ist, bestimmt sich nach der Auffassung der Allgemeinheit, wobei zu beachten ist, dass es Familiennamen gibt, die ihrem Ursprung nach deutsche Familiennamen sind, in der Volksanschauung aber als Judennamen gelten.

Sidonie Csillag heißt also von nun an Sidonie Sara Csillag.

Seit die Mutter weg ist, fühlt Sidi sich immer mehr wie eine Fremde. Ihre Ehe mit Ed hatte sich im September amtlich in Luft aufgelöst, und nach der Emigration ihrer Mutter wieder mit ihm zusammenzuziehen, hat sich in jeder Hinsicht als Hirngespinst erwiesen. Er hat nur sein Institut und die vielen Kontakte mit den diversen Kameraden aus der Heimwehr im Kopf, die versuchen, sich so gut wie möglich mit dem neuen Staat zu arrangieren. Und auch seine Servilität und sein Opportunismus den Nazis gegenüber scheinen unbegrenzt und ekeln sie an.

Er hatte es ja geschafft, die Leitung des Instituts für Bildstatistik zu behalten, ohne Parteigenosse zu sein. Und als erste große Geste und Kniefall den neuen Machthabern gegenüber organisiert das Institut die Wiener Präsentation einer der größten antisemitischen Propagandaausstellungen, »Der ewige Jude«, und bringt sie in der großen Halle des ehemaligen Nordwestbahnhofs unter. Das übersteigt sogar Sidonies Geduld und sie will schleunigst weg von Ed. Auch er will nicht mehr mit seiner jüdischen Ex-Frau in Verbindung gebracht werden – in der Wohnung, die nur mit ihrem Geld beschafft und eingerichtet werden konnte, bleibt er allerdings gern.

Sidi zieht also aus, froh, ihn los zu sein, und lebt seit Ende 1938 am Stubenring bei einer Freundin in Untermiete. Auch hier ist sie eine Fremde, ohne eigenes Mobiliar und persönliche Gegenstände, wie ein Gast auf Durchreise. Und auch hier rücken ihr die Nazis viel zu nahe, denn in diesem Haus betreibt die Deutsche Arbeitsfront, nachdem sie die jüdischen Mieter und Mieterinnen vertrieben hatte, jetzt ihr Gauverwaltungsbüro. Im und um das Haus prangen Plakate mit den Aufschriften »Ehre der Arbeit« oder »Schönheit der Arbeit«, die Sidonie nur ein müdes Lächeln entlocken – nur die Nazis können Arbeit schön finden, denkt sie bei sich.

Nun, Ende Februar 1939, geht Sidi nicht mehr gern aus dem Haus. Vor allem seit sie in der Stadt an jeder Hausecke Hitler-Plakate kleben und NS-Fahnen wehen sieht. Abgesehen von dem ideologischen Wahnsinn, den er verzapft und vor dem sie konsequent die Ohren verschließt, findet sie ihn lächerlich hässlich – ein Männchen mit Bauch, das mit Gockelgehabe vor den Massen paradiert. Was an ihm Frauen wie Männer in hysterische Begeisterung und Erregung versetzt, kann sie sich nicht erklären.

Was ihr nicht aus dem Sinn gehen will, sind Szenen wie die, bei der sie damals im März 1938 Augenzeugin war.

Auf einer ihrer vormittäglichen Touren Richtung Innenstadt, als sie eine Reparatur von der Schneiderin holen musste, war sie in der Nähe des Naschmarkts an einem grölenden Knäuel von Menschen vorbeigekommen. Als sie kurz stehenblieb und zwischen den Schultern und Köpfen durchlugte, sah sie dort Menschen knien, die mit winzigen Bürsten und Fetzen die Straße schrubben und reinigen mussten, wovon, sah sie nicht. Daneben Uniformierte und ganz durchschnittliche Wiener, die allerdings sehr

Aufbau der Ausstellung »Der ewige Jude«, Nordwestbahnhofhalle, Wien, 1938

eindeutige Armbinden trugen und scharf und höhnisch Anweisungen gaben. Und auf einmal wusste sie, was da passierte. Solche wie sie schrubbten da die Straße, Jüdinnen und Juden knieten auf dem Boden, im Kostüm, im Anzug oder sogar in Hemdsärmeln, und bürsteten in der Kälte, dass ihre Finger rot und aufgesprungen waren. Diese Demütigung mit ansehen zu müssen, ließ sie fast zurückschnellen vor Entsetzen, und sie musste sich sehr beherrschen, ruhig und unauffällig fort und weiter zu gehen.

Jetzt hat es auch ihr jüngster Bruder Ernst eilig, Wien zu verlassen. Heinrich hatte ihm ja schon im Frühjahr 1938 eingeschärft, nein, befohlen, so bald als möglich zu ihm nach Paris zu kommen, was eine erste sichere Zwischenstation wäre. Dort könne er dann mit ihm und Robert, dessen Tournee in den Staaten bald zu Ende wäre, alles Weitere besprechen. Robert war schon zum zweiten Mal mit seiner *Salzburg Opera Guild* recht erfolgreich quer durch Amerika unterwegs, hatte Aufführungen in vielen großen nordamerikanischen Städten hinter sich und fand beim Publikum Anklang. Die Truppe hatte daraufhin ganz optimistisch begonnen, Zukunftspläne zu schmieden: welche Werke sie auf die nächste Tournee nehmen würden und wer welche Partien singen sollte. Doch dann kam alles anderes. Während der Aufführung in der New Yorker Carnegie Hall, quasi am Dirigentenpult und auf der Bühne erfuhren Robert, Ernst Krenek und die restlichen österreichischen Ensemblemitglieder, dass ihr Land an das Deutsche Reich angeschlossen worden war.

Das Ensemble erfüllte unter größter Anspannung die noch ausstehenden Verträge, während sich einige sofort in den USA nach Bleibe- und Arbeitsmöglichkeiten umsahen.

Auch Robert suchte um einen Quotenplatz auf der US-Einwanderungliste an und ließ sich selbst, Ernst und Sidonie vormerken. Doch die Quoten für Österreicher waren ausgeschöpft. Sidonie hätte als einzige Chancen auf einen baldigen Platz, da sie noch in Lemberg geboren war und deshalb in die polnische Quote und nicht in die österreichische fiele.

Mit dieser Nachricht fuhr er nach Europa zurück. Wissend, dass er nicht mehr nach Wien reisen konnte, blieb er in Paris bei

Heinrich und fuhr dann mit ihm nach Italien, um dort am Lido in Venedig an einem neuerlichen, von Heinrich einberufenen Familientreffen teilzunehmen, wo die beiden älteren Brüder sich nach einigen hitzigen Diskussionen über die Zukunft der Familie einigten. Robert schlug vor, mit dem Jüngsten ins relativ sichere Kuba zu gehen, um dort auf einen Quotenplatz in den USA zu warten. Von Havanna hätte er nur Gutes gehört, und wer weiß, vielleicht würde der Druck auf das Quotensystem so groß werden, dass die nordamerikanische Regierung gezwungen wäre, die Tore für alle rassisch Verfolgten zu öffnen. Robert war immer schon optimistisch gewesen und würde sich diesen Optimismus nicht von einem kleinen Anstreicher aus Braunau verderben lassen.

Als einzige bleibt, dickköpfig und ignorant, Sidi in Wien zurück. Sie hat beschlossen, dass der Wahnsinn des Alltags und die Hetzjagd gegen die jüdische Bevölkerung in ihrem Leben keinen Platz haben. Warum sollte sie sich auch um diese Dinge kümmern? Sie hatte ihren Freundeskreis und war überall gern gesehen. Diese Geborgenheit will sie nicht missen. Dennoch sind die Repressionen der neuen Machthaber selbst bis in ihren engsten Freundeskreis eingebrochen, die Ereignisse in diesem Frühjahr 1939 überschlagen sich – es gibt nirgends mehr Schutz.

§ 129 b

Eines späten Morgens im März 1939 läutete bei Sidonie das Telephon. Unwillig, weil noch mit ihrem Frühstück beschäftigt, nimmt sie den Hörer auf und bellt ein knappes »Ja« hinein. Ein Moment Stille, dann meldet sich am anderen Ende mit leiser gepresster Stimme ihre Freundin Grete Weinberger.

»Sidi, bitte … können wir uns treffen? Bitte gleich, es ist etwas passiert!«

Sidi hört, dass die Freundin knapp an den Tränen ist und nur mit äußerster Beherrschung sprechen kann, und sie weiß, dass das Telephon in diesen Zeiten nicht das richtige Medium ist, um Neuigkeiten welcher Art auch immer auszutauschen.

»In einer halben Stunde im Stadtpark, bei der Promenade am Wienfluss, ist dir das recht?«

Die Freundin kann nur leise bejahen, dann ist die Leitung wieder tot.

Sidi schlürft noch ihre heiße Milch, würgt eine Semmel hinunter, dann schlüpft sie in ihre wärmsten Pelzstiefletten, zieht den alten Nerzmantel vom Garderobehaken und ist eiligen Schritts unterwegs in den Stadtpark. Im Stiegenhaus flucht sie leise, was das für grässliche Zeiten seien, wo man bei Minusgraden in die hinterste Ecke eines Parks müsse, um halbwegs ungefährdet eine Unterhaltung führen zu können.

Am Abgang zur Wienfluss-Promenade nahe der Kunstgewerbeschule wartet schon Grete auf sie, die völlig verheult ist und kleiner und verdrückter aussieht als je zuvor.

Weinend fällt sie Sidi um den Hals, und vor lauter Schluchzen bringt sie zuerst kein Wort heraus, dann, dass sie so froh sei, dass die Freundin kommen konnte, sie hätte jemanden gebraucht, mit dem sie sprechen könne, denn sie sehe sich nicht mehr heraus.

Sidi schiebt sie sanft, aber resolut von sich, denn Auffallen wäre jetzt das Schlechteste, hakt Gretes Arm bei sich ein und geht wie ein ganz normales Spaziergängerinnenpaar mit ihr den Wienfluss auf und ab, die prunkvollen Quaimauern entlang, mit den schnörkeligen, bogenförmigen Nischen und den eigenwilligen, riesigen blauen Vasen drin.

Nach den ersten Schritten bricht es aus Grete heraus: »Stell dir vor, der Willy ist verhaftet worden.«

Sidi ist fassungslos. Durch die Emigration ihrer Mutter hatte sie in den letzten Wochen mit der Freundin keinen Kontakt und ist nicht auf dem Laufenden. Sie fragt sofort nach dem Grund.

»Er ist denunziert worden, du weißt schon, wegen dieser G'schichterln, und am 27. Jänner am frühen Nachmittag haben s' ihn aus dem Büro heraus geholt.«

Sidi weiß sofort, was Grete mit den »Gschichterln« meint. Seit Jahren war es im Freundeskreis der Weinbergers ein offenes Geheimnis, dass Willy eine unbezwingbare Schwäche für das männliche Geschlecht hatte. Grete hatte diese Vorliebe ihres Mannes auf die leichte Schulter genommen und lachend die Anekdote zum Besten gegeben, wie sie Mitte der zwanziger Jahre zum ersten Mal davon erfahren hatte. Ihr Friseur hatte damals empört bei ihr angerufen und ihr gesagt hat, dass er ihren Mann anzeigen werde, wenn der nicht sofort die Finger von seinem Sohn ließe. »Soll er doch«, hatte Grete damals nur trocken gemeint. Sidi fand das sehr sonderbar, aber sie hatte Gretes Verhalten allem Sexuellen gegenüber sowieso nie verstanden. Und sich Sex zwischen Männern auszumalen, überstieg schon immer ihr Vorstellungsvermögen.

Zu dieser Zeit war die Ehe zwischen Grete und Willy ohnehin bereits zerrüttet, vor allem wegen seiner schrecklichen cholerischen Anfälle und seiner gehetzten, angespannten Art, die ihn nie zur Ruhe kommen ließ. So war, was 1921 fürs Leben geschlossen worden war, 1932 wieder geschieden worden. Trotzdem teilten die ehemaligen Eheleute weiterhin die Wohnung, vor allem der beiden Söhne wegen, die Willy abgöttisch liebte, und fanden einen Weg, freundschaftlich miteinander auszukommen.

Nach einiger Zeit gelingt es Sidi, Grete so weit zu beruhigen, dass sie ihr der Reihe nach erzählen kann, was passiert war und was sie bei ihrem Gefängnisbesuch im Landesgericht aus Willy herausbekommen konnte.

Anfang Jänner sei Willy von zwei jungen Burschen vor dem Haus angesprochen und erpresst worden. Willy solle ihnen eine Fahrt nach München bezahlen, inklusive Taschengeld. Wenn er es nicht täte, würden sie ihn bei der Gestapo anzeigen. Er versprach, sich am nächsten Tag mit ihnen am Westbahnhof zu treffen. Um nicht denunziert zu werden, hätte er nachgegeben, zwei Fahrkarten nach München gekauft und die Burschen mit Bargeld ausgestattet.

Mehr war aus dem verstockten Willy vorerst nicht herauszukriegen, aber Grete wusste natürlich schon, wie der Hase lief, und bohrte weiter, bis er zugab, dass er mit dem einen der Burschen, Friedrich, ein Verhältnis gehabt hatte. Die jungen Männer waren dann einige Tage danach bei einer Razzia verhaftet worden und hätten bei der Gestapo gestanden, sexuelle Beziehungen mit diversen Männern gehabt zu haben, darunter auch Willy. Der eine, Günther, war aus Wien-Meidling, der andere, Friedrich, aus Düsseldorf. Beide verdienten sich als Strichjungen ihren Lebensunterhalt. Günther war vorwiegend in Logen [Pissoirs] unterwegs, während Friedrich das Römische Bad als Arbeitsplatz vorzog.

Mehr hatte Willy dann nicht mehr gesagt, als er im Besuchsraum hinter dem Maschengitter saß. Auf das Drängen und Bitten seiner Exfrau, sie müsse doch alles wissen, um ihm einen guten Anwalt besorgen zu können, hatte er nur grob und abweisend geantwortet: »Lass mich in Ruh'«, und sie nach Hause geschickt. Und seither sei sie halb wahnsinnig vor Sorge, weil man ja nicht wisse, was die Nazis mit Willy machen würden, und das alles sehr gefährlich werden könnte. Irgendwie müsse sie an mehr Information herankommen, um so schnell wie möglich dem Schlimmsten vorzubeugen.

Inzwischen haben sich die beiden Frauen auf einer Parkbank in der Sonne niedergelassen. Grete zerdrückt wieder ein paar Tränen, Sidi schüttelt den Kopf und seufzt. Schöne Bescherung! Jetzt war es also so weit, dass die Nazis nicht nur Juden schrubbend auf der Straße knien ließen und ihre Geschäfte zertrümmerten, sondern auch Homosexuellen auf Razzien nachjagten. Das bedeutete auch für sie eine doppelte Bedrohung. Und gleich beginnt in ihrem Inneren wieder die Beschwichtigungstour zu laufen – na ja, ihr als Frau könne nichts passieren, und so perverse Dinge wie die Männer treibe sie schließlich nicht.

Plötzlich kommt ihr ein rettender Gedanke. Gleichzeitig packt Grete sie am Unterarm.

»Du, Sidi, mir fallt da was ein. Wir sollten den Egon Jordan fragen, der ist doch auch ein Warmer. Vielleicht weiß er irgendwas. Kannst du vielleicht mit ihm sprechen? Ich schaff' das nicht.«

Sidi hat im selben Moment auch an Egon gedacht.

Egon, oder auch »Exi« mit Spitznamen für ganz nahe Bekannte, ist schon seit vielen Jahren ein Freund. Sein Vater ist irgendein »Ritter von …«, er selbst ging ganz standesgemäß ins Theresianum und war früher, bevor er Wien für lange Zeit beruflich verlassen hatte, viel mit ihnen beisammen.

Er ist einer der ganz wenigen »von der anderen Seite«, der auch dazu steht und zudem für sie einer der feschesten Männer Wiens. Da auch er sie für die schönste Frau in ganz Wien hält und sie auf eine süße, betuliche Art umschwärmt, wenn sie einander zwei-, dreimal im Jahr sehen, sind sie sich ihrer Sympathie und ihres Sinns für Ästhetik sicher. Egon ist die Drehscheibe für allen

Tratsch, wenn es um schöne Männer geht. Wenn einer was weiß, dann er.

So verspricht Sidi Grete, mit ihm Kontakt aufzunehmen und sich, sobald sie irgendetwas in Erfahrung gebracht hätte, wieder zu melden. Für Grete scheint ein Lichtstreifen der Hoffnung am Horizont aufzutauchen, sie ist sichtlich erleichtert, die Tränen haben aufgehört zu fließen. Und etwas entspannter verabschieden sich die Freundinnen voneinander.

Kaum ist Sidi zu Hause, ruft sie Egon Jordan an. Er ist gleich am Telephon, freut sich sehr, von der Freundin zu hören, und versteht sofort, als Sidi knappe Andeutungen macht, dass sie ihn in einer wichtigen Frage dringend treffen müsse. Ohne langes Hin und Her vereinbaren die beiden für den nächsten Nachmittag ein Treffen in Egons Wohnung am Modenapark.

Am nächsten Tag um vier wird Sidi von »Exi« auf das herzlichste empfangen. Er drückt sie fest an sich, was sie sich von keinem anderen Mann so gefallen lassen würde, und führt sie ins Wohnzimmer. Die Wohnung liegt im letzten Stock, ist hell, mit Antiquitäten vollgeräumt und mit überbordenden Blumenarrangements gefällig dekoriert. Egon hat schon köstliche kleine Schokoladebäckereien hergerichtet und setzt sich, ernster und schmaler als sonst, in einem seidenen Hausmantel als Gott der Schönheit und Laszivität ihr vis-à-vis.

Knapp vor ihrer Heirat mit Ed war Exi nach einem fünfjährigen Berlin-Aufenthalt kurz nach Wien gekommen, um sich von allen zu verabschieden. Er hatte einen Vertrag mit Goldwyn Mayer in der Tasche und war auf dem Weg nach Hollywood.

Aus Hollywood war dann enttäuschte Post gekommen. Für einen verwöhnten Großstädter wie Exi war Hollywood eine traurige Angelegenheit. Er konnte sich mit der puritanischen Art in der Filmmetropole, hinter der sich im Privaten eine völlige Zügellosigkeit verbarg, nicht anfreunden. Sobald sein Vertrag beendet war, nahm er schleunigst das nächste Schiff zurück nach Europa. Im Jänner 1933 war er in sein geliebtes Berlin zurückgekehrt, welches er jedoch bald darauf nach Hitlers Machtergreifung fluchtartig Richtung Wien verließ. Er hatte Sidi damals erzählt, wie einer seiner schwulen Freunde von jungen SA-Männern krankenhausreif geprügelt worden war, und ab diesem

Moment war ihm klar, dass er keine Minute länger in Berlin bleiben konnte.

In Wien fand er vorerst eine Anstellung am Theater an der Wien und wurde dann 1935 ans Volkstheater verpflichtet. Um allen unangenehmen Fragen aus dem Weg zu gehen, heiratete er Cecilie Mattoui, eine »Schutzmaßnahme«, die wohl vor allem die umgebende Gesellschaft vor zu viel Wissen über andere Lebensvarianten schützen sollte und daher allgemein begrüßt wurde. Er bekam auch einige schöne Filmrollen angeboten; seine beste wurde die in der Verfilmung von *Ein Stern fällt vom Himmel*, in der er einen hinreißenden Sänger dargestellt hatte.

Von diesem hinreißenden Charme ist momentan allerdings nichts zu bemerken.

Ernst und besorgt hört er sich Sidis Schilderungen an und nickt die ganze Zeit dazu.

O ja, er habe von dieser Geschichte auch schon gehört, mehr als das, er sei unmittelbar von ihr betroffen, denn ein naher Freund, Hugo Wazlawek, sei, genauso wie Willy, im Zuge dieser Razzia verhaftet worden. Als er Hugo besuchen wollte, sei er gerade noch rechtzeitig gewarnt worden. Denn die Polizei fängt systematisch alle Männer ab, die zu Hugo kommen. Wer weiß, was sie mit ihm gemacht hätten, wenn sie ihn in ihr Netz gekriegt hätten. Beim Gedanken daran werde ihm jetzt noch schwindelig.

Mit dem Blumenauer hatte alles angefangen, das war das einzige, was er inzwischen in Erfahrung gebracht hat. Der alte Monarchist, der nur Augen für schöne Knaben hatte, war bei einem Raubüberfall am 13. Jänner vor dem Haus Schwarzenbergplatz 7 zusammengeschlagen worden. Der 1878 geborene Sebastian Blumenauer war bei der Gestapo kein Unbekannter. Am 19. März 1938 – also nur wenige Tage nach dem Einmarsch der deutschen Truppen in Österreich – war er wegen »legitimistischer Umtriebe« festgenommen worden. Denn er war seit 1932 ehrenamtlicher Hauptsekretär im Reichsbund der Österreicher, eine Organisation, die sich aktiv für die Wiederherstellung der Monarchie einsetzte. Am 15. Juli 1938 war er nach Dachau überstellt worden, von wo er am 20. September desselben Jahres entlassen worden und nach Wien zurückgekehrt war.

Hier gibt es jedoch einen Rayonsinspektor, der ihm nicht gewogen ist und es sich – oft auch außerhalb der Dienstzeiten – zur Aufgabe gemacht hat, Blumenauer zu Fall zu bringen. Es ist in der Nachbarschaft allgemein bekannt, dass Blumenauer Gefallen an Männern hat. Seine häufigen Besuche in diversen Pissoirs der Stadt haben jedoch laut einhelliger Meinung nur einen Grund: ein Nieren- und Blasenleiden, welches ihn zu häufigem Wasserlassen zwingt. Rayonsinspektor Heinrich Rojnik war anderer Meinung. Jedesmal wenn er Blumenauer mit einem gewissen geilen Elan auflauerte und ihm heimlich folgte, hoffte er, ihn in einer der Logen in flagranti zu ertappen. Rayonsinpektor Rojnik hatte sich sogar die Mühe genommen, junge Männer in den diversen umliegenden Parks zu Blumenauer zu befragen und wollte gehört haben, dass diese von dem älteren Mann zu »widernatürlichen Handlungen« eingeladen worden wären.

Da Blumenauer zu seiner Niederprügelung eisern schwieg, ordnete der hitzige Rayonsinspektor im Laufe der nächsten Woche die razziaartigen Verhaftungen in der einschlägigen Gastwirtschaft OK auf der Kärntnerstraße sowie in umliegenden Bedürfnisanstalten an. Und damit nahm das Übel seinen Anfang, das Willy und Hugo in den Knast gebracht hatte.

Und unglaublicherweise ist auch der alte Blumenauer in einer Umkehrung von Opfer und Täter eingelocht worden – selbst ein Sechzigjähriger ist nun nicht mehr vor den Übergriffen der Gestapo sicher.

Egon »Exi« ist über die Sache mittlerweile so echauffiert, dass ihm die Haare wirr ins schöne Gesicht hängen und er wild gestikulierend Pläne entwirft, wie Hugo und auch Willy am besten freizukriegen wären. Und er scheint sich ganz gut auszukennen. Er meint, dass er einen guten Rechtsanwalt auftreiben könne, der bereit wäre, die beiden zu verteidigen. Leicht würde es nicht sein, denn die meisten Anwälte zogen es vor, die Konfrontation mit der Gestapo zu vermeiden.

Bei Hugo müsste eine gute Verteidigung noch eher zu schaffen sein, weil er als Prokurist bei einer großen Firma arbeite, die gerade arisiert worden war und in der jeder nicht-jüdische Angestellte, noch dazu mit Hugos Sach- und Sprachkenntnissen, dringend gebraucht würde. Bei Willy könnte es schwieriger werden, weil er so unvorsichtig gewesen war und einige Jungen im Auto mitgenommen hatte. Aber auch Willys Beziehungen als Vizepräsident des Verbandes Österreichischer Straßengesellschaften waren gut, und die Nazis würden es wohl nicht wagen, ein so hohes Tier wie ihn lange einzusperren.

Aus Vorsicht hat Exi es seit Jahresbeginn nicht mehr gewagt, in Logen oder Bäder, die sonst seine Informationsquellen waren, zu gehen. Aber einige seiner Schauspielerkollegen am Volkstheater hatten sehr gute Drähte zu den neuen Machthabern und versorgten ihn immer mit den neuesten Informationen. Daher weiß er noch einiges mehr von der Verhaftungsgeschichte, die eine ganze Reihe von gesellschaftlich hochgestellten Männern plus ihren Liebhabern den Nazis ans Messer geliefert hat.

Am schrecklichsten habe es den Muschler erwischt. Das war ein etwa fünfzigjähriger Kaufmann und Herrenschneider aus Königsberg, der Ende 1937 nach Wien gekommen war und sich im Hotel Sacher einquartiert hatte. Er war nämlich Anfang 1937 im »Reich« wegen des § 175 zu neun Monaten Gefängnis verurteilt worden und hatte sich gleich nach seiner Entlassung Richtung Wien davongemacht. Da hatte er sich vorgenommen, das Leben in vollen Zügen zu genießen, und die jungen Männer wussten seine Freizügigkeit zu schätzen. Unter dem Namen »Exzellenz« war er bald im Römischen Bad bekannt, und alle freuten sich, wenn sie von ihm zu einer Fahrt nach Baden eingeladen wurden, die immer in einem großen Gelage endete. Die neuerliche Verhaftung – wieder von denen, denen er im Jahr zuvor noch einmal entkommen konnte – war zu viel für ihn. Wenige Tage nach der Verhaftung erhängte er sich in der U-Haft.

Über Willy in der Haft weiß Egon wenig, und Sidi muss sich fast unverrichteter Dinge nach zwei Stunden wieder auf den Weg machen. Sie kann Grete in der Folge nur sehr unbefriedigend über ihr Treffen mit Exi berichten. Die hat schon auf eigene Faust zwei Rechtsanwälte aufgesucht, die zugestimmt haben, Willys Verteidigung zu übernehmen, aber meinten, dass es wohl einige Zeit dauern könne, bis sich in dem Fall etwas tun würde.

Willy und die Burschen, die ihn dahin gebracht haben, sitzen inzwischen in Untersuchungshaft und werden in zahlreichen Verhören in die Zange genommen.

Günther und Friedrich, die beiden Erpresser, waren mit einem gewissen Rudolf bekannt, und offensichtlich hatte dieser Rudolf sie ursprünglich auf den wohlhabenden Willy aufmerksam gemacht.

Laut Willy war er Rudolf zum ersten Mal im Oktober 1938 begegnet. An jenem Abend war Willy zu Fuß von seinem Büro im Porrhaus nach Hause gegangen. Auf dem Weg machte er, nicht zum ersten Mal, einen Abstecher ins Pissoir am Resselpark. Dort wurde er von einem »Zigeunertypen«, Rudolf, ins Visier genommen, und er erzählte später, dass es ihm beim Anblick des schwarzhaarigen jungen Mannes heiß und kalt über den Rücken gelaufen war. Willy lud ihn zu einer Fahrt in den Prater ein, musste allerdings zuerst nach Hause, um das Auto zu holen. Auf einem abgelegenen Weg im Prater kam es dann, wie es im Polizeijargon so schön heißt, »zum gegenseitigen Angreifen der Glieder und zum gegenseitigen Onanieren«.

Auf seine nächste Dienstreise, die ihn nach Klagenfurt führte, nahm Willy Rudolf als Chauffeur mit. Auf dem Weg dorthin übernachteten die beiden im Hotel Bahnhof in Köflach, in der Steiermark. Im Hotel mieteten sie sich in einem Zimmer ein, wo sie es laut Aussage auch miteinander trieben. Die Polizei, die es genau wissen wollte, verhörte Rose Rossmann, das Stubenmädchen des Hotels, welches sich auch noch Monate später sehr genau an die beiden Herren aus Wien erinnerte. Ihr sei aufgefallen, dass der ältere Herr den Burschen sehr zuvorkommend behandelt und ihm auch viel bezahlt habe. Nach ihrer Erinnerung habe jedoch der junge Mann »weder wie ein Zigeuner noch wie ein Jude ausgesehen, sondern sei ein fescher Bursch gewesen«.

Am nächsten Morgen fuhren sie zuerst nach Graz, wo Willy Rudolf einen Trenchcoat kaufte und ihm versprach, das nächste Mal Schuhe und einen Anzug für ihn zu erstehen. In Klagenfurt angekommen, beschloss Rudolf dann, einen Freund in Maria Saal zu besuchen, und Willy setzte seine Dienstreise ohne Chauffeur nach Vorarlberg fort. Im Laufe des nächsten Monats traf er sich etliche Male mit Rudolf. Er nahm ihn auch auf eine Dienstreise nach St. Pölten mit, wo sie im Hotel Pitter abstiegen. In Wien kam es zu Treffen beim Resselpark, sie besuchten dann Cafés oder gingen ins nahe gelegene Schikanederkino.

Im Dezember 1938 hatte Willy dann das Interesse an Rudolf verloren, jedenfalls hatte er zu Jahresbeginn den jungen Friedrich auf der Kärntnerstraße aufgegabelt. Der junge Mann wurde in den Prater spazieren gefahren und zum Essen eingeladen.

> Er erzählte, dass er auf den Strich geht, und er wisse, warum ich ihn angeschaut habe. Dann machte er mir den Vorschlag, mich mit ihm zu betätigen. Warum ich darauf eingegangen bin, kann ich mir heute nicht mehr vorstellen. Wir fuhren zusammen mit dem Auto in den Prater. Um nicht aufzufallen, habe ich die Lichter verlöscht und stand das Auto in einer Seitenallee beim Lusthaus. Im Auto haben wir uns gegenseitig das Glied gerieben. Er erzählte mir, dass er zum Arbeitsdienst einrücken muss. In sexueller Beziehung hatte ich an diesem Vorfall Vergnügen. In allen Fällen, in denen ich mich im Prater vergangen habe, habe ich mich mit dem Wagen auf einen Seitenweg gestellt und dann das Licht abgeblendet. Rolleaux hat das Auto keine.

Am nächsten Tag gab es dann ein Rendezvous im Resselpark. Willy führte Friedrich in den Hubertuskeller auf der Mariahilferstraße aus, dann gingen die beiden ins Kino und sahen einen Film mit Heinz Rühmann.

Auf Vorschlag Willys gingen sie danach ins Hotel Apollo, wo sie für sieben Reichsmark im vierten Stock ein Zimmer mieteten. Der Ingenieur war so dumm gewesen, seine Kamera mitzunehmen, um seine neueste Eroberung im Bild festzuhalten. Dass ihn Willy photographierte, hatte den jungen Burschen aber offensichtlich sehr verärgert. Irgendwann nachdem er sich von ihm hatte befriedigen lassen, begann er Willy fast bis zur Bewusstlosigkeit zu würgen und verschwand mit den Filmen und Willys Geldbörse aus dem Hotelzimmer. Bevor er das Zimmer verließ, drohte er Willy noch mit einer Anzeige bei der Gestapo. Anstatt Anzeige zu erstatten, begann er dann einige Tage später das Erpresserspiel. Zuerst hinterließ er einen Zettel mit Drohungen an der Windschutzscheibe von Willys Imperia-Adler-Wagen. Dann wartete er auf Willy vor dem Haus und forderte besagte zwei Fahrkarten nach München.

Welche Methoden die Gestapo anwandte, um die jungen Männer zum Reden bringen, war nicht schwer zu erraten. Jedenfalls hatten Günther und Fritz gesagt, dass die Idee mit der Erpressung vom »Zigeuner« stamme. Mit dem Zigeuner war der schwarzhaarige Rudolf gemeint, ein Spitzname, den der Bursche seinem ungarischen Familiennamen zu verdanken hatte.

Der »Zigeuner« Rudolf leugnete die Idee der Erpressung nicht, meinte aber, dass sie gar nicht von ihm stamme, sondern von seinem Kollegen Karl, den er aus der Pingpong-Spielhalle in der Theobaldgasse kannte und mit dem er bis zum Frühjahr 1938 im Resselpark auf den Strich gegangen war.

Das soziale Elend, ihre Jugend und ihre widrigen wirtschaftlichen Verhältnisse sind letztlich die einzigen Argumente, welche die drei Burschen zu ihrer Verteidigung vorbringen können. Einen professionellen Verteidiger haben sie nicht.

> … ich habe die Verbrechen begangen, weil ich dadurch die Mittel zu einem besseren Leben erlangte.
> Ich hatte keine Lehrstelle. Durch das Herumlungern kam ich auf die schiefe Bahn. Die Tanzschule Amon in Meidling war mein Ruin.

Trotzdem werden sie es sich nicht richten können, und obwohl in den Gerichtsakten nichts vermerkt ist, wurden sie alle der Gestapo übergeben und mit ziemlicher Sicherheit ins KZ abtransportiert.

Willy, Hugo und die anderen Freier hingegen können mit Hilfe kostspieliger Anwälte das Schlimmste verhindern und sich nach mehreren Monaten aus ihrer misslichen Lage befreien.

Hugos Anwälte schreiben ständig Briefe an die Behörden, in denen sie auf seine Frontkämpfertätigkeit im Krieg von 1914 hinweisen und seine weitere Abwesenheit von seiner Firma als schädlich für die wirtschaftlichen Interesse des »Reiches« bezeichnen, da beträchtliche Werte auf dem Spiel stünden und seine Anwesenheit als »Arier« dringend erforderlich sei.

Am 28. April 1939 wird Hugos Haft aufgehoben: Unbescholtenheit, Bildung und gehobene Stellung sprechen für ihn. Er muss eine Kaution von 10.000 Reichsmark erlegen, um auf freien

Fuß gesetzt zu werden. Sofort nach seiner Enthaftung verlässt Hugo Wazlawek Wien und geht nach Prag. Im September desselben Jahres wird er wegen § 129 b zu drei Monaten Kerker verurteilt. Die Polizei stellt ein Ansuchen an die Universität Prag wegen Aberkennung des akademischen Grades, welcher ihm dann am 19. Jänner 1940 entzogen wird.

Willys Anwälte hingegen verfolgen eine andere Strategie. Nach Monaten in der Untersuchungshaft stellen sie ihn bei der Hauptverhandlung, die am 19. Juni 1939 im Landesgericht Wien beginnt, als kranken, zerrütteten Menschen hin, der nur durch enorme nervliche Anspannung und völlige Arbeitsüberlastung im Dienste der Heimat auf die schiefe Bahn gekommen sei.

Sie weisen darauf hin, dass ihr Mandant im Krieg von 1914 bis 1918 verschüttet gewesen sei und später immer wieder an Krankheiten gelitten habe. Seit dem Krieg leide er an Schlaflosigkeit. Außerdem sei er sehr jähzornig und hätte des öfteren in der Gegenwart seiner ehemaligen Frau Tobsuchtsanfälle bekommen. Er sei ein starker Raucher gewesen, habe aber 1937 auf Anraten des Arztes das Rauchen eingestellt, worauf es zu starken Entwöhnungserscheinungen und psychischen Ausfällen gekommen sei. In Anbetracht all dieser Umstände stellt der Verteidiger einen Antrag auf Psychiatrierung des Angeklagten. Der Staatsanwalt stimmt diesem Antrag zu und unterstützt die Zweifel an Willys geistiger Zurechnungsfähigkeit.

Zu seiner Entlastung wird festgestellt, dass sein »Stammbaum rein arisch auf beiden Seiten« sei, dass er aus einer bekannten Wiener Familie komme, der Vater Techniker und Großkaufmann sei. Durch die schweren Jahre 1931–1938 hätte er seine Firma gerettet und dabei zahlreichen illegalen Parteigenossen in dieser Zeit jede mögliche Förderung zuteil werden lassen. Seit dem Umbruch beschäftige die Firma circa 2000 Arbeiter und Angestellte. Seit 1934 hätte er außerdem die Beziehungen zum Straßenbau im Deutschen Reich gefördert.

Willy selbst verteidigt sich auch mit seiner generellen Nervosität, den harten vergangenen Jahren und einer daraus resultierenden Verwirrung. Die sexuellen Verfehlungen von Oktober bis Dezember 1938 seien ihm selbst unerklärlich. Denn weder davor noch danach seien solche Bedürfnisse vorgekommen. Er verabscheue sein Tun und sei überzeugt, dass diese Zeit der Schwäche, die vielleicht durch seine ungeheure Arbeitsüberlastung und Nervenanspannung verursacht wurde, endgültig vorbei sei.

Am 11. Juli 1939 wird Willy enthaftet, mit der Auflage, im Haus seiner Eltern im 13. Bezirk, in dem auch seine Schwester lebt, zu wohnen. Die Hauptverhandlung geht am 27. Juli weiter und wird mit einem Urteil geschlossen.

Willy wird schuldig gesprochen und zu fünf Monaten Arrest, verschärft durch ein hartes Lager monatlich, verurteilt. Er muss die Kosten des Strafverfahrens tragen. Die Verurteilung ist bedingt und mit dreijähriger Probezeit. Die Gestapo äußert keine Bedenken gegen seine Enthaftung. Im August 1942 wird er dann auch aus dem Strafregister gelöscht.

Sidonie, die den Fortgang des Prozesses durch die Unterstützung und Beratung ihrer Freundin Grete aus nächster Nähe mitbekommt, ist beunruhigt und aufgewühlt. Sie als Jüdin und – wenn auch im Geheimen – lesbische Frau könnte die Nächste sein.

Im Freundeskreis haben die politischen Verhältnisse bei denen, die nicht von Beginn an begeistert für die neuen Machthaber sind, zu einer völligen Lähmung geführt. Die Nachricht von der Verhaftung Willys ist wie ein Eissturm hereingebrochen. Alle sind erstarrt, niemand wagt sich zu rühren, niemand wagt zu sprechen, und schon gar niemand wagt gegen die Nazis aufzutreten, obwohl alle wissen, was passiert ist. Die kleinste Regung könnte alles zerbrechen lassen, das gläserne, fragile Stillhalten des eigenen Lebens gefährden. Fast alle Familien sind gespalten in Teile, die mehr oder weniger engagiert den Nationalsozialisten nahe stehen, und solche, die strikt dagegen sind. Und alle haben nahe Freunde oder sogar Familienmitglieder, die bedroht sind oder emigrieren müssen. Ein ehemaliger Lehrer von Grete Weinberger an der Kunstgewerbeschule bringt sich um, ihr Mann sitzt im Gefängnis, der ältere Sohn wird ein paar Jahre später im Krieg vermisst bleiben. Ein alter Freund von Sylvie Dietz traut sich nicht mehr aus dem Haus und wird von ihr bis zu seinem Tod mit Kleinigkeiten versorgt, ihre beste Freundin, Trudl Rosenfeld, war schon emigriert, die Familie Imhof, mit der Sidi und Ed so gern Bridge gespielt haben, ist strikt gegen die Nazis. Und doch, sie schweigen alle, drehen den Kopf weg, wenn sie die zerstörten Geschäfte sehen, beißen sich betroffen auf die Lippen, wenn wieder einer aus dem Fenster gesprungen ist, weinen, wenn wieder welche emigrieren müssen. Das eigene Leben fordert so viel Aufmerksamkeit, so viel Kraft, die Kinder müssen geschützt werden, es wird schon bald vorbei sein, man will sich selber nicht gefährden, viel weiß man nicht, will man nicht wissen.

Es wird immer enger

Ab 1. Jänner 1939 war es zu einer Erweiterung der schikanösen Gesetze gegen jüdische Bürger und Bürgerinnen gekommen. Juden müssen ihre Betriebe und Grundstücke liquidieren oder unter ihrem Wert an Arier zu verkaufen. Sie dürfen keine Juwelen, Schmuck- und Kunstgegenstände erwerben. In zahlreichen Erlässen und Verordnungen wurde es Juden untersagt, Theater, Lichtspielhäuser, Konzerte, Ausstellungen, Sportplätze und Bäder zu besuchen, Führerschein und Kraftwagen zu besitzen, Universitäten zu besuchen, Kurorte aufzusuchen oder allgemeine Leihbüchereien zu benutzen.

Am 21. Februar 1939 wird den Nicht-Ariern befohlen, alle sich in ihrem Besitz befindlichen Gegenstände aus Edelmetallen – mit Ausnahme von Eheringen –, Edelsteinen und Perlen an öffentliche Verkaufsstellen abzuliefern.

Ab März 1939 wird zum ersten Mal eine Lebensmittelknappheit spürbar, und es kommt zu ersten Rationalisierungen von Fettstoffen. Im Mai meldet die nationalsozialistische Tageszeitung, der *Völkische Beobachter*, dass seit 1938 100.000 Glaubensjuden aus der Ostmark ausgewandert waren.

Am 1. September 1939 greift die deutsche Wehrmacht Polen an, die Schleusen zum Krieg sind geöffnet.

Ab 1940 kommt es zu einer Einschränkung des jüdischen Wohnraums. Von nun an entfällt der Mieterschutz, wenn der Vermieter ein Nichtjude ist, und Juden können gekündigt werden.

Die in privilegierten Mischehen lebenden Juden sind von diesen Sonderregelungen ausgenommen. Außerdem wird eine Wohnungskennzeichnungspflicht eingeführt, das heißt, das Anbringen des Judensterns am äußeren Wohnungseingang ist verpflichtend. Hermann Göring besteht darauf, dass auch während des Krieges »eine verstärkte Judenauswanderung im Rahmen der bestehenden Möglichkeiten« erfolgen sollte, schränkt aber ein, dass wehr- und arbeitseinsatzfähige Juden nicht in das europäische Ausland, speziell nicht in die europäischen Feindstaaten, auswandern dürfen. Da blieb nur noch der Seeweg über Italien und als einzige andere Möglichkeit der Landweg durch die UdSSR mit der Transsibirischen Eisenbahn. Dieser Weg wurde bis zum deutschen Überfall auf die UdSSR am 22. Juni 1941 von unzähligen Auswanderern nach Schanghai benutzt.

Sidi hat keine Angst vor all diesen lächerlichen Erlässen. In einer Mischung aus Verächtlichkeit, Stolz und völliger politischer Ahnungslosigkeit ignoriert sie, was zu ignorieren noch möglich ist. Auto fahren kann sie ohnehin nicht, und das, in dem sie immer fuhr, ist bei Ed geblieben. Ins Theater und Konzert geht sie selbstverständlich weiter, vor öffentlichen Bädern ekelt ihr, und die Zeiten zum Studieren sind bei ihr längst vorbei.

Dass sie jedoch ihren Schmuck abgeben soll, bringt das berühmte Fass zum Überlaufen. Jetzt fühlt sich Sidi zum ersten Mal persönlich angegriffen und ist hellauf empört. Es geht wirklich zu weit, dass dieses Gesindel die Finger nach ihrem Schmuck ausstreckt. Nein, kein einziges Stück würde sie den Nazis überlassen. Ihre Mutter hatte ja schon einen Großteil der wertvollen Sachen nach Frankreich mitgenommen. Sie würde, was sie noch hat, mit einer »arischen« Bekannten nach Paris schmuggeln lassen, und die Nazis, die können das Glumpert, die wertlosen Straßbroschen, kleinen Hutnadeln und Silberringerln haben, die sie sonst manchmal ihren Hausmädeln geschenkt hat.

Aber nun sind ihr die politischen Realitäten zu nahe gerückt, als dass sie weiter die Augen verschließen könnte. Sie beginnt jetzt doch, die Emigration vorzubereiten. Das wird mit dem Vormarsch der deutschen Truppen Richtung Westen immer schwieriger. Im April wird zuerst Dänemark, dann Norwegen besetzt. Am 10. Mai marschieren die Deutschen in Belgien und den Niederlanden ein, und im Juni wird auch der Sitzkrieg gegen Frankreich beendet. Von ihrem Bruder und der Mutter aus Paris kommen immer aufgeregtere Anrufe, sie solle so schnell wie möglich Wien verlassen, sie seien in Frankreich einstweilen noch in Sicherheit, aber überlegten auch schon, zu den beiden anderen Brüdern nach Kuba zu reisen.

Sidi versucht also im Frühjahr 1940 auf eigene Faust, doch noch ein Visum nach Kuba und vor allem eine Schiffspassage dorthin zu bekommen. Die jüdischen oder kirchlichen Fluchthilfeorganisationen will sie dafür nicht in Anspruch nehmen, sie verabscheut es, sich registrieren zu müssen, erfasst zu werden und somit auch kontrolliert und dann irgendwann als Karteikarte »beamtshandelt« zu werden. Sie ist eine freie Frau, die sich von niemandem etwas vorgeben lässt und selbst entscheidet, was wann passiert. Wahrscheinlich weiß sie gar nicht, wie eng und gefährlich die Lage bereits für sie ist, und geht mit der Unverfrorenheit der Ahnungslosen und Stolzen in die Offensive.

Das seit 1940 für Juden und Jüdinnen existierende Verbot des Verlassens des Wohnorts ohne schriftliche Erlaubnis der Ortspolizei negiert sie und kauft sich eine Schlafwagenkarte nach Hamburg, um ihre Passage nach Kuba zu organisieren. Irgendeine Reederei wird schon noch Platz auf einem ihrer Schiffe haben, und ein bisschen Geld im Kuvert wird vielleicht eine Kabinentüre für sie öffnen.

Als sie an einem späten Aprilabend nur mit einem Handköfferchen den Waggon besteigt, wird sie vom Schlafwagenschaffner anstandslos zum Abteil gebracht. Sie benützt noch immer ihren Personalausweis, der sie unverfänglich als Sidonie von Weitenegg ausgibt. Klingt sehr deutsch. Im Abteil, dessen Betten für die Nacht noch nicht heruntergeklappt sind, sitzt eine elegante Dame und lächelt sie freundlich an. Sidonie verstaut ihr weniges Gepäck, legt den Mantel ab und lässt sich auf der gegenüberliegenden Bank nieder. Gerade als sie sich überlegt, dass ihr Visavis eigentlich sehr gut aussieht und ein längeres Gespräch recht charmant sein könnte, ergreift die Dame das Wort. Sie käme aus dem »Altreich« und hätte ein paar Tage in Wien verbracht. Von den vielen Juden, die es hier ja geben soll, hätte sie gar nichts gesehen. Da hat der Führer wohl schon aufgeräumt. Ob sie ihr nicht ein wenig über die Stimmung in Wien und das »Judenproblem« erzählen könne. Es sei ja wirklich schrecklich. Wien, diese Perle des nun zusammengeführten Reichs, und gleichzeitig diese Fremdvölker aus dem Osten. Aber nun habe man ja Polen besiegt, und Russland werde auch noch drankommen … So geht es in einem fort, und Sidonie kann nur fassadenhaft lächelnd sagen, sie wisse davon nichts, nein, Juden kenne sie keine, sie verkehre nicht in solchen Kreisen, und ähnliche Dinge, die ihr bleiern und metallisch schmeckend über die Lippen kommen müssen, um sich nicht zu verraten. Bald gibt sie tiefe Müdigkeit vor und ruft den Schlafwagenschaffner, die Betten aufzuklappen, und rollt sich schnell in ihrem zusammen, um diesen gepflegten Mund nicht mehr sprechen hören zu müssen und in einen seichten, ängstlichen Schlaf zu fallen. Als sie kurz vor Hamburg geweckt wird, ist die Fremde ausgestiegen. Mit einem kleinen vergnügten Seufzer der Erleichterung auf den Lippen blickt sie hinaus auf die Docks, sieht die Lastkräne, die vielen Frachtschiffe und die alten Ziegelgebäude der Speicherstadt. Ja, das wird ihr Ausgangspunkt in eine neue Welt werden. Am offenen Fenster lehnend, saugt sie hoffnungsvoll die feuchte Luft ein, die nach Meer und Weite und Neuem riecht.

Doch diese Hoffnungen sollten enttäuscht werden. Der Weg in den Westen ist zu, es gibt nirgends Platz, keine Passage ist aufzutreiben. Und sie muss unverrichteter Dinge die bittere Retourfahrt nach Wien antreten.

Nun, dann wird sie eben die andere Richtung nach Kuba wählen müssen. Über den Osten. Russland, Sibirien, Japan … Und es wird der schwierigere, abenteuerlichere Weg werden, was Sidonie in einem Winkel ihrer Seele mit einer wilden Abenteuerlust erfüllt.

In Wien nimmt sie doch noch die Hilfe der religiösen Flüchtlingshilfsorganisation Gildemeester in Anspruch. Diese Organisation kümmert sich vor allem um christlich getaufte Juden und Jüdinnen, die aber laut der nationalsozialistischen Rassengesetze wie Volljuden behandelt werden. Die sollen sich nur ihres Gepäcks annehmen, während sie sich – wieder im Alleingang – um die Fahrkarten nach Berlin, Königsberg, den Flug nach Moskau und die Weiterreise mit der Transsibirischen Eisenbahn kümmert.

Ihre Emigration wird eine Art Nacht-und-Nebel-Aktion, und

nicht einmal ihre engsten Freundinnen und ihre geliebte Wjera, die sich in letzter Zeit öfter in Wien aufhält, weil sie immer noch einen Anteil am Haus der Gutmanns in der Hasenauerstraße im 18. Bezirk besitzt und von den komplizierten Arisierungsverfahren betroffen ist, werden davon erfahren.

Als sie die Papiere und Fahrkarten beisammen hat, verlässt Sidonie Anfang August 1940 Wien. Sie hatte gerade noch die Ernennung Baldur von Schirachs zum Gauleiter und Reichsstatthalter von Wien miterleben können – das wird das letzte große Nazispektakel sein, das sie als Zaungast mitansehen muss. Wie eine Vogelfreie, ohne Besitz, den sie mitführen könnte, ohne Heim, Heimat oder Wurzeln, die sie noch ihr eigen nennen könnte, geht sie aus Wien fort. Die Fluchthilfeorganisation Gildemeester wird einen Schrankkoffer für sie befördern, das ist alles. Die Abschiedsbriefe wird sie in Berlin schreiben. Nur ihr ehemaliger Mann kennt ihre Pläne.

Die Polizeiverordnung, die Juden zwingt, einen handtellergroßen, schwarz umrandeten Sechsstern aus gelbem Stoff mit der schwarzen Aufschrift »Jude« zu tragen, wird erst am 19. September 1941 in Kraft treten. Zu diesem Zeitpunkt ist Sidonie schon fast ein Jahr in Kuba. S i e hätte nie jemand dazu gebracht, so einen Stern zu tragen.

Zum letzten Mal Leonie

Am 12. August 1940 steigt Sidi in den Zug Richtung Berlin. Nur Ed begleitet sie zum Franz-Josefs-Bahnhof, von wo am Abend einer der Züge nach Berlin fährt. Der Schmerz, ihr geliebtes Wien verlassen zu müssen, ist riesengroß, und doch mischt sich dazu eine verwegene Freude auf die grenzenlose Freiheit, die sie erwartet. Am Bahnsteig schließt sie Ed noch einmal fest in die Arme und drückt ihn heftig an sich. Die Gefühle überwältigen sie, und sie ist froh, einen vertrauten Körper umklammern zu können und eine Minute ohne Gedanken an der Schulter eines Menschen, den sie einmal geliebt hat, weinen zu können. Als sie sich löst, sieht sie, was sie mit Eds hellem Leinenanzug angestellt hat. Wie kleine zerrinnende Spinnenbeine findet sie die Spuren ihres Lidstiftes auf seinem Sakko. Da hilft kein Wischen und auch kein Murmeln. Aber er hat seine Eitelkeit wenigstens einmal dem Moment geopfert, streicht ihr übers Haar und wünscht ihr Gottes Segen. Natürlich bleibe man in Kontakt, brieflich, natürlich sei das alles nur pro forma, und er werde ihre Sachen behüten, natürlich werde er auf sie warten, und wenn das alles vorbei wäre, würden sie wieder zusammenkommen, dann wäre wieder Zeit für die Liebe.

Sidi nickt und springt in den Waggon. Wie in einer filmischen Rückblende kommt sie sich vor, als sie das Gangfenster herunterlässt und wie ihre Mutter noch Kusshändchen hinausschickt – peinlich wie damals und vielleicht echt wie damals. Dann rollt der Zug an, und vierzig Jahre ihres Lebens liegen hinter ihr.

Aber Sidi wäre nicht Sidi, wenn sie nicht zu ihrem Berlin-Aufenthalt, der ihr ein paar Tage in der Stadt des »Führers« bescheren würde, gute Einfälle hätte. Berlin heißt seit sechzehn Jahren Leonie von Puttkamer, und da sie seit ebensolchen sechzehn Jahren nichts mehr von ihr gehört hatte, wird es Zeit.

Als sie am nächsten Morgen ankommt, quartiert sie sich in einer Pension ein. Am selben Abend erlebt sie ihren ersten schweren Luftangriff. Die Nazis haben die Luftschlacht um England begonnen, und die entsprechende Antwort der Royal Air Force auf die Angriffe der deutschen Wehrmacht folgt auf dem Fuß. Die Stunden im Luftschutzkeller der Pension verbringt Sidi mit dem Legen eines Puzzles: das beruhigt die Nerven und vertreibt ihr die Zeit. Und mit dem Lesen des Telephonbuches, das ihr die Rezeption dankenswerterweise borgte.

Hier ist sie. »Puttkamer, Leonie von«. Im Heulen der Fliegersirenen und der niedergehenden Bomben flattert ihr Herz vor Aufregung, aber es ist nicht die Angst vor der Vernichtung, sondern die Freude, Leonie gefunden zu haben. Es kann nur die Baronin sein …

Ohne lange zu überlegen, geht Sidonie nach überstandener Bombennacht und ein paar Stunden Schlaf in die Telephonkabine und wählt die angeführte Nummer. Die Stimme am anderen Ende der Leitung, die mit einem knappen »Puttkamer« antwortet, ist noch immer dieselbe. Melodisch, herb und ein bisschen spöttisch. Und fast dieselbe, ein wenig eingeebnet durch den Gang der Zeit, ist Sidis Reaktion – Freude, ein kleiner Sprung des Herzens, Erwartung. Sidonie gibt sich zu erkennen, aber anstatt der erwarteten freudigen Begrüßung hört sie am anderen Ende nur ein nervöses Hüsteln.

»Die Sidi Csillag ist doch schon vor Jahren gestorben …«

»Nein, nein, sie lebt und spricht jetzt mit dir. Ich bin bis zum 16. in Berlin, dann geht mein Zug nach Königsberg. Ich würde dich gern sehen.«

Sidi schlägt weiter hartnäckige Skepsis entgegen. Dann beginnt die Baronin ein kleines Frage-Antwort-Spiel, um sicher zu gehen. »Wo haben wir uns kennen gelernt? Mit wem war ich damals verheiratet? Wie hieß mein Hund? Wenn du mir das sagen kannst, kann ich sicher sein, dass du wirklich die Sidi bist, die ich damals gekannt habe.«

Eine Sekunde lang ist Sidi wie vor den Kopf gestoßen, doch dann versteht sie, dass in Zeiten wie diesen Misstrauen Hochsaison hat. Und wie eine Pennälerin bei der Prüfung zählt sie übergenau Leonies Lebensstationen auf. Als sie ihr detailliert erzählt, wie wundervoll ihre Hände ausgesehen haben, beginnt Leonie zu lachen. Damit ist das Eis gebrochen.

»Jetzt wollen wir aber nicht deinen ganzen Aufenthalt in Berlin am Telephon verbringen. In welcher Pension steckst du denn? Sag mir die Adresse und ich komm' dorthin.«

Eine Stunde später klopft es an Sidis Tür, und vor lauter Nervosität wäre sie am Weg dorthin fast gestolpert. Da steht sie vor ihr, etwas älter, aber noch immer so schön, noch immer sehr anziehend. Eine kleine Ewigkeit blicken sich die beiden Frauen schweigend an und umarmen sich dann lange und innig. Noch immer dieser wunderbare Geruch, denkt sich Sidi, und der sehnige Körper, den sie unterm Kostümstoff in ihren Händen spürt. Wie konnte ich all die Jahre ohne sie leben? Ach, hätt' ich doch nur damals mehr Mut gehabt!

Die Baronin schlägt vor, in ein nettes italienisches Restaurant Mittagessen zu gehen, denn so ein Wiedersehen nach sechzehn Jahren gehört gebührend gefeiert. Zum Italienisch-Essen bräuchten sie keine Essensmarken. Wenn es auch nicht mehr so viel Lebensmittel gäbe, Weine aus Italien seien wegen der Brüderschaft mit dem Duce immer und überall erhältlich, und französischer Champagner fließe seit der Besetzung Frankreichs in Berlin in Strömen. Überhaupt gäbe es nach wie vor ein sehr passables Nachtleben und gute Musik in den diversen Bars.

Sidi schmunzelt, offensichtlich hält Leonie an ihren Gewohnheiten fest.

Auf dem Weg zum Restaurant kann sie ihre Augen nicht von Leonie lassen. Bewundernd blickt sie auf die neunundvierzigjährige Frau. Der Gang ist noch immer aufrecht und federnd, die Hände zart und bestimmend. Eigentlich kann sie sich nur zu ihrem guten Geschmack beglückwünschen, sich damals mit siebzehn diese Frau ausgesucht zu haben. Sie war es wirklich wert, angebetet und auf Händen getragen zu werden.

Leonie blickt auf ihre Uhr. Nach dem Essen wird sie Sidi verlassen müssen, denn sie habe ein paar Englischstunden zu geben. Das sei jetzt ihre Einnahmequelle: Englischunterricht für Emigrantinnen. Die spendablen Männer, bemerkt sie mit einem verschmitzten Lächeln, diese Männer gibt es nicht mehr in ihrem Leben.

Nach einer köstlichen Mahlzeit und einer soliden Flasche Lambrusco gehen die beiden Damen sehr beschwingt in den Nachmittag. Leonie gibt Sidi mit einem tiefen Augenaufschlag ihre Adresse und bittet sie, am späteren Abend bei ihr vorbeizukommen. Da könne sie dann auch ihre Freundin kennen lernen, eine ganz wunderbare Frau, mit der sie schon seit ein paar Jahren sehr glücklich zusammen lebe.

Ein kleines kokettes Winken, dann ist Leonie in ihrem großblumigen Sommerkleid, das so vorteilhaft an die Taille geschnitten ist, um die Ecke verschwunden.

Als sie am Abend gegen halb neun an Leonies Tür läutet, öffnet eine große, sehr blonde Frau etwas derangiert im Hausmantel, deren blasses, flaches Gesicht normalerweise an viel Schminke gewöhnt scheint.

›O Gott, ich habe es gewusst‹, schießt es Sidi durch den Kopf, ›noch immer dieser grauenhafte Geschmack bei Frauen.‹ Aber nach außen hin ist sie die Liebenswürdigkeit in Person und reicht der Fremden mit einem reizenden Lächeln die Hand.

Zwei Frauen, die an derselben Frau Gefallen finden, eine besonders elegant, die andere besonders schlampig, in einem Türrahmen – das kann nicht gut gehen. Verlegen und mit einem Aufblitzen von Misstrauen in den Augen nimmt die Blonde Sidonies Hand.

»Bin Magda. Verzeihen Se, wusste nicht, dass Se so früh kommen. Kommen Se mal rein. Leo gibt noch Stunden«, klingt es ihr in breitestem Berlinerisch entgegen.

›Leo‹, lacht Sidi leise in sich hinein, ›wie lange ist es her, dass ich gehört hab', wie die Weiber sie Leo nannten.‹

Magda bittet Sidonie in die Küche – im Wohnzimmer findet der Unterricht statt – und verschwindet für ein paar Minuten, um sich was überzuziehen, wie sie sich ausdrückt.

Sidi macht es sich an einem einfachen Holztisch bequem und lässt den Blick schweifen – über weiße abgenutzte Küchenkästchen, Stapel von Geschirr in der Spüle, einen dieser doppelstöckigen Kaffeekocher aus Porzellan vor ihr, durch ein kleines Doppelfenster mit einer rachitischen Petersilpflanze bis in einen Berliner Hinterhof.

›In Saus und Braus leben die beiden ja nicht gerade‹, denkt sie sich. Da ist Magda schon wieder zurück von ihrer Verschönerungstour. Ein beiges Sommerkleid und ein greller Lippenstift machen die Sache auch nicht besser. Sidi lässt ihren Blick an dieser armen Frau, die sich so bemüht, mit ihr gleichzuziehen, auf und ab gleiten. Die spürt, dass ihr eine mächtige Widersacherin gegenübersitzt, und flüchtet sich in hastige, laute Erzählungen über ihre Tätigkeit beim Film. Sie lässt Sidonie in Ungewissheit, was sie eigentlich genau beim Film macht, aber die ist ganz sicher, dass eine Frau mit Magdas Aussehen keinesfalls Schauspielerin sein könne. Statistin maximal, denkt sie süffisant, da öffnet sich die Tür zum Wohnzimmer, und das schäbige Hinterhof-Berlin wird erleuchtet durch den Auftritt Leonie Puttkamers, jetzt in einem hellblauen Seidenensemble, offenbar schon für den Abend hergerichtet.

Sidonie erhebt sich sofort und wird von der Freundin innig begrüßt. Leonie nimmt Sidis Gesicht in beide Hände und küsst sie schallend auf den Mund. Dann setzt sie sich zu den beiden an den Küchentisch. Mit einem ungläubigen Kopfnicken strahlt sie

Sidi an. »Dass du es bist und dass du jetzt da bist …!« Immer wieder streichelt sie ihre Hand.

Magda beschließt angesichts von Leonies Eleganz gerade, sich noch einmal umzuziehen, und verlässt den Raum. Außerdem würde ihr das wenigstens für ein paar Minuten ersparen, die Freude und Anziehung zwischen den beiden Frauen mit ansehen zu müssen.

Leonie führt Sidi inzwischen ins Wohnzimmer. Wenn Magda fertig wäre, würde man in eine der Abendbars gehen, in denen die schöne Damenwelt Berlins verkehrt.

›Ich möchte sie noch immer mit den Augen auffressen‹, denkt Sidi und beherrscht sich, dies nicht auch wirklich zu tun. Als die Baronin und sie strahlend nebeneinander auf der Couch sitzen, neigt sich Leonie zu ihr herüber und beginnt sie zu küssen. Einfach so, nach sechzehn Jahren, mit der Freundin im Nebenzimmer. Sidi ist es, als ob keine Zeit vergangen wäre. Die knisternde Atmosphäre der frühen Jahre ist von neuem da, und wieder einmal scheint es, als ob die Zeit stehengeblieben sei, Gefühle zwischen Menschen unveränderbar wären.

Dann passiert, was passieren muss. Die Tür geht auf, eine erstarrte Magda, dieses Mal in schwarzem Kostüm, steht im Türrahmen und beginnt fast ansatzlos zu brüllen.

So gehe das nicht, es reiche ihr. Sie, Sidi, solle dorthin verschwinden, wo sie hergekommen sei. Dies sei ihr Haus, in dem sie zu Gast sei, und sie solle gefälligst ihre Freundin in Ruhe lassen. Wenn sie nicht sofort verschwinde, werde sie sie bei der Gestapo anzeigen.

Das ist für Sidi, welche die ganze Szene genüsslich über sich ergehen ließ, doch etwas viel, und sie steht auf, um zu gehen.

Leonie, die Magda bis zu diesem Zeitpunkt relativ gelassen zugehört hat, weist die Lebensgefährtin beim Wort Gestapo mit scharfer Stimme aus dem Wohnzimmer.

»Sidi, es ist wirklich besser, wenn du gehst. Du siehst ja, hier ist die Hölle los, und ich muss jetzt Magda erst einmal zwei Stunden beruhigen.«

Dann kritzelt sie aber noch eilig die Anschrift und Telephonnummer eines befreundeten Frauenpaars auf ein Stück Papier und bittet Sidi, morgen nachmittag dorthin zu kommen.

Am nächsten Tag ist Sidi aufgeregt, da die angegebene Adresse weit entfernt von ihrer Pension in Schöneberg liegt und eine ausgedehnte Reise mit der S-Bahn erfordert. In der Nähe der Oranienburger Straße steigt sie aus und geht die paar Schritte Richtung Spree hinunter, wo der vereinbarte Treffpunkt liegt. Sie kommt früher als vereinbart zur angegebenen Adresse. Diesmal ist der Empfang herzlich und ungezwungen. Die Wohnung ist so elegant wie die beiden Bewohnerinnen und das Gespräch zwischen den Frauen ist ebenso herzlich wie amüsant. Bis zur Ankunft Leonies halten die beiden Sidonie mit Alltagsgeschichten aus Berlin bei Laune.

Schon seit Monaten könnten sie nur noch am Wochenende baden, während der Woche dürfe in Berlin kein Heißwasser mehr abgegeben werden. Ihre Essgewohnheiten hätten sich auch sehr geändert: Beim Ausgehen gäbe es jetzt meistens Austern, denn die können ohne Punkte verspeist werden, dafür wurde man von ihnen nicht satt. Zu Hause gäbe es dann viel Joghurt, dafür kaum noch Milch, was für den Magen eine ziemliche Tortur bedeute und ihnen beiden natürlich nicht besonders schmecke, aber den Hunger zum Schweigen bringe.

Zur Mode ließe sich nur so viel sagen: Die Kleidermarkensituation zwinge ja Damen wie sie förmlich dazu, sich einschlägig zu kleiden. Es gäbe nur noch Hüte und Krawatten ohne Marken zu kaufen, und da sie beide nicht gänzlich auf den Genuss des Einkaufens und des Anziehens zum Ausgehen verzichten wollten, füllten sich ihre Schränke mit Hüten und Krawatten und man gebe in den Bars eben die Garçonne. Gelegenheit, die Krawatten auszuführen, gäbe es genug. Man treffe sich im Adlon, im Eden, in der Ciro-Bar oder immer wieder zu ausgewählten Soirées in privaten Kreisen. Von der Künstlerin Renée Sintenis habe sie doch sicherlich gehört, sie gäbe weiterhin ihre Gesellschaften, und letzte Woche erst hatten sie wieder Hertha Thiele, diese entzückende Schauspielerin, getroffen, die in *Mädchen in Uniform* mitgespielt hatte.

Als sie gerade kichernd dabei sind zu erörtern, ob nun Hertha Thiele, die Manuela aus dem Film, oder Dorothea Wieck, welche die Lehrerin spielte, der anziehendere Frauentypus sei, kommt Leonie.

Mit ihr vergeht der Nachmittag dann im Fluge. In der Gegenwart dieser Frau vergisst Sidi alles, selbst die bevorstehende Emigration. Leonies Freundinnen haben sich diskret zurückgezogen und irgendwann wohl die Wohnung verlassen. Zum ersten Mal nach so vielen Jahren können Sidi und Leonie ihre Liebe zueinander ganz ausleben. Auf einem samtüberzogenen Kanapee inmitten von pieksenden Kissen, zu einer Zeit, die Krieg und Vernichtung zum Alltag macht, in einer Stadt, in der die Nazis ihr Hauptquartier haben, genießen Sidi und Leonie ihre Körper und ihre Küsse. Beide wissen um die Kostbarkeit des Moments, um das Exzeptionelle der Situation – und es hilft ihnen, alles zur Seite zu schieben und sich ganz ihrer Lust hinzugeben. Morgen wird niemand Forderungen stellen, die Gefühle und Erlebnisse vom Vortag in barer Beziehungsmünze einmahnen – morgen ist alles vorbei. Das macht die beiden Frauen frei, übermütig, todtraurig und zutiefst liebend.

Ein paar Tage später wird Sidi den Zug besteigen, der sie mit vielen Zwischenstationen auf die andere Seite der Welt bringen wird, und Leonie wird den Krieg inmitten von Berlin überleben.

Diesmal ist der Abschied von Leonie ein endgültiger, und beide Frauen scheinen das zu wissen. Außer ein paar Küssen, Umarmungen und einem Nicht-loslassen-Wollen der Hände gibt es keine Versicherungen, keine Vereinbarungen. Ein Kontakt über Korrespondenz würde ohnehin bald nicht mehr möglich sein – ab 1942 kommt der internationale Briefverkehr fast gänzlich zum Erliegen. Ein Schreiben Sidis nach dem Krieg bleibt unbeantwortet. Später einmal schickt sie noch ein Päckchen mit Leonies Lieblingstee an deren alte Berliner Adresse, aber auch darauf gibt es keine Rückmeldung. Erst viele Jahre später erfährt Sidi von einer Bekannten, dass Leonie im Mai 1953 in Berlin gestorben ist.

So nimmt sie nur die Schönheit der Baronin und ihrer Erlebnisse für immer mit auf die Reise.

Durch Sibirien und über den Pazifik

Von Berlin geht es am Abend des 16. August mit dem Zug nach Königsberg. Dort hat Sidi am nächsten Morgen gerade genügend Zeit, um zum Flughafen zu kommen und das Flugzeug nach Moskau zu nehmen. Das erste Mal in ihrem Leben steigt sie über die Tragflächen in eine kleine fliegende Wellblechschachtel mit kaum mehr als einem Dutzend Sitzplätzen und betrachtet, schwitzend vor Angst und Freude, durch viereckige Fenster die unter ihr vorüberziehende Landschaft, die Wolkentürme, in denen sie meinen könnte, wie ein Vogel in ihren Aufwinden zu liegen, und die hübsche Flugbegleiterin, die ihr kleine Bonbons gegen Übelkeit serviert.

In Moskau verbringt sie vierundzwanzig Stunden und hat das Gefühl, in einer Stadt von Bettlern zu sein.

Untergebracht ist sie in einem Hotel, das zwar Reste von zaristischem Pomp bietet und in ihrem Zimmer mit Spiegeln in riesengroßen goldenen Rahmen aufwarten kann. Dafür gibt es nur im 2. Stock funktionierende Klos und abends kein Fließwasser.

Die Menschen auf den Straßen sind in Sidis Augen erschreckend schlecht angezogen und starren sie an, als ob sie von einem anderen Planeten käme, nur weil sie Rock und Bluse anhat. Die Frauen hier tragen schäbige dünne Baumwollkleider. Außerdem ist sie weit und breit die einzige mit Lederschuhen, alle anderen gehen barfuß oder tragen kurze Baumwollsocken in Stoffschuhen, Galoschen oder Bettpantoffeln. Von diesen armseligen Figuren wird Sidonie denn auch immer wieder aufgehalten. Mit aufgeregten, bittenden Gesten geben sie ihr zu verstehen, dass sie eigentlich alles, was sie am Leib hat, kaufen möchten. Da rettet sie sich dann bedrängt und verlegen in die Untergrundbahn, deren Stationen wiederum mit ihrer prachtvollen Ausstattung aus Marmor prunken und Sidonie die Möglichkeit geben, der Hitze der Vier-Millionen-Einwohner-Metropole, die ihr sehr zu schaffen macht, ein wenig zu entkommen.

Sie ist erleichtert, am nächsten Tag diese scharfen Kontraste der verfallenden Pracht und der Not der Menschen wieder verlassen zu können, und besteigt den so genannten Mandschurei-Express. Zweimal die Woche verlässt die Transsibirische Eisenbahn Moskau, einmal um die Strecke bis zum Pazifikhafen Wladiwostok zu fahren, das andere Mal über die Mandschurei.

Noch vor dem Weltkrieg 1914–1918 war weltweit für Fahrten quer durch Sibirien geworben worden, und es galt als schick, mit höchstem Komfort der *Compagnie des Wagons-Lits* quer durch die Taiga und Tundralandschaft zu reisen. In der Zeit der Russischen Revolution und in den zwanziger Jahren waren diese Luxusfahrten eingestellt worden. Mitte der dreißiger Jahre machte die staatliche sowjetische Fremdenverkehrsorganisation Intourist aber wieder Werbung für diese Route.

Die Fahrpläne werden zwar immer wieder allen möglichen Änderungen unterworfen und die Preise sind ohne Gewähr, dennoch ist Sidonie erleichtert, dass sie sich trotz der kyrillischen Schriftzeichen bis zum Zug durchgeschlagen hat, dass ihre Fahrkarten stimmen und dass Nazi-Europa nun bald endgültig hinter ihr liegt.

Es sind vorwiegend ältere Menschen, die da gemeinsam mit ihr am 18. August 1940 um fünf Uhr nachmittags den Zug bestiegen. Denn die Jüngeren, die noch Mittel und Möglichkeiten hatten, haben das naziverseuchte Europa schon früher verlassen.

Der Nichtangriffspakt zwischen Hitlerdeutschland und der Sowjetunion vom 22. August 1939 zögerte den militärischen Konflikt zwischen den beiden Ländern auf ein paar Jahre hinaus. Ein ähnlicher Pakt mit Japan stellt für die Sowjetunion zudem die Ruhe an der chinesischen Grenze sicher. Bis zum Juni 1941 bleiben daher die Transsibirische Eisenbahn und der Weg über Lissabon die letzten und einzigen Fluchtalternativen für europäische Jüdinnen und Juden aus Ländern, die von den Nazis besetzt worden waren.

Sidi hat ein Abteil erster Klasse für sich allein gemietet und sitzt in einem der alten Wagen der *Compagnie des Wagons-Lits*, die eigens dafür wieder hervorgeholt worden waren. Die billigeren Klassen liegen hingegen in russischen Waggons heimischer Erzeugung. Alle Klassen und Waggons haben Betten mit Matratzen und Wäsche. Aber nur in Abteilen wie dem Sidis gibt es Lavabos, eine Einrichtung, über die sie sich in den nächsten heißen Tagen noch sehr freuen wird.

Beim Einsteigen hat sie gleich das Bett ausprobiert, das sehr hart und mit Laken von schlechter Qualität bezogen ist. Diese Leintücher würden innerhalb von acht Tagen nur einmal gewechselt werden. Dafür ist das Bett viel breiter als bei den anderen europäischen Bahnen, die sie kennt.

Das Besprechen der einfachsten Dinge mit den Schaffnern, von denen es zwei pro Waggon gibt, erweist sich allerdings als sehr schwierig. Die Schaffner sprechen keinerlei Fremdsprachen, ihre Uniformen sind abgewetzt und fleckig, was auch ihnen ein ärmliches Aussehen gibt. Aber sie sind diensteifrig und diszipliniert und tun ihr Bestes.

Vor der Abfahrt hat es noch genaue Gepäckkontrollen gegeben, und leider ist Sidis kleiner Photoapparat und ein paar Bücher konfisziert und mit Siegel versehen worden. Erst bei Verlassen des sowjetischen Territoriums würde sie diese Gegenstände wiederbekommen. Was sie aber wundert, ist, dass die Beamten ihr die Zigaretten gelassen haben. In kleinen Mengen werden sie offenbar toleriert, außerdem könnte sich im Lauf der Fahrt ja eine Gelegenheit ergeben, dem Fahrgast die eine oder andere gute ausländische Zigarette herauszulocken.

Da man auf der tagelangen Fahrt nicht sehr viel anderes tun kann als im eigenen Abteil oder im Speisewagen zu sitzen, entscheidet sich Sidi meist für den Speisewagen. Dies aber keineswegs wegen des Essens. Das ist zur Gänze direkt von Moskau mitgenommen worden und überreichlich vorhanden, aber von schrecklicher Qualität und lieblos zubereitet. Da die Lebensmittelvorräte unterwegs nirgendwo aufgestockt werden, riecht und schmeckt das Fleisch täglich schlechter. Gemüse gibt es gar keines, außer ab und zu ein wenig gehackten Weißkohl in einer Fleischsuppe. Statt Kartoffeln gibt es dunkle, grobe Makkaroni, die wie Porridge zubereitet sind. Für Sidi ist das alles ein grässlicher Matsch. Sie isst nur so viel wie unbedingt nötig und hält sich an das einzig Gute im Speiseplan, die Vorspeisen.

Da gibt es Lachs und russischen Kaviar, den sie liebt und der während der ersten vier Reisetage dauernd serviert wird und ihr oft alle Mahlzeiten ersetzt. Allerdings muss sie ihn um teures Geld erstehen. Denn man kann nur mit Rubeln zahlen, die man vorher zu einem unverschämten Wechselkurs eintauschen musste, um sich das teure Leben an Bord auch leisten zu können.

Abfahrtsbahnhof der Transsibirischen Eisenbahn, Moskau

Auf den Nachtisch, immer Käsebiskuits, verzichtet Sidi sofort, nachdem sie sie das erste Mal versucht hatte. Sie rochen genau wie das, was Babys von sich geben, wenn sie zu viel Milch getrunken haben, und Sidi mag nichts, was mit Babys zu tun hat.

Was sie fast noch mehr stört, ist die Farbe der Tischtücher. Schon als sie das erste Mal auf den Tisch kommen, sehen sie nicht so aus, wie sie sollen – sie sind grau, und da sie nie gewechselt werden, sind sie bald schwarze, mit Rußpartikeln und Essensresten verklebte Lappen, an denen Sidi mit dem Ärmel kleben bleibt, wenn sie sich mit dem Ellbogen aufstützt. Einige der Reisenden wischen die Schüsseln, Gabel und Löffel zuvor mit der Serviette ab, aber Sidi findet auch das keine sehr appetitanregende Lösung und benützt lieber das Toilettenpapier, das sie vorsichtshalber noch in Wien eingesteckt hatte. Jedesmal nimmt sie ein paar Blätter und wischt vor dem Essen die Teller und das Besteck damit ab.

Diese wenig erfreulichen Tatsachen rund um das Essen sind es also nicht, die Sidi in den Speisewagen ziehen, sondern die Möglichkeit, stundenlang in Gesellschaft hinauszuschauen auf unbekannte und faszinierende Landschaften, die sie begeistern. Aber diese Leidenschaft kann sie mit niemandem teilen. Die meisten Mitreisenden scheinen sich nur ihren zwei Lieblingsthemen zu widmen: dem amerikanischen Visum und der Verdauung.

Die Fahrt geht über Jaroslawl und Kirow nach Perm. Am Morgen des 20. August hält der Zug in Swerdlowsk im Uralgebirge. Das ist geographisch der Abschied von Europa und der Beginn der Reise durch Sibirien. Das westsibirische Tiefland ist eine einzige Ebene, die manchmal leise ansteigt und dann wieder unendlich flach und weit ist.

Sidis Augen können sich nicht satt sehen an den vielen Dörfern entlang der Strecke mit ihren kleinen grauen Holzhäuschen und den aus Lehm gestampften Wegen. Die Städte, an denen sie vorbeikommt, sind großflächig angelegt, vorwiegend aus dem Ende des neunzehnten Jahrhunderts, mit vielen Fabriken aus Backstein. Die Bahnhöfe dieser Städte sind lebendig wie Bienenstöcke, und Sidi liebt es, sich die Nase am Fenster plattzudrücken, um die kleinen Souvenirläden, die politischen Plakate und großen Bilder von Stalin, Molotow und anderen Sowjetgrößen, und vor allem die ewiggleiche hellgraue Lenin-Statue, welche die Wiesenplätze vor sämtlichen Bahnhofsgebäuden schmückt, nicht zu versäumen.

Wenn es dunkel wird und ihre Augen brennen und satt sind von den Eindrücken des Tages, zieht sie sich in ihr Abteil zur Nachtruhe zurück. Da es mitten im August ist, sind die Nächte heiß und stickig, und Sidi versucht, das Fenster offen zu lassen, was ihr täglich Streit mit dem Schaffner beschert. Denn der erklärt ihr gestikulierend, dass zu viel Staub und Ruß hereinkäme und dieser die Wände und den Teppich ruiniere. Das ist ihr ja eigentlich egal, aber wenn sie an ihre Kleider denkt, muss sie dem Schaffner Recht geben. Trotzdem öffnet sie immer wieder heimlich das Fenster, gewöhnt sich allmählich daran, sich nicht jeden Tag frisch umzuziehen, und genießt lieber die kühlende Zugluft, die ihr zu einem herrlichen Schlaf verhilft.

Das einzige richtige Problem für Sidonie ist die Tatsache, dass es kein kaltes Wasser gibt. Da sie Tee und Kaffee schon seit Jahren nicht verträgt, ist eiskaltes Wasser zu ihrem bevorzugten Getränk geworden, und sie kann es unmöglich durch Tee ersetzen, den es tagaus, tagein aus dem Samowar gibt. Die Wasserknappheit geht so weit, dass sich Reisende, die nicht Vorsorge getroffen haben, sogar die Zähne mit Tee putzen. Nur die russischen Mitreisenden haben gewusst, dass sie Töpfe und Eimer mitnehmen mussten, in denen sie auf den Bahnhöfen gekochtes Wasser kaufen können. Aber ein wenig Geld für den Schaffner verhilft Sidonie zu einem einigermaßen sauberen Gefäß, in das sie sich nun auch in den Bahnhöfen – leider warmes – Wasser füllen lässt.

Je weiter südöstlich nach Sibirien der Zug kommt, desto weniger monoton wird die Landschaft und das Bild der Orte. Sie werden immer belebter, da und dort sieht Sidonie in den Dörfern kleine Gärten, in denen Bohnen, Kohl, ein paar Johannisbeersträucher oder ein Apfelbaum vor der Hütte wachsen. Die Leute besitzen ein wenig eigenes Vieh, und so manches Kalb oder eine Ziege grasen angebunden in der Nähe der Haustür. Manchmal steigen fliegende Händlerinnen oder Kinder in den Stationen zu und verkaufen den Fahrgästen warme Piroschki und sogar Heidelbeeren und Himbeeren.

Am Morgen des 23. August erreicht Sidonies Zug Irkutsk, dann geht es den Baikalsee entlang bis nach Ulan-Ude. Weiter führt die

Reise auf der so genannten ostchinesischen Linie quer durch die Mandschurei, und am 26. August um Mitternacht erreicht der Zug den mandschurischen Grenzort Mandschuli.

Bei der Ankunft in der Stadt Harbin am 27. August wird Sidi aus dem Zug geholt. Verantwortliche einer zuständigen Flüchtlingsorganisation haben festgestellt, dass Sidi keine Schiffskarte hat, und fürchten, dass sie damit in Japan große Schwierigkeiten haben könnte. Denn mit ihren Papieren dürfte sie sich nur eine Woche legal in Japan aufhalten, und diese Zeit würde nicht ausreichen, ein Schiff für die Weiterfahrt zu finden. Die Organisation verspricht, das Problem so schnell wie möglich zu lösen, nimmt ihr die Papiere ab und bringt sie für die Wartezeit bei einem Arzt für Geschlechtskrankheiten – auch ein Emigrant – unter.

Die Woche, die sie in Harbin bleiben muss, vertreibt sich Sidonie nach besten Möglichkeiten. Endlich kann sie wieder auf festem Boden durch eine Stadt gehen, die nicht vom Krieg betroffen ist, und sich in einem Gewühl von Menschen und einer Überfülle von Nahrung dem ganz normalen Leben hingeben. In Europa gab es ja für alles Lebensmittelkarten und an fast allem herrschte Mangel. Hier in der Mandschurei gibt es hingegen von allem reichlich, und das in einer Fülle von Farben und Gerüchen, die Sidonie entzücken. Der Arzt, bei dem sie wohnt, kann es sich sogar leisten, seine Katze mit Sardinen zu füttern. Dennoch gibt es – wie ein dunkles Echo von Europa – Vorbereitungen für zu erwartende zukünftige Kriegshandlungen, und immer wieder wird in der Stadt alles verdunkelt und der Fliegeralarm geprobt.

Wohl aus Langweile und vielleicht mit einem Funken von Provokationslust und Schadenfreude, dass sie den Kameraden im Reich entkommen ist, besucht Sidonie eines Tages einen Liederabend in der deutschen Botschaft. Eigentlich kann sie nachher gar nicht mehr sagen, was da in sie gefahren ist, sich provinziell-koloniale Kulturbeflissenheit anzuhören. Jedenfalls müht sie sich durch die piepsigen Spitzentöne einer jungen deutschen Sopranistin, die – Gott weiß wie – in diese kleine Stadt am Ende der Welt (zumindest für die Nazis) gekommen war. Beim anschließenden Umtrunk mit kleinem Buffet gibt sie sich in der Konversation mit dem Botschaftssekretär als Österreicherin zu erkennen, und kann sich nicht verkneifen zu sagen, dass Österreich es schon vor Jahrhunderten geschafft habe, die Türken loszuwerden und es daher sicherlich nicht schwerfallen sollte, auch die Deutschen loszuwerden. Damit lässt sie den nach Luft schnappenden eifrigen jungen Mann stehen. Seine Versuche, diese Frau mittels seines Vorgesetzten an der Weiterreise zu hindern, werden ohne Erfolg bleiben.

Nach nicht einmal einer Woche kann Sidi ihre Reise fortsetzen. Mit einem Abendzug verlässt sie Harbin in Richtung Hafen, wo es nach kurzem Aufenthalt mit dem Schiff weiter nach Schimonoseki in Japan geht. Dort wartet schon ein Zug nach Kobe auf sie, wo Sidi von derselben Flüchtlingsorganisation, die ihr schon in der Mandschurei geholfen hat, in Empfang genommen wird.

Sidi ist verärgert, weil ihr die gesamte Organisation der Weiterreise aus der Hand genommen wurde und sie nun ohne Geld und Papiere in ein Flüchtlingsheim kommt, in dem sie mit vierzehn anderen Leuten das Zimmer teilen muss. Ungewohnt für die Europäer und Europäerinnen sind dabei vor allem die japanischen Schlafgewohnheiten: statt eines Bettes werden eine Tatamimatte und ein dünner Futon ausgebreitet. Duschen und baden ist nicht möglich, und jeden Morgen drängen sich die Heiminsassen um ein paar Wasserhähne. Die Verpflegung ist mit viel Reis und etwas Gemüse erträglich, ansonsten ist der Tagesablauf eintönig und vom gemeinsamen Warten aller auf die Weiterreise bestimmt. Obwohl Sidi Ausgang hat und ungehindert das Heim verlassen könnte, lungert sie meist mit den anderen Emigranten herum und schlägt die Zeit tot. Japan gefällt ihr nicht, und sie hat keinerlei Bedürfnis, es näher kennen zu lernen.

Über einen Monat, bis zum 24. Oktober, muss Sidonie auf diese Weiterreise warten. Trotz des nervösen Wartens – alle fürchteten, dass Japan bald in den Krieg gegen die USA eintreten könnte und somit der Weg ins Exil versperrt ist –, findet Sidonie es letztendlich ganz gemütlich. Sie bekommt zusätzlich zum Essen ein kleines Taschengeld, welches für Zigaretten ausgegeben wird. Reicht dann das Geld nicht mehr für noch mehr Essen, wird sie von den anderen Flüchtlingen mitversorgt.

Im Lauf des Oktober bekommt Sidonie schließlich Geld von ihren Brüdern aus Kuba geschickt und findet mit Hilfe der Heimverwaltung ein kleines japanisches Schiff – nur für 10.000 Tonnen zugelassen und mit nur zwölf Erste-Klasse-Kabinen –, auf welchem noch Platz frei ist Richtung amerikanische Westküste und Panama. Zusammen mit einigen anderen Emigranten besteigt sie am Abend des 24. Oktober das Schiff, um den Pazifik zu überqueren.

Die Fahrt wird lang, aber Sidonie findet sie herrlich. Obwohl die Herbstwinde die See hochpeitschen und viele ihrer Mitreisenden seekrank in ihren Kabinen liegen, genießt Sidonie jede Minute auf dem offenen Meer. Sie liebt die Seeschwalben, die in Nestern auf dem Wasser sitzen und knapp vor dem Schiff hochstieben und in dunklen Wolken um den Bug schwärmen. Auch die Tümler, die auf der Heckseite des Schiffes in hohen Bögen ihre Rücken aus dem Wasser wölben und auf Abfälle aus der Kombüse hoffen, finden ihre ganze Begeisterung. Oft steht sie noch in der Nacht, egal bei welchem Wetter, im Bug und lässt sich den kühlen Wind durchs Haar fahren. Und je mehr der Wind zum Sturm wird, desto eher traut sie sich, ihre Freude und Lebenslust hinauszuschreien. Selbst in der Kabine, die sie mit einer Frau, einer Emigrantin, die Papiere für Honduras hat, teilt, fühlt sie sich wohl.

Am 7. November legt das Schiff in Honolulu an, das amerikanische Festland erreichen sie in San Francisco am 16. November.

Und dann gibt es noch etwas, was Sidonie die Fahrt über den Pazifik unvergesslich macht. Seit Beginn der Reise begegnet ihr bei den Spaziergängen auf Deck ein gutaussehender Mann mit dunklen Locken, der ihr bedeutungsvolle Blicke zuwirft. Es dauert nicht lange und er spricht sie an und stellt sich – obwohl er kein Wort Englisch kann und sie kein Spanisch, wie es in diesem Fall nötig wäre – als Carlos vor. Schnell einigen sich die beiden auf Französisch, und Carlos erzählt ihr, dass er aus Peru komme und auf der Heimfahrt sei. Bald lädt er sie zum Abendessen an seinen Tisch und führt sie danach ins Freie, lässig die Flasche Wein vom Essen in einer Hand, in der anderen die Gläser. Als sie unter dem unendlichen pazifischen Sternenhimmel in den Deckchairs sitzen, nimmt er ihre Hand und schlägt ihr geradeheraus ein Abenteuer vor. Eine schöne Frau wie sie hätte doch sicher schon viele Liebhaber gehabt. Es wäre wunderbar, sie in der Freiheit des Augenblicks, auf der bewegten See zwischen dem 140. und 150 Längengrad, am Wendekreis des Krebses, in den Armen zu halten und zu lieben. Sidonie ist elektrisiert und sogar ein bisschen verliebt, aber sie hat Angst, dass alles so würde wie immer. Dass es wieder vorbei wäre, wenn es »zum Klappen« kommt. Und sie sagt ihm, dass sie verheiratet war, nie Liebhaber hatte und außerdem keinerlei Erfahrung und eigentlich auch keine machen möchte.

Diese Antwort hat Carlos wohl nicht erwartet. Er tritt verunsichert den Rückzug an. Als Sidonie sich auch in den nächsten Tagen ziert, ist die Sache für ihn erledigt und er wendet sich einer vollbusigen jungen Polin zu, die weniger Hemmungen hat, eine kleine Liebelei auf hoher See mit ihm zu beginnen.

Alles, was Sidonie von Carlos bleiben sollte, war eine Zeichnung, die sie von ihm anfertigte, als sie beide am Deck saßen, und die er gar nicht schlecht fand. Einige Monate später, bereits in Havanna, machte sie aus dem Gedächtnis noch eine Zeichnung von ihm, und so, festgefroren in Raum und Zeit, wird sie bis an ihr Lebensende immer wieder an ihn denken.

Die nächste Station des Schiffs ist Los Angeles. Auch hier dürfen die europäischen Emigranten und Emigrantinnen, wie vorher schon in San Francisco, nicht von Bord. Dann kommt Manzanillo in Mexiko, und schließlich legen sie am 4. Dezember in Balboa in Panama an. In Panama, wo Sidonie bis zu Weihnachten bleiben muss, trennen sich die Wege der meisten Passagiere. Carlos fährt weiter nach Peru, Sidonie zu ihren Brüdern nach Kuba.

Nach der frischen Brise auf dem Ozeandampfer fällt es Sidonie schwer, sich an die tropische Hitze in Panama City zu gewöhnen – die Temperatur sinkt nie unter 28 Grad Celsius. Sidonie bezieht im Zentrum in einem kleinen Hotel mit leuchtend blauen Fensterläden, etwas abgewrackten Zimmern und unbekannten Insekten an der Wand Quartier. Aber Wasser ist keine Mangelware, und Sidonie duscht dreimal täglich kalt, um sich bei Laune und ihren Kreislauf in Schwung zu halten. Sie verbringt viel Zeit mit Laufereien zu kleinen Reedereien und Hafenbehörden, um ein Schiff nach Kuba zu finden. Endlich gelingt es ihr, für den Weihnachtsabend einen Platz zu buchen.

Ein wenig sentimental erklimmt Sidi am Nachmittag des 24. Dezember 1940 die Gangway ihres letzten etwas rostigen Transportmittels in all diesen Monaten. Weihnachten auf See, in den Tropen und fernab von Europa, ist schmerzlich für sie und bringt gefühlsbeladene Erinnerungen an ihre Kindheit, Schnee und einen gütigen Papa auf Schiern. Die lateinamerikanische Weihnachtsfeier, die mit der Ausfahrt aus dem Hafen von Colon gerade losgeht, ist nichts für ihren mitteleuropäischen Geschmack. Und so zieht sie sich von den lauten Trommelrhythmen, der Tanzmusik und dem feuchtfröhlichen Lärm der anderen Passagiere und der Mannschaft auf ein kleines Zwischendeck zurück, blickt in die Sterne und ihr zeitloses Leuchten und bedankt sich bei irgend etwas, das sie nicht kennt und an das sie nicht glaubt, dass sie noch lebt, dass ihre Flucht leichter war als gedacht und dass ihr mehr beschieden ist, als sie sich jemals träumen ließ.

Nach dreitägiger Fahrt läuft ihr Schiff am späten Vormittag des 27. Dezember in den schönen Hafen von Havanna ein. Berührt und überwältigt steht Sidonie an der Reling. Kuba heißt sie mit strahlendem Sonnenschein und warmem tropischen Wind freundlich willkommen. Sie hat es geschafft. Nach fast fünf Monaten Reise, bei der sie die Welt beinahe einmal umrundete, ist sie am Ziel. Sie hat Schreckliches verlassen, Wunderbares gesehen und wird nun, durch die Geschichte in diese schöne Stadt getrieben, in einer neu zusammengewürfelten Familie, die ebenfalls der Gang der Zeit hierher gebracht hat, ein neues Leben beginnen.

Einfahrt im Hafen von Havanna, Kuba

9
Cuba, mi amor

Am Pier des Hafens von Havanna warten Robert und Ernst Csillag ungeduldig auf die Einfahrt des Schiffes aus Panama. Seit zwei Stunden treten sie schon aufgeregt von einem Fuß auf den anderen, in der Hand das Telegramm mit der Ankunftszeit ihrer Schwester. Wie gut, dass jetzt Winter ist, sonst wären sie wohl schon den Hitzetod hier auf der Anlegestelle gestorben. Aber was heißt schon »Winter«? Es hat immer noch 25 Grad, und Robert wischt sich mit einem großen Taschentuch den Schweiß von seiner etwas kahlen Stirn. Die beiden Brüder hatten gar nicht so recht glauben wollen, dass Sidi jetzt wirklich ankommen würde, so langwierig und mühsam hatte sich ihre Reise in die Emigration gestaltet. Oft war der Kontakt sogar ganz abgebrochen, und die beiden wussten in ihren geheimsten Ängsten nicht, ob sie ihre Schwester lebend wiedersehen würden.

Auf einmal macht sich eine leichte Unruhe unter den Wartenden bemerkbar, Rufe werden laut, ausgestreckte Arme zeigen auf etwas, was Robert trotz Brillen und zusammengekniffenen Augen beim besten Willen nicht als Schiff erkennen kann. Aber Ernst sieht besser und schneller und wird auf einmal ganz zappelig – ja, ein Schiff taucht dort am Horizont auf. Und bald sieht es auch Robert immer größer werdend auf das Festland zukommen.

Dann dauert es noch ein halbe Stunde, bis das wuchtige weiße Passagierschiff mit einem letzten tiefen Tuten langsam aus der Fahrrinne in den Pier einbiegt. Auf Deck und auf dem Dock unzählige Taschentücher, die zur Begrüßung flattern, berührte Gesichter, strahlende Gesichter, viele Tränen.

Die Einfahrt in den Hafen von Havanna ist für alle, selbst für jene, die sie schon kennen, etwas Besonders. Und schon gar für die Flüchtlinge aus Europa, die nach den abenteuerlichsten

Schicksalen hier in mehrfachem Sinn einen Hafen finden. Aus der Ferne hatte Sidonie die Insel Kuba näher rücken gesehen. Zuerst die tiefgrüne tropische Vegetation, gegen die sich im scharfen Kontrast die weißen Sandstrände abzeichnen. Beim Näherkommen konnte sie dann hohe Palmen erkennen, die sie nur von Postkarten her kannte. Und dann tauchte die Silhouette der Stadt auf, die sie sofort in ihr Herz schloss. Schon Kolumbus hatte 1492 bei seiner Ankunft auf der Insel festgestellt, dass dies »das Lieblichste sei, was das menschliche Auge je gesehen hätte«.

Nun steht Sidonie an Deck, sieht, wie die Matrosen die schweren Taue ans Ufer werfen, wie schwarze Hafenarbeiter sie um die schweren Eisenpoller schlingen, hört den Anker mit einem tiefen Knall ins Wasser fallen und die Kette hinterher rasseln, dann hören mit einem Mal die Dieselaggregate, die sie Tage und Wochen begleiteten, auf zu brummen. Ihr Schiff liegt reglos vertäut zwei Meter vor kubanischem Boden. Im aufgeregten Gewusel der Passagiere kann sie nur einen kurzen Blick auf den Pier tief unten werfen, und doch – sie hat ihre beiden Brüder gesehen, die in hellen Sommeranzügen, die Hände schützend vor der gleißenden Sonne vor den Augen, vergebens heraufblicken, um sie in dem Gewühl zu entdecken. Eine weitere Stunde würde es noch dauern, bis sich die Geschwister endlich wieder von Angesicht zu Angesicht gegenüberstehen können.

Sidonie wirft noch einen letzten prüfenden Blick in den Spiegel im Zwischendeck vor dem Ausstieg, dann drückt sie ihr kleines Handgepäck fester an sich und geht hoch erhobenen Hauptes und mit einem glücklichen Lächeln die Gangway, die bei ihr immer nur die Hühnerleiter heißt, hinunter. Der Strom der Mitreisenden schiebt sie zu den weitläufigen Gebäuden, wo gelangweilte hübsche junge Männer, die sich aufgrund ihrer Uniform als Zöllner erweisen, die Einreisepapiere mit stoischer Langsamkeit kontrollieren. Als Sidonie an der Reihe ist, hilft auch ihr strahlendstes Lächeln, ihr dunkelster Blick nicht. Die Augen der Herren leuchten zwar auf und die Zähne blitzen, aber die Hände durchblättern um keine Sekunde schneller die Seiten der Papiere, und die Stempel werden nach wie vor langsam auf die Unterlagen gedrückt. Also verlegt sie sich auf Achselzucken. Was sind nach all diesen Wochen und Monaten ein paar Minuten mehr oder weniger? Dann tritt sie aus dem Zollgebäude wieder ins Freie, geht die paar Schritte bis zur Absperrung und hindurch. Und da steht Robert, mit zusammengepressten Augen, seiner immer größer werdenden Glatze, die im Sonnenlicht glänzt, und einer herrlichen gelb-orangen bogenförmigen Blume in der Hand, die sie ab nun immer mit der Insel verbinden wird: einer leuchtenden Heliconia. Dahinter steht Ernst, viel fescher als der ältere Bruder, lässig, lachend, und er breitet schon die Arme aus, in die sie glucksend vor Freude und Tränen hineinfällt. Ein paar dicke Küsse später ist endlich Robert dran, leiser, inniger. Sidi hält ihn lang und fest umschlungen, weint, lacht, murmelt ihm ins Ohr, dass er immer ihr Liebling war – er brummt einen Witz, um seine Rührung zu verbergen.

Aber schnell schlagen die Wurzeln der distanzierten Csillag-Kindheit durch, und es ist ein Ende mit dem Gedrücke und Geheule. Da Sidonies Gepäck sozusagen nicht vorhanden ist und nur aus dem Handköfferchen besteht – der Schrankkoffer unter der Ägide von Gildemeester könnte noch Monate im Bauch irgendeines Frachters liegen –, gehen die drei Geschwister leichten Schrittes zu einem der Taxis, die sich wie bei jeder Schiffsankunft an der Avenida del Puerto aufreihen und deren Fahrer mit lauten Rufen die Vorzüge gerade ihres Gefährts besonders herausstreichen wollen. Die Csillags besteigen einen riesigen roten Dodge, und los geht es Richtung Altstadt. Die Fahrt dauert nicht lange, denn La Habana Vieja, wo die Pension Sophia, Roberts und Ernsts Quartier seit ihrer Ankunft auf der Insel, liegt, ist nur ein paar Straßenzüge entfernt. Sidonie ist trotzdem wie betäubt und gleichzeitig euphorisch von den ersten Eindrücken, die beim Durchfahren der engen Gassen auf sie einstürzen. Pulsierendes Leben, wunderschöne Häuser, die sie ein bisschen an die italienischen Städte erinnern, üppige Blütenfülle, die sich über die Mauern privater Gärten drängt, und viele, viele freundliche Menschen in leichter, bunter Kleidung – das scheint die Visitenkarte Havannas zu sein, die Sidi gebannt am Autofenster entgegennimmt. Fast ist sie froh, dass ihr rotes Monstergefährt, das aussieht wie aus amerikanischen Gangsterfilmen, endlich in einer Seitengasse des Parque Central in der Nähe des Theaters stehenbleibt und ihre Augen zur Ruhe kommen.

Pension Sophia öffnet ihre Pforten, ein diensteifriger junger Mulatte nimmt Sidi das Köfferchen ab, und schließlich empfängt sie die Ruhe eines angenehmen Zimmers mit Blick auf einen Hinterhof mit Kaskaden von Bougainvilleen und einem breiten, hellen Bett, das in den nächsten Tagen ihre erste und wichtigste Heimat werden wird. Und nur das Tschilpen der Spatzen, das wohl überall auf dieser Welt gleich klingt, begleitet sie in einen erschöpften Schlaf.

Die ersten Tage in ihrer neuen Heimat sind neben viel Schlaf und Ausruhen dem Erkunden der Altstadt gewidmet. Sidonie weist alle Versuche ihrer Brüder, für sie Fremdenführer zu spielen, zurück und macht sich lieber allein auf den Weg. Schon unmittelbar vor der Haustür stürzt das Leben auf sie ein, denn im Parque Central ist immer tobender Betrieb. Zwischen den majestätischen Königspalmen, deren Blätter sich mit sanftem Geraschel wiegen, und den ausladenden Frangipanibäumen stehen Kolonien von Händlerinnen, die auf kleinen, bunt bemalten Wägelchen alles anbieten, was das Herz der Vorbeigehenden gerade begehren oder auch vehement ablehnen könnte. Es sind meist schöne, junge, dunkelhäutige Frauen, die versuchen, Sidonie mit allen Verführungskünsten zum Kauf von Blumen, Mangos, Bananen, Strohhüten, Stickereien oder billigem Schmuck zu überreden. Sidi muss wieder eines ihrer Vorurteile zur Seite schieben und ein breites, genüssliches Lächeln über ihr Gesicht huschen lassen, als eine der Verkäuferinnen in langsamen, erotischen Bewegungen eine Mango schält und sie ihr strahlend reicht. Schwarze Frauen sind doch schön, und Mangos werden ab nun ihre Lieblingsfrüchte sein.

Beim Weitergehen bewundert sie das schwülstig neoklassizistische Gran Teatro mit ionischen Säulen, Bogenfenstern, Stuckkaskaden und drei riesigen Bronzeengeln auf drei Zuckerbäcker-Dachtürmen.

Als dauernder Begleiter ihrer ersten Schritte verfolgt sie das alles überragende Capitolio, das sie scheußlich findet und sich auch von nachfolgenden Erklärungen, es wäre Stein für Stein dem Kapitol in Washington nachgebaut und somit ein Beispiel amerikanischer Demokratie auch hier in Kuba, nicht umstimmen lässt.

Schließlich landet sie erschöpft auf der Plaza Vieja, die sie, als sie sich ermattet in den Arkaden auf ein Glas Ananassaft setzt, vorerst einmal für den schönsten Platz der Stadt hält. Prächtige alte kreolische Paläste aus der Kolonialzeit reihen sich an klassizistische Kästen, wie sie überall in Europa stehen. Und Sidi genießt in Ruhe die schöne Regelmäßigkeit der Arkadenbögen, hier Portales genannt, die vor der Sonne schützen sollen, die durchgehenden Balkone in jedem Stockwerk mit hübschen Schmiedeeisengittern, dahinter hohe Türen mit zweifarbigen Holzjalousien und halbkreisförmigen bunten Glasfenstern darüber. Und zu allem Überfluss gibt es auf der Dachgleiche protzige kleine umlaufende Balustraden mit allerlei Zierrat darauf, seien es glasierte Vasen oder Büsten wichtiger Männer, die mit dem Schicksal des Hauses oder des Landes verbunden waren.

Ein paar Tage später laden sie ihre Brüder am Abend ein. Erstens müsse man ihre Ankunft ausgiebig feiern, zweitens solle sie endlich Havannas Nachtleben kennen lernen und außerdem gäbe es auch eine Überraschung zu begießen. Also lässt Sidi sich überraschen. Der Abend beginnt mit einem Kinobesuch – wie lange hatte Sidi das nicht mehr getan!

Die Csillags schlendern gemütlich den prächtigen Paseo Prado hinunter, der zweizeilig von mächtigen Lorbeerbäumen beschattet wird. Jetzt ist die beste Zeit zum Flanieren, und viele elegante Menschen spazieren die mosaikverzierte Promenade des Boulevards entlang oder sitzen auf den Bänken aus Korallenkalk und tändeln sich in den Abend. Ganz unten an einer Ecke, fast schon am Meer, liegt das berühmte Lichtspieltheater Cine Teatro Fausto, ein Art-Deco-Palast in Rosa und Gold. Sidonie ist gelangweilt vom Film. Ein paar Tage später würde sie sich nicht einmal mehr an den Titel erinnern können, weiß nur, es war irgendein Liebesdrama. Die Hauptdarsteller gefallen ihr nicht, und die Küsserei findet sie unerhört und widerlich.

Dafür wird sie das anschließende Abendessen trosten. Robert und Ernst führen sie in eines der elegantesten Restaurants der Stadt im Hotel Sevilla. Sidi fühlt sich wie in einen Traum aus Tausendundeiner Nacht versetzt, denn das Sevilla ist berühmt für seinen spanisch-maurischen Stil. Entzückt sitzt sie im grünen

Innenhof, der mit herrlichen Azulejos verfliest ist, hört dem hier angesiedelten Papageienpärchen beim Kreischen zu, dem Springbrunnen beim Plätschern, und sieht ungläubig auf die prächtigen Fensterbögen, die sich hoch über ihr wölben. Sie fühlt sich wie im Paradies und saugt den Luxus und Reichtum, der hier überall zu herrschen scheint, gierig in sich ein.

Sie weiß noch nicht, dass diese Pracht auf tönernen Füßen steht, denn Havanna ist zwar eine der aufregendsten und pulsierendsten Städte der Welt, aber auch durch und durch korrupt. Seit der Armee-Sergeant Fulgencio Batista im Herbst 1940 selbst das Präsidentenamt übernommen hat – er hatte schon seit einer Militärrevolte im Jahr 1933 im Hintergrund die Fäden gezogen –, kann man Kuba endgültig als Marionette und Vorposten der USA bezeichnen, was nur das Resultat einer langjährigen Entwicklung ist. Denn schon am Ende des Unabhängigkeitskriegs 1898, mit dem die Kubaner gehofft hatten, sich von ihren spanischen Kolonialherren befreit zu haben, hatten die USA ein begehrliches Auge auf die blühende Insel in ihrem südlichen Vorhof gerichtet. Nachdem sich die Amerikaner in die letzten Schlachten des Spanisch-Kubanischen Krieges eingemischt hatten und in Anspruch nahmen, die Insel befreit zu haben, mussten die KubanerInnen weitreichende Konzessionen machen. Die USA durften sich fortan in die inneren Angelegenheiten des Nachbarn einmischen, erhielten zahlreiche Marinestützpunkte und konnten gegen alle Handels- und Kreditverträge mit Drittländern ihr Veto einlegen. Mittlerweile war Kuba Zentrum für alles geworden, was in den USA verboten und/oder unschicklich war und befand sich in tiefen Verstrickungen mit der Mafia.

Ausgerechnet zu einer Zeit, als Nordamerika auf dem Höhepunkt der Prohibition war, warb Havanna offen mit den Genüssen der »Persönlichen Freiheit«, die sich darin ausdrückte, dass nordamerikanische Männer, die bloß eine kurze Bootsfahrt aus Florida hierher brauchten, sich schrankenlos volllaufen lassen und ungehindert Sex konsumieren konnten. Nachtclubs florierten, und im Rhythmus von Rumba und Son floss der Rum in Strömen. Über dieses blühende Geschäft rund um Alkohol, Prostitution, Drogen und Glücksspiel war Fulgencio Batista mit der Mafia lukrativ verbunden. 1938 hatte er den Mafiaboss Meyer Lansky eingeladen, ein paar Kasinos und Nachtclubs am Parque Oriental zu führen, und da diese bald bestens liefen, übernahm Lansky das gesamte Kasino- und Hotelwesen, zahlte Batista seinen Anteil und konnte völlig ungehindert operieren.

Die Eleganz und der Reichtum, den Sidonie tagsüber auf den Straßen gesehen hat, sind also wohl meist mit Geldern aus Spekulationsgeschäften und Korruption erkauft und nur eine Seite der Medaille. Denn daneben herrschen große soziale Gegensätze und vor allem am Land bittere Armut. Sechzig Prozent des Grundbesitzes sind in nordamerikanischer Hand, ebenso die Zuckerindustrie, die immer das Herzstück von Kubas Wirtschaft gewesen war, sowie die Erdölindustrie.

Trotzdem, in der wohlhabenden Großstadt schmeckt der Rum, und Robert hebt seinen Aperitif mit dem süffigen Daiquirí. Er sei so glücklich, Sidi hier zu haben, es sei wichtig, dass ein Teil der Familie wieder beisammen sei, und als Zeichen dieses neuen Zusammenhalts gebe es nun die besondere Überraschung für sie: Sie alle werden bald ein eigenes Haus haben. Sie, die beiden Brüder, hätten kurz nach ihrer Ankunft ein Grundstück im westlichen Vorort Miramar gekauft, wo jetzt alle Leute hinziehen, die etwas auf sich halten, und man habe zwei junge Architekten beauftragt, eine standesgemäße Villa hinzubauen. Die Grundmauern stünden bereits, und morgen würden die Brüder Sidi hinausbringen, damit auch sie den wunderbaren Platz und die ersten Umrisse ihres zukünftigen Heims bewundern könne.

Sidonie klatscht in die Hände vor Begeisterung und Überraschung – das übertrifft ihre kühnsten Erwartungen. Endlich ein Haus mit Garten, wo es möglich sein wird, eigene Tiere zu halten. Nun steht einem paradiesischen Inselleben nichts mehr entgegen.

Zum Abschluss dieses fulminanten Abends bringen sie ihre Brüder noch zu einem der populärsten Treffpunkte der Stadt, das Bar-Restaurant El Floridita. Irgendwie war das einfache Etablissement mit dem simplen Holztresen, ein paar Deckenventilatoren und einer Dreimann-Band zu dieser Berühmtheit gekommen, jedenfalls verkehren hier auch die bekannten HollywoodschaupielerInnen Spencer Tracy, Ava Gardner, Marlene Dietrich, Barbara Stanwyck und Robert Taylor, wenn sie gerade auf Kuba Ferien machen oder einen Dreh haben, und kippen so manchen Mojito oder Daiquirí. Trotzdem ist die Bar immer noch gern von Einheimischen frequentiert und ganz schön verrucht, denn auch die Huren und Schwulen Havannas kommen hierher.

In der schwülen Atmosphäre des intensiven Alkoholkonsums und des dichten, wohlriechenden Zigarrenrauchs genießt Sidonie so manchen Blick auf eine dunkle Schöne und die koketten, erotischen jungen Männer, die zur Musik der Band an der Bar ihre schmalen Hüften wiegen.

Am nächsten Tag nach dem Frühstück nehmen die Geschwister ein Taxi und fahren hinaus zur Baustelle. Sidonie ist sehr aufgeregt und platzt fast vor Neugier. Aber die Fahrt dorthin lenkt sie ab und ist ein neuerliches Sightseeing. Der Fahrer ist gerade in den Malecon, eine große Straße und Uferpromenade, welche die ganze Meeresbucht entlang führt, eingebogen, und Sidi kann sich wieder nicht satt sehen an den Häusern, ihren Farben und der sprühenden Gischt, die vom Meer auf die Quais heraufpeitscht. Sobald sie den Almendares-Fluss überquert und das beliebte Viertel Vedado am Stadtrand hinter sich gelassen haben, wird die Gegend fast ländlich.

Neben einem kleinen alten Haus lässt Robert den Fahrer halten. Es gehört einer kubanischen Dichterin, die ihre Nachbarin werden soll. Sonst gibt es hier nichts, nur grüne Wiese, blühende Sträucher, ein paar weidende Rinder in der Ferne und – die Csillagsche Baugrube.

Vedado war zu dieser Zeit noch kein Modeviertel, und im weiter entfernten Miramar gab es reichlich billiges Bauland. Nach kurzem Suchen hatten die Brüder ein Grundstück gefunden, das ihnen zusagte, und da Baumaterial und Arbeitskraft unter sehr günstigen Bedingungen zu haben waren, fanden sie, dass sie es sich leisten konnten, ein großzügig angelegtes Haus bauen zu lassen.

Erst gegen Ende der vierziger Jahre sollten Miramar und Vedado ihren großen Aufschwung erleben. Zu diesem Zeitpunkt hatten viele der Einwanderer, unter ihnen auch zahlreiche Juden und Jüdinnen, einen Lebensstandard erreicht, der es ihnen ermöglichte, aus der Altstadt wegzuziehen und sich geräumige Häuser in

Vedado anzuschaffen. Diejenigen, die es finanziell zu noch mehr gebracht hatten, ließen sich in Miramar nieder. Mitte der fünfziger Jahre hatten bis auf die Armen und Alten aus der jüdischen Gemeinde die meisten der Altstadt den Rücken gekehrt und waren in diese beiden Bezirke gezogen. Bis zur kubanischen Revolution im Jahr 1959 waren die beiden das mondäne Wohn- und Touristenviertel schlechthin.

Nun balanciert Sidi vorbei an einigen Stapeln Ziegel, Holzbalken und Natursteinen, um zu den Grundmauern zu kommen, auf denen bald ihr fertiges Haus stehen soll. Robert und Ernst sind sichtlich stolz, markieren die Baufachleute, wie sie da auf den niedrigen Mauern stehen, und erklären ihrer ahnungslosen Schwester die zukünftige Raumaufteilung, die Wasserzuleitung und den Garten, der im Moment noch eine rote lehmige Grube ist. Sidi ist das alles egal, und sie sieht schon die bunte Pracht der Cannas, Bougainvilleen und Mariposas, weißem Schmetterlingsjasmin – den kubanischen Nationalstrauch – vor sich.

Plötzlich stöckelt eine fremde Frau über einen Brettersteg in die Baugrube, umarmt Robert, küsst ihn auf den Mund und tut auch mit Ernst ganz vertraut. Robert ist sichtlich verlegen und stellt die Fremde hüstelnd als seine Verlobte und baldige Ehefrau vor. Sidi ist überrumpelt, da sie von der hier noch gar nichts gehört hat, was kein Wunder ist bei Roberts Frequenz. Sie nimmt etwas steif die Hand der Fremden und begrüßt sie säuerlich.

Als Robert Österreich verlassen hatte, war er in Begleitung seiner damaligen Frau, der Sängerin Herta Glaz, und die hatte Sidi auch noch mitgekriegt. Von Herta hatte er sich in der Zwischenzeit aber ganz offensichtlich getrennt – sie blieb in New York, wo sie eine Karriere an der Met und später als Gesangslehrerin machen würde – und lebte jetzt mit der neuen Frau, ebenfalls einer Sängerin, zusammen. Robert hatte bis zu Sidis Ankunft noch nicht die Zeit gefunden, seine Lebensgefährtin zu heiraten, aber ein paar Tage nach Sidis Eintreffen entschloss er sich, diesen Schritt schleunigst zu tun, denn schließlich werde man bald einen gemeinsamen Haushalt führen, und da wäre es ihm nicht angenehm, in Gegenwart der großen Schwester in »wilder Ehe« zu leben.

Was Sidonie seit der Baustellenbesichtigung noch beschäftigt, ist die Frage, wie ihre Brüder sich das alles leisten können. Sie ist zwar alles andere als eine Finanzfachfrau und kümmert sich ungern um diese Bereiche, aber eine Villa kostet doch ein Menge Geld. Einige Tage später beim Abendessen spricht sie das Thema an und erfährt, wie schwierig es für Ernst und Robert war, hier Fuß zu fassen und neben Teilen des väterlichen Erbes, das sie noch aus Europa hierher bringen konnten, etwas Eigenes auf die Beine zu stellen

Mit Seufzern dunkler Erinnerung erzählt Robert von den letzten anderthalb Jahren, in denen Kuba sich als keineswegs zimperlich mit seinen jüdischen Immigranten erwies und ihnen einige bürokratische und auch antisemitische Hürden in den Weg legte.

Auf Kuba hatte die Geschichte der jüdischen Einwanderer und Flüchtlinge eigentlich in den frühen zwanziger Jahren begonnen. Zuvor gab es nur eine kleine Gruppe jüdischer Einwohner auf der Insel, die meisten von ihnen stammten aus Familien, die Spanien während der Inquisition verlassen hatten. Anfang der zwanziger Jahre gab es dann plötzlich auf Grund der erschwerten Einwanderung in die USA einen großen Zustrom von osteuropäischen Juden, von denen die meisten Kuba als Sprungbrett benützten, um legal in die Staaten weiterzureisen. 1924 war dann auch diese Möglichkeit abgeschnitten, und Tausende Europäer aller Konfessionen mussten in Havanna bleiben. Zum damaligen Zeitpunkt war ein gutes Drittel der Einwohner Havannas im Ausland geboren. Etwa 5000 Juden und Jüdinnen aus Osteuropa blieben in Kuba, viele andere schafften die legale Immigration in die Staaten, und so manche brachten es auch illegal fertig. In den nächsten zehn Jahren kamen weitere 5000 Einwanderer aus Osteuropa, unter ihnen auch viele Frauen, denn anfangs war die Anzahl der unverheirateten Männer überproportional hoch gewesen, und viele ließen jetzt Bräute – von der Familie oder Freunden ausgesucht und empfohlen – nachkommen.

Mitte 1939, als die erste Flüchtlingswelle aus Nazi-Deutschland in Kuba zu einem Ende kam, war Sidonie noch immer in Wien. Zu diesem Zeitpunkt war Kuba nicht mehr länger bereit, Einreisebewilligungen auszustellen. In vielen Fällen wurden auch schon ausgestellte Bewilligungen nicht mehr anerkannt. Dass der

Flüchtlingsstrom exakt zu einem Zeitpunkt gestoppt wurde, zu dem die Überlebenschancen der jüdischen Bevölkerung in Mitteleuropa immer fraglicher geworden waren, und Hilfe dringender denn je nötig gewesen wäre, hatte politische und wirtschaftliche Hintergründe, die in Kuba selbst lagen.

Wie in den anderen klassischen Einwanderländern gab es auch in Kuba unter den Einwanderern Nazis oder Nazi-Sympathisanten. In den zwanziger und dreißiger Jahren waren viele Deutsche und Österreicher nach Lateinamerika ausgewandert, und manche hatten sich dort den lokalen Naziorganisationen angeschlossen. Mitte 1938 hatten die Sympathien für die Nazis und die Falange auf der Karibikinsel, genährt von deutschen Einwanderern sowie den faschistischen spanischen Einwanderern, ihren Höhepunkt erreicht. Die deutschen Machthaber hatten einen Spionagering in Operationen, welcher vom Manager der Hamburg-Amerika-Linie geleitet wurde. Laut Auskunft der US-Botschaft gab es damals in Kuba etwa 500 Deutsche, die Mitglieder der NSDAP waren. Diese Mitgliedschaft war in Kuba nicht verboten, und die Parteigänger konnten offen mit ihren Hakenkreuzabzeichen herumspazieren.

Im Oktober 1938 legalisierte die kubanische Regierung dann eine örtliche Nazipartei sowie eine Falange. Die Mitgliederzahl in diesen beiden Vereinigungen wurde auf 5000 geschätzt. Die Falange war in drei Sektoren sehr aktiv: in der Handelsvereinigung, in den Eliteschulen und in den Zeitungen. Mit dieser Rückendeckung übten sie Druck auf die Regierung aus, die jüdische Einwanderung zu stoppen.

Und obwohl die Regierung vordergründig pro-amerikanisch und anti-nationalsozialistisch eingestellt war, gab sie dem Druck von rechts nach.

Bis 1939 wurden Einreisebewilligungen nur noch an jene, die zahlen konnten, verkauft. Mitte 1939 änderte sich dann das System. Nur diejenigen, die Verwandte hatten, die für sie um ein Visum in Kuba ansuchen konnten, hatten auch die Chance, eines zu erhalten. Und schließlich sollte auch diese sehr restriktive Variante nach dem Angriff auf Pearl Harbour im Dezember 1941 zum Stillstand kommen.

Seit Mitte 1936 waren insgesamt fast 100.000 Flüchtlinge auf die Insel gekommen, von denen viele Kuba aber nur als Transitland benützten, um sich dann endgültig am nord- oder südamerikanischen Kontinent niederzulassen. Mit Zuspitzung der Situation in Europa wuchs auch die Zahl der Menschen, die auf Kuba Zuflucht suchten. Ab Jänner 1939 kamen monatlich ungefähr 500 neue Flüchtlinge dazu. Aber nur die, welche Familienangehörige in den Vereinigten Staaten hatten, konnten weiterreisen, auch wenn sie durchschnittlich drei Jahre darauf warten mussten. Diejenigen, die keine Verwandten in den Staaten hatten, mussten in Kuba bleiben.

Und für diese – oder besser gesagt gegen sie – wurde in den Jahren 1939/40 eine neue Verfassung ausgearbeitet, die ihnen das Leben in der neuen Heimat schwer machen sollte. In dieser Verfassung gab es ein Verbot für ImmigrantInnen, sich als RechtsanwältInnen oder ÄrztInnen zu betätigen, äußerst schwierigen Zugang zum Arbeitsmarkt, sowie – vor dem erwähnten endgültigen Einreisestopp – ein Einreiseverbot für politische oder religiöse Flüchtlinge. Diese Verfassung wurde am 15. September 1940 verabschiedet, zum selben Zeitpunkt, als Fulgencio Batista das Präsidentenamt übernahm. Batista nahm öffentlich nie gegen den stark verbreiteten Antisemitismus Stellung, verbot aber Ende 1939 die Nazis sowie die Falange.

Außerdem gab es vor allem für die Deutsch sprechenden Flüchtlinge – es waren immerhin über 10.000, die ständig auf der Insel bleiben wollten – noch ein massives Problem: ihr Deutsch-Sein und gleichzeitig ihr Jüdisch-Sein.

Das erstere war ein Problem, das aus der Vorsicht der Behörden erwuchs und auf realen Fakten beruhte: Während des Zweiten Weltkrieges gab es eine große Zahl von Naziagenten in der Karibik, vor allem in Kuba und der Dominikanischen Republik. Diese Agenten standen in Kontakt mit deutschen U-Booten, Flugzeugen und telegraphischen Einrichtungen. Und Gestapoagenten brachten ohne Bedenken diejenigen um, die sich von den Nazis abgewendet hatten. Solche Leute wollte Kuba natürlich nicht im Land haben und beobachtete mit Misstrauen alle deutschen Flüchtlinge. Dies ging so weit, dass nach dem Überfall auf Pearl Harbour alle Deutschen, die nicht jüdischer Abkunft waren, verhaftet wurden. Das US-Außenamt schlug Kuba vor, keine deutschen jüdischen Flüchtlinge mehr aufzunehmen, denn zu viele Spione hätten sich unter die Flüchtlinge gemischt. Heute stellt sich die Frage: War diese Furcht begründet oder nur ein Hinweis auf den vorherrschenden Antisemitismus im US-Außenamt selbst?

Auch die Csillag-Brüder hatten mit diesem Misstrauen schon unangenehm Bekanntschaft gemacht.

Roberts Verlobte war in der Diktion der Nazis eine Arierin, und deshalb würde ihre Heirat mit einem Juden den geltenden deutschen Gesetzen nach ungültig sein. Zwar waren die deutschen Behörden weit weg und konnten den beiden die Eheschließung nach kubanischen Gesetzen nicht verbieten, die Nazis konnten ihnen aber bei allen behördlichen Erledigungen, bei denen sie die deutsche Botschaft konsultieren mussten – sie und Robert waren ja nach wie vor deutsche Staatsbürger –, Schwierigkeiten machen.

Vor ihrer »rassenschänderischen« Verbindung war sie als »deutsche« Sängerin immerfort zu Empfängen in die deutsche Botschaft eingeladen worden. Alle ihre Freunde und vor allem auch Robert rieten ihr ab, die Einladungen anzunehmen. Aber eines Tages gewann die Angst Oberhand und sie ging hin, um »gutes Wetter« zu machen. Es dauerte nicht lange, bis alle wussten, dass sie bei einem gesellschaftlichen Anlass auf der Botschaft war, und böse Zungen dichteten dann gleich auch Roberts Anwesenheit hinzu. Und schon sahen sich die beiden Brüder mit Verdächtigungen konfrontiert, Nazi-Sympathisanten zu sein.

Eines Tages wollte Robert es genau wissen und schickte einen kubanischen Freund zu den Behörden. Dieser kam einige Stunden später lachend mit der Meldung zurück, dass man dort gesagt hätte, Robert und seine Geschwister seien keine Juden.

Was zu dem zweiten großen Problem führt, mit dem deutsch-jüdische EmigrantInnen kämpfen mussten: Die kubanischen Behörden konnten oder wollten nicht verstehen, dass Menschen mit einem christlichen Taufschein trotzdem Juden sein konnten und deswegen in Europa verfolgt worden waren. Die Csillag-Geschwister wurden immer wieder mit diesem Unverständnis konfrontiert. Sie hatten katholische Taufscheine und wussten mehr über katholische Riten als über jüdische. Wenn zum Beispiel auch Sidonie später auf Kuba nach ihrer Religion gefragt werden sollte, sagte sie, dass sie protestantisch sei. Auf die Frage »Und davor?«, kam die Antwort »katholisch«. Schon bei den deutschen Beamten hatten diese richtigen Angaben Sidonies ein widerwilliges Kopfschütteln hervorgerufen. Und die kubanischen Beamten verstanden ganz einfach die Welt nicht. Eine Katholikin konnte doch nicht gleichzeitig eine Jüdin sein, und umgekehrt sollte das auch nicht funktionieren.

Diese sonderbare Ambivalenz und das Misstrauen der kubanischen Behörden, das sowohl die Identität als Deutsche/r als auch die als Jüdin/Jude betraf, beides durcheinander brachte, wo es nicht vermischt werden durfte, und beides nicht verstand, wo es zusammengehörte, hatte die beiden Brüder Robert und Ernst quasi zwischen allen Stühlen sitzen lassen und ihnen einen schweren Start bereitet.

Robert hatte zwar an sich noch sein Ensemble, aber aus obigen Gründen war es in Verruf geraten, daher gab er Stunden in Harmonielehre und Komposition und bemühte sich um eine Anstellung am Konservatorium oder an der Universität. Ernst hingegen unterrichtete EmigrantInnen auf Zwischenstation in Englisch.

Das Geld für das Haus würde also nicht aus ihren aktuellen Einnahmen kommen, sondern vom väterlichen Erbe und somit vom Kapital und harten Kern ihres Vermögens. Solange der Kontakt mit Heinrich in Paris möglich war, gab er Robert solide finanzielle Ratschläge, aber dieser hatte immer schon ein lockeres Verhältnis zu Geld gehabt und war überzeugt, dass alles sich schon irgendwie ausgehen würde und Sidi um ihre Zukunft keine Sorgen haben müsste.

Alltag in Kuba

Nach den ersten aufregenden Tagen und Wochen, als alles noch so neu und jeder Stadtspaziergang eine aufregende Entdeckung war, beginnt eine Art Alltag auch für Sidonie. Die Brüder gehen ihrer Arbeit nach, die Stadt wird Sidi vertraut, alles normalisiert sich. Sie weiß, dass sie sich nun nach irgendeiner Beschäftigung, einem Zeitvertreib umsehen soll und muss. Und sie beginnt sinnvollerweise mit dem Erlernen der spanischen Sprache. In der Sprachschule, in der Ernst unterrichtet, gibt es auch Spanischkurse, und in einen solchen schreibt Sidi sich ein. Mit Ausdauer und Disziplin geht sie täglich in die Avenida del Belgica in der Nähe des Bahnhofs, in ein etwas verfallenes Haus aus der Kolonialzeit, und studiert die Grundbegriffe der spanischen Sprache.

Das Lernen fällt ihr wie immer leicht. Französisch kann sie sehr gut, Italienisch ein bisschen, daher ist Spanisch mit manchen ähnlich klingenden Worten und Wendungen auch kein Problem für sie. Zwar wird sie die Sprache nie so gut beherrschen wie Ernst, der jetzt schon, nach kaum zwei Jahren, von vielen für einen Einheimischen gehalten wird, aber nach ein paar Monaten kann sie schreiben, lesen und eine einfache Konversation führen und ist bereit, tiefer in den kubanischen Alltag einzutauchen.

In der Sprachschule lernt sie auch Jeanette kennen, die ihre beste Freundin auf Kuba, sozusagen ihre kubanische Ellen, werden sollte. Jeanette ist eine hübsche, dunkelhaarige Frau, immer mit auffälligen Sonnenbrillen und großen bunten Armreifen und Ringen, eine zarte, lebhafte Französin, die ihren Mann in die Emigration begleitet hat. Wahrscheinlich um ihre Zeit nützlich zu verbringen, hatte sie beschlossen, Deutsch zu lernen, und das führte sie in die Sprachschule und zu Sidonie. Dieser gefällt die kapriziöse, eitle junge Frau, und sie bietet an, ihr Deutsch beizubringen oder zumindest die Sprachstunden durch gemeinsame Konversation zu ergänzen. Jeanette ist begeistert, will aber dafür bezahlen, was Sidi empört ablehnt. Und so werden aus den geplanten Konversationsstunden immer öfter private Treffen, aus denen schließlich eine enge Freundschaft entsteht.

Jeanette ist schon länger auf der Insel als Sidi und kennt sich viel besser aus mit den Vergnügungen, die zwei verwöhnten Europäerinnen die Zeit vertreiben könnten. Und da Sidi ohnehin bald in Miramar wohnen würde, schleift Jeanette sie als erstes in den Vedado Tennis Club und schreibt sich mit der widerstrebenden Freundin ein. Hier könne Sidi all die wichtigen Familien, die für ihre zukünftigen gesellschaftlichen Kontakte unabdingbar sein werden, kennen lernen. Sidi ist zwar eine elende Tennisspielerin – sie findet das Hin- und Hergerenne auf einem roten Erdplatz, das bloß die Schuhe verschmiert, einigermaßen blöde und anstrengend –, sich der gesellschaftlichen Bedeutung aber durchaus bewusst. Außerdem gefällt ihr die Anlage in der Nähe des Meers im Schatten hoher Palmen. Und das Clubhaus ist recht solide und ein gutes Jagdrevier für neue Bekanntschaften. Also kauft sie sich stöhnend ein Racket und die schickste weiße Tenniskleidung und geht mit Jeanette tapfer zweimal die Woche die weiße Filzkugel hin und her schubsen.

Außerdem ist Jeanette eine leidenschaftliche Schwimmerin und nimmt ihre neue Freundin regelmäßig in den Strandclub mit, der direkt am Malecon, auf dem Weg hinaus nach Miramar, liegt. Langgestreckte flache Gebäude mit Arkadengängen, in denen die Badegäste Schutz vor der Sonne finden, waren da kürzlich auf die Korallenriffe des Ufers gestellt worden, und ebenso lange Molen führen ins Meer hinaus, um den Schwimmern die Einstiege über die scharfen Riffe zu ersparen.

Wenn Sidi und Jeanette hierherkommen, haben sie stets das gleiche Ritual. Sie verabreden sich vorher zum späten Frühstück im Hotel Nacional, das günstig auf dem Weg liegt, und anschließend geht es für den halben Tag an den Strand. Das Nacional ist seit den späten zwanziger Jahren eines der Wahrzeichen der Stadt und zusätzlich das nobelste Hotel vor Ort. Es ist ein mächtiges Art-Deco-Gebäude, das einem berühmten Hotel in Palm Beach nachempfunden wurde, mit zwei symmetrisch angeordneten Türmen und einer eigenwilligen Dachbalustrade mit kleinen Stelen drauf. Das Schönste ist der Garten, in dem die beiden Frauen im Schatten ihr Frühstück einnehmen und es an keinem Luxus fehlen lassen. Neben dem herkömmlichen Gebäck gibt es immer ein bisschen Kaviar und vor allem die herrlichsten Früchte, Mangos, Guaven, süße kleine Bananen oder Ananas, die so aromatisch reif sind, dass Sidi beim Hineinbeißen der Saft die Unterarme hinunter rinnt und helle Flecken in ihr Sommerkleid macht.

Gut gesättigt und solcherart in sinnliche Genüsse eingestimmt, gehen die beiden baden, was immer eine Zeremonie der Eitelkeit und des Flirts wird. Die beiden Frauen haben die schicksten Badeensembles der neuen Mode – den zweiteiligen Anzug, der direkt aus den USA kommt – zu bieten und ziehen die Blicke des ganzen Bades, vor allem die der Männer, auf sich. Sidi ist mit ihren einundvierzig Jahren von einer eleganten, fast unerreich-

Jeanette, Havanna, vierziger Jahre

baren Schönheit, während Jeanette die perfekte jugendliche Ergänzung dazu ist und den Komplimenten der Herren gegenüber wesentlich zugänglicher als ihre Freundin. Trotzdem ist es den beiden, nachdem sie sich Stunden auf Badetüchern gerekelt hatten oder gewandt und behende im Wasser bewegten, ein Spaß, die aufgestachelten Männer abblitzen zu lassen und kühl und elegant aus dem Bad zu schweben.

Im Sommer 1941, früher als erwartet, ist die Csillagsche Villa in Miramar fertiggestellt.

Die beiden Architekten haben einen hübschen, modernen Bau hingestellt, einstöckig, ganz nach dem Vorbild der California-Häuser, die nun so in Mode sind, allerdings in einer besseren Bauausführung. Der Sockel ist aus groben Natursteinen, an der sonnenzugewandten Seite gibt es auch einen Arkadengang, dahinter große Spalettentüren und fast als Zentrum des Hauses eine große, mit Terracotta verflieste Terrasse. Es ist ein gelungenes Haus geworden, finden die Geschwister einstimmig und machen sich an die Raumaufteilung. Robert wird eines der schönsten Zimmer im Erdgeschoß an einer Ecke zum Garten zum Komponieren bekommen, Sidi bezieht zwei Räume im ersten Stock, mit kleiner Terrasse nach hinten auf den Garten, und Ernst wird, solange er noch nicht verheiratet ist, die Zimmer neben ihr bewohnen. Außerdem ist für die verwöhnten Csillags genug Personal vorgesehen, die Platz in zwei kleinen Zimmern zur Straße hinaus bekommen.

Sidi fühlt sich im neu erbauten Haus sofort wohl. Und der Garten, der gerade angelegt wird, sollte ihre ganze Liebe werden. Zusätzlich zu den vielen Bäumen, Sträuchern und Blumen gibt es auch genug Platz, um Tiere zu halten. Mit leichter Hand kaufen die Csillags in der Nachbarschaft ein paar Zwerghühner, einfach weil die so possierlich durch die Gegend laufen können und mit ihrem hübschen gepunkteten Gefieder und ihrem aufgeregten Gegacker zum Gefallen und Amüsement aller beitragen. Außerdem werden drei Hunde angeschafft, die das Haus beschützen sollen und in der ersten Zeit dauernd daran gehindert werden müssen, die Hühner aufzufressen – so lange, bis diese in einer eigenen Voliere untergebracht werden. An einen dieser Hunde, den Sidi Petzi nennt, einen entzückenden, halbhohen hellbraunen

Jeanette und Sidonie im Strandclub

Mischling mit weißer Schwanzspitze und weißen Pfoten, hängt sie ihr Herz. Er sollte im Laufe der nächsten Jahre nicht mehr von ihrer Seite weichen und ihr treuester Begleiter werden.

In dieser überwältigenden bunten Pracht erinnert sich Sidonie ihres Maltalents und kauft eine kleine Staffelei und einen Kasten mit Ölfarben.

Sie hatte ja einst in Wien bei Otto Friedrich Stunden genommen, aber das ist lange her und damals hatte sie sich hauptsächlich in Porträtmalerei geübt. Otto Friedrich war Schüler an der Akademie der bildenden Künste und Mitglied der Secession in Wien gewesen und hatte ab 1917 an der Wiener Frauenakademie unterrichtet. Unter all den Lehrern hatte Sidonie ihn am meisten geschätzt, und er hatte sie immer für eine seiner talentiertesten Schülerinnen gehalten. Bei ihren neuerlichen Versuchen in der Malerei hätte sie ihn manchmal gerne wie damals in der Akademie hinter sich stehen gehabt und seine Ratschläge und Kommentare zu ihrem Werk gehört.

So muss sie sich eben alleine durchschlagen und versucht aus ihren fernen Erinnerungen heraufzuholen, was sie einst über Technik der Landschaftsmalerei gehört hatte.

Aber bald schmeißt sie alle Theorie, an die sie sich ohnehin kaum erinnert, über den Haufen und malt einfach drauflos. Fast jeden Tag sitzt sie nun am Vormittag in ihrem Garten und übt sich in der neu entdeckten Freizeitgestaltung.

In diesen stillen, animierten Stunden des Malens beginnen ihre Gedanken zu schweifen und sich in losen Ketten bis nach Europa zu bewegen. Zunächst sind es noch Überlegungen, welche der Bilder, die gerade vor ihr Gestalt annehmen, sie wem mitbringen könnte, dann landet sie mitten in sorgenvollen Gedanken, wie es ihren Freundinnen in Wien wohl gehen könnte, was ihre Mutter und Heinrich in Paris erleben müssen.

Die Nachrichten, die sie hier erfährt, sind gleichermaßen spärlich wie einseitig. Von Zeit zu Zeit hört sie wohl Radio, aber die Informationen über Europa sind sehr von den USA beeinflusst und trotz besorgniserregender Spitzenmeldungen oberflächlich und nichtssagend. Die Brüder, die geschäftlich auf dem Laufenden bleiben wollen, beziehen die englischsprachige Tageszeitung *Havana Post*, Sidi bevorzugt das auflagenstärkste Magazin *Bohemia*.

Das, was *Bohemia* für Sidi interessant macht, sind Gerüchte, dass der Herausgeber, Miguel Angel Quevedo, ein prominenter Schwuler ist, der angeblich stolz darauf ist, dass nie eine Frau den Fuß in sein Haus setzte. In diesem Haus veranstaltet er wöchentlich große Feste, zu denen er nicht nur die besten Künstler Kubas, sondern auch die gesamte männliche politische Prominenz einlädt. Einladungen zu diesen Festen waren sehr begehrt, denn außer dem garantierten Überfluss an Gaumenfreuden boten sie auch die Möglichkeit, wichtige Kontakte zu knüpfen und zu pflegen.

Ab 1942 kommt der Briefverkehr nach Europa fast völlig zum Erliegen, daher sind Sidonie und ihre Brüder für die nächsten Jahre völlig von privaten Informationen über ihre Familie und Freunde abgeschnitten. Das macht Sidi in der Stille ihre Gartens manchmal sehr verzweifelt und sie muss weinen, wenn sie die Fülle um sich sieht und gleichzeitig an die Not ihrer Lieben in Europa denkt.

Ansonsten verläuft das Leben der Csillags seit dem Einzug ins neue Haus sehr beschaulich. Robert ist mittlerweile zum Leiter des Philharmonischen Chors wie auch zum Professor für Harmonielehre, Komposition und Musikgeschichte am Conservatorio Nacional de la Habana ernannt worden und spielt somit eine wichtige Rolle im klassischen Musikleben der Insel.

Auch Ernst hat sich schnell an die neuen Bedingungen angepasst und seine Sprachstunden hinter sich gelassen. Als ersten Schritt in die Selbstständigkeit gründet er eine kleine Gewürzfabrik, als diese nicht so gut läuft, verlegt er sich aufs Diamantenschneiden. Zwischendurch findet er auch Zeit, die hübsche Kubanerin Rosa zu heiraten, aber diese Ehe bricht schon nach wenigen Monaten auseinander.

Diamtenschneiden war bis zu Kriegsausbruch eine unbekannte Tätigkeit in Kuba gewesen. Eine Gruppe von polnischen Juden, die schon seit Jahren in Antwerpen gelebt hatten, schaffte es noch 1941, kubanische Einreisedokumente zu kaufen und über Lissabon nach Havanna zu kommen. Da zum Dimantenschleifen nur einige wenige Maschinen gebraucht wurden, konnten sie ihr Gewerbe leicht mit eilig aus Brasilien importierten Maschinen wieder aufnehmen.

Diamantenschleifen erforderte große Präzision und war in verschiedene Tätigkeiten unterteilt, deren Bezahlung variierte. Bereits in den Jahren 1942/43 gab es auf Kuba insgesamt vierundzwanzig Werkstätten mit über sechstausend Angestellten, unter ihnen viele jüdische Flüchtlinge, aber auch einer Anzahl von Einheimischen. Nach dem Krieg kehrten die meisten Flüchtlinge aus der Diamantenbranche nach Belgien und in die Niederlande zurück, einige emigrierten auch nach Palästina. Die kubanische Regierung hätte die Diamantenschleifer gern im Land behalten, aber für die Händler war die Insel zu weit vom Schuss, und sie zogen es vor, an ihre alten Umschlagplätze zurückzukehren.

Ähnlich wie das Leben der Csillags zu Hause in gleichmäßigen Rhythmen verläuft, pulsieren auch die Vergnügungen außerhalb in einem beständigen Takt.

Mindestens einmal in der Woche geht man zu Reisman an der Ecke der 21. mit der K-Straße in Vedado. Reisman ist ein Restaurant, in dem sich deutschsprachige Emigranten, vor allem solche aus Österreich, gern einfinden. Denn es gibt immer Wiener Schnitzel und Wiener Mehlspeisen mit Kaffee und Schlagobers. Die BesucherInnen lieben es, unter ihresgleichen zu sitzen, die vertraute Sprache sprechen zu können und ein bisschen über ihr Schicksal zu klagen. Die Geschwister Csillag gehen gern hierher, die Brüder, weil der Kaffee so gut schmeckt, Sidi wegen der ausgezeichneten Mehlspeisen. Ebenso geht die Familie immer am Montag in das Cine Gris in Vedado, das an diesem Tag deutsche und französische Filme zeigt.

Aber das wirkliche gesellschaftliche Leben konzentriert sich auf Clubs, und hier ist es der berühmte Tropicana Club, der ebenfalls zum regelmäßigen Besuchsprogramm der Csillags gehört. Freitag nacht nach dem Abendessen schlüpfen die Herren ins Dinnerjacket, die Damen in ihre schönsten Abendroben, und lassen sich mit dem Taxi nach Alturas de Belen, südlich von Miramar, bringen. Das Tropicana war 1931 gebaut worden und hat von allem, was teuer und genussvoll ist, in Überfülle zu bieten. Es ist das berühmteste Cabaret Havannas, wobei man Cabaret eher als Varieté- und Tanzshow zu verstehen hat.

Havanna in den vierziger Jahren

Es gibt ein nettes Gemisch aus nordamerikanischem Jazz, europäischer Musik und kubanischen Rhythmen. Robert ist von der kubanischen Art zu musizieren auf mehrfache Weise begeistert. Einerseits zieht sie ihn sofort aufs Parkett und er muss sich zu den Klängen von Salsa, Son und Rumba bewegen. Außerdem inspirieren ihn die Melodien für seine Kompositionen. Oft sitzt er nach diesen Barbesuchen noch tagelang, lässt die Melodien vor seinem inneren Ohr von neuem anklingen und verwendet die Motive, klassisch verfremdet, für seine Symphonien.

Sidonie ist von den regelmäßigen Besuchen im Tropicana wenig begeistert – zu viel nacktes Fleisch und Alkohol. Gott sei Dank hat sie eine Alternative gefunden, die ihren Bedürfnissen viel eher entspricht. Der Zombie Club ist der Tempel aller Bridge-Begeisterten der Stadt, und die besten BridgespielerInnen Havannas tragen hier ihre Partien aus. Hierher kommt Sidi mehrmals die Woche und verbringt Stunden bei leidenschaftlichem Kartenspiel. Bei Bridge ist mit ihr nicht zu scherzen, und sie vergisst dabei sogar ihre Höflichkeit und Wohlerzogenheit. Wenn der Partner oder die Partnerin falsch ausspielt oder strategischen Zügen von ihr nicht folgt und die Partie verlorengeht, wird Sidi ziemlich giftig, weigert sich übellaunig, in dieser Kombination weiterzuspielen oder wirft schon einmal das Blatt ärgerlich auf den Tisch und verlässt den Raum. Aber diese Ausbrüche sind schnell vergessen und vergeben und wenig später erhitzt sich Sidonie schon wieder in der nächsten Partie.

Worüber in diesen Clubs endlos gesprochen wird, ist die Korruption, die in Havanna immer und überall anzutreffen ist. Die meisten österreichischen EmigrantInnen nehmen sie auf die leichte Schulter und vergleichen sie mit den Verhältnissen, die sie »vom Balkan gewöhnt sind«. Die deutschen ExilantInnen finden sich nicht so leicht mit diesem permanenten »Schmieren« und »Reiben«, wie das die ÖsterreicherInnen sagen, ab und halten es moralisch und politisch für sehr bedenklich.

Eines Tages während des Mittagessens meint Robert zu Sidi, dass sie vielleicht doch einer bezahlten Tätigkeit nachgehen sollte. Sidi reagiert auf diesen Vorschlag empört. Sie liebt die freie Zeiteinteilung, das Ungebundensein und versteht nicht, wie ihr Bruder auf so eine Idee kommen kann.

Ärgerlich erwidert sie: »Du kannst sicher sein, dass ich nicht daran denken werde, solange ich noch ein Stück trockenes Brot zu fressen hab'.«

Robert nimmt Sidis Antwort gelassen auf und meint nur lakonisch, dass sie es dann eben bleiben lassen solle. Was er ihr nicht anvertraut, ist die Tatsache, dass die finanzielle Lage der Geschwister nicht besonders rosig ist. Da sie gewöhnt sind, großzügig auszugeben und jetzt im Vergleich zur Vergangenheit nicht von den Zinsen, sondern vom Kapital zu leben, fürchtet Robert, dass die Familie bald auf dem Trockenen sitzen könnte. Aus Frankreich kommt wegen des Krieges schon lange kein Geld mehr. Und da alle mit einem schnelleren Ende des Dritten Reiches gerechnet hatten, war munter am Erbe genascht worden. Bei Sidonies Brüdern, die mittlerweile durch ihre Berufe genug eigenes Geld verdienen, spielt das keine Rolle mehr, aber Sidis Erbteil würde bald aufgezehrt sein.

Robert bringt das Thema nicht mehr zur Sprache. Heinrich, der Älteste, hätte Sidonie sicherlich erklärt, dass sie im Begriff war, sich zu verschulden: eine Aussicht, die den beiden Ältesten gleichermaßen unangenehm war. Aber Robert ist es gewöhnt, über seine Verhältnisse zu leben und Schulden zu machen, und er findet, dass seine Schwester es schon merken würde, wenn es so weit wäre.

Amore auf Kuba

Damit das Leben nicht gar zu gleichförmig wird, beschließt Sidi, den Kontakt zu Gisela, die sie bei Roberts Hochzeit kennen gelernt hat, zu intensivieren. Seit damals waren sie einander immer wieder auf Einladungen und in den Clubs begegnet, und Sidi hatte feststellen können, dass Gisela ihrer sanften Werbung durchaus Beachtung schenkte. Gisela ist eine jüdische Emigrantin aus Deutschland, und Sidonie scheint trotz ihrer immer wieder geäußerten Abneigung gegen alles, was mit Judentum zu tun hat, bereit, bei Gisela eine Ausnahme zu machen. Gisela ist schön genug, um Sidonies ästhetischen Ansprüchen zu genügen, und langweilt sie nicht so wie all die Leute, die den ganzen Tag über nichts anderes sprechen können als über das *affidavit*, welches ihnen die Einreise in die Vereinigten Staaten ermöglichen würde. Sie versteht diese Leute nicht, die immer nur von den USA träumen und es nicht abwarten können, dorthin zu kommen. Ihr gefällt es auf Kuba viel zu gut, um auch nur eine Sekunde an ein Weiterwandern zu denken. Hier kann sie das Leben genießen: es gibt genug Sonnenschein, Wärme, Personal und auch noch Geld – warum sollte sie das aufgeben?

Giselas hellbraunes Haar, ihr behender Gang und der helle Teint sind ganz einfach zu liebreizend, um ignoriert zu werden. Daher verabredet sich Sidi immer öfter mit der um einige Jahre jüngeren Frau.

Gisela hat einen gebrauchten kleinen schwarzen Ford, mit dem sie gern auf Entdeckungsreisen geht und die Freundin zu gemeinsamen Unternehmungen abholt. Mit Gisela eröffnen sich für Sidi ganz neue Bekanntenkreise, denn sie verkehrt in Intellektuellen- und Frauenkreisen, die mit Feuer und Hingabe über Kunst, Musik und Politik zu sprechen verstehen.

Bei einer dieser Fahrten, die sie immer vormittags zu einem neuen aufregenden Ziel der Stadt – diesmal zum Haus der bekannten kubanischen Historikerin Lydia Cabrera – führen wird, versteht es Gisela, die Freundin mit Geschichten aus dem Pariser Rive Gauche der zwanziger Jahre zu unterhalten. Sie hatte selbst kurz dort gelebt und eine Reihe von bedeutenden Frauen kennen gelernt.

Sidi glaubt Gisela viele dieser Geschichten nicht, wie sie so mit flatterndem hellen Haar und der auffälligen Sonnenbrille exaltiert schnatternd hinter dem Volant sitzt. Aber da sie amüsant erzählt, hat Sidi gegen ein wenig Phantasie nichts einzuwenden.

Ein bisschen etwas Wahres muss aber an Giselas Geschichten schon dran sein, denn die Cabrera, die Gisela auch aus Paris kennt, würde später die gleichen Histörchen mit einer Übereinstimmung der Schauplätze und Ereignisse erzählen. Die 1894 geborene Lydia, die aus vermögendem Haus stammt, hatte zwischen 1927 und 1939 in Paris gelebt, wo sie sich für afrikanische Kunst zu interessieren begann. 1939 kehrte sie mit ihrer Lebensgefährtin Maria Teresa de Rojas nach Kuba zurück und begann über afro-kubanische Kultur zu schreiben und zu publizieren. *El*

Monte ist eines der wichtigsten Werke, welche zu diesem Thema je veröffentlicht wurden. Ihr Haus ist ein Abbild dieser Studien und mit afrikanischer Kunst – Masken, Figuren, ein paar Möbeln und Stoffen – vollgeräumt, die Sidi wie die Frau unheimlich sind.

Es ist viel angenehmer, mit Gisela Bridge zu spielen, in den Strandklub oder abends manchmal ins El Floridita zu gehen, wo sie ihresgleichen treffen können. Trotzdem wird aus den Begegnungen nie so recht etwas Näheres. Sidonie ist zu vorsichtig, intensiver auf Gisela zuzugehen, und diese scheint eine der exaltierten, sich ihrer Reize bewussten Frauen zu sein, die gern – gleich mit welchem Geschlecht – flirten und mit dem Feuer spielen, sich aber nicht verbrennen wollen. So bleibt es bei den tiefen Blicken, den bedeutungsvollen Bemerkungen und scheinbar zufälligen Berührungen. Sidonie transferiert ihre Anziehung in die Malerei, wobei sie ungehindert stundenlang ihre Blicke auf der Modell sitzenden Gisela ruhen lassen und ihre schönen Züge auf die Leinwand bannen kann. Es gelingt ihr ein sehr gutes Porträt der Freundin, und angespornt vom Lob wird sie bald beginnen, alle Frauen aus ihrem wachsenden Freundinnenkreis zu malen.

Gisela ist sehr unternehmungslustig. Ein paarmal die Woche mit ihrem Ford nach Miramar und retour ist ihr bald zu wenig – sie will mehr von Kuba kennen lernen und schlägt Sidonie kleine Reisen zu anderen Orten vor. Sidi nickt nur gnädig, wenn ihr die Routen nach Pinar del Rio, Cienfuegos oder Trinidad auf Landkarten vorgelegt und in buntesten Farben ausgemalt werden. Da Gisela sich um alles Organisatorische kümmert und Sidi keinen Finger rühren muss, hat sie nichts dagegen, die Freundin auf den Touren zu begleiten.

Im Laufe der nächsten Monate wird Sidonie bei diesen Ausflügen einige wunderbare alte Städte kennen lernen. Und Trinidad, diese aristokratische architektonische Perle an der Südküste Kubas, wird der Lieblingsplatz der beiden Frauen. Ganze Abende verbringen Gisela und Sidonie bei wiederholten Besuchen auf der Plaza Mayor und starren immer wieder gebannt auf die schönen alten Holzbalkone oder die herrlichen Fenstergitter, die Rejas, der Adelspaläste. Gisela, die Geschichtenerzählerin, malt Sidonie aus, welche Liebesdramen sich in den vergangenen Jahrhunderten zwischen den Paaren, die in den Vollmondnächten sicherlich auf diesen Balkonen gesessen haben, abgespielt haben müssen – leider ohne Resultat bei Sidonie, die ihre Anspielungen nicht zu verstehen scheint. Zu sehr später Stunde wird dann mitten auf der Straße Musik gemacht, und die beiden können die Einladungen, mitzutanzen, einfach nicht ausschlagen. Niemals hätte Sidi so etwas in Europa getan – mit Fremden tanzen –, aber hier in Kuba gelten andere Regeln und sie will das Leben genießen. Die meisten der Kubaner entsprechen ja nicht gerade ihren Vorstellungen von Schönheit, aber wie sie sich zu den Klängen der Rumba bewegen, macht tanzen mit ihnen zu einem himmlischen Vergnügen.

Eines Abends in Havanna leistet sich Gisela einen unverzeihlichen Fehler, der Sidonie, die ihr Zusammensein ohnehin schon seit einer Weile zu nah findet, den perfekten Vorwand bietet, die Beziehung abkühlen zu lassen.

An jenem Abend ist Gisela im Csillagschen Haus zu Besuch, rekelt sich gerade wohlig auf Sidis Bett und meint schnurrend, sie habe fast das Gefühl, das Haus gehöre ihr. Das hätte sie nicht sagen dürfen. Diese Bemerkung, die in Sidis Augen die schlechtesten Merkmale sowohl deutscher als auch jüdischer Eigenschaften in sich vereint, erbost sie ungemein und lässt sie trocken antworten: »Dieses Gefühl hab' ich nicht, denn mir gehört nur ein Anteil.« Damit ist Gisela bei ihr unten durch, und sie trachtet ab nun nach einer Möglichkeit, sie unauffällig loszuwerden.

Schließlich findet sie einen passenden Weg, die Beziehung auf elegante Art zu lösen. Im Spätherbst 1943 gibt ihr Bruder Robert ein Benefizkonzert der *Asociacion Austria Libre* auf dem Dachgarten des Hotel Sevilla. Nach dem Konzert stellt Robert Sidonie einen befreundeten Dirigenten vor, der sofort beginnt, ihr schöne Augen zu machen. Sidonie liebt es zwar, die bewundernden Blicke von Männern und Frauen auf sich zu ziehen, schätzt es aber gar nicht, wenn sie eine gewisse erotische Neugierde in den Augen eines Mannes aufglimmen sieht.

Als er ihr kurz darauf Blumen und ein kleines Kärtchen mit einer Einladung zu einem Rendezvous schickt, beginnt sie ihre Fäden zu spinnen. Da sie fürchtet, die Karriere ihres Bruders zu behindern, sollte sie sich diesem Kollegen nicht gefällig zeigen, beschließt sie, die Einladung zum Rendezvous anzunehmen –

aber mit Gisela im Schlepptau. Diese zieht zwar Frauen vor, ist Männern aber auch nicht abgeneigt. »Hauptsache, der Sex stimmt«, hatte sie einmal zu Sidonie gesagt. Und da der zwischen ihnen keineswegs stimmt, könnte die Verkupplung allgemeinen Segen für alle Seiten bringen.

Zwei Tage später sitzen Sidonie, Gisela und der Dirigent in der Bar des Hotel Nacional. Jede kleine Bewegung der beiden verfolgend, heuchelt Sidi Zerstreutheit. Sie findet diesen Mann ja wirklich besonders uninteressant. Anfangs wirbt der Dirigent noch um sie, aber als er nicht weiterkommt, wendet er sich Gisela zu, die seine Aufforderung zum Flirt gerne annimmt – denn schließlich kommt ja auch sie bei Sidonie nicht weiter. Zwei Stunden später findet Sidonie einen fadenscheinigen Vorwand, um die beiden allein zu lassen. Und als sie das Portal des Nacional hinter sich lässt, spürt sie sofort eine wunderbare Erleichterung. Es hat geklappt – zwei Fliegen mit einem Schlag: sie ist Gisela und den Dirigenten los, und beide sind versorgt.

Doch eine neue Liebe lässt nicht lange auf sich warten. Noch in Giselas Begleitung hatte Sidi vor einiger Zeit ein anderes Frauenpaar kennen gelernt: Hélène, die von allen »die kleine Belgierin« genannt wurde, und Marie-Louise, die Tochter einer Französin und eines kubanischen Diplomaten, der seine Frau in Paris kennen gelernt hatte. Die kleine Belgierin hatte zwei Kinder, mit denen sie aus Europa vor den Nazis flüchten konnte, während ihr Mann zurückgeblieben war. Und in Havanna tröstete sie sich bald mit Marie-Louise. In den wachsenden Kreisen der Frauenpaare in Havanna waren bald alle der Meinung, dass die kleine Belgierin Marie-Louise ausnütze, die so rührend um die Freundin bemüht war, wie es kein Mann könnte. Später erfuhr man, dass Marie-Louise immer so liebevoll und aufmerksam mit ihren Geliebten umging, was sie bei den einen als naives Huhn dastehen ließ und für andere zu einer ersehnten Partnerin machte.

Im Bezug zu Hélène konnte sich die Bemühtheit halten, solange ihr Ehemann nicht da war. Aber eines Tages schaffte er die Flucht und kam nach Havanna. Hélène war gar nicht glücklich über sein Auftauchen, sie war in Marie-Louise verliebt und wollte die Beziehung nicht aufgeben. Aber der Ehemann verstand es doch, sie zu bewegen, der Kinder willen bei ihm zu bleiben und sich von Marie-Louise abzuwenden. Um seine Vorrechte unter Beweis zu stellen, schrieb er Marie-Louise drohende Briefe, in denen er ihr in groben Worten mitteilte, dass sie die Situation seiner Frau ausgenützt hätte und weitere Kontakte mit ihr zu unterlassen habe. Eine Schwangerschaft Hélènes machte die Dinge dann endgültig klar.

Marie-Louise war jedoch nicht lange bedrückt. Sie hatte seit einem Empfang auf der amerikanischen Botschaft entdeckt, dass Sidi die anziehendste aller Frauen sei, und sie war ihr seither nicht mehr aus dem Kopf gegangen. Jetzt, wo auch Gisela das Feld hatte räumen müssen, könnte sie ihr Glück bei ihr versuchen.

Aber sie muss Monate um Sidonie werben. Sidi war Marie-Louise zuerst gar nicht aufgefallen, dann als liebe, aber völlig uninteressante Frau, zu klein für ihren Geschmack, mit schlechter Figur, breitem Gesicht und einer Knollennase. Aber Marie-Louise ist so aufmerksam, lieb und ein durch und durch guter Charakter, dass Sidi eines Tages im Frühjahr 1944 nachgibt. Und zu ihrem großen Erstaunen wird es eine der erfüllendsten und wärmsten Beziehungen, die sie sich – mit ihrer etwas einseitigen Beziehungserfahrung mit lauter »Kopfgeburten« – vorstellen kann. Sogar der Sex mit Marie-Louise macht großen Spaß, und das ist bei Sidi nun wahrlich ein gutes Zeichen.

An stillen gemeinsamen Abenden spricht Marie-Louise immer wieder über ihren sehnlichen Wunsch, Kinder zu haben – wofür sie wohl einen Mann brauchen würde. Sidonie will ihr dabei nichts in den Weg stellen und ermuntert sie, ihrem Wunsch nachzugehen. Eines Tages erscheint Marie-Louise mit einem Nordamerikaner im Gefolge, den Sidonie gar nicht reizvoll findet. Aber ihre Sorge soll es nicht sein. Um Marie-Louises Wunsch wissend, ist sie nicht erstaunt, als ihr diese bald mitteilt, dass sie diesen Mann heiraten wolle. Eine Vernunftehe, um ihren Kinderwunsch zu verwirklichen – an ihrer Beziehung würde sich nichts ändern –, aber immerhin eine fixe Verbindung. Sidonie, die nie wirklich verliebt war – eher ist es eine tiefe, warme Freundschaft – und daher keinen Deut eifersüchtig ist, hat wie immer nichts dagegen, dass ihr ihre Geliebten außerhalb der Träumereien ihrer Phantasie nicht zu nahe kommen können.

Marie-Louise

Doch bald erzählt Marie-Louise mit Anklängen der Enttäuschung, dass der Ehemann in spe keinerlei sexuelle Erfahrung mit Frauen hat. Sogar beim Arzt sei man schon gewesen, der ihnen – und vor allem dem Mann – genaue Anweisungen geben musste, was sie zu tun hätten, und inwiefern Mann und Frau organisch doch irgendwie zusammenpassen. Trotzdem wird Marie-Louise nicht schwanger. Und auch dagegen hat Sidi nichts einzuwenden. Sie genießt es nach wie vor, mit Marie-Louise beisammen zu sein, und die Idee, dass die Freundin mit diesem gräßlichen Kerl auch noch Nachwuchs zeugen würde, war ihr ohnehin unverständlich. So kann sie Marie-Louise ungeteilt für sich behalten.

Sidi muss arbeiten

Mitten in Sidonies Liebeshändel mit Marie-Louise bricht ein weiteres, äußerst unangenehmes Thema, das sie noch viel mehr beschäftigen sollte. Bei einem Abendessen im Kreis der Familie bringt Robert das Gespräch wieder auf die leidigen Finanzen. Diesmal ist die Botschaft klar: Sidi hat Schulden. Zwar nur bei der Familie, aber dennoch Schulden, die sie irgendwie abtragen und sich zudem um ihren Lebensunterhalt selber kümmern muss. Ihr Erbteil ist verbraucht, jetzt beginnt mit fünfundvierzig Jahren für sie erstmals der berufliche Ernst des Lebens. Für Sidonie war Arbeit gegen Bezahlung ihr Leben lang das Ärgste, was sie sich vorstellen konnte. Aber eines ist noch schlimmer, und das sind Schulden. Was bleibt ihr also anderes übrig, als in den sauren Apfel zu beißen und das ins Auge zu fassen, was in ihr immer tiefe Verachtung auslöste: das »Dienstbotendasein«.

Anfangs versucht sie noch eine mildere Lösung zu finden und beginnt eine Hilfstätigkeit im Büro der Diamantschneiderei ihres Bruders Ernst. Missmutig steht sie jeden Tag für ihre bisherigen Verhältnisse um Stunden zu früh auf, nimmt ein eiliges Frühstück, eine halbe Mango und ein Glas Milch, zu sich und quält sich auf die Straße und den immer gleichen Weg ins Büro in der Nähe des Hafens, wo langweilige Arbeiten an der Schreibmaschine und den Aktenordnern auf sie warten würden. Sie hasst es, in geregelte Tagesabläufe gezwungen zu werden, bei denen doch nichts als Spießigkeit herauskommen kann.

Eine Szene aus einem der ersten Arbeitstage bleibt ihr besonders im Gedächtnis haften: In einer der Mittagspausen war sie, um ein bisschen der Hitze zu entkommen, für ein paar Minuten in die Kathedrale von Havanna gegangen, wo sie auf den Stufen eine Bettlerin sitzen sah. Als diese ihr beim Herauskommen flehentlich die Hand entgegenhielt, machte Sidonie eine abfällige Bemerkung, blickte sie nur böse an und schüttelte vehement verneinend den Kopf. Erst im Weitergehen kam ihr der eigene Ärger zu Bewusstsein, wo sie doch sonst immer ein kleines Almosen gegeben hatte. Warum hatte sie bloß so reagiert? Plötzlich wurde ihr klar, dass sie diese Frau unendlich beneidete, denn sie war in ihren Augen nach wie vor Herrin ihrer Zeit und ihres Lebens, während sie, Sidi, jetzt die Herrschaft über ihre Zeit abgeben hatte müssen.

Doch die Bürotätigkeit beim Bruder bringt zu wenig ein, und sie muss sich ernsthaft um eine richtige Arbeitsstelle umsehen. So wie alle anderen Flüchtlinge hat Sidonie natürlich keine Arbeitsgenehmigung. Aber selbst ohne Arbeitserlaubnis ist es möglich zu arbeiten, solange man sich die Behörden mit kleinen Bestechungssummen vom Leib hält. Sidonie beschließt, in einem Bereich zu arbeiten, wo sie weder auf Bewilligungen noch auf eine formelle Ausbildung angewiesen ist. Sie sucht Arbeit als Kindermädchen, Haushälterin oder Sprachlehrerin.

Endlich, im Jänner 1945, wird sie fündig. Der Verwalter einer großen Zuckerplantage in der Provinz Matanzas, zirka zwei Stunden südöstlich der Hauptstadt, sucht eine Frau, die sich um die Erziehung seines kleinen Buben annehmen sollte. Da die Entlohnung gut ist, außerdem zwei eigene Zimmer in einem Herrenhaus inmitten einer parkartigen Gartenanlage versprochen werden, nimmt Sidonie das Angebot an. Und ein bisschen reizt sie auch der Abenteurerinnengeist, das herrschaftlich-koloniale Milieu auf dem Land kennen zu lernen.

Eines Morgens Ende Jänner 1945 macht sie sich mit einem Lederkoffer und natürlich in Begleitung ihres Hundes Petzi auf den Weg. Per Bahn reist sie in den kleinen Ort, der nicht weit von der Stadt Matanzas entfernt liegt. Am Bahnhof wird sie schon erwartet. Ein junger Mulatte tritt auf sie zu, verneigt sich höflich und meint, dass er sie sofort erkannt habe, sie müsse die neue Madame sein, europäisch aussehende Damen mit Hund kämen nicht oft in diesem Örtchen an. Am Bahnhofsvorplatz stehe ein kleines Gespann für sie bereit, mit dem er sie zur Plantage mit dem klingenden Namen Mercedes bringen werde.

Nach langer Fahrt biegt das Gespann von der Hauptstraße in einen kleinen Sandweg, passiert zwei mächtige gelbe Torsäulen, zieht vorbei an Baracken und Hütten – offenbar die Quartiere der Landarbeiter –, durch eine weitläufige Parkanlage und kommt schließlich auf einem Erdrund vor dem Palacete, dem Herrschaftsgebäude der Plantage, zu stehen.

Ein Mädchen nimmt ihr den Koffer ab und führt sie ins Foyer, wo ihr der Hausherr entgegentritt. Señor Mattacena, ein Italiener, der mit der Verwaltung der Zuckerrohrplantage betraut ist, reicht ihr freundlich-distanziert die Hand. Er ist ein grauhaariger, braungebrannter Mann in den Fünfzigern, der ihr in weißen Reithosen, Lederstiefeln, in deren einem seitlich ein Rohrstöckchen steckt, und hellem Sakko gegenübersteht. Er erinnert Sidonie in seiner herrischen, eitlen Art unweigerlich an ihren Ehemann Ed, was sie zur Vorsicht mahnt, und sie erwidert seinen Händedruck mit ähnlicher Reserviertheit. Mattacena weist sie kurz und befehlsgewohnt in ihre Aufgaben ein. Da er einem Betrieb mit über tausend Arbeitern vorstehe und keine Zeit für sein Kind habe, seine Frau sich zudem um den ausgedehnten Haushalt kümmern müsse, sei es ihre, Sidonies, Aufgabe, sich um seinen Sohn, den kleinen Orestes, zu kümmern. Er ist erst fünf und braucht jemanden, der mit ihm spielt, ihm vorliest und ihm mit entschiedener Hand Manieren beibringt. Sidonie kennt den Erziehungsstil, der hier von ihr verlangt wird, aus der eigenen Kindheit nur zu gut und nickt verstehend.

Und dann wird Orestes herbeigerufen, um die neue Madame zu begrüßen. Herein kommt ein kleiner Bub in hellen Latzhosen, mit wilden brünetten Locken, zusammengekniffenen Augen und einem trotzigen Mund. Schüchtern drückt er sich hinter die Schürze der schwarzen Hausangestellten, die ihn gerade hereinführt. Sidonie ist vom ersten Augenblick an bezaubert, aber nur

Señor Mattacena mit Sohn Orestes, Kuba, 1946

ihr Hund Petzi, den sie immer noch an der Leine hinter sich hält, kann den Kleinen bewegen, hinter der schützenden Hüfte hervorzukommen und die Hand wenigstens nach dem Hund auszustrecken.

Schließlich wird auch Señora Mattacena geholt, um die Fremde, die eine Mischung aus Hausdame und Kindermädchen werden soll, zu begutachten. Die Señora ist Kubanerin, eine füllige, freundliche Frau, die Sidonie an die Kaiserin Maria Theresia erinnert, und die gleich wieder in der Küche verschwindet. Nach dieser ersten Vorstellungsrunde wird Sidi in ihre Zimmer im Erdgeschoss, auf der Hinterseite des Gebäudes, geführt. Zwei helle Räume mit roten Bodenziegeln, einer groben Balkendecke und einfachen, auf der Plantage angefertigten Möbeln erwarten sie. Das einzige europäisch Anmutende ist ein schwarzer polierter Stutzflügel, der wohl als Lehrmittel für den kleinen Orestes gedacht ist.

Sidonie und der kleine Bub werden ab nun sich selbst überlassen und sind bald dicke Freunde und Komplizen. Sidi hat eine freundliche Art Kindern gegenüber, lässt ihnen ihre Eigenart und ihren Willen und hat immer originelle Ideen für Unternehmungen. Das liebt der Kleine bald so sehr, dass er jeden Morgen, kaum dass Sidonie ihre Zimmertür öffnet, um zum Frühstück zu kommen, jauchzend um irgendeine Ecke biegt und sie sofort zum Spielen drängt. Beide lieben es, die Tage im Freien zu verbringen, entweder im weitläufigen Park unter den vielen Palmen herumzustreifen oder mit Petzi, den der Bub ganz in sein Herz geschlossen hat, auf der Plantage spazieren zu gehen.

Orestes ist ein wagemutiges, unternehmungslustiges Kind, das gern mit Menschen zu tun hat. Immer wieder zieht er Sidonie zu den Hütten der Landarbeiter, weil es dort viel lustiger und lebendiger ist als im eigenen Haus. Dort gibt es stets etwas Neues. Entweder ist gerade eine kleine Ziege geboren worden, ein paar Küken geschlüpft, oder die Frauen haben neue Körbe und Schuhe geflochten oder gerade was Gutes gekocht, an dem der Kleine an den offenen Feuerstellen in den Hütten für sein Leben gern nascht.

Das Liebste auf der Welt ist ihm aber sein Pony, ein freundlicher kleiner Rappe, zu dem er mehrmals im Tag in den Stall läuft.

Orestes auf seinem Pony mit Hausangestellter, Kuba, 1946

Jeden Nachmittag nach dem Schlafen, das Orestes nur mit äußerster erzieherischer Anstrengung von Sidonie absolviert, wird das Pony für eine Runde im Park gesattelt. Mit einem richtigen Sattel, wie ihn die Vaqueros, die kubanischen Viehhirten, benützen. Vorne gibt es einen großen Knauf, auf den Orestes sich, mit den Zügeln in einer Hand, wie ein Großer lässig aufstützt, hinten zwei lederne Packtaschen. Sogar ein kleines Lasso hängt an der Seite. Unabdingbar zu diesen Anlässen ist sein Reitkostüm, eine mit einem sich bäumenden Pferdchen bestickte weite Hose, ein knappes tailliertes Jäckchen und ein runder Strohhut. Solcherart wie ein schnittiger Viehhirte gut ausgerüstet reitet der Kleine durch den Park, stolz und hoch aufgerichtet. Und obwohl er eigentlich nur Schritt gehen dürfte, damit Sidi ihm folgen kann, trommelt er manchmal wie wild mit den Fersen in die Flanken seines Ponys, bis dieses in Trab oder sogar Galopp verfällt und hinter den Büschen verschwindet. Das darf sein Vater natürlich nicht wissen, sonst gibt es strenge Strafen.

Dementsprechend fürchtet sich der Bub vor seinem Vater und findet damit bei Sidi, die selbst immer große Furcht vor dem eigenen Vater hatte, Mitleid und Schutz. Señor Mattacena ist auf die Innigkeit und Liebe seines Kindes zur fremden Madame offensichtlich auch noch eifersüchtig, verlangt von Sidonie mehr Härte dem Kind gegenüber und versucht nicht nur ihre Gespräche zu belauschen, sondern auch Vorschriften zu machen, was Sidonie zu dem Kleinen sagen soll.

Da der Señor aber nicht ihr Vater ist und sie gegen solch einen Macho gern Widerstand leistet, fällt es ihr leicht, seine Anweisungen nicht zu respektieren.

Überhaupt verkörpert Mattacena alles, was sie an Männern nicht mag. Er ist Italiener, was Sidonie in gut altösterreichischer Manier mit dem Verlust der einst österreichischen Gebiete im Norden Italiens in Verbindung bringt und ihn innerlich mit verantwortlich macht. Seine Eitelkeit und die Schärfe dem eigenen Kind gegenüber bringen sie in Rage. Manchmal meint sie wirklich, er müsse ein Verwandter von Ed sein, wenn er am Morgen, bevor er auf die Plantage oder in die Zuckersiederei geht, vor dem Spiegel steht und seinen makellosen Scheitel noch einmal zu ziehen sucht. Er legt größten Wert auf perfekte Kleidung, womit er seine Frau zu quälen weiß und was immer wieder zu heftigen Szenen mit ihr und dem Kind führt. In der großen Hitze will der Kleine am liebsten fast nackt herumlaufen, aber der Vater besteht darauf, dass er in seiner Gegenwart wie ein Herr ordentlich und vollständig gekleidet ist.

Sidonie denkt oft, dass Mattacena und seine Frau den kleinen Orestes ganz einfach zu spät bekommen haben. Eigentlich könnten sie seine Großeltern sein. Señora Mattacena ist ja auch schon Großmutter, da sie aus einer früheren Beziehung erwachsene Kinder hat, die wiederum selbst schon Kinder haben.

Mit der Beziehung von Señor und Señora steht es nicht zum Besten. Sie macht sich oft vor allen über seine Eitelkeit lustig, was ihn zutiefst kränkt und beleidigt und zu heftigem Streit führt. Sidi, in einem Haus aufgewachsen, in dem sich die Eltern vor den Kindern nie eine Blöße gaben, ist entsetzt über das lautstarke Gezeter, das vor allen ausgetragen wird. Oft nimmt Mattacena dann wütend seinen Hut und verschwindet für ein paar Tage nach Havanna.

Was Besseres könnte er damit seiner Familie und den Menschen auf der Plantage nicht tun. Seine Abwesenheit wird von allen genossen. Es ist, als ob großer Druck von allen abfällt und plötzlich wieder Platz für lustiges Leben wäre. Señor besteht, wenn er anwesend ist, auf formalem Essen im Salon, das von schwarzen Stubenmädchen in weißen Schürzen und Handschuhen gereicht werden muss. Sobald er nicht da ist, essen alle gemeinsam im Freien. Selbst Sidi setzt sich dann mit dem Hauspersonal unter die großen Plantanen und lässt sich die einfachen Gerichte aus Reis, Bohnen, Bananen und Hühnerfleisch schmecken.

In Señors Abwesenheit schaut die Señora manchmal auch gern zu tief ins Glas. Mangel an Rum gibt es ja nicht, die Plantagenarbeiter brennen selbst einen ganz hervorragenden und schenken der Señora gern davon ein und zerkugeln sich hinterher über die schwere Zunge ihrer Herrin. Da ihr der Rum schmeckt, hört sie nicht rechtzeitig auf. Im Schwips öffnet sie ihr Herz und ergeht sich in tränenreichen emotionalen Ausbrüchen, die selbst der kleine Orestes mitbekommt. Sidonie erklärt dem Kind in diesen Fällen, dass seine Mutter unter heftigen Zahnschmerzen leide, und hofft, dass er bald einschläft. Danach verbringt sie dann noch Stunden mit der Señora, die ihr Leid klagt und stöhnt, dass sie das Weiterleben mit diesem Mann nicht mehr aushält. Am nächsten Morgen ist dann alles vergessen.

Das Ende der Zuckerrohrernte wird traditionell mit einem tagelangen Fest gefeiert. Noch nie in ihrem Leben hat Sidonie so viel Trommeln gehört, so viel Ausgelassenheit und Lebenslust trotz der harten Arbeitsbedingungen gesehen. Schon am Morgen wird von den Frauen der Arbeiter groß aufgekocht und nicht an Köstlichkeiten gespart. Herrliche Eintöpfe mit Bohnen, Kochbananen, allen Arten von Kartoffeln, Maniok und viel Fleisch von Tieren, die eigens für dieses Fest monatelang in den Ställen großgezogen worden sind, bessern die ansonsten einfache Küche auf. Ferkel, Kälbchen oder Zicklein, Hühner und Enten wandern dann in den Kochtopf. Alle Freunde und Familienmitglieder werden eingeladen, und es herrscht eine fröhliche Großzügigkeit, von der die Grundherren lernen könnten.

Am Abend wird das Festmahl dann aufgetischt, selbst gebrannter Rum aus großen Wassergläsern oder Kalebassen getrunken, bis das harte Leben vergessen ist und die Lebensfreude in wild melancholischen Rhythmen überschwappt. Die Trommeln werden von vielen anderen Instrumenten begleitet: Rasseln, Schlagstöcken und einem Instrument namens Güiro, ein gekerbter Schraper aus Kalebassen oder Bambusstäben. Dazu wird bis zur Besinnungslosigkeit getanzt, und erst wenn der Morgen graut, legen sich die erschöpften Macheteros und Vaqueros unter einen Busch und schlafen ihren Rausch aus. Sidonie ist das Ganze meist zu wild, und ihre Distanziertheit fremden Menschen gegenüber hindert sie, sich dem wilden Rausch hinzugeben. Meist ist sie auch zu müde, um sich an den Feiern zu freuen. Den ganzen Tag muss sie für Orestes sorgen und hat deshalb kaum Zeit für sich selbst oder ihren geliebten Petzi.

So wählt sie die Nächte, wenn alles still wird und ein sanfter, fahler Zauber über dem Land liegt, für ausgedehnte Spaziergänge mit dem Hund. Da kann sie mit sich sein, ihre Gedanken schweifen, ihre Gefühle frei lassen. Die Nächte sind lau und duftend, die Tiefe des tropischen Sternenhimmels zieht sie in andere Welten, und die Rufe der Eulen und Käuze, die keckernd und quietschend oder dumpf melodisch umeinander werben, machen sie lachen. Nur einmal, beim *signal*, dem nächtlichen Arbeitsschichtwechsel, wird die Ruhe etwas unterbrochen.

Mittlerweile hat es sich herumgesprochen, dass Sidonie in der Nacht stundenlang allein unterwegs ist, aber die Señora hat das Gerücht verbreitet, dass sie einen Revolver bei sich habe, deshalb wagt es niemand, ihr nahe zu kommen. Nach diesen Spaziergängen fällt es Sidonie schwer, um sieben Uhr früh aufzustehen und sich um Orestes zu kümmern. Manchmal nickt sie am Nachmittag im Park unter einer Palme ein, und der Kleine freut sich über seine unerwartete Freiheit.

Während ihres Aufenthalts bei den Mattacenas verlässt Sidonie die Plantage kaum. Sie hat kein Verlangen nach dem Großstadtgetriebe Havannas und fährt selbst in ihrer Freizeit kaum dorthin. Aber manchmal kommt Besuch aus der Stadt. Jeanette will doch einmal sehen, wie es der Freundin ergeht, und vor allem Marie-Louise, die gute Seele, hat Sehnsucht, die Freundin in die Arme zu nehmen. Immer wieder kommt sie übers Wochenende, wird als die beste Freundin vorgestellt und richtet sich in Sidis zweitem Zimmer ein. Sidi zeigt bei diesen Anlässen der Freundin gern die Plantage. Um auch in den hintersten Winkel der ausgedehnten Ländereien zu kommen, war vor Jahren schon eine eigene kleine Eisenbahn installiert und ein Schienennetz gelegt worden. Während der Woche dient es dazu, die Arbeiter schnell in die Felder oder zu den Herden zu bringen. Am Wochenende können Gäste von La Mercedes einen offenen kleinen Salonwagen besteigen, der – viel hübscher ausgestattet als alle anderen Waggons – mit gedrechselten Holzbänken und wehenden Vorhängen dieselgetrieben durch die ganze Plantage tuckert. Marie-Louise liebt diese Fahrten, ist sie doch, abgesehen von dem Wagenführer, mit der Geliebten allein, kann sich an sie drücken und die lange Zeit des Alleinseins im Gespräch aufholen. Deswegen kommt es zwischen Sidonie und dem Hauspersonal immer wieder zu Eifersüchteleien und Konflikten. Das Personal hatte von der Señora Anweisung bekommen, Sidonie wie die Dame des Hauses zu bedienen. Viele sehen aber nicht ein, warum die europäische Madame, die doch auch eine Angestellte ist, besser behandelt werden sollte als sie selbst und zudem das Vorrecht genießt, privaten Besuch zu empfangen. Dass Sidonie noch dazu mit ihrem Hund im Haus leben darf, gefällt einigen schon gar nicht. Und der arme Petzi bekommt diesen Ärger, wenn auch heimlich, sehr direkt zu spüren. So mancher Fußtritt landet auf seinen struppigen braunen Keulen, harte Worte vertreiben ihn aus dem Haus, wenn Sidonie gerade nicht da ist. Wenn sie die anderen Angestellten dann zur Rede stellt, heißt es, dass Petzi angeblich in eine Ecke gemacht habe und bissig sei. Sidonie putzt dann brav, spricht mahnende Worte zum Hund und schlägt ihn sogar. Bis sie eines Tages dem Bösewicht auf die Spur kommt und sieht, wie einer der Angestellten selbst in eine Ecke pinkelt. Der hat kein langes Bleiben auf der Plantage, Petzi ist rehabilitiert, und niemand traut sich mehr, etwas gegen den Hund zu sagen.

Während der Zeit, die Sidonie auf der Zuckerrohrplantage bleibt, geht, für sie fast unbemerkt, der Zweite Weltkrieg zu Ende.

In den letzten zwei Jahren hatte man immer wieder Schreckliches und auch Hoffnung Machendes aus den Medien erfahren. Im Juli 1944 hatte das Radio tagelang über ein fehlgeschlagenes Attentat auf Hitler berichtet, was die EmigrantInnen in helle Aufregung versetzte. Wenn der wahnsinnige Anstreicher nicht mehr lebte, wäre der Krieg zu Ende, und sie könnten alle endlich wieder ein »normales« Leben führen.

Auch die Landung der Allierten in der Normandie im Juni 1944 und die Befreiung von Paris hatte alle aufatmen lassen. Sidonies Brüder waren begeistert gewesen von den letzten Nachrichten: Paris war frei, jetzt würde es möglich sein, Nachrichten über Heinrich und Mutter zu bekommen. Robert hatte sofort das Rote Kreuz eingeschaltet und um dringende Benachrichtigung gebeten, die aber noch viele Monate auf sich warten ließ.

Im Frühjahr 1947 teilt Señor Mattacena Sidonie mit, dass er nach der nächsten Ernte mit seiner Familie nach Havanna übersiedeln werde und ihre Dienste nicht mehr benötige. Sie ist fast erleichtert, gekündigt zu werden, denn so ist sie frei für ihre geheimsten Pläne: Sie möchte so bald als möglich nach Europa zurückkehren, ihre Mutter und Heinrich sehen, Ellens Fröhlichkeit wieder erleben und ihre Liebe zu Wjera in deren Armen von

Sidonie auf der Plantage Mercedes, 1946

neuem aufflammen spüren. Irgendwoher wird sie für die Schiffspassage nach Europa noch genügend Geld herbekommen müssen, denn vom Salär auf der Plantage konnte sie fast nichts zurücklegen, aber auch das wird, wie alles, was sie wirklich wollte, gelingen. So verlässt sie Anfang Juni 1947 leichten Herzens die Plantage.

Abschied von Kuba

Kaum ist Sidonie wieder in Havanna, setzt sie Robert und Ernst davon in Kenntnis, dass sie beabsichtige, bald nach Wien zurückzugehen. Die Brüder, die wissen, dass es keinen Sinn hat, ihrer Schwester irgendetwas auszureden, warnen sie allerdings davor, ohne neuen Pass und neuer Staatsbürgerschaft nach Österreich zurückzukehren. Sie war noch in Lemberg geboren worden, und das liegt jetzt in der Sowjetunion. Da könne man nie sicher sein, ob sie nicht von den russischen Besatzern als eine der Ihren angesehen und flugs in der Sowjetunion im nächsten unfreiwilligen Exil landen würde. Und mit den Kommunisten habe sie es ja schon gar nicht, daher wäre ein bisschen Warten wahrscheinlich das Beste.

Seit Kriegsende hatte sich für die meisten Flüchtlinge die Situation erheblich entspannt. Die, welche Kuba hinter sich lassen wollten, konnten es jetzt tun. Obwohl für viele Deutsch sprechenden Juden und Jüdinnen Kuba ein »friedliches Paradies« war, verließen sie es und emigrierten in die Vereinigten Staaten. Diejenigen, die bleiben wollten, konnten ohne Schwierigkeiten um die kubanische Staatsbürgerschaft ansuchen.

Sidi überlegt nun nach den Warnungen ihrer Brüder doch, sich zumindest die Sicherheit eines kubanischen Passes zu verschaffen, und beantragt die nötigen Papiere.

Aber da sie nicht mit leeren Händen nach Europa zurückkommen will und die Schiffspassage dorthin teuer ist, muss sie noch einmal einen Posten suchen, und zwar einen einträglicheren als am Land in Kuba. Da es für sie unmöglich ist, hier mehr Geld zu verdienen, entschließt sie sich, ein Angebot Marie-Louises anzunehmen. Marie-Louise war mit ihrem nordamerikanischen Ehemann kürzlich nach Connecticut in die USA gezogen und hatte Sidonie den kleinen Bundesstaat und die Verdienstmöglichkeiten dort oft und oft in den schönsten Farben beschrieben. Schließlich nimmt Sidonie an und wird wieder einmal länger als vorhergesehen, nämlich fast ein ganzes Jahr, in den USA bleiben.

Die Suche nach einer halbwegs akzeptablen Arbeit im Land der unbegrenzten Möglichkeiten verläuft alles andere als leicht. Die heimkehrenden Soldaten werden am Arbeitsmarkt bevorzugt, Frauen sollen an den Herd zurückkehren und den Männern nicht die Arbeit wegnehmen. Wochenlang sucht Sidonie in den diversen Tageszeitungen – erfolglos. Und sie muss erkennen, dass vor allem eines ein gravierendes Problem darstellt: ihr Hund Petzi. Im Gegensatz zu Havanna, wo sie Petzi überallhin mitnehmen konnte, wird ihr in den Staaten schon bald klar, dass Hunde nicht so gern gesehene Gäste im Haus eines Arbeitgebers sind und sie Petzi zu Hause lassen wird müssen.

Zu Hause ist in diesem Fall bei Marie-Louise, die mit ihrem Mann ein hübsches weißes Holzhaus im »New-England-Stil« in New Haven bewohnt. Und am Wochenende, wenn sie es nicht mehr aushält bei ihm, weil die Ehe schon lange kriselt und sie Luft zum Durchatmen braucht, in einem netten Häuschen auf dem Land. Treue Seele, die Marie-Louise in ihrer beständigen Liebe zu Sidi ist, versichert sie, dass Petzi bei ihr bleiben könnte, wenn die Geliebte zur Arbeit ginge, wissend, dass sie sich ganz rührend um ihn kümmern würde.

Natürlich merkt Sidi, dass die Aussicht auf Petzis Anwesenheit und vor allem Marie-Louises Bemühungen dem Ehemann nicht recht sind. Aber das Wohlergehen ihres kleines Lieblings ist ihr wichtiger als die ehelichen Bande Marie-Louises.

Endlich findet Sidonie einen Arbeitsplatz im New Yorker Stadtteil Brooklyn: sie arbeitet während der Woche bei einer pflegebedürftigen älteren jüdischen Dame, das Wochenende verbringt sie mit Marie-Louise meist in dem Häuschen am Land, wo die beiden fern vom argwöhnischen und eifersüchtigen Ehemann ihr Zusammensein genießen können.

Sidonies neue Arbeitsumgebung in Brooklyn ist ungewohnt, die Pflege anstrengend und ermüdend. Die alte Frau kann kaum noch etwas selbst tun, und Sidonie muss sich um alles kümmern. Dabei hätte sie sogar zwei Posten zur Auswahl gehabt: die besagte Pflege der alten Dame oder die Betreuung von zwei kleinen jüdischen Kindern in einem sehr wohlhabenden Haus in der Upper Eastside in Manhattan. Sidonie wählt ganz bewusst die unattraktivere, schwierigere Arbeit.

Marie-Louise will natürlich gleich am ersten freien Wochenende der Freundin wissen, warum sie sich für die offensichtlich schlechtere Lösung entschieden habe, und bekommt mit Erstaunen eine skurrile Antwort zu hören. Sidonie meint, dass es Petzi gegenüber unfair wäre, wenn sie den ganzen Tag ein schönes Leben bei den Kindern hätte, während der arme Hund ohne sie auskommen müsste. Eine Arbeit zu haben, die unangenehm sei, wäre nicht nur Petzi gegenüber fairer, sondern würde letzten Endes auch ihr leichter fallen, denn sie würde sich nicht so schuldig fühlen.

Sidonie hätte es ja eigentlich vorgezogen, bei einer nicht-jüdischen Familie Arbeit zu finden, aber da sie keinen Zugang zu den feinen protestantischen Kreisen New Yorks hat, musste sie, ob sie wollte oder nicht, mit einem jüdischen Arbeitergeber vorlieb nehmen. Der Ehemann der alten Dame lebt im selben Haushalt und ist eigentlich noch in guter Verfassung. Er verhält sich zu Sidonie sehr nett und zuvorkommend und belächelt ihren *goykopf*. Seine Eltern waren aus der Bukowina nach New York gekommen und hatten sich von armen Schrotthändlern zu stolzen Besitzern eines gutgehenden Eisenhandels emporgearbeitet. Er war der Jüngste von fünf Geschwistern und hatte Jus studiert. Dann hatte er in einer großen New Yorker Kanzlei gearbeitet und sich so einen sehr guten Lebensunterhalt gesichert. Seine beiden Kinder waren jetzt auf dem besten Weg, es ihm nachzumachen.

Wenn der Tag zu Ende geht und die Dame des Hauses schon ins Bett gebracht worden ist, sitzt Sidi noch oft mit dem Ehemann beisammen, und sie reden von der Vergangenheit. Er war immer stolz darauf gewesen, Jude zu sein. Mit Tränen in den Augen erzählt er ihr von den Seders seiner Kindheit, wo er als Jüngster die Frage stellen durfte. Nie wäre es seiner Familie in den Sinn gekommen, ihre jüdischen Wurzeln oder ihre Religion zu verleugnen. Orthodox wären sie nie gewesen, aber an gewisse Bräuche

Marie-Louise in ihrem Jeep

hätten sie sich sehr wohl gehalten. Dazu gehörte der Besuch im Tempel zu Rosch Haschana und Jom Kippur und dass die Buben alle in die Schul geschickt wurden, um sich für ihre Bar-Mizwa vorzubereiten. Der alte Herr will absolut nicht verstehen, dass Sidonie aus einer Familie kommt, die sich nie an die Gebräuche ihres Glaubens gehalten hatte, und meint, dass es höchste Zeit wäre, sie zumindest jetzt zu lernen.

Wenn Jüdisch-Sein heißt, Bagels dick mit Cream Cheese zu bestreichen und zu besonderen Anlässen mit Lachs zu belegen, gefällt das Sidonie schon sehr gut. Und am Freitag wird sie immer in die Bäckerei geschickt, um Challa zu kaufen. Freitag Mittag, vor dem Schabbes, kann sie dann gehen – über das Wochenende kommen die Kinder und Enkel und helfen dem Vater bei der Pflege – und muss erst wieder Montag früh auftauchen.

Dann läuft sie schnell zum Bahnhof, um mit dem nächsten Zug nach New Haven zu kommen, wo schon Marie-Louise und Petzi auf sie warten. Bei einer dieser Eisenbahnfahrten – sie muss eingeschlafen sein – spürt sie plötzlich eine Hand auf ihrem Knie. Sie kann nicht mehr sagen, was sie aufgeweckt hat: der Fahrtwind oder die fremde Hand. Wie ein Blitz durchzuckt es sie: das ist purer Genuss, wie sie ihn in dieser Mühelosigkeit schon lange nicht mehr verspürt hat. Sie hält die Augen fest geschlossen, stellt sich weiter schlafend. Wie lange kann sie diesen Moment noch hinauszögern? Sie will gar nicht sehen, wem diese Hand gehört, will keine weitere Bewegung der Hand, will nur, dass sie auf ihrem Oberschenkel liegen bleibt und dieses Wohlgefühl nie und nimmer aufhören soll. Als sie wie schlafend eine kleine Bewegung macht, rutscht die Hand ein bisschen höher, und Sidi ist es nur recht. Doch plötzlich schreckt sie hoch, die Stimme des Schaffners kündigt die nächste Station an, sie muss aussteigen. Sie dreht sich zur Seite und blickt dem Mann, dessen Hand noch vor Sekunden auf ihrem Knie gelegen ist, wortlos ins Gesicht. Ein Durchschnittsgesicht: nicht schön, nicht hässlich. Seine Hand allerdings ist feingliedrig und agil.

Was hätte sie ihr noch alles zeigen können, wenn nicht all diese Hindernisse gewesen wären, die der nahenden Station, der Schicklichkeit, der Erziehung …

Aber sie nimmt dieses Fühlen mit sich, packt es tief in sich und trägt es als Schatz über viele Jahre bis in ihr Alter.

Sidonie mit Hund Petzi im Central Park, New York, 1949

Grußlos, mit einem letzten langen Blick verlässt sie das Abteil. Erst im Freien, auf dem Weg zu Marie-Louises Haus in einer langen Pappelallee, muss sie hell auflachen. Manchmal wünscht sie sich, sie hätte die Courage, einer Frau, die ihr gefällt, ganz einfach die Hand auf den Schenkel zu legen, dieses herrliche, freie, heimliche Gefühl vermitteln. Aber wie viele würden so reagieren wie sie? Mit Genuss und Stillschweigen?

Viel später am Abend, an Marie-Louise gedrückt, versucht sie ihr das Zugerlebnis zu erzählen und zu erklären, warum es so etwas Besonderes für sie ist, viel erotischer als all die geplanten und gewollten Kontakte der Sexualität, denen sie nichts abgewinnen kann. Aber die Freundin will eigentlich gar nichts wissen, schüttelt den Kopf, will das Erlebte wegküssen und sich vormachen, dass zwischen ihrem und Sidonies Körper alles zum Besten ist. Sie will nicht hören, dass Sidonie unter der Hand eines Fremden in Minuten vielleicht mehr erlebte als in all diesen scheinbar sicheren Momenten mit ihr. Aber sie ist zu gutmütig und zu verdrängend, weiterzufragen und auch Sidonie merkt, dass sie schweigen sollte und es Erlebnisse gibt, die nur einem selbst gehören und von niemand verstanden werden können.

Neben ihrem eintönigen Alltag zwischen New York und Connecticut bereitet Sidonie ihre Rückkehr nach Europa vor. Sobald es möglich war und die Postschiffe wieder fuhren, hatte sie die Korrespondenz mit allen ihr nahen Menschen in Europa aufgenommen. Die Nachrichten, die von dort kommen, sind zutiefst beunruhigend. Selbst in diesem fernen Medium des Briefeschreibens präsentiert sich Europa als ein Trümmerfeld, ein inneres wie äußeres. Von Ellen aus Wien kommen sonderbare, besorgniserregende, krakelig hingekritzelte Zettel, in denen sie von grauenhaften Kopfschmerzen schreibt und dass sie Morphium brauche, Sidonie solle welches besorgen, in den USA wäre das angeblich leicht zu bekommen. Wjera schreibt aus München dürre kleine Nachrichten, die kaum ein Blatt füllen, dass ihr Mann gestorben sei, die Nazis seien schuld, sie hätten ihn in Dachau zu Tode gequält, sie könne nicht mehr schreiben, vielleicht würde sie irgendwann die Kraft haben, in einem persönlichen Gespräch …

Heinrich aus Paris hält sich ähnlich kurz: Knappe Andeutungen von Jahren im Versteck vor den Nazis am Land in Frankreich, man hätte überlebt, und er hätte die Frau, die ihn versteckte, aus Anstand geheiratet …

Mit Schaudern, Betroffenheit und tiefem Mitleid öffnet Sidonie diese Briefe, und überall schlägt ihr nur eines entgegen: Trauma.

Da es noch in Kuba und jetzt in den USA vieles gab und gibt, wovon man im Nachkriegseuropa bloß träumen kann und das man nur noch aus ferner Erinnerung kennt, beginnt Sidonie wie zum Trost – wobei sie nicht weiß, ob sie nicht vielmehr sich trösten will – regelmäßig Pakete zu schicken. Sie sendet Lebensmittel, Zigaretten, ein bisschen Alkohol und vergisst nie, Zucker und Süßigkeiten beizulegen.

Der einzige, der sich in seinen Antwortbriefen breit ergeht und Sidis Lebensmittelpakete als Selbstverständlichkeit aufzufassen scheint, ist ihr früherer Mann Ed. In den Briefen, die zwischen ihnen hin und her wechseln, spielt kurioserweise der Hund Petzi eine wichtige Rolle. Sidonie lässt Ed wissen, dass sie nach Wien zurückkommen werde, in die Wohnung, die einmal die ihre war und die immer noch mit ihren Möbeln vollgeräumt ist. Ein gemeinsames Leben wird über den Atlantik hinweg erwogen, und Sidi macht klar, dass sie Petzi mitbringen werde. Ed will wissen, wo sie gedenke, den Hund schlafen zu lassen. Im Bett, ohnehin nur am Fußende, wie er es gewöhnt ist, schreibt Sidonie. Eine wunderbare Gelegenheit für Ed, ihr flugs und weinerlich zu antworten, dass ihr der Hund wohl wichtiger sei als er und sie mit dem Köter nicht willkommen sei.

Wütende und desillusionierte Briefe gehen hin und her, und Sidi merkt schnell, dass Ed sich keinen Funken geändert hat und nach wie vor nur an sich denkt. Dieses kränkende Hin und Her wird letztlich nur ein weiterer Baustein in der Demontage Eds.

Das wird sich alles ändern müssen. Gut, kein Zusammenleben mit Ed, beschließt Sidonie noch in New York. Sie würde in Wien all die Sachen holen, die rechtmäßig ihr und ihrer Familie gehören, und Ed klarmachen, was er, der immer an ihrem Vermögen mitgenascht hatte, ihr für all die Jahre der Abwesenheit schulde.

Der Winter 1948/49 scheint sich endlos hinzuziehen. Im Februar weiß Sidi, dass sie genügend Geld hat, um die Reise nach Europa zu bezahlen. Sie kündigt und beginnt sich um ihre Passage zu kümmern.

Es ist nicht leicht, einen Platz auf einem Schiff zu bekommen. Zwar gibt es wieder regelmäßigen Schiffsverkehr, aber längst noch nicht in dem Ausmaß wie vor dem Krieg. Ein Teil der Schiffe wird nach wie vor vom Militär für Güter- und Truppentransporte in Anspruch genommen, und gewöhnliche Passagiere müssen sich gedulden.

Im April ist es dann sicher: Ende Mai würde Sidi einen Platz nach Frankreich haben. Das ist genau, was ihre Phantasien ihr vorspiegeln. Sie würde nach einer wunderbaren Woche auf dem Schiff ausgeruht in Cherbourg ankommen. Dann würde sie nach Paris fahren, Heinrich wiedersehen, seine mutige Frau kennen lernen und endlich ihre Mama in die Arme schließen.

Von Paris wäre es dann nicht mehr weit ins geliebte Wien, nach dem sie sich schon mit jeder Faser ihres Herzens sehnt.

Und dann kommt der schwierigste und schmerzlichste Punkt in ihren Plänen: der Abschied von Marie-Louise. Beide Frauen wissen, dass es für immer sein wird, dass mit dem Ablegen des Schiffes die gemeinsamen Jahre in Kuba und die letzte schöne Zeit in Connecticut im Kielwasser versinken würden. Für Marie-Louise ist es unendlich schwer, Sidonie und mit ihr die beste und schönste Frau, die sie in ihrem bisherigen Leben ihre Partnerin nennen durfte, ziehen zu lassen. Sie weint viel in den letzten Wochen und wird – ganz entgegen ihrem sonstigen Gemüt – gereizt und empfindlich. Es wird viel gestritten, wieder geweint, und ein neuer, noch schmerzlicherer Friede, noch näher am Abschied dran, geschlossen.

Um diesen Abschied zu erleichtern, beschließen die beiden Frauen, die letzten Tage vor Sidis Abreise in New York zu verbringen. Tagsüber wird in schicken Department Stores eingekauft, was das Zeug hält und Sidis Koffer fassen, und nachts ziehen sie durch die Frauenbars des Greenwich Village.

Der letzte Tag bricht grau und traurig an. Vor den Fenstern des Hotels zieht ein fahler, kühler Morgen herauf. Sidi erwacht früh, vor der Freundin, weiß sich in ihrer Unrast nicht zu helfen, läuft durchs Zimmer, kontrolliert zum x-ten Mal ihr Gepäck und weckt Marie-Louise damit viel zu früh, die gleich wieder zu weinen beginnt. Da setzt sich Sidi zu ihr auf die Bettkante und streicht ihr sanft übers Gesicht. Dann zieht sie ihren Saphirring ab, das wunderschöne alte Stück aus dem Familienschmuck, das sie all die Jahre in der Fremde begleitet hatte, und will ihn der Freundin überstreifen. Die weist das, was für Sidi die intimste Geste ist, weinend zurück. »Dich will ich behalten und nicht deinen Ring«, schluchzt sie. Sidonie ist aufgebracht, gekränkt, es wird wieder gestritten. Und endlich geben die beiden Frauen drein in ihren Schmerz, halten sich lange in den Armen und können wirklich Abschied nehmen.

Dann kommt um die Mittagszeit das Taxi, und sie fahren zum Hafen, an die Piers am Hudson, wo die Schiffe nach Europa an- und ablegen. Sidonie steigt aus dem Wagen auf die lange Mole, das Gepäck wird von einem Träger zur Abfertigung gebracht und verschwindet vor ihr im Bauch des Schiffes. Nun ist es so weit – eine letzte Umarmung, zwei schnelle Küsse, dann geht Sidonie, neun Jahre nachdem der rissige Boden einer Anlegestelle ihr eine neue Heimat ankündigte, wieder einen Pier hinunter, nur in Begleitung ihres Hundes, um einen Kontinent hinter sich zu lassen, einen anderen anzusteuern und die Umrundung der Welt, die ihr von der Geschichte aufgezwungen worden war, abzuschließen. Marie-Louise winkt Sidonie nach, bis das Schiff nur noch ein ganz kleines Pünktchen am Horizont ist.

10
Die bleierne Zeit

Sidonie steht am Pont Neuf und blickt versonnen in die Seine, die grau und träge unter ihr dahinzieht. Vor ihr die Pracht der Tuilerien und des Louvre, hinter ihr der Stein gewordene, ewige Gottesglaube der Notre Dame. Welche Schönheit, die hier unzerstört durch die Jahrhunderte überdauern konnte. Warum war sie nie in dieser wunderbaren Stadt gewesen? Wahrscheinlich, weil ein junges Mädchen aus gutem Haus nie allein nach Paris hätte fahren dürfen, dann, in der Zeit ihrer Ehe, waren solche Reisen nicht möglich gewesen, denn Ed war ja aus Österreich nicht fort zu kriegen.

Wenn es nur nicht so bitter wäre, ihr diese Schönheit nicht so tief ins Herz schneiden würde. Sie muss weinen, Tränen in den Fluss fallen lassen, der irgendwann in den Atlantik mündet und viel viel später sicher auch, vermischt in die Wässer des Ozeans, die Strände Kubas erreicht. Sie sehnt sich nach Kuba, nach der warmen, blühenden Fülle, die acht Jahre lang die Einheit ihrer Welt war. Hier ist alles gespalten, zerrissen, die Menschen zerstört und ausgebrannt vom Krieg.

Vor ein paar Tagen, Anfang Juni 1949, ist sie in der Stadt angekommen, nach mehrtägiger Überfahrt über den Atlantik und einer Zugreise von der Hafenstadt Cherbourg hierher. Auf der *De Grasse*, dem mächtigen, hinlänglich luxuriösen Schiff, war alles noch ganz gewesen. Sie hatte sich aufgeregt gefühlt und voll der freudigen Erwartung, hatte im Innersten das kindliche Gefühl eines bevorstehenden Triumphs genährt – sie, Sidonie Csillag, würde nach vielen Jahren wieder zurückkehren, von abenteuerlichen Reisen, aus der Fremde, und hier würde man sie groß empfangen.

Begrüßt hatte sie niemand, als sie in Cherbourg von Bord ging. Eine hastende, fremde Menge von Ankömmlingen, die es eilig hatten, ihr Gepäck zu erwischen, hatte sich im Hafen gedrängt. Für sie keine Blume, kein flatterndes Taschentuch, keine Sehnsucht, die beim ersten Anblick erfüllt in einem Gesicht aufgeleuchtet hätte. Nur Petzi hatte freundlich gewedelt und schien zu sagen: »Ich bin immer für dich da«.

In Paris hatte sie dann Heinrich vom Bahnhof abgeholt. Die Mutter war gar nicht mitgekommen. Da war ihre Freude aber schon verkümmert und dem Schock gewichen, ihn wiederzusehen, ihm ansehen zu müssen, was er offenbar erlebt hatte. Am Perron empfing sie ein eingefallener, weit über seine Jahre gealterter Mann, der keine Freude mehr zu empfinden schien. Fast mechanisch hatten sich die Geschwister umarmt, er hatte irgendetwas gemurmelt von »gut, dass du da bist«, das war es schon. Dann waren sie in die Csillagsche Wohnung im zwölften Arrondissement gefahren – auch nicht gerade eine Nobelgegend. Und da hatte sie das erste Mal dieses Gefühl überkommen, das sie ab nun nicht mehr loswerden sollte und das ihr über die Jahre zur zweiten Natur werden sollte – eine Zerrissenheit zwischen Lebensfreude und Schmerz, die sich allmählich in eine drückende Dumpfheit wandeln sollte, ein bleiern lastendes Gefühl, das sie immer befiel, wenn sie in Europa, vor allem in deutschsprachigen Ländern war.

Es war so seltsam, hier in Frankreich zu sein und die Mutter und den Bruder wiederzusehen. An der Mutter war der Krieg vorübergegangen wie so vieles im Leben. Sie schien kaum berührt, immer noch die gealterte, etwas puppenhafte Fassade einer Frau, die für ihre Bilder von Schönheit und Haltung alles hingegeben hatte. Gewohnt, dass die anderen alles für sie arrangierten und sie nur das tun musste, wozu sie angehalten wurde. Auch mit ihr war die Begrüßung oberflächlich verlaufen und brachte Sidonie alte Schmerzen vom Nicht-wichtig-Sein zurück.

Am zweiten Abend, als die Geschwister und die Mutter begannen, in Erzählungen die Jahre des Getrennt-Seins aufzurollen, war es dann aus Heinrich herausgebrochen. Er war ja immer, schon in ihrer gemeinsamen Kindheit, lange schweigsam gewesen, aber wenn er einmal zu reden anfing, dann sprudelte alles aus ihm heraus. Die Geschehnisse der letzten Jahre kamen im Chaos aus ihm, ohne Reihenfolge, in einzelne Erlebnisse zerstückelt, wie

Sidonie am Atlantik, Mai 1949

um den Schrecken in Portionen besser ertragen zu können. Die Mutter saß dabei und hörte nur kopfnickend zu. Und auch Heinrichs Frau schwieg dazu. Wie er bloß diese Frau aushält, dachte Sidonie, aber schon im nächsten Moment korrigierte sie diesen Gedanken, denn sie wusste, dass er dieser Frau sein Leben zu verdanken hatte.

Wie hatte er das bloß alles ertragen? ›Ich hätte das nicht geschafft‹, resümiert Sidonie, als er das erste Mal innehält nach Stunden des Erzählens.

Zu Kriegsausbruch – damals war sie noch in Wien und Heinrich und Mama in Paris – war es möglich gewesen zu korrespondieren, und sie wusste damals, dass es den beiden gar nicht so schlecht ging. Mama war als Frau und wegen ihres Alters zu unwichtig, um in Frankreich als feindliche Ausländerin belästigt zu werden, und Heinrich, der seit 1928 in Paris lebte, hatte in der Zwischenzeit die französische Staatsbürgerschaft angenommen. Seine Geschäfte gingen damals gut, er war umsichtig, sparte für Zeiten der Not.

In seinen Briefen, die sie zu Beginn ihrer Emigration in Kuba noch erreichten, hatte er angedeutet – aber was hat das Sidi gekümmert –, dass Deutsche und Österreicher als feindliche Ausländer in Lager gebracht würden. Dem war er als eingebürgerter Franzose entgangen, und außerdem galt er ja wegen seines Geburtsorts Lemberg als Pole.

»Drôle de guerre« nannten die Franzosen diesen Sitzkrieg oder Nichtkrieg mit den Deutschen. Paris wäre zwar verdunkelt, der Treibstoff rationiert, aber das Leben sei schon lange nicht mehr so amüsant gewesen. Die Restaurants, Kinos und Theater wären überfüllt, und das nicht nur am Wochenende, sondern jeden Abend. Mama hätte sogar ein paar Verehrer, und so lustig habe er sie das letzte Mal bei der Kur in Karlsbad gesehen.

Und dann war die große Ernüchterung gefolgt. Die deutsche Wehrmacht war über Europa gerollt, und nichts und niemand hatte ihr Einhalt geboten. Wie Dominosteine war ein Land nach dem anderen gefallen und okkupiert worden, im Juni 1940 auch die nördliche Hälfte Frankreichs. Mitte Juni war Paris besetzt und Marschall Pétain zum Regierungschef ernannt worden. Die Emigranten und Emigrantinnen, die aus den bereits von den Nazis annektierten Ländern nach Frankreich geflüchtet waren, reagierten verzweifelt, denn nun hieß es, neuerlich vor den Nazischergen die Flucht zu ergreifen.

Nach der Unterzeichnung des deutsch-französischen Waffenstillstandsabkommens vom 22. Juni 1940 waren die deutschen EmigrantInnen – und damit auch die ÖsterreicherInnen – ohne jeglichen Rechtsschutz. Sie waren somit der Willkür der kollaborierenden Vichy-Regierung und den Verfolgungsmaßnahmen der deutschen Besatzungsmacht ausgesetzt.

So wie Abertausende Franzosen und Französinnen flüchteten die aus allen Nationen stammenden AusländerInnen vor der Wehrmacht Richtung Süden. Heinrich war zu diesem Zeitpunkt gerade geschäftlich im Süden des Landes unterwegs gewesen und wartete vorerst einmal ab, um zu beobachten, was weiter passieren würde. Nach ein paar Tagen war es ihm gelungen, mit der Mama Kontakt aufzunehmen. Sie war zwar ein bisschen verwirrt gewesen und wusste nicht so recht, was sie tun sollte, hatte Heinrich aber versichert, dass sich die Deutschen sehr human und korrekt verhielten. Ganz anders als damals in Wien. Vielleicht würde alles nicht so schlimm kommen.

So ähnlich hatte Sidi auch Mamas letzten Brief aus Frankreich nach Wien in Erinnerung.

Dann war sie ihre lange Reise um die Welt angetreten, und 1942 war schließlich der Kontakt zu Mama und Heinrich gänzlich abgebrochen; von da an kam keine Post mehr aus dem von den Nazis dominierten Europa über den Atlantik.

Was sie nicht von dieser Zeit wusste – und das war das meiste –, holte Heinrich nun in heftig hervorgestoßenen Worten nach.

Er hatte also im Süden abgewartet. Die Berichte derjenigen, die aus dem Norden Frankreichs in Strömen in den Süden flüchteten, waren allesamt wenig ermutigend gewesen. Heinrich hatte zwar einen französischen Pass, aber es gab da ein neues Gesetz, demzufolge allen, die seit 1928 naturalisiert worden waren, die französische Staatsbürgerschaft wieder aberkannt werden konnte. In diese Kategorie fiel auch er, da war es besser, auf der Hut zu sein. Und Mutter war zwar im Besitz einer Aufenthaltsgenehmigung, aber sie musste sich regelmäßig bei der Polizei melden, um diese verlängern zu lassen.

Er habe dann versucht, Mutter zu erklären, wie sie so rasch wie möglich zu ihm in den Süden kommen könnte, aber sie hatte es nicht geschafft. Deshalb hatte er sich entschlossen, das Risiko einzugehen und nach Paris zurückzukehren. Damals fuhr kein einziger Zug mehr, und er musste sich zu Fuß durchschlagen. Es war Sommer und eigentlich, wenn man alles wegdrängte, es im Kopf wie mit einer großen Schere wegschnitt, war es paradiesisch gewesen. Er war immer wieder von Bauern mit Pferde- und Ochsenkarren ein Stück des Weges mitgenommen worden. Geschlafen hatte er im Heu und in besonders heißen Nächten unter freiem Himmel und hatte die Sterne gezählt und den lauten Gesang der Zikaden als Schlafmusik gehabt.

Die Bauern im Süden waren kämpferische, eigenwillige Menschen, die weder dem alten Marschall Pétain, den sie als Weichling verachteten, noch den deutschen Soldaten eine Chance gaben. Mit heftigen groben Gesten oder aufgestellten Mistgabeln untermalten sie, was sie vom »Alten« hielten, der unmöglich ihr Frankreich retten könnte. Und die nazi-deutschen Soldaten, die blonden Milchbuben, würden nie einen Krieg gewinnen, wenn sie nur daran interessiert waren, alles aufzukaufen, was es in den französischen Geschäften gab, um es dann fein säuberlich verpackt in die Heimat zu schicken.

Nach Wochen auf den Beinen hatte Heinrich dann in Paris sofort alle Hebel in Bewegung gesetzt. Dank seiner guten Beziehungen, denen er immer auch mit kleinen Summen nachhelfen konnte, arrangierte er Aufenthaltsbewilligungen für Casablanca. Aber Emma Csillag war blauäugig wie eh und je. Das Leben im besetzten Paris gefiel ihr immer noch, und sie hatte es gar nicht eilig, nach Nordafrika zu gehen. Heinrich drängte immer mehr auf die Abfahrt und scheiterte wieder und wieder an der Verzögerungstaktik seiner Mutter. Bis er ihr im Mai 1941 ein Ultimatum gestellt hatte. Aber zwei Tage vor der geplanten Abfahrt hatte Emma Csillag eine schwere Grippe bekommen, und sie mussten wieder bleiben.

In den Ende Mai stattfindenden ersten großen antijüdischen Razzien in Paris war Heinrich geschnappt worden. Es vergingen endlose Tage, in denen Emma keine Nachricht von ihrem Sohn hatte, bis sie erfuhr, dass er in ein Lager in Pithiviers gebracht worden war, einer kleinen Stadt etwa hundert Kilometer südlich von Paris.

Unerträglich war es gewesen in diesem Lager. Aber es ist erstaunlich, wie schnell man sich an das Unerträgliche gewöhnt. Und er war es ja aus dem schrecklichen ersten Krieg gewohnt, fast alles zu ertragen. Tag und Nacht verbrachte er auf engstem Raum in Baracken in der Gesellschaft von Männern aller Nationen, sozialen Herkunft und Weltanschauung. Die Tage rannen zäh dahin, nach dem Herabgleiten von den Pritschen in der Früh und dem Appell auf einem staubigen Platz zwischen den Lagergebäuden gab es nicht mehr viel zu tun. Fast hätte Heinrich sich gewünscht, dass sie zu Arbeitseinsätzen abkommandiert worden wären, um dieser trostlosen Enge, dem Mief und der fast greifbaren Aggression, die zwischen den einzelnen Lagerfraktionen entstanden war, zu entkommen. Aber die Franzosen waren nicht so effektiv in der Ausbeutung der Arbeitskraft ihrer Gefangenen wie die Deutschen oder vielleicht waren die Nazis einfach noch nicht lange genug im Land, jedenfalls begnügten sie sich, die Männer einfach gefangenzuhalten.

Was das Nebeneinander fast unerträglich machte, war der Mangel an Wasser in Pithiviers. Es gab kaum genug zum Trinken, aber an Wasser zum Waschen war schon gar nicht zu denken, und das trieb Heinrich fast zur Raserei. Manchmal hätte er seine Mitgefangenen über oder neben ihm auf der Pritsche am liebsten getreten oder gewürgt und sie ins Freie geschliffen, ins Gras gestoßen und sie gezwungen, sich in den grünen Halmen zu wälzen, in der Hoffnung, der schreckliche Gestank von Schweiß würde in dem herben Geruch von zerdrücktem Grün verfliegen.

Es gab sehr viele Wiener im Lager, darunter einige exzellente Musiker, die versuchten, sich ihre Zeit mit Musizieren zu vertreiben. Daneben gab es eine Gruppe von Kartenspielern, die tagein, tagaus tarockierten, und die »Feineren« wagten sogar Bridgepartien. Ein paar Schriftsteller fanden nichts dabei, den ganzen Tag über den Wert und Sinn ihrer Werke zu diskutieren. Nur die orthodoxen Juden hatten sich in eine Ecke zurückgezogen und beteten dort fast die ganze Zeit und kochten so gut es ging ihr koscheres Essen.

Natürlich war es auch zu politischen Auseinandersetzungen

gekommen: oft zwischen den Preußen und Österreichern, die sich giftig ihren angeblich unterschiedlichen Zugang zur Welt vorwarfen. Unter den Österreichern wiederum lieferten sich die Monarchisten, zu denen auch Heinrich gehörte, und die Kommunisten hitzige Wortgefechte. Heinrich war ein begeisterter Anhänger der Werke Joseph Roths – womit er bei den Schriftstellern hätte punkten können – und wollte damit auftrumpfen, dass Roth in späten Jahren nicht nur mit dem Katholizismus geliebäugelt hatte, sondern auch das Haus Habsburg verteidigte, was ganz Heinrichs politischer Orientierung entsprach. Leo, ein junger Kommunist, der in der engen Lagerbaracke neben ihm schlief und zufällig auch Roths Romane liebte, versuchte die unmögliche Gratwanderung, zu unterscheiden zwischen dem, was Roth geschrieben und was er gesagt hatte. In diesen Diskussionen kamen sich Heinrich und Leo trotz Meinungsverschiedenheiten nahe, was in eine innige Freundschaft mündete, der Heinrich letztlich die geglückte und rechtzeitige Flucht aus dem Lager zu verdanken haben würde.

Zu diesem Zeitpunkt war es noch möglich, aus dem Lager heraus Kontakte mit Verwandten zu halten. Heinrich, der sich vom Aufwachen bis zum Schlafengehen Sorgen um seine Mutter machte, wollte sichergehen, dass sie in guten Händen sei, und arrangierte falsche Papiere für sie. Mit diesen Papieren war Emma vorerst in relativer Sicherheit.

Die Kriegsmanöver der deutschen Wehrmacht wurden von den Lagerinsassen natürlich genauestens unter die Lupe genommen. Sie stellten sich die bange Frage, welche Auswirkungen diese Manöver wohl auf sie, die Gefangenen, haben könnten. Im Juni 1941 kam der deutsche Angriff auf die UdSSR, im Monat darauf beauftragte Göring Heydrich mit der Evakuierung der Juden Europas. Diese Meldung verbreitete in Pithiviers Angst und Schrecken und überzeugte viele, dass es höchste Zeit war, das Lager irgendwie hinter sich zu lassen. Heinrich grübelte über Wochen, wie er eine Flucht bewerkstelligen könnte – ergebnislos. Da kam ihm Leo zu Hilfe.

Leo, der von den Genossen in die interne Lagerorganisation eingebunden worden war, war für das tägliche Abholen der Post verantwortlich. Am Postamt arbeitete eine nette junge Frau, zu der

Leo Kontakt aufnehmen wollte. Er hatte an ihrem koketten Lachen bemerkt, dass sie seinen blitzenden Augen und seinem verwegenen Charme nicht widerstehen konnte. Dieser Chance musste man nachgehen, sagte sein Instinkt, und er war großzügig genug, Heinrich in seine Überlebensstrategie mit einzubeziehen. Heinrich sollte diese nette junge Frau unbedingt kennen lernen.

Und er arrangierte es, dass Heinrich beim nächsten Postabholen mit dabei war. Zwei staubige Gestalten machten sich da auf den Weg ins Postamt, in grauen zerbeulten Hosen und abgenutzten Hemden, und irgendwie waren sie sich bewusst, dass es nicht die richtige Aufmachung war, auf Freiersfüßen zu wandeln. Der Wachsoldat, der sie vor seinem Gewehrlauf hertrieb, machte die Sache nicht besser. Lange würden sie nicht Zeit haben, die junge Frau zu gewinnen.

An diesem Tag arbeitete aber nicht besagte junge Schöne, sondern ihre jüngere Schwester im Postamt, die in Heinrichs und Leos Gegenwart nur schrecklich verlegen wurde und nicht wusste, was sie mit ihren Händen anstellen und wohin sie den Blick wenden sollte. Heinrich, der erst nachher erfuhr, dass sie die jüngere Schwester des Postfräuleins war, verstand beim besten Willen nicht, was Leo an so einer schüchternen Person finden konnte, aber es ging ums Überleben, da könnte die Schönheit für eine Weile in den Hintergrund treten.

Leo, der ein Langschläfer war – ein Zustand, um den ihn Heinrich beneidete, denn damit ersparte er sich die grässlichen Morgengeräusche im Schlafsaal, von denen Husten noch das Beste war und Rotzen und Furzen das Widerlichste – und immer erst am Abend voll in Fahrt kam, führte an diesem Abend im Flüsterton zwischen den Pritschen lange Überlegungen mit Heinrich, wie man es denn am besten anstellen sollte. Sie kamen zu dem Schluss, dass sie den Schwestern klarmachen müssten, dass ihr Leben in ihren Händen läge und sie ihre Hilfe brauchten. Und mit männlicher Selbstüberzeugung vertrauten sie darauf, dass diese Frauen sie nicht im Stich lassen würden.

In den nächsten Tagen schaffte es Leo, die Flucht zu vereinbaren. Sie hatten den darauffolgenden Freitag als Fluchttermin festgelegt, an dem, sobald sie das Postamt betreten würden, die junge Frau, die ältere der beiden Schwestern, sie zum Hintereingang führen würde, wo ihre jüngere Schwester bereits mit einem Pferdewagen auf die beiden wartete. Genau so geschah es. Der Wachsoldat, der Leo und Heinrich gelangweilt den täglichen Weg zum Postamt gebracht hatte, vergaß ganz, sich zu fragen, wo die beiden so lange blieben, denn die beiden Schwestern hatten fürsorglicherweise ein paar ihrer Freundinnen beauftragt, den Wächter auf andere Gedanken zu bringen. Gelangweilt von der Aufpasserei auf zwei ältere Kerle, die sich noch dazu in einer Sprache unterhielten, von der er nicht einmal wusste, wie sie hieß, fand er an den drei hübschen jungen Frauen großen Gefallen. Ausgelassen hatten sie ihm erklärt, dass sie heute den Geburtstag einer Freundin feiern wollten, und drängten ihn, sie doch zu begleiten. Sie hätten ganz einfach nicht genügend Tänzer.

Erst nach einer halben Stunde erinnerte er sich an seine Schützlinge, aber da war das Postamt schon geschlossen, und das Schild »Mittagspause« hing ordentlich an seinem Platz. In diesem Fall könnte er gleich mit den jungen Damen feiern gehen und dann irgendeine Geschichte im Lager erzählen. Auf zwei Insassen mehr oder weniger sollte es denen doch nicht ankommen.

In der Zwischenzeit war der Pferdewagen mit den beiden Männern, die keuchend vor Angst und Aufregung tief ins Stroh gedrückt lagen, in sicherer Entfernung des Postamts und des Lagers. Die junge Frau, die sich schließlich fröhlich als Mathilde vorstellte, führte patent und resolut die Zügel und schlug ihrer aufgeregten Fracht vor, eine kleine Rast einzulegen. Sie würde die Pferde in die Maisfelder lenken, die hohen Stauden würden sie verbergen und Schutz bis zur Dämmerung gewähren. Denn es wäre besser, wenn sie erst bei Einbruch der Dunkelheit in ihrem Elternhaus, das am anderen Ortsrand von Pithiviers lag, ankämen. Heinrich und Leo waren mit allem einverstanden, und trotz ihrer schrecklichen Nervosität gelang es ihnen, sich auf den Planken ihres Fuhrwerks auszustrecken und ein paar Stunden zu schlafen.

Wenn sie damals gewusst hätten, dass es bis zur Befreiung Frankreichs dauern würde, bis sie wieder im Freien sein würden, hätten sie vielleicht versucht, das raschelnde Grün um sich einzusaugen und einen Vorrat an Bildern von ziehenden Wolken, schreienden Schwalben und den hellgelben Maisbärten auf den jungen Kolben in sich anzulegen.

Die Eltern der drei Schwestern – bald erfuhren Leo und Heinrich, dass es noch eine dritte, jüngste gab – nahmen sie freundlich auf und versicherten ihnen, dass sie getrost so lange bei ihnen Unterschlupf haben könnten, solange es in Frankreich Lager gäbe. Es waren einfache, gutmütige Menschen, die wussten, was Recht und Unrecht war, und die auch den Mut hatten, dafür einzutreten, sogar um den Preis ihrer eigenen Sicherheit. Mit einem warmen Lachen versicherten sie den zwei Männern, dass sie nicht nur einen großen Garten mit viel Gemüse und Obst, sondern auch ein Lebensmittelgeschäft hätten, und da gäbe es immer genug für alle zu essen.

Heinrich war das alles eigentlich peinlich, und er redete auf seine neuen Gastgeber ein, dass er ein reicher Mann sei, der irgendwann, wenn das alles vorbei wäre, für sein und Leos Auskommen zahlen würde, bis ihm der Familienvater mit einem breiten Grinsen die Hand auf die Schulter legte und ihm bedeutete, schnell den Mund zu halten und französische Gastfreundschaft nicht übermäßig zu strapazieren.

Heinrich hält kurz inne in seiner Erzählung und streicht seiner Frau liebevoll durchs Haar. »Nur euch verdanke ich mein Leben, das vergess' ich dir nicht, das weißt du.«

Sidi ist sehr berührt von seinen Worten, die in knappen, manchmal schmerzhaften Brocken aus ihm brechen, sieht an seiner Gestik, den geballten, angespannten Händen, die ruckartig seine Worte untermalen, wie schwer es ihm fällt, auf diese Jahre genauer hinzusehen, die Angst und die unendliche Eintönigkeit noch einmal zu spüren.

Ja, wie schafft man es, über zwei Jahre versteckt zu leben? In ihrem Verschlag hinter dem Obstkeller hatten die beiden Männer viel gelesen, endlos diskutiert. Immer gehofft, dass der Krieg bald aus wäre. Im ersten Jahr hatte es ganz schlecht ausgesehen. Da erfuhren sie von der Kollaboration der französischen Polizei mit den Nazis, die diese fleißig bei den Judentransporten aus Frankreich nach Auschwitz unterstützten. Sogar einen der Nachbarn, einen übereifrigen Bauern, hatte das braune Fieber gepackt, und er hatte, was er in Monaten an Ungewöhnlichem im Leben der Kaufmannsfamilie beobachtete, der Polizei gemeldet und sie denunziert. Eines Tages waren die Gendarmen dann vor der Tür des kleinen Ladens gestanden, hatten mit einem Durchsuchungsbefehl gefuchtelt und Einlass in die Wohnung verlangt. Doch die Hausdurchsuchung hatte Gott sei Dank nichts erbracht, weil Leo und Heinrich hinter riesigen Hügeln von Reinetten vom letzten Herbst zu gut versteckt waren. Aber danach galt es noch vorsichtiger zu sein. Im November 1942 hatten die Eltern noch einen dritten Flüchtling aufgenommen. Einen ruhigen jungen Mann, auch aus Wien, den Leo und Heinrich wegen seines feinen Humors bald sehr schätzten.

Erst im Jahre 1943 hatten sie angefangen zu hoffen. Die deutsche Wehrmacht war in Stalingrad geschlagen worden, und der Aufstand im Warschauer Ghetto im April desselben Jahres hatte gezeigt, dass es möglich war, sich gegen die Nazis zur Wehr zu setzen. Als im Juni 1944 die Alliierten in der Normandie gelandet waren, wagten die Männer das erste Mal, wieder den Kopf aus einem Fenster zu stecken, und als im August 1944 General de Gaulle in Paris einzog, konnten sie endlich aus ihrem Versteck kommen und ungehindert den Blick zum Himmel heben. Der Alptraum war endlich vorbei.

Aus Leos Flirt mit dem Postfräulein war mittlerweile längst eine glühende Romanze geworden und die schüchterne jüngere Schwester, Mathilde, hatte Gefallen an Heinrich gefunden. Dieser wollte sich anfangs nicht einlassen, schließlich war er schon über vierzig und sie noch nicht einmal zwanzig, aber er lernte ihre feine, verhaltene und beständige Art, mit der sie ihm ihre Zuneigung zu verstehen gab, zu schätzen und schließlich auf eine Weise beinahe zu lieben.

Und jetzt ist sie also seine Frau. Sidonie seufzt innerlich tief. Er hatte ja einige schöne Frauen gehabt, aber nie waren da irgendwelche Pläne gewesen, diese zu heiraten. Und jetzt die. Weil sie ihm das Leben gerettet hat. Weil er anständig sein und sich erkenntlich zeigen wollte. Sie liebt ihn, das ist offensichtlich. Aber er?

All die Jahre, das Leid, die Grausamkeit der Geschichte, ein Demütig-Werden daraus haben noch immer nichts geändert an Sidonies Dünkel, wenn es um das geht, was sie Schönheit und Standesgemäß-Sein nennt. Mathilde entspricht nicht ihrer Vorstellung von schön, und sie hätte sich für ihren Bruder etwas Besseres gewünscht.

An einem dieser Abende, nach den langen Erzählungen ihres Bruders, als seine Frau Mathilde schon schlafen gegangen ist, kann Sidonie nicht mehr an sich halten: »Was findest du an ihr?«, fragt sie ihn.

Er ist ein bisschen pikiert, windet sich, weiß, dass dies auch sein wunder Punkt ist, und rettet sich, neben einigen vernünftigen Erklärungen über Lebensrettung und Verpflichtung, mit der Bemerkung, dass ein regelmäßiges Gesicht doch langweilig sei und dass seine Frau ihre Qualitäten habe.

Sidonie beißt sich gerade noch auf die Lippen und verschluckt die bissige Bemerkung, dass er dann ja sehr gut unterhalten sei. In diesem Punkt würden sich die Geschwister nie verstehen. Und Sidonie hat immerhin so viel gelernt, dass sie nicht weh tun will und weiß, wann es gilt, den Mund zu halten.

Heinrich geht es jetzt, bald vier Jahre nach Kriegsende, wieder gut, er hat sich gesundheitlich erholt, und auch materiell steht er gut da. Ein verläßlicher Geschäftsführer hatte in seiner Abwesenheit die Erdwachs verarbeitende Fabrik mustergültig geleitet. Jetzt kann Heinrich sich ein bisschen zurücklehnen, alles läuft gut und sichert ihm ein fixes Einkommen. Auch die Guthaben, die Antal Csillag einst in Amsterdam angelegt hatte, waren zum Großteil wieder rückerstattet worden. Einzig die Firma, die es 1938 in Wien noch gegeben hatte und bei der Heinrich nach Papas Tod Geschäftsführer wurde, war liquidiert worden. Heinrich hatte die Sinnlosigkeit, auf irgendeinem toten Recht zu bestehen, bald eingesehen. Alle Aktien aus Polen und Ungarn waren ebenfalls wertlos geworden, aber auch hier wollte er gar nicht versuchen, mit den neuen kommunistischen Machthabern um Restituierung zu streiten.

Nach einer Woche ist die Wiedersehensfreude verflogen und die alten Mechanismen der Familie sind wieder in Gang gesetzt. Ihre Mutter wird kühl und abweisend, Heinrich distanziert. Sidi hält das sehr bald nicht mehr aus. Sie beschließt, bevor dunkle Gewitterwolken am Stimmungshimmel der Familie aufsteigen, den Zug nach Wien zu besteigen. Hier war so lange ihr Zuhause gewesen, hier würde es wieder sein, und da will sie mit jeder Faser ihres Herzens hin.

Wieder in Wien

Ein paar Tage später steht Sidonie am zerbombten Wiener Westbahnhof und kann es nicht glauben. Wo ist der Bahnhof? Wo die wunderbare Statue von Kaiserin Sisi, die sie immer im Vestibül begrüßte? Wo der Löwe beim Eingang? Wo ist bloß alles hin?

Als der Zug langsam in die Station einrollt, fühlt sie sich, als ob die Zeit einen Sprung bekommen hätte und die Bilder der Jahre schief wieder zusammengesetzt worden wären. Wie gestern ist ihr die Abfahrt ihrer Mutter zwei Bahnsteige weiter drüben im Gedächtnis, sogar die Personen sind wie in einem Theaterstück in Teilen die gleichen. Denn am Bahnsteig stehen mit leuchtenden Gesichtern ihre Freundinnen: Grete und Muni Weinberger sind da, Sylvie Dietz und Christl Schallenberg, nur Ellen fehlt, ja richtig, die liegt schmerzgepeinigt zu Hause. Älter sind alle geworden und ziemlich ärmlich, wie sie da mit grauen Gesichtern durch die Waggonfenster starren und versuchen, ihre Freundin auszumachen. Der Krieg hat tiefe Spuren in den Gesichter und Garderoben hinterlassen – Sidonie hofft nur, dass bei ihr nicht der gleiche Eindruck entsteht, aber nein, sie hat ja Jahre in einem warmen, paradiesischen Land in Sicherheit und Frieden hinter sich. Ihre Schönheit würde sich besser gehalten haben.

Mit Tränen in den Augen steigt sie die beiden steilen Stufen hinab. Nach neun Jahren berührt sie wieder Wiener Boden – und sie hält den Bruchteil einer Sekunde inne, fast wie um sich bei ihren Füßen zu bedanken, die sie durch die Zeit und die Kontinente wieder hierher getragen haben.

Was anders ist, sind die vier Pfoten Petzis, die gleichzeitig mit ihr in der neuen, alten Heimat aufsetzen.

Muni Weinberger schließt Sidi lange und fest in die Arme. ›So hat mich selbst meine eigene Mutter nicht umarmt‹, schießt es Sidi durch den Kopf, ›aber das mag vielleicht nichts heißen.‹ Dann kommt Grete, dann Sylvie und schließlich Christl. Bei allen die gleiche Rührung, die gleiche Innigkeit, die eine unveränderte Freundschaft spüren lässt.

Blumen gibt es für Sidi, eher etwas Bodenständiges, das man nun, Anfang Juni, in den Gärten pflücken kann, Margeriten, ein paar Rosen, Rittersporn.

Die Freundinnen werden jetzt zu Weinbergers fahren, die schon ein kleines Buffet vorbereitet haben. Es sei halt alles sehr bescheiden, aber ein bisschen Sekt gäbe es zur Feier des Tages schon, flüstert ihr Muni ins Ohr. Und dann fahren die Damen allen Ernstes mit der Straßenbahn, der Linie 58, die Mariahilferstraße hinunter – die Kofferschlepperei wird schwesterlich geteilt. Ein Auto hat heutzutage niemand mehr, und eines der wenigen Taxis will man sich nicht leisten. Am Ring steigen sie in den D-Wagen um, der sie in den 4. Bezirk bringt, wo Weinbergers noch immer die riesige Wohnung in der Schwindgasse Nummer 10 bewohnen.

Hier scheint die Zeit stehengeblieben zu sein. Sidonie bewegt sich mit Nostalgie und Zärtlichkeit zwischen den so vertrauten Möbeln, in den so bekannten Räumen.

Schnell wendet sich das Gespräch, wie überall, seit sie in Europa ist, dem Krieg zu. Es ist, als ob die Menschen nur darauf warteten, ihre Last loszuwerden und mit Außenstehenden über das Schreckliche reden zu können.

Sidonie kennt, was sie nun hört, schon. Sie hat es aus den Briefen herausgelesen, die Luftangriffe auf Wien, die im Herbst 1944 begannen und dann im März 1945 die Oper und den Stephansdom getroffen haben, den Anmarsch der »Russen«, die Besetzung Wiens durch die vier Siegermächte.

Es dauert nicht lange, und man ist beim Persönlichen, den Freunden und Freundinnen, die sich mit den Nazis arrangiert hatten. Grete meint, dass sie mit diesen Leuten kein Wort mehr wechselt und auch nicht die Absicht habe, es je wieder zu tun. Die seien für sie erledigt. Solchen wie ihnen habe sie ihren Sohn lassen müssen. Und Sidi muss hören, dass der Lieblingssohn Peter vermisst im Krieg geblieben ist. Sie weiß nicht, was sie dazu sagen soll, denkt nur an Gretes Bruder und Vater und deren Nazi-Begeisterung und dass sie vielleicht alle gelernt haben.

»Dein Ed ist ja auch in Schwierigkeiten geraten«, hört sie plötzlich Grete sagen. »Der hat es ganz raffiniert gemacht. Ist nie in der Partei gewesen und hat sich trotzdem von seinen alten Kameraden helfen lassen. Aber jetzt ist es damit auch vorbei, jetzt ist er arm dran, der Herr Major.«

Sidi erschauert vor der Schärfe und Verbitterung in Gretes Stimme. Aber etwas Neues ist ihr Eds Opportunismus schließlich nicht.

Was neu ist, folgt gleich danach: »Er hat ja bald nach deiner Abfahrt versucht, mit mir anzubandeln. Er hat es nur gar nicht geschickt angestellt. Ich glaub', die Wochenenden in Katzelsdorf, das wollt' er weiter haben. Aber ich habe ein eisernes Prinzip: Hände weg von den Männern meiner Freundinnen. Andere sind da nicht so strikt.«

Sidi versucht der Schwatzhaftigkeit und Taktlosigkeit ihrer Freundin, die wohl mit ihrem starken Schwips zu tun hat, auszuweichen und wendet sich lieber Pussy Mautner-Markhof zu, die gerade durch die Tür kommt. Bei ihr kann sie endlich über Kuba, die schönen Jahre und die Üppigkeit der tropischen Natur in allen Farben schwelgen. Der Vergleich mit Brioni ist nahe. Aber außer sehnsüchtigen Seufzern ist von Brioni nicht viel geblieben. Es ist an Jugoslawien verloren, und an die sommerlichen Reisen dorthin ist nicht mehr zu denken. Und in ein anderes Ausland zu reisen, liegt abseits der Möglichkeiten der meisten hier im Raum.

Auch Christl Kmunke kommt am mittleren Nachmittag noch vorbei. Sie ist burschikos wie immer, und auch ihre offensiven Begrüßungsküsse haben sich nicht geändert. Sidi freut sich, und auch Petzi findet Christl unwiderstehlich, wahrscheinlich weil sie so schön nach Schäferhund riecht, und hat es sich bald bei den Füßen der Kmunke bequem gemacht.

Dann gibt es noch ein bisschen Beziehungstratsch. Christl Schallenbergs dritter Eheanlauf wird durch den Kakao gezogen, Gretes Affären werden belächelt, und auch Sylvie scheint es mit Männern viel leichter zu nehmen als früher.

Es ist spät geworden, Sidi möchte dorthin, wo die nächsten Wochen ihr erstes Zuhause sein soll, um die Ecke in die Wohllebengasse zu Sylvie Dietz. Sie braucht ein bisschen Ruhe, morgen wird ein schwerer Tag. Sie will zeitig aufstehen und gleich zu

Ellen fahren. Das Verlangen, die beste Freundin endlich wieder zu umarmen, ist kaum noch zu ertragen, und die Angst, eine Schwerkranke in den Armen zu halten, auch nicht.

Irgendwann bald würde dann der absolute Höhepunkt kommen, den Sidonie mit großem Genuss hinauszögert: das Wiedersehen mit Wjera. Diese Erwartung würde sie aufrecht halten, wie es immer die Phantasie der Liebe bei ihr getan hat. Wjera ist seit Jahren in Gedanken ihr ein und alles, ihr inneres Bild macht sie zittern, und sie weiß, dass sie sich bei diesem Zittern weitaus sicherer fühlt als bei allen Realitäten.

Der Weg nach Döbling am nächsten Vormittag – Ferstels waren vor einer Weile in eine große luxuriöse Villa im Cottage, in die Felix-Mottl-Straße, gezogen – fällt Sidi nicht leicht. Die Aufregung fasst ihr in den Magen, die Ungewissheit, was sie wirklich erwarten würde, macht sie schon seit dem Aufstehen fahrig und unkonzentriert. Als sie bei Ferstels läutet, öffnet ihr Paul, Ellens Mann. Stumm und ernst umarmt er sie und sagt nur kurz: »Geh zu ihr, sie ist hinten im Schlafzimmer, sie hat heute wieder so starke Schmerzen.«

Sidonie setzt ihr strahlendstes Lächeln auf und geht gestrafft den Weg, der ihr beschrieben wurde. An der Tür zum Schlafzimmer tappt ihr Ellen entgegen. Sidonie fühlt sich, als ob man ihr mit einer Peitsche einen scharfen Schlag versetzt hätte, der Schock des Anblicks durchzuckt sie. Ihre Freundinnen hatten sie zwar über Ellens Zustand informiert. Es gehe ihr schlecht, und noch schlechter sähe sie aus, haben sie ihr gesagt. Aber das, was sich ihren Augen präsentiert, übertrifft alle ihre ängstlichen Erwartungen. Ellen sieht mindestens zehn Jahre älter aus, als sie tatsächlich ist. Ihr Mund, der so wunderbar strahlen konnte, ist vor Schmerz zusammengepresst, die Augen dunkel und angestrengt, die rundlichen Wangen sind aufgeschwemmt, die ohnehin schon breite Nase fast unförmig. Wo ist ihre leuchtende Ellen geblieben, deren Fröhlichkeit sie immer angesteckt hatte und deren Lachen wie Kaskaden bis zum Himmel zu reichen schien? Es brennt heiß in Sidis Augen, als sich die Freundinnen lang und innig umarmen, aber sie muss sich schnell wieder fassen, darf Ellen nicht merken lassen, wie erschrocken sie ist, zu Tode erschrocken – vom Tode erschrocken?

Für das Wiedersehen mit Sidonie hat sich Ellen besonders schön gemacht. Offensichtlich will sie sich der geliebten Freundin von der besten Seite zeigen. Leise murmelt sie, immer noch Sidis Hände in den ihren: »Ich bin so selig, dass du wieder da bist. Endlich … Mir geht's heute nicht so gut, ich hab' solche Schmerzen, aber jetzt wird alles besser werden. In ein paar Tagen gehen wir spazieren und Blumen pflücken.«

Sidi küsst ihre Hände, ihre Wangen, kann ihre warmen, schmerzlichen Gefühle nicht zurückhalten. Will Ellen gut tun, möchte ihr alle Schmerzen nehmen, wenn sie könnte, weiß, dass sie's nicht vermag, und kann sie nur wieder ins Bett schicken, sie bitten, sich zu schonen.

Unwillkürlich fällt ihr wieder der Nachmittag am Kobenzl ein, in den späten dreißiger Jahren, nicht allzu lange, bevor sie Wien verlassen musste. Ellen hatte ihr handtellergroße kahle Stellen auf ihrem Kopf gezeigt und wie man das Haar büschelweise ausrupfen konnte. Das Haar war dann wieder nachgewachsen, aber die Kopfschmerzen, über die Ellen damals schon geklagt hatte, waren immer schlimmer geworden.

Beim Mittagessen mit Ellens Mann und den beiden Töchtern Ruth und Lotte erfährt Sidonie dann die ganze Geschichte. Manchmal brächten diese Kopfschmerzen Ellen fast zur Raserei, dann liege sie in ihrem Zimmer und brülle nur noch vor Schmerz. Dann waren auch noch spastische Krämpfe dazugekommen. Eine genaue medizinische Abklärung hätte ergeben, dass bei dem schweren Sturz auf dem Eis in den zwanziger Jahren ein feiner Sprung in der Schädeldecke zurückgeblieben war, durch den langsam Luft einsickerte. Hätte man das damals schon erkannt, wäre sie vielleicht noch zu retten gewesen, aber nach so vielen Jahren war es unmöglich geworden, ihr zu helfen. Gegen die Schmerzen nahm Ellen immer stärkere Mittel, schließlich Morphium, das sie süchtig machte und nur momentane Linderung bringen konnte. Erst 1946 wurde bei einem Röntgen der Sprung entdeckt, und Ellen war operiert worden. Man hatte gehofft, dass sie nach dieser Operation die schmerzstillenden Mittel absetzen würde können, sie wurde sogar durch eine Entziehungskur gepresst, aber die schreckliche Qual der Schmerzen hörte nicht auf und begleitete sie seither fast täglich, bis heute.

Dabei gäbe es auch schmerzfreie Tage, an denen sie ganz die alte war, mit ihrem strahlenden Lachen und einem Gemüt, das alle positiv stimmen musste. Dann wäre es, als ob die Kraft in sie schieße wie heißes Wasser durch ein stillgelegtes Rohrnetz. Dann springe sie aufs Rad, fahre in den Wald, gehe stundenlang spazieren und – wenn sie gerade wüchsen – mit Leidenschaft Schwammerln suchen.

Paul meint leise, dass er sehr froh über Sidis Rückkehr sei und große Hoffnungen in ihre Besuche setze. Da Ellen fast nicht mehr ausginge, manchmal keinen Menschen außer ihrer jüngeren Tochter um sich dulde, sei es sehr wichtig, vielleicht lebenswichtig, dass Sidi, Ellens liebster Mensch aus ihrer Kindheit, nun wieder um sie sei.

Als Sidonie nach Stunden wieder geht, ahnt sie, dass sie viel Kraft brauchen würde in der nächsten Zeit, und irgendwo im hintersten Winkel ihres Bewusstseins auch, dass diese Kraft vielleicht gar nichts mehr helfen wird.

Wjera, ja, Wjera wird sie aus all diesem Schrecklichen, dem Zusammenbruch ihrer alten Welt retten. Nicht mehr lange, nur noch ein paar Wochen, dann würde es so weit sein, dann würden sie sich endlich wiedersehen, irgendwo am Land, ganz intim – alles ist schon abgemacht, per Post. Der Gedanke daran tröstet Sidonie und wird wie eine Medizin, die sie jeden Tag einnimmt, um die Welt wieder heller sehen zu können.

Aber vor Wjera ist noch etwas sehr Schweres dran: das Wiedersehen mit Ed. Sidonie ist jetzt eine Weile in Wien, aber ihren früheren Mann hat sie noch immer nicht gesehen. Es hat sich irgendwie nicht ergeben, geplante Treffen sind nicht zustande gekommen. Einmal hatte er abgesagt, aus beruflichen Gründen, dann hatte sie wieder Ellen vorgeschoben. Irgendwo fand sie, dass er nach dem Briefwechsel, den sie über Petzi geführt hatten, ruhig ein bisschen warten sollte. Aber nun ist es so weit.

Die frühere gemeinsame Wohnung in der Weyrgasse ist so wie immer, nur hat Sidonie das absurde Gefühl, sich in der Kulisse eines Puppenhäuschens zu befinden. Alles ist auf sonderbare Weise weit weg, irreal. Ed hat sich überhaupt nicht verändert, ist ein in der Zeit und seinen aufgesetzten Manieren erstarrter alter

Mann geworden. Wie zwei Fremde stehen sie einander gegenüber. Er schließt sie mechanisch in die Arme, sie klopft ihm automatisch auf den Rücken. Petzi mag Ed nicht und sträubt die Rückenhaare. Gemeinsam gehen sie durch die Wohnung, Sidi sieht wie durch ein umgedrehtes Fernglas ihre alten Möbel, setzt sich in die alte Wohnzimmergarnitur, lässt sich etwas zu trinken servieren. Und sie weiß eigentlich vom ersten Moment an, dass sie hier keine Minute mehr leben kann.

In einer fernen, steifen Konversation erzählt Ed ihr von seinem Leben in den letzten neun Jahren. Sie nickt dazu, scheinbar beteiligt, in Wirklichkeit wird ihr von Satz zu Satz widerlicher, was sie da hört, wird Ed kleiner und kleiner.

Er hatte es geschafft, die ganzen Kriegsjahre auf Grund seiner Beziehungen und einiger offensichtlich geschickter Schachzüge Leiter des Instituts für Bildstatistik zu bleiben. Ein Parteigenosse namens Jahn war zwar zum technischen Leiter ernannt worden und als solcher für die diversen Verhandlungen mit der Nationalsozialistischen Partei verantwortlich, aber Ed blieb der eigentliche Leiter. Das Institut wurde dann auf Anordnung von oben nochmals umbenannt, diesmal in Institut für Ausstellungstechnik und Bildstatistik. Bis auf Ed, der vorgab, aus familiären Gründen nicht Parteimitglied werden zu können, waren alle Funktionäre bei der NSDAP.

Während der Nazizeit wurden im Institut verschiedene Ausstellungen zusammengestellt, eine der bestangelegten war jene über *Das Sowjetparadies*. Im Oktober 1944, wahrscheinlich schon mit Blick auf den baldigen Zusammenbruch des Naziregimes, kam es zu personellen Veränderungen, Ed Weitenegg behielt jedoch seinen Posten als Geschäftsführer.

Im Mai 1945 waren alle Funktionäre verschwunden, nur Ed Weitenegg war geblieben. Er übernahm wieder die alleinige Leitung des Instituts und reaktivierte den Verein, der zwischen 1934 und 1938 bestanden hatte. Dieser Verein beanspruchte dann auch das Vermögen des Instituts. Der Sitz des Vereins wurde in die Neue Hofburg verlegt, das Institut selbst war in mehreren Räumen des Gemeindebaus Am Fuchsenfeld in Wien-Meidling untergebracht.

Bald nach Kriegsende waren einige der ursprünglichen Mitarbeiter des Instituts nach Österreich zurückgekehrt, unter ihnen Franz Rauscher. Als rechtmäßiger Nachfolger Otto Neuraths gründete Franz Rauscher 1947 die Österreichische Gesellschaft für Wirtschaftsstatistik.

Ed, der aber über die Jahre Gefallen an der Institutsarbeit gefunden hatte, verteidigte seine Position so lange wie möglich und bemühte sogar die Justiz. Es kam zu Verhandlungen in zwei Instanzen, mit dem Ergebnis, dass Franz Rauscher und seinem Verein das noch vorhandene Vermögen übergeben werden musste. Ed Weitenegg musste alle »Rechte«, wie er es nannte, an Franz Rauscher abtreten. Im Gegenzug und als Zeichen seines neuen, alten Rückgrats bot er seine Mitarbeit bei der antifaschistischen Ausstellung *Nie vergessen!* an.

Sidi ekelt sich nun wirklich vor ihm. Um ihn ein bisschen auf die Folter zu spannen, fragt sie ihn, wie er denn neben diesen offensichtlichen beruflichen Erfolgen in Herzensdingen verfahren sei. Dass er versucht hatte, mit Grete Weinberger anzubandeln, hatte Sidonie schon von dieser selbst zu hören bekommen. Und sie kann sichergehen, dass Ed kein Wort darüber sagen würde, denn über Misserfolge sprach er nicht gerne. Was er jedoch nicht verschweigt, ist der Erfolg, den er bei einer anderen ihrer Freundinnen hatte.

In den Jahren ihrer Abwesenheit war er oft bei dieser Freundin, die ebenfalls einen schönen Besitz in der Nähe Wiens hat, gewesen und hatte sich von ihr über die schweren Stunden hinwegtrösten lassen. Sidonie fällt es nicht schwer, zu erraten, um wen es sich bei dieser Freundin handelt, und ihre Übelkeitsgefühle steigern sich fast ins Unerträgliche. Wie konnte er es bloß wagen …? Und noch dazu mit einer so unattraktiven Frau?

Sie kann sich nicht verkneifen, Ed zu fragen, ob er diese Frau auch gebeten hätte, sich nicht so häufig zu waschen. Das war ihr als eine der unverständlichsten Szenen ihrer Ehe in Erinnerung geblieben: Eds Aufforderung, sich doch weniger »da unten« zu waschen, denn das viele Waschen wirke sich schädlich auf die erotische Ausstrahlung aus. Ob das bei der anderen der Attraktivität etwas nachgeholfen hätte?

Er windet sich ein bisschen, aber letztlich scheint er keinen Begriff mehr zu haben von Schicklichkeit oder Unschicklichkeit, von Anstand oder Geschmack. Er plaudert munter weiter, wie er die Zeit ohne Sidi verlebt hatte.

Sidi schaltet ab. Er scheint wirklich zu jenen zu gehören, von denen in Österreich im Moment so viele herumlaufen – die Anpässler, die beleidigten Ewiggestrigen, die neuen Aufsteiger. Er ist ja wahrlich nicht allein, so viele sind so wie er, bis in die Spitzen des Staates.

Die österreichische Regierung wird im Juli 1949 durchsetzen, dass 550.000 – wie es hieß »minderbelastete« – Nationalsozialisten aus den Regierungslisten gestrichen werden. Vielen, die einen Schlussstrich unter die Vergangenheit ziehen und keinen Gedanken an den Nationalsozialismus, dem sie so lange ergeben waren, verlieren, geschweige denn Verantwortung übernehmen wollten, war das sehr recht. Ihnen waren die mahnenden Stimmen nur lästig.

Angefangen hatte es noch relativ ambitioniert mit dem Erlass eines Kriegsverbrechergesetzes im Juni 1945. Dann gab es Aktionen wie die Säuberung aller österreichischen Bibliotheken von Naziliteratur im Jänner 1946, aber die Kritik des englischen Oberhauses einen Monat später bezüglich der langsamen und lauen Entnazifizierung in Österreich war wohl ganz berechtigt. Das Jahr 1946 war ein Hungerjahr, in dem alle nur an die nächste Hamsterfahrt dachten und die Entnazifizierung dem eisigen Winter zum Opfer fiel.

Im Frühsommer 1946 wurde dann ein umfassendes Gesetzeswerk zur einheitlichen und dauernden Regelung in Angriff genommen. Alle Nationalsozialisten wären zu registrieren, dabei erfolgte eine Teilung in Personen, die der Bestrafung unterliegen müssten, und solchen, die sühnepflichtig waren. Die Sühnepflichtigen wurden unterteilt in belastete und minderbelastete Personen. Als Sühne waren erhöhte Einkommens-, Lohn- und Grundsteuer vorgesehen.

Die Alliierten, die diesem Gesetz zustimmen mussten, waren gespalten, ob es auch streng genug sei. Die Amerikaner und die Sowjets waren sich damals noch einig und plädierten für ein schärferes Gesetz, während die Briten es zu streng fanden und die Franzosen einen Änderungskatalog vorlegten. Diese unterschiedliche Haltung der Alliierten gab der österreichischen Regierung die Möglichkeit, sich vom Gesetzesentwurf zu distanzieren und letzten Endes die Schuld für den Wortlaut und die Zuständigkeit für die Durchführung den Besatzern in die Schuhe zu schieben.

Erst im Februar 1947 wurde das Gesetz vom Nationalrat beschlossen. Hunger und wieder nicht die Entnazifizierung war das dominante Thema.

1948 horchten alle auf, weil der nordamerikanische Politiker George Marshall ein Hilfsprogramm für Europa ankündigte. Anfang Juli 1948 wurde dieses Hilfsprogramm unterschrieben, aber das allgemeine Klima war von Nervosität gekennzeichnet, hatte doch im Juni die Blockade Berlins begonnen, und nur fünfzig Kilometer östlich von Wien begannen die Stacheldrahtabsperrungen hochzugehen, die in den kommenden Jahren als so genannter Eiserner Vorhang eine geschichtliche Realität wurden.

Schon im April 1948 hatte der Nationalrat – im Hinblick auf die nächsten Wahlen – gewagt, zum ersten Mal ein Gesetz zur Amnestie der minderbelasteten Nationalsozialisten zu beschließen.

Bei Sidonies Ankunft in Österreich im Juni 1949 geht der Wahlkampf seinem Höhepunkt entgegen. Sie ist jetzt kubanische Staatsbürgerin und nicht wahlberechtigt. Im Gegensatz zu der halben Million ehemaliger Nazis, den 400.000 zurückgekehrten Kriegsgefangenen und den 100.000 in der Zwischenzeit eingebürgerten Deutsch sprechenden Ostflüchtlingen. Sie hatten sich alle an der ersten Nationalratswahl im November 1945 nicht beteiligt, aber jetzt würden sie zur Urne gehen und stellen ein großes Stimmenpotential dar. Diese Million neuer WählerInnen bereitet allen Parteien großes Kopfzerbrechen, und sie bemühen sich in ihrer Werbung besonders um ihre Stimmen. Da heißt es, sich anpassen.

In der Wahlwerbung legt die ÖVP eine Brücke für die Nazis, die KPÖ fordert die Vernichtung der Gauakte – die Personalakte der NS-Parteimitglieder, die damals noch im Innenministerium liegen –, und die SPÖ trennt sich anschaulich von ihrem Vorschlag aus dem Jahre 1946, doch alle Kriegsgefangenen gegen Nazis auszutauschen. Die erst im Februar 1949 in Salzburg gegründete Partei VdU – Verband der Unabhängigen, die Vorläuferin der heutigen FPÖ – will nicht nur die Stimmen der ehemaligen Nazis gewinnen, sondern sieht sich auch als die einzige Opposition zu den beiden dominanten Parteien ÖVP und SPÖ.

Das Wahlergebnis vom 9. Oktober würde dann alle überraschen: die ÖVP wird ihre absolute Mehrheit verlieren, auch die SPÖ wird große Stimmenverluste hinnehmen müssen, die KPÖ gewinnt zu ihren vier Mandaten noch eines dazu, und der VdU würde auf sechzehn Mandate kommen. Auf dieses Wahlergebnis werden die ÖVP und die SPÖ mit ihrem ersten Koalitionspakt und mit einer Zementierung des Proporzes reagieren, welcher sich wie ein rot-schwarzer Faden durch die Geschichte der nächsten Jahrzehnte ziehen und schließlich mit der Wiederkehr des damals Verdrängten enden wird.

Sidonie hat genug gehört. Steif erhebt sie sich vom ehemals gemeinsamen Kaffeetischchen, leint Petzi wieder an, bedauert, dass er nicht für sie auf Eds Teppich gekotzt hat, und geht – für immer.

Sie wird den Kontakt mit ihrem früheren Mann in Zukunft meiden und damit noch allerlei unappetitlichen Geschichten rund um Ed Weitenegg ausweichen.

Den Teppich mit seinem Mageninhalt überschwemmt hat Petzi dann bei Sylvie Dietz, was Sidonie schrecklich peinlich ist und sie veranlasst, um keine weiteren Umstände zu machen, auf ein Angebot Ellens einzugehen, doch zu ihr in den 19. Bezirk zu ziehen. Das Haus sei groß genug, der riesige Garten für Petzi sicherlich angenehmer als eine enge Wohnung im 4. Bezirk, und obendrein könnten sie so viel Zeit miteinander verbringen, um die verlorenen Jahre ein bisschen wettzumachen.

In Wjeras Armen

Dann rückt endlich der Tag in unmittelbare Nähe, der Wjera Fechheimer nach so vielen Jahren wieder in Sidonies Arme bringen würde. Zuerst muss aber alles gut und diskret geplant werden. Sidonie hatte mit Heinrich in Paris vereinbart, dass sie in Zukunft die Sommer mit Mutter in den österreichischen Alpen verbringen würde. Zu diesem Zweck hatte sie für den ersten Versuch in einem hübschen Hotel in Lofer, am Fuß der Steinberge, Zimmer für Juli und August gemietet. Sie weiss noch nicht, wie sie ihre kalte, schwierige Mutter sechs Wochen erdulden soll. Aber für diesmal hat sie ja eine wunderbare Ablenkung.

Exakt in der Zeit, zu der Heinrich mit seiner Frau nach Lofer kommen würde, um ebenfalls eine Woche auszuspannen, und somit Mama für eine Weile übernehmen könnte, hat Sidi ihre minutiösen Planungen angesetzt. Mit Wjera, die aus München kommen würde, ist brieflich vereinbart, dass sie sich sozusagen in der Mitte, in Golling im Salzachtal, treffen sollten. Es ist vorgesehen, ein ganzes Wochenende miteinander zu verbringen. Nach einigem Zögern hat Wjera Sidonies Vorschlag zugestimmt, verpflichtet die Freundin aber zu absoluter Verschwiegenheit. In Golling werden von Sidi noch von Wien aus zwei Zimmer in einem netten Gasthof gemietet – dann ist alles vorbereitet. Nun heißt es nur noch, Mama zwei Wochen zu ertragen.

Eigentlich ist es Sidi ganz recht, mit der Mutter allein zu sein. Auf diese Weise ist sie am ehesten auszuhalten, da sie sich nicht dauernd auf ihre Lieblinge, die Söhne, beziehen kann. Denn noch immer scheint die Mutter die Existenz ihrer Tochter in der Gegenwart der Söhne zu vergessen. Wenn sie allein sind, bleibt ihr nichts anderes über, als sich mit Sidi auseinanderzusetzen, und diese tut – wie immer –, was sie kann.

Nun, mit einer alten, in Süßigkeiten vernarrten Frau ist das in Teilen recht einfach. Sidonie, die ihre Mama schon in ihrer Jugend mit Blumen, Schokolade und Handküssen verwöhnt hat, baut wieder auf die Wirkung der feinen essbaren Dinge. Sie kauft Mutters Lieblingssüßigkeiten – in früheren Jahren waren es Katzenzungen gewesen, jetzt hat Emma Csillag auf »Bestreute«, runde Blättchen aus Schokolade, mit winzigem roten und weißen Streusel drauf, umgestellt. Überhaupt ist Mama mit kulinarischen Genüssen mittlerweile am besten zu gewinnen und für Stunden in einen ruhigen, freundlichen Menschen zu verwandeln. Deshalb gewöhnt sich Sidi in Lofer sogar an die deftige ländliche Gasthauskost und geht ein paarmal die Woche mit Mama in die Wirtschaft am Platz, wo es Grießnockerlsuppe gibt, Mutters Lieblingsgericht.

Die vierzehn Tage vergehen im Flug, die Aussicht auf Wjera lässt Sidi jede schmerzliche Spitze, jeden ungerechten Ärger ihrer Mutter mit Leichtigkeit wegstecken. Anfang August 1949 reist sie mit dem Postbus nach Golling. Sogar Petzi muss zurückbleiben – das Wiedersehen der beiden Frauen soll völlig ungestört stattfinden.

Sidonie ist vor Wjera da und bezieht als erste die kleine Pension am Ortsrand direkt am Fuß des Hohen Göll. Sie ist sofort begeistert von dem hübschen Jahrhundertwende-Haus in Weiß-Hellgrau, mit Holzbalkonen und weiß-grünen Fensterläden. Hier würde es sich die paar Tage gut leben lassen. Als nach dem Auspacken Wjera noch immer nicht da ist – was gar nicht der Fall sein kann, weil ihr Zug gerade erst in Salzburg ankommt –, setzt sich Sidi unter die Linden und Fichten neben dem Haus. Obwohl sie die Aufregung und Erwartung in ihrem Herzen genießt, hält sie die Anspannung kaum mehr aus. Ruhelos fixiert sie die schmale Sandstraße, die durch eine große Wiese zum Haus führt. Von hier würde Wjera kommen, den Kilometer von der Postautostation hierher muss sie zu Fuß zurücklegen.

Nach über einer Stunde des Wartens erscheint ein Pünktchen in der Ferne und wird langsam zu einer Gestalt, einer hohen, schlanken Gestalt, zu einer Frau im Sommerkleid – ja, es ist Wjera. Ihr Anblick zieht Sidonie von der Bank hoch an den Rand des Baumschattens. Berührt und mit äußerster Aufmerksamkeit beobachtet sie Wjeras Herannahen. Keinen Millimeter ihrer Haltung hat sie eingebüßt, denkt sie, und ihr Herz klopft rasend in heißen, starken Schlägen. Wie schmal und schlicht sie aussieht. Eine schöne, ernste Frau, den Blick zu Boden gewandt, setzt ruhig einen Fuß vor den anderen, in einem einfachen kleingeblümten Sommerkleid, weißen Socken mit derben Schuhen darüber, einem dünnen Wolljäckchen über den Schultern und einem kleinen Lederkoffer in der Rechten. Die Jahre haben sie ganz auf ihre Essenz zurückgebracht, in eine Schönheit und Klarheit, die Sidi den Atem nimmt. Dann hebt Wjera den Kopf und entdeckt, dass sie längst aus dem schützenden Baumschatten heraus beobachtet wird. Sie hält inne, lässt den Koffer fallen, und dann ist alles leicht – die beiden Frauen laufen aufeinander zu, schließen

Wjera Fechheimer, Golling, 1949

einander halb lachend, halb weinend in die Arme und wirbeln sich herum.

Über zehn Jahre sind vergangen und doch kein Moment. Sidonie fährt Wjera ins Haar, lässt die Hand kurz und zärtlich im Nacken liegen, ist glücklich, so unendlich glücklich wie schon ewig nicht mehr. Wjera strahlt und ruft leise aus: »Dass du wieder da bist, heil wieder da bist, was für ein Geschenk …«

Dann gehen sie Arm in Arm ins Haus. Am Abend vor der Dämmerung unternehmen sie noch einen kleinen Spaziergang zum Gollinger Wasserfall, und auf den mächtigen Steinblöcken am Rand eines großen Tümpels, wo das Wasserrauschen die Worte fast ungesagt macht und ihre Schwere löscht, erzählt Wjera von ihren letzten Jahren.

Wjera hatte den Krieg in München überlebt, ihr Mann jedoch war knapp nach Kriegsende an den Folgen seiner Internierung im Konzentrationslager Dachau gestorben. Die Schwiegereltern waren jämmerlich in Theresienstadt umgekommen. Außerdem hatte ihre Mutter in Wien noch während des Krieges einen Schlaganfall erlitten – diese unglaubliche Sammlung an Schrecken und Leid hatte Sidonie schon aus knappen Briefen von Wjera in die USA erfahren.

Doch nun folgen die Details, die beiden Frauen sowohl als Erzählende wie als Zuhörende immer wieder die Tränen in die Augen treiben.

Schon 1935 war das Ehepaar Fechheimer aus Nürnberg weggezogen, sicher eine lebensrettende Idee, denn in der relativ kleinen Stadt hätten sie Nationalsozialismus und Krieg nicht so überlebt. Die Anonymität Münchens hatte vieles leichter erträglich gemacht. Die Schwiegereltern waren erst 1939 nach Berlin zu ihrer Tochter gezogen, die mit einem Adeligen verheiratet war, der sich liebevoll um seine Frau und ihre Eltern gekümmert hatte. Aber Ende 1942 konnte auch die noble Herkunft des Schwiegersohnes die beiden alten Leute nicht vor der Deportation nach Theresienstadt bewahren. Er aktivierte damals alle seine Beziehungen und es wurde ihm versprochen, dass seine Schwiegereltern gut behandelt würden. Nur führte bekanntlich auch die so genannte gute Behandlung der Nazis bei älteren, kränklichen Menschen zu einem schnellen Tod.

Insgesamt waren in Theresienstadt über 141.000 Menschen eingeliefert worden. Von diesen wurden 88.000 in ein Vernichtungslager in Polen deportiert und dort größtenteils ermordet. Etwa 33.500 Menschen waren in Theresienstadt »eines natürlichen Todes« gestorben. Als die Rote Armee am 7. Mai 1945 das Lager befreite, lebten noch knapp 17.000, Wjeras Schwiegereltern waren schon längst nicht mehr unter ihnen.

Hans Martin Fechheimer war vorerst durch die Ehe mit einer »Nicht-Jüdin«, durch eine so genannte »privilegierte Mischehe« geschützt. Und bis 1940 war von der Bedrohung nicht allzu viel zu merken gewesen, aber ab da war es schlimmer geworden, die Gratwanderung immer gefährlicher. Die Nazis streckten nach allem die Finger aus, was man Juden und Jüdinnen entreißen konnte, und hatten natürlich auch Interesse an den Wohnungen und dem Inventar der jüdischen BesitzerInnen. Mit Hilfe von Drohungen und begleitenden gesetzlichen Maßnahmen zwangen sie die paar Tausend Juden und Jüdinnen, die nach 1938 noch in München lebten, in so genannte Judenhäuser zu ziehen. Solche Häuser gab es in der Goethestraße, Ainmillerstraße, Galeriestraße, Hohenzollernstraße und der Maximilianstraße. Ihre Wohnungen wurden konfisziert und arisiert.

Ein Beauftragter des Gauleiters hatte ganz konkret sein Augenmerk auf die schöne Wohnung der Fechheimers in Bogenhausen gerichtet, aber der Mietvertrag war auf Wjera geschrieben, und gegen eine so genannte Arierin wollten die Nazis dann doch nicht vorgehen.

Die jüdische Bevölkerung war auch angehalten worden, eine eigene Judensiedlung in Milbertshofen zu bauen, die dorthin gezwungenen Menschen wurden aber alle deportiert. Ende 1942 zählte München nur noch 645 jüdische MitbürgerInnen, von denen mehr als die Hälfte durch ihre Ehen mit »arischen« Partnern vor der Deportation geschützt waren – vorerst. Die Nazis verringerten diese Zahl noch im Jänner 1943, was die Gauleitung zum Anlass nahm, über das judenfreie München zu jubeln.

Nach der Niederlage in Stalingrad und der Aktion der Geschwister Scholl und ihrer Freunde im März 1943 – sie hatten in einem Lichtschacht der Universität Flugblätter gegen das gewalttätige Naziregime abgeworfen – waren die Schikanen noch schlimmer geworden und einige jüdische Männer aus dem Bekanntenkreis des Ehepaars Fechheimer waren von der Gestapo in Haft genommen worden. Hans war von da an nicht mehr aus dem Haus gegangen. Bald darauf bekam er Probleme mit der Lunge. Ein verschleppter Infekt machte ihm schwer zu schaffen, die beengten Lebensbedingungen nahmen ihm im wahrsten Sinn des Wortes die Luft. Aber das Ehepaar wagte es nicht, die Stadt ohne Bewilligung zu verlassen und Hans weiteren Gefährdungen auszusetzen – obwohl frische Bergluft ihn vielleicht gerettet hätte. So war Wjera immer nur allein aufs Land gefahren, allerdings nicht, um die würzige Luft zu genießen, sondern im verzweifelten Versuch, im Schleichhandel ein paar kräftigende Lebensmittel für ihren Mann zu erstehen.

Als im Sommer 1944 ihre Mutter den Schlaganfall erlitt, war sie zerrissen vor Angst nach Wien gefahren. Helene Rothballer war jedoch bald außer Lebensgefahr und gut versorgt und hatte volles Verständnis dafür, dass ihre Tochter schnell zu ihrem in jeder Hinsicht gefährdeten Mann zurückkehren wollte.

Die Bombenteppiche, die über ganz Deutschland abgeworfen wurden, nahmen an Intensität zu. Von denen, die es wagten, ausländische Sender zu hören, wusste das Ehepaar Fechheimer, dass die Alliierten von Frankreich und Italien Richtung Deutschland rollten, und begann schon aufzuatmen: bald würde der Krieg aufhören.

Ab Jänner 1945 war es dann so gut wie unmöglich geworden, Kontakt mit der Familie oder Freunden in anderen Städten zu haben. Hans und Wjera waren eingesperrt. Wjera machte sich unendliche Sorgen um ihre Mutter in Wien, hörte sie doch von den Bomben, die auf die Stadt fielen und der Roten Armee, die im Anmarsch auf die Stadt war und diese im April 1945 auch erreichte und besetzte.

Anfang Februar 1945 – der Krieg war für Hitler-Deutschland so gut wie verloren, aber die Nazimaschinerie trieb das Rad der Vernichtung der europäischen Juden weiter – war es dann passiert. Die letzten noch verbleibenden Juden und Jüdinnen Münchens wurden zur Gestapo befohlen. Hans und Wjera hatte lange darüber geredet und dann beschlossen, den Befehl ganz einfach zu ignorieren. Das wäre auch gut gegangen, wenn nicht ein besonders eifriger Nazi aus der Nachbarschaft Hans angezeigt hätte und die Gestapo überraschend bei ihnen aufgekreuzt wäre, um ihn buchstäblich im letzten Moment abzuholen. Wjera versuchte, sie davon abzuhalten, stemmte sich in die Tür, schrie und argumentierte, dass sie einen kranken, schwachen Menschen nicht mitnehmen dürften, aber die Gestapo kannte keine Schonung – sie drückten Wjera an die Wand, drängten sich an ihr vorbei und verließen mit Hans das Haus.

Nach einer schlaflosen Nacht hatte Wjera es gewagt, am nächsten Tag in das Gestapohauptquartier zu gehen, um in Erfahrung zu bringen, was mit ihrem Mann passiert war. Sie musste einen Schwall gemeinster Beschimpfungen über sich ergehen lassen und unverrichteter Dinge wieder gehen. Sie war völlig verzweifelt und wusste nicht, was sie tun sollte. Im Stiegenhaus in Bogenhausen, als sie ihr tränennasses Gesicht am Treppenabsatz an die Wand drückte, war ihr eine Nachbarin über den Weg gelaufen, die sie immer freundlich gegrüßt hatte. Entgeistert über Wjeras Anblick hatte sie gefragt, was denn passiert sei. Wjera verwarf all ihr Misstrauen, das man sich in diesen Jahren angewöhnt hatte, und schüttete ihr Herz aus.

Die Nachbarin erwies sich in der Folge als große Hilfe. Schon einige Stunden später klopfte sie an Wjeras Tür und brachte ihr Neuigkeiten über Hans. Er war noch bei der Gestapo, sollte aber in den nächsten Tagen ins Konzentrationslager Dachau überstellt werden. Und eben diese Nachbarin hatte auch in Erfahrung gebracht, wer Hans denunziert hatte, und sie versprach Wjera, sich diesen kümmerlichen Menschen vorzuknöpfen.

Wjera hatte nie den Mut zu fragen, wie ihre Helferin zu ihren Informationen kam, aber sie war zutiefst dankbar für eine Seele, die sich um sie kümmerte.

Sie versuchte bei ihrem nächsten Besuch im Hauptquartier, die Gestapobeamten mit einigen wertvollen Kunstschätzen zu bestechen, wurde aber immer nur abgewiesen – nichts half mehr. Zumindest durfte sie aber Lebensmittelpakete für Hans abgeben und erfuhr auch, dass er sie wirklich erhalten hatte.

Hans schaffte es irgendwie, in Dachau zu bleiben und nicht auf einen der Todesmärsche geschickt zu werden. Er erlebte Ende April 1945 die Befreiung des Lagers durch die US-Armee mit. Die hilfsbereite Nachbarin mit den besonderen Beziehungen organisierte dann auch noch seine Flucht aus dem Lager, welches wegen einer Flecktyphusepidemie unter Quarantäne stand. Aber trotz sofortiger medizinischer Betreuung – seine Tuberkulose hatte sich im Lager verschlimmert – kam jede Hilfe zu spät. Zwei Wochen nachdem er Dachau verlassen hatte, starb Hans Fechheimer.

Für Wjera stürzte eine Welt zusammen. So viele Jahre hatte sie mit ihrer Courage und Furchtlosigkeit den Nazis gegenüber den geliebten Partner durch die gefährlichsten Momente gebracht, und nun war ihr sein Leben im letzten Moment genommen worden.

Aber sie hatte kaum richtig Zeit gehabt zu trauern. Ihr übergroßer Schmerz musste sich zu einem kleinen dunklen Fleck in ihrem Inneren zusammenballen, ganz komprimieren, denn die nächste Belastung stand bevor. Nur an ihrer Bitterkeit und den manchmal hochsteigenden Hassanfällen gegen alle, die so willfährig durch die Jahre gekommen waren, merkte sie, dass dieser Schmerz überhaupt da war. Denn nach dem Tod ihres Mannes war sie sofort nach Wien gereist, unter den schwierigsten Umständen – den Großteil der Strecke hatte sie zu Fuß zurückgelegt, weil die wenigen Züge, die noch fuhren, überfüllt waren –, um bei ihrer schwerkranken Mutter zu sein. Das hat dann in den letzten vier Jahren ihren vollen Einsatz erfordert und sie vollkommen in Anspruch genommen. Es war ohnehin schon schwer, sich um Kranke zu kümmern, aber in einer Zeit der Not und des Mangels war es noch viel aufwendiger. Selbst mit Geld oder Tauschwaren war es unmöglich, alles zu bekommen. Sie war notgedrungen in der Zwischenzeit eine gute Händlerin geworden, und so manches alte Schmuckstück half ihr, das Nötigste für ihre Mutter aufzutreiben.

Mittlerweile ist es fast Nacht geworden, eine feuchte Kühle weht vom Wasserfall herüber und legt sich als feiner Film auf die Haut. Wjera schweigt, wischt sich die Wassertröpfchen und die Tränen vom Gesicht, und Sidonie beginnt, dieses schreckliche Europa, dieses schreckliche Österreich und das unendliche Leid, das ihr dauernd entgegenschlägt, zu verfluchen.

Wjera Fechheimer, Golling, 1949

Wenn sie Wjera doch helfen könnte, sie im Nachhinein schützen, alles ein Stück wieder gut machen. Ganz zart nimmt sie die Hand der Freundin, zieht sie hoch und schließt sie innig in die Arme.

Eng umschlungen gehen die beiden dann in der Dunkelheit zur Pension zurück.

Was in den nächsten Tagen folgt, übersteigt alles, was Sidi sich in den Jahren der Phantasien und Träumereien vorstellen konnte. Es ist, als ob sich der Himmel auftun und die beiden Frauen mit Glück, Freude, Leichtigkeit und Begehren überschütten würde. Wjera ist weich und sanft geworden, voll der Liebe und der Fähigkeit, ihr Herz zu öffnen. Sie hat Schlimmstes erlebt und will jetzt glücklich sein, will endlich das knappe Leben auskosten. Konventionen und Scheinmoral, die sie noch vor zwanzig Jahren daran gehindert haben, zählen heute nichts mehr.

Sidonie weiß nicht, wie ihr geschieht. In den Nächten treiben sie nie gekannte Stürme von Begehren in die Schlaflosigkeit, und sie sieht mit brennenden Augen bis ins Morgengrauen hinein eine Frau vor sich, die sich hingibt, die sie will, die ihr Innerstes in ihre Hände legt.

Auch bei Tag wird alles gemeinsam unternommen. Die beiden Geliebten gehen viel in die Natur, hoch hinauf in die Almen und Wälder, um ungestört zu sein, die Jahre wieder einholen zu können in Gesprächen, in gemeinsamem Schweigen, in stillem Schauen. Es ist, als ob sie auf denselben Ton gestimmt wären, wie eine Saite miteinander schwingen würden. Sidi gehen die Augen und das Herz über, so sehr, dass sie oft nicht mehr sprechen kann. Dann kann ihr nur noch ihre kleine Kamera helfen, die Wjeras Zauber festhalten soll. Wjera im Sommerkleid, Wjera am Brunnentrog, Wjera in der Wiese, Wjera auf dem Berggipfel, Wjera vor der Pension, Wjera in der Abenddämmerung – und immer ihre warmen, liebevoll-spöttischen Augen und die unbändigen Haare. So viele Filme, das alles aufzunehmen, hat Sidi gar nicht mit im Gepäck.

Aus dem geplanten Wochenende werden schließlich zehn Tage, aus einer knappen Begegnung wird eine Hochzeitsreise, und die beiden Frauen wissen, für den Moment wissen sie es, dass sie einander gehören und dass es für immer sein wird.

Und dennoch, in den Stunden zwischen Nacht und Tag, wenn Sidi zu aufgewühlt ist, um schlafen zu können, wenn sie wie berauscht Wjeras nackten Rücken und ihre dunklen Locken zwischen den Kissen ansieht, erfasst sie die Angst. Wie wird sie diese Frau, die sie seit vielen Jahren in ihrem Herzen trägt, die ihr so sehr alles war und ist, halten können? Wie kann sie so viel Verwirklichung von so viel Wunderbarem ertragen?

Es schnürt ihr die Kehle zusammen. Auf einmal weiß sie, dass Verliebtheit, diese wilde anarchische Liebe des Anfangs, auch ein schrecklicher Angstzustand ist. Sie fühlt sich klein, unsicher, ungenügend. Und was sie am meisten quält, ist dieses kleine giftige Würgen, das früher oder später noch immer in ihr hochgestiegen ist, ihr Ekel vor Sexualität. Jetzt begeistert sie noch jede Wölbung an Wjeras schlafendem Körper, jetzt kann die Heftigkeit ihrer Gefühle auch das Befremden vor Wjeras Stöhnen, ihrer Nässe, ihrem Vergehen überwinden. Aber was wird in einem Monat sein, in sechs Monaten? Wie, um Himmels willen, wird sie Wjera halten können, ohne sie zutiefst zu enttäuschen …?

Die Trennung nach zehn Tagen fällt unendlich schwer. Es wird vereinbart, sich von Zeit zu Zeit in Wien zu treffen, wo Wjera wegen ihrer kranken Mutter ohnehin öfter sein muss, ansonsten bleibt vorerst alles offen, der Gewissheit der Gefühle und der Ungewissheit der Spontaneität überlassen.

Ellens Tod

Sidonies Alltag in Wien sieht im Vergleich zu diesen wunderbaren Tagen in Golling eher trist aus. Sie war gerade zu Ellen in den 19. Bezirk gezogen. Und dieses knappe Jahr, das sie an Ellens Seite verbringen wird, ist eine Zeit der Nähe, aber doch vor allem ein Jahr, in dem Sidi Zeugin von Ellens immer unerträglicherem Leiden sein muss. Der einzige Lichtblick in dieser Zeit sowohl für Ellen als auch die »Tante« wird das neue Enkelkind. Ellens Töchter haben beide geheiratet, und Ruth, die ältere, ist schwanger und erwartet ihr erstes Kind. Als die Zeit der Entbindung gekommen ist, bittet Ellen Sidi, Ruth an ihrer Stelle ins Krankenhaus zu begleiten. Und Sidi ist fest entschlossen, der beste Muttersatz zu sein, den man sich vorstellen kann. Aber sie hat nicht damit gerechnet, dass ihre Abneigung vor allem Körperlichen sich auch hier wie unüberwindliche Hürden um sie aufbauen würde.

Sidi kann die Situation im Kreißsaal einfach nicht ertragen und verfällt in ständiges Gejammer, weil ihr die arme Ruth in Geburtsschmerzen so leid tut. Das macht wiederum Ruth so nervös, dass sie Sidi bittet, doch endlich nach Hause zu gehen, damit sie sich in Ruhe auf ihre Wehen konzentrieren könne und nicht noch um eine übernervöse Tante kümmern müsse. Dieser Aufforderung kommt Sidi nur allzugern nach, nicht ohne Ruth vorher noch zu ermahnen, sich ein bisschen Zeit zu lassen, damit das Kind zu ihrem, Sidis, fünfzigsten Geburtstag auf die Welt kommen könne.

Aber die Freude über das neue Erdenwesen, ein entzückendes Mädchen, hält nicht lange. Ellen wird von unerträglichen Schmerzen fast bewusstlos, und Sidi geht immer mehr in der Pflege ihrer Freundin auf, was sie aber so unglücklich macht, dass sie plant, das Ferstelsche Haus bald zu verlassen.

In dieser Zeit wird sie Zeugin und Adressatin einer unappetitlichen Ed-Geschichte, die mit der Haushälterin der Ferstels zusammenhängt. Diese ist eng mit Ed Weiteneggs Haushälterin Lina befreundet und trägt eines Tages bei einem Damentee Gerüchte zu Sidonie.

Ganz plötzlich sei Ed Weiteneggs erste Familie aufgetaucht. Eds erste Gattin war nach der Scheidung von Ed mit der gemeinsamen kleinen Tochter nach Ungarn zu ihrem zweiten Mann, einem ungarischen Grafen, gezogen. Dieser Mann war gestorben, die Tochter, inzwischen einunddreißig, war verheiratet und hatte zwei kleine Kinder. Auf einmal standen alle fünf vor seiner Tür – sie hatte ihn über das Wiener Adressenverzeichnis gefunden – und verlangten Aufnahme.

Nach einigen Wochen hatte Eds erste Frau Bleibe bei einer alten Freundin gefunden, und die Tochter Hanna samt Familie sollte zu Freunden nach Kärnten ziehen.

Aber Hanna hat so viel Freude an der Gesellschaft des wiedergefundenen Vaters, dass sie die Abreise immer wieder hinausschiebt, und auch Ed findet die Anwesenheit seiner Tochter, einer schönen, lebendigen, jungen Frau, sehr anregend. Eines Tages wird Hanna dann von ihrem Mann vor ein Ultimatum gestellt:

Entweder sie fahren nächste Woche gemeinsam nach Kärnten oder er nehme die Kinder und fahre allein.

Ed möchte Hanna aber behalten, es gefällt ihm mehr und mehr, wieder Herrscher über eine kleine Familie zu sein. Er nützt die Situation aus und nähert sich der Tochter etwas zu sehr.

Wer die neue Situation auch nicht schätzt, ist Eds Hausangestellte Lina, die nun nach Jahren des Geliebten-Daseins in die zweite Reihe treten muss. Sidi hatte ja immer vermutet, dass Ed es in ihrer Abwesenheit mit Lina getrieben hatte. Das hat sie immer nur lächerlich und geschmacklos gefunden, und es wäre ihr auch wirklich egal gewesen, wenn diese Lina nicht so ein Tratschmaul gewesen wäre. Sie hatte sogar Briefe an Sidonie in Kuba geschrieben und einige Details enthüllt, die sie in Sidonies Augen besser für sich behalten hätte. Und je länger Hanna nun im Haus bleibt, desto eifersüchtiger wird Lina.

Sie erzählt, dass der Umgang Eds mit Hanna weit über die Grenzen einer »normalen« Vater-Tochter Beziehung hinausgehe. Sie werde sich deshalb bald gezwungen sehen, diesbezüglich Anzeige zu erstatten, hätte es nur noch nicht getan, weil ihr Ed, der einsame alte Mann, leid täte.

Alle anwesenden Damen des Ferstelschen Damentees sind empört und finden es grotesk, dass Hanna die Gesellschaft ihres Vaters vorzieht und den eigenen Mann mit den beiden kleinen Kindern allein lässt. Aber was sie noch viel mehr aufbringt, ist, dass so ein »Dienstbote«, so ein illoyales Weibsstück, derartige Ungeheuerlichkeiten erzählt. So eine könne man doch nicht behalten, und sie empfehlen Ed, anstatt ihn anzuzeigen, über mehrere Ecken, Lina hinauszuwerfen.

Sidonie ekelt wieder einmal – wie schon so oft –, und sie beglückwünscht sich zu ihrer Entscheidung, mit Ed nichts mehr zu tun zu haben. Und sie will endgültig reinen Tisch machen.

Sie erkundigt sich bei ihrem Bruder Heinrich, ob dieser noch immer die früher üblichen monatlichen Zahlungen an Ed schickt, und bittet ihn, als dieser bejaht, das sofort einzustellen. Dieses Abkommen war noch vor dem Krieg geschlossen worden, und Sidi findet, dass es höchste Zeit sei, es aufzukündigen.

Das bringt Ed Weitenegg in Rage. Es dauerte nicht lange, und Sidi erhält einen Anruf von ihrem aufgebrachten Ehemaligen, der sie anherrscht, was mit den Zahlungen los sei und ob sie widerrufen habe.

Genüsslich antwortet Sidi: »Ja, das hab' ich. Wir müssen deine Schweinereien nicht auch noch finanzieren.«

Er versucht sie mit seiner befehlsgewohnten Art einzuschüchtern, was Sidonie jedoch kalt lässt. Da verlegt er sich aufs Bitten, aber Sidis Entschluss ist nicht mehr rückgängig zu machen.

Weinerlich meint er dann nur: »Es gibt keine anständigen Menschen mehr auf der Welt.«

»Nein, du bist der einzige.«

Diese Antwort sitzt, und das Kapitel Ed Weitenegg ist damit endgültig abgeschlossen.

Silvester 1949 ist ein schöner, hoffnungsvoller Jahreswechsel, eine neue Dekade würde anbrechen und mit ihr die Hoffnung, dass vielleicht endlich das Kriegsgrauen und seine Folgen allmählich in den Hintergrund treten würden. Vielleicht würden die Verhandlungen, welche die österreichische Regierung derzeit mit den Großen Vier führte, doch bald eine Einigung bringen. Die Aufhebung der Blockade Berlins im Mai hatte allen neue Hoffnungen gegeben.

Das anbrechende Jahr der neuen Dekade sieht in seinen ersten Monaten vielversprechend aus. Auch im letzten der alten war es allen schon merklich besser gegangen. Es gab bereits ein kleines Warenangebot, die Bahnhöfe und die Ringstraßenbauten wurden wiederhergestellt, Reisen innerhalb Österreichs und auch ins Ausland wurden leichter, und vielleicht würde es doch bald so etwas wie einen Vertrag mit den Alliierten geben. Doch dann sollte im Juni 1950 der Koreakrieg ausbrechen und damit eine starke Veränderung der Situation in Österreich beginnen. Es kommt zu einer weltweiten Verknappung am ohnehin schon gespannten Rohstoff- und Lebensmittelmarkt und zu einer Reduzierung der amerikanischen Finanzhilfen. Die Preise in Österreich steigen, die Inflationsrate bei Nahrungsmitteln macht zwischen dreißig und fünfzig Prozent aus. Die Verhandlungen über den Abzug der alliierten Truppen aus Österreich kommen zum Erliegen, und im September würden erste massive öffentliche Proteste gegen die steigenden Preise ausbrechen.

Als Sidonie bei Ferstels den Jahreswechsel feiert, ist von all dem noch nichts zu merken. Vielleicht auch, weil es der Familie finanziell immer noch recht gut geht. Es gibt ein vergleichsweise fürstliches Silvester-Menü mit herrlichem Rehrücken, den Ferstels von jagdfreudigen Bekannten organisiert haben, und nachher ein Himbeereisbombe, die ganz auf die altmodische Art von der Köchin stundenlang gerührt und schließlich zwischen Eisblöcken in der Speisekammer kaltgestellt wurde – die Zeit der Kühlschränke in jedem Haushalt ist noch nicht angebrochen. In der Nachbarschaft fliegen sogar einzelne Feuerwerkskörper in den Nachthimmel, Ellen hat heute keine Schmerzen, und ihr altes Leuchten ist für ein paar Stunden zurückgekehrt. Sie küsst und umarmt alle ohne Unterlass, als ob sie ihre Liebe, solange es noch möglich ist, reichlich verschenken wollte. Die Welt scheint in Ordnung, und man schläft hoffnungsvoll in den 1. Jänner 1950.

Im Spätwinter, Anfang Februar – die grauen Tag in Wien haben allen wie jedes Jahr auf die Stimmung geschlagen –, meint Wjera, als sie wieder einmal hier ist, dass es doch nett wäre, dem Stadtnebel für ein paar Tage den Rücken zu kehren und ein bisschen Sonne zu schnuppern.

Sidi telephoniert mit den besten Freundinnen, Grete Weinberger und Sylvie Dietz, denn schließlich sollte eine ordentliche Bridgerunde für die späten Nachmittage nach dem Dunkelwerden schon drin sein, und vereinbart mit ihnen ein Ziel, das allen Damen erreichbar und interessant erscheint.

Das am Südhang der Wachau gelegene Maria Taferl mit seiner guten Luft und der schönen Aussicht wird ausgewählt. Wjera kümmert sich um alles: die Fahrkarten für die Reise sowie die Zimmerreservierung in Maria Taferl, natürlich in einer Pension, die auch Hunde erlaubt, denn Petzi, im stillen Wjeras großer Konkurrent, muss auch mit.

An einem sonnigen Wintertag nehmen die Damen die Donauuferbahn und zuckeln mit ihr bedächtig am linken Donauufer durch die bereits schneefreie Wachau bis nach Marbach. Sie haben beschlossen, wie richtige Pilgerinnen von der am Donauufer gelegenen Bahnstation den Berg hinauf zur Wallfahrtskirche zu gehen.

Es ist nicht sehr viel los, die großen Pilgerströme kommen immer erst im Sommer, und nur die besonders Frommen oder die Ortsansässigen statten der »Gnadenmutter« an diesem Wintertag einen Besuch ab, um zu ihr aus Konvention oder um die Alltagssorgen zu vergessen zu beten.

Das Mittagessen wird im schönsten Gasthof des Ortes eingenommen, danach gehen Sidonie, Wjera, Sylvie und Grete auf den Hügelterrassen über der Donau spazieren. Es ist ein strahlender Tag, tief unter ihnen windet sich in silbernen Bögen die Donau. Die Felder liegen braun und brach da, und die entlaubten Bäume geben den Blick frei auf das prachtvolle Panorama der schneebedeckten Voralpenkette. Aber das Wetter würde wechseln. Im Westen türmen sich bereits dunkelgrau-lila Wolkenberge auf, die über Nacht wohl Schnee bringen werden.

Nach dem Spaziergang beginnt der fast wichtigste Teil des Tages: die gemeinsame Bridgepartie. Die Damen setzen sich in eine Konditorei, bestellen Linzertorte und packen die Karten aus. Sie sind alle gute und engagierte Spielerinnen, und die Stunden vergehen wie im Flug. Die vier Frauen sind alle nicht mehr die Jüngsten: Sidonie ist fünfzig, Wjera etwas älter, Sylvie und Grete jünger. Wie sie hier in der Konditorei eines erzkonservativen Wallfahrtsorts sitzen, Sylvie mit grünem Lodenhütchen, Sidi mit turbanartiger Kopfbedeckung, und Karten spielen, mögen sie für Außenstehende wie die Verkörperung altösterreichischer Wohlanständigkeit erscheinen.

Wer kann auch ahnen, dass ein paar Stunden später Sidi in den Armen von Wjera ihre gemeinsame Liebe leben wird. Sylvie und Grete wissen es, aber sie sind diskret und schweigen wie ein Grab.

Am nächsten Tag ist der Schnee aus dunklen Wolken da, und die Frauen stapfen in dicken Pelzschuhen gerade so lange durch den Ort, dass sie sagen können, es sei ein Spaziergang gewesen. Petzi ist begeistert und wühlt sich, Nase voran, durch die weiße Pracht. Sidi ist einsilbig, kümmert sich nur um den Hund, Wjera ist angespannt und schafft es nicht, Sidis Aufmerksamkeit mit der Ausschließlichkeit, die sie sich wünscht, auf sich zu ziehen. Auch auf dem Beziehungshimmel der beiden sind dunkle Wolken aufgezogen. Nach der nächsten stundenlangen Bridgeschlacht ist

Sylvie Dietz, Grete Weinberger und Sidonie Csillag in Maria Taferl, 1950

das Wochenende auch schon wieder vorbei, die vier Frauen müssen am nächsten Morgen zurück nach Wien und Wjera weiter nach München.

Im späten Frühjahr 1950 stirbt Wjeras Mutter, und nach der Erledigung der Formalitäten hat sie keine Verpflichtungen mehr, die sie nach Wien führen würden. Auch der Prozess um die Restituierung arisierten Besitzes an die Familie Gutmann ist abgeschlossen. Was würde Sidi und ihre Geliebte nun zusammenbringen, außer eine klare Deklarierung zu ihrer Liebe? Wjera scheint dazu bereit. Sie verspricht Sidi, einen guten Teil des Sommers mit ihr und ihrer Mutter in den Bergen Salzburgs oder Tirols zu verbringen.

Sidi ist hin und her gerissen zwischen einem tiefen Glücksgefühl und Angst, in den realen Verpflichtungen ihrer Mutter gegenüber und den phantasierten der Geliebten gegenüber aufgerieben zu werden.

Im August treffen sich die beiden schließlich am Walchsee. Mama ist ein paar Räume weiter in einem Einzelzimmer untergebracht, Sidonie und Wjera wagen dieses Jahr ein Doppel.

Aber es kommt erstmals zu tieferen Verstimmungen zwischen den beiden. Im Gegensatz zu Marie-Louise, die einen großen Narren an Petzi gefressen hatte und sich mit Freude um ihn kümmerte, stört es Wjera, dass Sidonie dem Hund so viel Aufmerksamkeit schenkt. Manchmal wird sie richtig ungehalten und fährt Sidi ungeduldig an, dass sie doch bitte jemanden finden möge, der das Vieh für ein paar Stunden betreuen könnte, damit sie allein sein können. Sidonie fühlt sich unter Druck, gleichzeitig ertappt und voll des schlechten Gewissens, denn Wjera hat recht. Sidonie steckt ihre ganze Angst vor Nähe, ihre Panik, bei Wjera zu versagen und sie zu verlieren, in übergroße Zärtlichkeit dem Hund gegenüber. Immer öfter weicht sie den Gelegenheiten, ihrer Geliebten nahe sein zu können aus, lässt sich irgendeine Ausrede einfallen, wenn körperliche Zärtlichkeit und Sexualität auch nur ansatzweise auftauchen. Das geht so weit, dass sie mit Petzi noch spät nachts um den halben Walchsee läuft, angeblich, weil er das braucht, während Wjera gekränkt und verweint in der Pension sitzt.

Zur Rede gestellt, meint sie, sie möchte im Zusammensein mit Wjera nichts bereuen, aber ohne Petzi zu sein wäre ein Bedauern. Wjera ist getroffen, fühlt sich unwichtig und exponiert. Sie hat sich schließlich mit ganzem Herzen auf eine Beziehung eingelassen, die viele Jahre außerhalb ihres Denkens lag und noch heute außerhalb jeder Norm ihrer Gesellschaftsschicht liegt. Sie hat viel riskiert für Sidi und möchte dafür geliebt werden und sicher sein können. Aber Sidi scheint wie ein immer undeutlicher werdender Schemen in die andere Richtung zu verschwinden.

Es kommt zu heftigen Auseinandersetzungen, in denen Petzi Aufhänger für Nähewünsche und Schmerz wird. Wjera wirft Sidi vor, ganz einfach zu viel Getue um den Hund zu machen, der eher wie ein Liebhaber denn wie ein Haustier behandelt würde. Aber sobald das Gespräch auf dieses Thema kommt, wird Sidi zuerst verschlossen, bricht dann in Tränen aus und stürmt letztlich völlig verstockt davon.

Eines Tages stellt Wjera Sidi vor die Alternative: entweder der Hund oder sie. Sidi überlegt nicht lange – nein, sie überlegt gar nicht und verlässt beleidigt mit Petzi im Gefolge den Raum.

Der Rest des Urlaubs ist ein schmerzliches, dramatisches Hin und Her zwischen Liebeswünschen und unendlicher Angst auf beiden Seiten. Sidi ist verzweifelt, denkt pausenlos an Wjera, möchte sich in einem Moment in den See werfen, im anderen Wjera mit Geschenken überhäufen, sie in die Arme schließen und alles vergessen. In Panik sieht sie Realität werden, was sie von Beginn an befürchtete und mit kreierte: Wjera würde sie verlassen.

Auch nach der Rückkehr nach Wien geht das Drama weiter. Wjera fährt mit der nach wie vor aufrechten Forderung nach Beziehung und Konstanz nach München zurück, Sidi hat sich noch immer nicht entschieden. Sie bringt keinen Bissen hinunter und raucht zu viel. Sie ist froh, dass zumindest Zigaretten nicht mehr Mangelware sind, denn sonst wäre es schlecht um sie bestellt.

Dann kommt der große Schlag. Wjera schickt Sidonie einen kurzen Brief, in dem sie ihr mitteilt, sie nicht mehr sehen zu wollen. Sie hätte zu lange gewartet, zu heftig geliebt, zu viel geweint. Jetzt solle Sidi bitte von allem Abstand nehmen, ihr keine Gedichte oder gar Blumen schicken, sie in Ruhe lassen.

Sidi ist im Schock, ihre Welt wird brüchig und rückt von ihr ab – das Schlimmste ist passiert. Sie lässt einen Monat verstreichen. Dann wagt sie einen weiteren Vorstoß. Wjera, die noch einmal wegen der Wohnungsauflösung ihrer Mutter in Wien ist, wohnt wieder in ihrer kleinen Pension in der Inneren Stadt. Sidonie setzt alles auf eine Karte und geht einfach dorthin, mit dem sehnlichen Wunsch, mit Wjera sprechen zu können, kurz in ihre hellen Augen zu sehen, in ihre wilden Haare fahren zu dürfen und für einen Moment glücklich zu sein.

Sie geht die Treppen hoch und klopft mit rasendem Herzen an Wjeras Tür. Als sie sich zu erkennen gibt, öffnet sich diese nicht, tun sich keine Arme auf. Statt dessen ist nur ein müdes »Bitte geh!« zu hören.

Sidi ist fassungslos. Die Geliebte öffnet ihr nicht einmal die Tür, schickt sie weg in all ihrem Schmerz, verweigert ihr das Gespräch. Welche Machtausübung, welche Erniedrigung! Sie fühlt sich winzig und bloßgestellt. Tränenüberströmt legt sie den gesamten Weg von der Pension bis in den 19. Bezirk zu Fuß zurück. Sie kann jetzt einfach nicht irgendwo drinnen sitzen, muss laufen und heulen und noch schneller laufen. Erst zu Hause beginnt sie zu ahnen, wie groß Wjeras Verletzung sein muss, wie groß dahinter wohl auch ihre Liebe, dass sie so handeln, so endgültig diesen tiefen Schnitt setzen muss.

Und trotzdem – die Zweifel, der wilde Schmerz und die Wut brechen wie die Herbststürme, die gerade über die Stadt ziehen, über Sidi herein. Wjera hat sie nie geliebt, hat nur mit ihr gespielt und – was sie ihr am wenigsten verzeiht – hat sie ziehen lassen, einfach gehen lassen ohne ein Wort. Ungläubig muss sie dieses für sie Schrecklichste in den nächsten Wochen als Tatsache hinnehmen lernen.

Sie hört nichts mehr von Wjera. Angeblich hat sie Wien endgültig wieder Richtung München verlassen. Nur noch einmal, nach vielen Monaten, setzt sie sich mit Sidi in Verbindung. Und es ist eine neuerliche Attacke auf Sidis schmerzendes Herz: Sie will alle ihre Briefe zurück. Bitter vor Enttäuschung stopft Sidi achtlos das Papier, das so viel Liebe transportierte, in einen großen Umschlag. Als der Postbeamte seinen Stempel niedersausen lässt, beschließt sie grimmig, dass nun ein Kapitel endgültig

Porträt Wjera Fechheimer von Sidonie Csillag, 1958

geschlossen ist, reißt sich Wjera aus dem Herzen, was nie gelingen kann.

Allmählich wird der Schmerz stumpfer, die Erinnerung blasser. Was bleibt, ist hinter all dem Versagen und Schmerz eine tiefe Liebe, die sich wie alternde Folie von der nicht vorhandenen Realität ablöst und als Reliquie im Museum der nicht gelebten Liebe die Zeit bis an Sidis Lebensende überdauern wird.

Noch nach Jahren malt sie für dieses Museum eines ihrer besten Porträts: Wjera, die unberührt von der Zeit mit ihren hellen klaren Augen und dem sensiblen Mund in den Fortgang der Welt blickt.

Noch viel später, bei einem Besuch in München, schlägt Sidi aus alter Gewohnheit das Telephonbuch auf, fährt wie früher die Namen mit F mit dem Finger entlang, aber nicht einmal diese Spur, diese ferne Zärtlichkeit will ihr Wjera mehr geben. Ihr Eintrag ist gelöscht, und vielleicht ist sogar ihre Spur auf dieser Welt gelöscht.

Bald nach dem Ende mit Wjera löst Sidi auch andere Bindungen. Sie kann kein Weh mehr ertragen und möchte Ellen nicht beim Verfall zusehen. Sie findet es besser, Ellens Haus zu verlassen. Als neue, immer bescheidenere und provisorischere Behausung sucht sie sich eine kleine Untermiete in der Hasenauerstraße im 18. Bezirk. Ein kleines Zimmer unter Dach sollte genügen, ein Bett, ein Kasten, ein paar alte Teppiche, die sie Ed entwinden konnte – das ist alles. Trotzdem ist sie in der Nähe der Freundin und kommt fast jeden zweiten Tag zu Besuch. In diesen Stunden ist sie hingebungsvoll um Ellen bemüht und oft die einzige Person, die einzige Medizin, die Ellen etwas beruhigen kann.

Zu Weihnachten 1952 kommt Sidonie zu Mittag nach Hause in ihre Mansarde, als plötzlich das Telephon läutet. Der Mann von Ellens Ältester, Ruth, ist am Apparat. Sidonie will über sein Stocken und ihr Erstaunen hinwegspielen und fragt schnell, wie es Ellen denn heute ginge.

Er sagt nur: »Sie ist heute früh gestorben.«

Dann kommt bald der Ferstelsche Chauffeur, holt Sidonie ab, die sich mechanisch ein schwarzes Kostüm angezogen hat, und bringt sie zur Familienvilla. Dort erfährt sie, wie das erwartete und doch so schnelle Sterben passiert ist. Ihre geliebte, strahlende Ellen hat es nicht mehr ausgehalten. Sie, die wusste, was Freiheit und Freude und Genuss im Leben ist, hat sich die letzte Freiheit genommen. Am Morgen, nachdem alle das Haus verlassen hatten und die Köchin beim Einkauf war, hat sie die Matratze aus ihrem Bett und in die Küche gezerrt, alle Türen geschlossen, sich in der Ecke neben dem Herd eingerichtet und den Gashahn aufgedreht.

Nun ist sie aufgebahrt. Als Sidonie zu ihr tritt, erfasst sie eine tiefe Ruhe. Ein sanftes Lächeln, das ihr Strahlen zurückholt, liegt auf Ellens Gesicht. Sie leuchtet wieder, ist zu ihrer eigentlichen Natur zurückgekehrt, und Sidi weiß, dass sie das Richtige getan hat.

Nach den Begräbnisfeierlichkeiten verliert Sidonie diese Ruhe und Gewissheit wieder, zurück bleibt nur eine große, dumpf schmerzende Wunde. Der Verlust von Wjera hat sie alt gemacht, der Verlust von Ellen aber hat ihr ihre Wurzeln, den letzten Rest von Zugehörigkeit genommen.

Was nun folgt, sind die dunkelsten Jahre in Sidis Leben. Sie verflucht diese Zeit, dieses schreckliche Europa, das ihr nichts als Zerstörung und Verlust brachte und sich in einem fragwürdigen Wiederaufbau ergeht, der ihr nichts bedeutet.

Alles ist ihr grässlich, wird ihr eine Qual. Wenn das Morgenlicht in die Mansarde fällt, egal zu welcher Jahreszeit, wünscht sie, dass es dunkel wäre, damit all diese Tage vorbei sind, ein einziges langes Tagesende da wäre, das sie leichter erträgt als diese ganze betriebsame Helligkeit.

Sie schleppt sich mühsam über die Monate und Jahre und denkt nicht nur einmal daran, Ellens Beispiel zu folgen. Aber sie hatte es ja schon dreimal versucht in ihrer Jugend, und es hatte nie geklappt – offenbar ist es nicht der ihr beschiedene Weg, aus dem Leben zu gehen, und außerdem hat sie jetzt nicht mehr den Mut dazu.

Mit Misstrauen und Abneigung beobachtet sie den Zustand der Gesellschaft. Nichts mehr gefällt ihr. Sie findet die Musik, die Kinofilme, die Mode, den Konsumrausch der fünfziger Jahre abstoßend. Alles ist so billig, so oberflächlich, aus Plastik, für die Masse gemacht. Alle Exklusivität, Individualität und Eleganz sind für sie verschwunden. Wahrscheinlich auch, weil sie es sich einfach nicht mehr leisten kann. Aus der reichen, verwöhnten Sidonie Csillag ist eine verarmte, deklassierte Frau geworden, die sich – mit Haltung und Eleganz zwar, aber doch mit großer Mühe – nach der Decke strecken muss, und die ist sehr klein geworden.

Wenn sie in den Spiegel blickt, was sie vermeidet, so sehr, dass sie das tückische Stück Glas oft mit einem Tuch verhüllt, dann sieht sie eine ältere Frau mit tiefen Linien um den Mund, die noch weniger lächeln kann als früher. Die vielen grauen Haare, die sich so sehr gegen die frühere weiche, in Bögen zurückgebundene Frisur wehren, schneidet sie schließlich ab.

Sidonie fängt in diesen Jahren ein Lebensmuster an, welches sie bis zum Schluss beibehalten sollte: Sie wird Vagabundin. Wenn schon ihre Welt zugrunde gegangen ist, warum sollte sie sich binden? Sie mietet keine eigene Wohnung – beim damaligen Wohnungsmangel, insgesamt fehlten 1950 an die 200.000 Wohnungen in Wien, nichts Ungewöhnliches –, führt also nie einen Haushalt, sondern wohnt in Untermiete oder bei Freundinnen. Manchmal hat sie eine eigene Kochgelegenheit, meist aber nicht, denn sie benützt sie sowieso kaum: sie trinkt keinen Kaffee oder Tee, sondern nur kaltes Wasser, zum Frühstück isst sie Joghurt und Obst. Als alleinstehende Frau sieht sie keine Veranlassung, Gesellschaften zu geben, sondern zieht es vor auszugehen. Sie wird im Freundinnenkreis häufig zum Mittagstisch geladen, und wenn sie sich mit jemandem trifft, dann geht sie ins Restaurant.

Ein oder zwei Mal versucht sie, einen Teil der Besitztümer, von denen ihr Gerechtigkeitsgefühl ihr sagt, dass sie ihr zustehen, aus dem ehemals gemeinsamen Haushalt mit Ed herauszubekommen. Aber da sie bei ihm auf eine undurchdringliche Mauer stößt, lässt sie es ganz fallen. Ihren FreundInnen erzählt sie aber doch davon. Ellens Mann ist über Eds Haltung derart empört, dass er ihm gehörig den Kopf wäscht. Nach diesem entschlossenen Auftreten rückt Ed dann doch einiges heraus.

Sidi erhält einen Teil der Möbel, das Silber und Teile jenes berühmten Services der Schauspielerin Katharina Schratt, welches ihr Vater als ihr Hochzeitsgeschenk im Dorotheum erstanden hatte, zurück. Doch das Silber und das Service wandern bald dorthin zurück, wo sie herkamen, ins Dorotheum, denn Sidi braucht Geld. Das ist dringender als der Besitz von Dingen, die ihr nichts mehr nützen.

Als dieses Geld dann auch weg ist, heißt es für sie wieder einmal zu arbeiten. Da sie sich immer geweigert hatte, einen Beruf zu erlernen, kann sie jetzt nur Tätigkeiten nachgehen, die sie zwar in Teilen recht gut beherrscht, die sie aber nie professionell ausgeübt hatte. Eine Zeitlang probiert sie es mit Vertretungen: sie versucht Bücher und Wein zu verkaufen. In ihrer engen Untermiete beginnen sich wie in einem Lager große Kisten zu stapeln. Aber Sidonie hat kein Talent, in der Öffentlichkeit aufzutreten und fremden Menschen, die sie nicht kennt und aus freien Stücken niemals kennen lernen wollte, etwas aufzuschwatzen. Daher lässt sie diese Tätigkeit bald wieder bleiben.

Einige ihrer Freundinnen bitten sie danach, doch ihren Enkelkindern die Sprachen beizubringen, die sie in den letzten Jahren zwangsläufig perfekt lernen musste. Je nach Bedarf gibt Sidonie dann Englisch-, Französisch- oder Spanischstunden. Sie tut es, weil sie die Freundinnen und die Kinder mag, leidet aber unter ihrem Perfektionismus und der Tatsache, dass sie die Regeln der jeweiligen Grammatik ihrer Meinung nach nicht ausreichend beherrscht.

Von einer jener Freundinnen wird sie in dieser Zeit zufällig beim Malen überrascht. Da dieser sehr gefällt, was sie sieht, schlägt sie vor, Sidonie solle doch Porträts malen, um damit ein bisschen etwas zu verdienen. Sidonie ist zwar wahrlich nicht mit dem besten Selbstwertgefühl ausgerüstet, was ihre Malerei betrifft, aber sie braucht dringend Geld und hofft auf ein unkundiges Auge in ihrer Bekanntschaft. Immerhin funktioniert die Mundpropaganda in diesen Kreisen, und bald hat Sidi mehr Aufträge als ihr lieb ist. Ihr wichtigster Vermittler in der ersten Zeit ist Ellens Mann, der eine leitende Funktion in der österreichischen Zuckerindustrie innehat. Er bittet Sidi, alle leitenden Männer der Branche zu porträtieren. Und da die meisten von der Qualität der Bilder und der verblüffenden Ähnlichkeit sehr angetan sind, geht es weiter quer durch den Bekannten-

und Freundinnenkreis und die Generationen. Nächtelang quält Sidonie sich mit den Details ihrer Auftragsporträts. Die Perspektive muss stimmen, die Augen müssen beide auf derselben Höhe sein – alles nicht so einfach. Und was, wenn die Farben nicht gefallen? Manchmal zerstört sie ein halbfertiges Bild aus lauter Wut und Verzweiflung und fängt noch einmal von vorne an. Um sich zwischendurch zu entspannen, träumt sie sich zurück nach Kuba und malt aus dem Gedächtnis Szenen, die sie dort erlebt hat.

Allmählich wird ihre Porträtmalerei eine ausreichende Geldquelle, die Sidonie ein bisschen Stabilität und Sicherheit gibt. Das Leiden an ihrem furchtbaren Perfektionismus können diese Summen aber nie wettmachen. Und sie bedauert, nun etwas beruflich tun zu müssen, das sie bis jetzt immer nur zum Spaß gemacht hat. Eine weitere Freude war damit aus ihrem Leben gegangen, eine weitere Verpflichtung hinzugekommen.

Das einzige, was sie in diesen dunklen fünfziger Jahren nach all den Verlusten noch berühren kann, ist ihre große Tierliebe, ihr Hund Petzi. Auf ihn hat sich alles an Gefühlen zurückgezogen und konzentriert, ihn kann sie ungefährdet lieben und in seiner Fröhlichkeit und Zutraulichkeit schwelgen. Petzi ist schon seit Anfang der vierziger Jahre ihr wichtigster Gefährte und hat sie über all die Jahre begleitet. Er ist schlau, lieb und unkompliziert. Schon der Wechsel von Kuba nach Wien war für ihn überhaupt kein Problem. Und auch an den Winter hat sich der ehemalige Straßenköter aus Havanna bestens gewöhnt. Nur dass er in seiner neuen Heimat Wien Leine und Maulkorb tragen muss, stören Hund wie Frauchen. Bei Sidis Freundinnen ist er teilweise gefürchtet, weil er einige nicht mag und unfreundlich knurren kann. Wenn man ihm dann zu nahe kommt oder beim Mittagessen auf seine helle Schwanzspitze unterm Esstisch steigt, hat man gleich seine Zähne in den Waden. Aber Sidonie verteidigt ihren Vierbeiner glühend und verurteilt ihre Freundinnen, bis diese einen vorsichtigen Bogen um den Hund schlagen.

Nun ist Petzi alt geworden. Schon seit vierzehn Jahren begleitet er seine Herrin durch die Welt. Jetzt wird das immer mühsamer. Er ist dick und kann seine Pfoten nicht mehr so schnell bewegen, oft ist er lustlos und frisst schlecht. Sidonie will das vorerst nicht wahrhaben, aber eines Tages bringt sie ihn auf Anraten von Sylvie zu einem Tierarzt. Nach einer gründlichen Untersuchung stellt dieser fest, dass Petzi an allem leide, woran ein alter Hund nur leiden könne. Er sei voll von Tumoren, und die seien schon so groß, dass es nur noch eine Frage der Zeit sei, bis die Organe nicht mehr funktionieren. Solange er keine Schmerzen habe, bestehe keine Notwendigkeit, irgendwelche Maßnahmen zu ergreifen, sollte Petzi jedoch Schmerzen bekommen, dann wäre es am besten, ihn einzuschläfern. Sidi ist entsetzt, sie kann nicht mehr länger verdrängen, dass ihr Liebstes ihr bald genommen werden wird.

Im Frühjahr 1955 zieht Sidonie wieder für eine Zeitlang zu Sylvie Dietz in die Wohllebengasse. Der 4. Bezirk ist immer noch das Besetzungsgebiet der Sowjettruppen, und gleich nach ihrer Ankunft in Wien hatte Sidi große Bedenken, hier zu wohnen. Aber seit Stalins Tod im März 1953 haben die »Russen« etwas von ihrem Schreck verloren, der kommende Mann im Kreml, Nikita Chruschtschow, scheint konzilianter und versteht es, die Sympathie der Menschen zu gewinnen.

Täglich geht Sidonie nun über den Schwarzenbergplatz, offiziell noch immer Stalinplatz, und vorbei beim Sitz des Alliierten Rates, der im Haus der Industrie untergebracht ist.

Im Mai ist es dann endlich soweit und die Wünsche und Hoffnungen Tausender österreichischer StaatsbürgerInnen erfüllen sich: der Staatsvertrag ist ausverhandelt und zur Unterzeichnung bereit. Sidonie wird wie bei allen politischen Ereignissen in ihrem Leben eher zufällig Zeugin der riesigen Feier vor dem Belvedere, denn sie geht gerade mit Petzi spazieren. Im Grunde ist ihr das alles egal und sie hat es nur mitbekommen, weil in den letzten Wochen über nichts anderes mehr geredet wurde. Das einzige, was sie dabei im Gedächtnis behielt und was ihr Unbehagen bereitet, ist die Streichung der Mitverantwortungsklausel aus dem Staatsvertrag. Sidonie ist empört, dass die Menschen, die für ihre Vertreibung und die ihrer Familie, für das schreckliche Leid überall in ihrem Freundeskreis mit verantwortlich sind, nun reingewaschen werden sollen.

Daher kann sie sich nun, am 15. Mai, am Rande einer jubelnden Masse, die ihr mit Schaudern frühere jubelnde Massen ins Gedächtnis ruft, nicht so recht freuen. Und dann auch nicht an der Wiedereröffnung des Burgtheaters im Oktober, dem Abzug der letzten alliierten Soldaten, der ersten Aufführung in der Staatsoper im November 1955.

Es mag der Versuch einer Gesellschaft zur Rückkehr in die »alte« Welt sein, aber sie weiß, dass es diese alte Welt nicht mehr gibt. So viele von den Menschen, die für sie Teil diese Welt waren und sie erst möglich gemacht hatten, sind nun tot, und ohne sie ist diese Welt leblos und starr.

Sidonie geht seit einer Weile immer derselben Routine nach. Sie arbeitet nun als Gouvernante des Sohnes des französischen Botschafters, eine Beschäftigung, die ihr eigentlich leicht fällt, weil sie den Buben ins Herz geschlossen hat. Sie läuft tagsüber in die Residenz der Botschaft und gegen Abend dann so schnell als möglich zu Petzi, um mit ihm spazieren zu gehen. Bei einer dieser Touren um den Schwarzenbergpark ist Petzi plötzlich verschwunden. Sidi macht sich schreckliche Sorgen und läuft laut rufend um den Hochstrahlbrunnen. Als der Hund endlich auf sie zugerast kommt, ist sie so erfreut, dass er noch so gut rennen kann, dass sie ihn nicht straft. Doch Petzi scheint sich von diesem Ausflug nicht mehr zu erholen. Eine schreckliche Nacht in Sylvies Wohnung folgt, in der Petzi immer kränker und schwächer wird. Als er am Morgen kaum noch den Kopf und keine seiner Körperfunktionen mehr halten kann, beschließt Sidi schweren Herzens, den Tierarzt zu holen. Als dieser die Spritze in Petzis Fell stößt und der Körper des Hundes in ihren Armen weich und leblos wird, ist es, als ob gleichzeitig ein Stück aus ihrem Inneren herausgeschnitten würde.

Trotz all ihrer Leidenschaften, trotz all ihrer intensiven und schmerzlichen Liebschaften mit Frauen hat sie diese Dimension noch nicht erlebt. Es ist ein tiefer Schmerz, den sie in den nächsten Wochen erlebt, der ihr den Atem nimmt und der auch bald durchgestanden und abgerundet ist.

Dieses Wesen, das ihr nie weh getan hat, das immer mit Freundlichkeit, Vertrauen und einer unbändigen Vitalität mit ihr

Sidonie mit Petzi, 1955

lebte, ist nicht mehr. Sidonie ist verlassen, niemand ist mehr an ihrer Seite, kein Mensch und kein Tier, und das würde für viele Jahre so bleiben.

11
Monique

> Rio de Janeiro, 15. April 1972
>
> Wenn ich einen Winkel ganz alleine für mich hätte, würde ich vielleicht wirklich versuchen, ein Buch zu schreiben. Würde es Ihnen nicht gefallen, in diesem Buch eine Rolle zu spielen (sei es unter Ihrem wirklichen Namen oder einem, den ich Ihnen geben werde)? Das Buch wäre Ihnen gewidmet. Ich denke vor allem daran, meine Memoiren zu schreiben, und die hätten drei Teile: Meine erste große Liebe, meine zweite große Liebe und meine letzte große Liebe!

Als Sidonie diese Zeilen schreibt, ist es in Rio bereits Nacht. Der Zuckerhut sticht dunkelviolett in den Himmel, und die Tausenden Lichter der Stadt spiegeln sich in den Wellen des Meeres. Die Fenster von Sidonies Zimmer geben den Blick auf eine der schönsten Aussichten der Welt frei. Aber sie hat keine Augen dafür, wenn sie an Monique schreibt. Pünktlich am Fünfzehnten jedes Monats rückt sie den Stuhl an den Schreibtisch am Fenster, klappt ihr kleine Reiseschreibmaschine auf und verfasst Briefe an eine Frau, die sie vor vielen Monaten, Tausende Kilometer entfernt, ein paarmal gesehen hatte. Dann war Sidonie nach Brasilien abgereist.

Briefe an eine Frau, die eine Generation jünger ist als sie, Mutter eines erwachsenen Sohnes und Partnerin eines reichen Schlossherrn und Winzers im ländlichen Frankreich. Diese Briefe, eine Ansammlung von altmodischen Buchstabentypen, durch verblassendes Farbband gedrückt, sind nur knappe Zusammenfassungen von ununterbrochenen Gedankenketten, die Sidonie täglich voll der Verliebtheit und Obsession über den Atlantik schickt.

Knapp vor Weihnachten 1970 hatte sie der Blitz getroffen. Während eines Aufenthalts in Paris war sie zu Besuch bei den Costas, einem französischen Diplomatenehepaar, mit welchem sie seit ihrer Zeit in Bangkok Anfang der sechziger Jahre eng befreundet war.

Man war im Salon vor dem Kamin gesessen, bei einem dieser unendlichen Empfänge oder Abendessen, die Diplomaten dauernd geben müssen, und hatte artig Konversation geführt. Plötzlich war eine Frau ins Zimmer getreten, die Sidis Blick sofort gefesselt hatte. Eine schlanke, große Erscheinung, in einem écrufarbenen Seidenensemble, schmale Hose, ärmelloses Oberteil, Schultertuch. Mit welcher Eleganz und Koketterie sie es verstand, sich zwischen den Gästen zu bewegen! Hier ein charmantes Lächeln, dort eine graziöse Wendung des Kopfes, die ihre langen blonden Locken weich aus ihrem Nacken beförderte, dort wieder eine fast gehauchte Berührung ihrer schönen Hand auf einem Oberarm, einer Schulter, einer anderen Hand. Sie wusste um ihre Wirkung und inszenierte ihren Auftritt, sie war die Hauptdarstellerin. Die Diplomatengattinnen verstummten vor Neid, ihre Männer und Sidi hielten den Atem an vor so viel Schönheit, vor so viel Wirkung.

Erst beim Verabschieden hatte Sidonie Bekanntschaft mit der Fremden, die sich als Cousine der Hausherrin herausstellte, machen können. Sie hatte ihr die Hand gedrückt, in einer weichen, erotischen Stimme *au revoir, à bientôt* geschnurrt und dann doch noch weiter gesprochen. Als sie dann ein zweites Mal zum Abschied Sidonies Hand in die ihre nahm, war es um diese geschehen.

Das Feuer der Leidenschaft, welches sie in all den Jahren, seit sie Wjera verloren hatte, nicht mehr gespürt, ja welches sie schon für immer verloren geglaubt hatte, flammte auf mit dem Bild dieser Frau. Und seither kann die siebzigjährige Sidonie an nichts anderes mehr denken als an die etwa fünfzigjährige, elegante Monique, die ihre Träume geweckt und die Bilder in ihrem Inneren wieder entzündet hat.

Nun sitzt sie also nachdenklich an ihrem brasilianischen Schreibtisch, die Nacht mit all ihren tropischen Geräuschen im Hintergrund, kaut an dem Stift, mit dem sie gerade in unregelmäßigen Zügen »Sidi« unter den Brief gesetzt hat, und malt sich zum hundertsten Mal die Szene der ersten Begegnung mit Monique aus. Vier Monate, seit Dezember 1971, ist sie nun in Rio de Janeiro. Sie war einer Einladung der Costas gefolgt, das Ehepaar auf ihre nächste diplomatische Mission nach Brasilien zu begleiten und sich dort um den kleinen Sohn zu kümmern und Hausdame zu sein.

Sidi hatte angenommen, denn irgendwann am Ende des Brasilienaufenthalts würde die Einlösung eines Versprechens winken, dass sie bei den Costas bleiben, in das südfranzösische Schloss der Familie ziehen und somit immer in der Nähe der angebeteten Monique sein könnte, die auf einem benachbarten Gut wohnte und sich um die Weinberge ihres Lebensgefährten kümmerte.

Doch nun scheint die Zeit unendlich langsam in kleinen zähen Tropfen zu verrinnen, die Sidi quälen und ihr den Aufenthalt vergällen oder im besten Fall gleichgültig machen. Dabei sind ihre Lebensumstände mehr als angenehm. Gerade ist man aus der Residenz der Botschaft in eine elegante Wohnung in eines der Nobelviertel von Rio gezogen. Die Wohnung liegt im Stadtteil Leme, und von ihrem Fenster im zwölften Stock hat Sidonie Ausblick über die Bucht von Guanabara und den Zuckerhut. Hauspersonal kümmert sich um alles, und das Leben verläuft mit der Leichtigkeit und Verwöhntheit, die Sidonie aus früheren Zeiten kennt.

Trotzdem wird sie dessen im Augenblick nicht recht froh. Immer wieder zieht sie sich zurück, verlässt diplomatische Empfänge und andere Anlässe früh, um sich in ihr Zimmer zu verkriechen und in ihren Phantasien nach Europa zu reisen.

So verbringt Sidi viele Abende an Monique denkend und Briefe schreibend. Und eigentlich ist sie dieser Frau zutiefst dankbar, ohne dass diese irgendetwas dafür getan hätte oder von Sidis Gefühlen auch nur ahnen konnte. Sidi hat wieder ein Podest errichtet, auf das sie eine Figur gestellt hat, die sie anbeten kann, die ihr das Dasein erleichtert und sie ihre Lebendigkeit von neuem spüren lässt. Sie liebt den so lange vermissten Rausch der Gefühle, so unrealistisch sie sein mögen, liebt die Sucht der dauernden Gedanken.

Wenn Sidi also in den stillen Nachtstunden über Rio ihr Leben der letzten fünfzehn Jahre Revue passieren lässt, muss sie sich sagen, dass es schwere Jahre waren, vielleicht auch deswegen so schwer, weil es keine Leidenschaft gab. Wjera hatte sie schon Anfang der fünfziger Jahre verloren, und seither war ihr Herz Menschen gegenüber eine brache Landschaft gewesen. Nach dem Zerbrechen ihrer Liebe zu Wjera hatte sie über viele Monate mit sich ringen müssen, nicht wahnsinnig zu werden. In eiserner Disziplin hatte sie ihr Inneres angekettet, nicht über die Stränge zu schlagen, sich nicht aus der Welt zu kippen. Doch dann war eine Phase gekommen, die noch schlimmer war als die vorherige, in der sie sich den hellen, brennenden Schmerz fast zurückgewünscht hätte. Sie musste merken, dass Trauer sich nicht konservieren ließ. All die Liebe, all der Schmerz verflüchtigte sich in eine riesige leere Stille, die alles Vorhergegangene lächerlich und kindisch erscheinen ließ. Und diese gestockte Stille, die alles in das Mittelmaß einer schrecklichen Normalität zurechtrückte, hatte ihr alle Illusionen geraubt. Wjera würde niemals wieder Wjera sein.

Die fünfziger Jahre in Wien hatte sie kaum mehr ertragen. Die spießige Wohlanständigkeit in Österreich machte sie rasend, ihre eigene Armut war demütigend. Sie hatte sich nicht mehr frei gefühlt. Bis sich Anfang der sechziger Jahre ein Fluchtweg auftat, an den sie sich wie an einen rettenden Strohhalm klammerte.

Thailand

Im Jahr 1960 erhielt Sidonie ein verlockendes Angebot. Ihre Freundin Ruth, Ellen Ferstels ältere Tochter, in zweiter Ehe mit einem niederländischen Diplomaten verheiratet, fragte sie, ob sie Lust hätte, für drei Jahre nach Bangkok mitzukommen. Auf dieser neuen Mission hätte sie gern eine vertraute Person an ihrer Seite, die ihr unterstützend zur Hand gehen könnte. Als Diplomatengattin würde sie viel zu sehr mit Repräsentationspflichten beschäftigt sein, um sich ausreichend um ihre kleine Tochter kümmern zu können. Sidonie als langjährige engste Freundin des Hauses und ideale Tante könnte Andrea ein bisschen Mutter-

Jeanette, Emma Csillag und Sidonie, Kitzbühel, Mitte der fünfziger Jahre

oder Großmutterersatz sein und daneben selbst ein komfortables Leben in einem wunderschönen exotischen Land führen. Und es wäre kein Liebesdienst, sondern sie könnte ihr sogar ein Gehalt zahlen.

Sidi brauchte nicht lange zu überlegen. Dieses letzte Jahrzehnt hatte sich wie ein grauer, bleierner Schleier über sie gelegt. Die Liste der Niederlagen war zu lange geworden, um sie noch einmal aufzurollen. Die positiven Ereignisse konnte sie an einer Hand abzählen. Ihre Freundin Jeanette aus Kuba, die nun in Paris lebte, sie immer wieder in Österreich besuchen kam und sie zwischendurch mit Briefen auf dem Laufenden und bei guter Laune hielt, war einer dieser wenigen Lichtblicke. Und dann war da noch ein kleiner Flirt mit Elisabeth, einer jungen Frau aus Rotterdam, die sie in Kitzbühel kennen gelernt und die es verstanden hatte, immer wieder Heiterkeit in Sidis Leben zu bringen. Das war es aber auch schon.

Deswegen hatte sie sich oft mit dem Gedanken getragen, zu den Brüdern nach Kuba zurückzukehren. Aber Fidel Castro und die Revolution in Kuba, die 1959 nicht nur die Zuckerinsel, sondern die Welt in Bann hielt, waren ihr ein Graus. Sie hatte deswegen sogar ihre kubanische Staatsbürgerschaft zurückgelegt und wieder die österreichische angenommen. Später, nach 1961, würde sie froh sein, nicht im Besitz des Passes eines kommunistischen Staates zu sein.

Thailand würde einen Schlussstrich unter all diese Überlegungen, diese halbherzigen, von Geldnot bestimmten Nicht-Entscheidungen ziehen.

Ihr Bruder Heinrich und seine Frau waren von Sidonies Vorhaben nicht begeistert. In all den Jahren seit ihrer Rückkehr aus Kuba hatte Sidonie die Sommer mit ihrer Mutter in den österreichischen Bergen verbracht. Nur während dieser beiden Monate hatten Heinrich und seine Frau ein eigenständiges Leben und ein bisschen Zeit füreinander, denn das ganze Jahr über galt es die Wünsche einer immer schwieriger werdenden alten Frau zu erfüllen. Wenn Sidi nun wegführe, würden selbst diese zwei Monate wegfallen und Emma Csillags Tyrannei sich ausschließlich auf Heinrich konzentrieren. Aber Sidonie konnte und wollte darauf keine Rücksicht mehr nehmen.

Bald war alles vorbereitet, die Koffer waren gepackt. Die niederländische Botschaft hatte Schiffspassagen gebucht – nur Ruths Mann würde später per Flugzeug nachkommen –, und Ruth und Andrea waren schon nach Rotterdam vorausgefahren. Sidi nützte die Gelegenheit für einen kurzen Zwischenstopp in Paris, um der Familie und Jeanette Adieu zu sagen. Dann ging es weiter nach Rotterdam, um Elisabeth zu sehen und sich schließlich mit Ruth und ihrer kleinen Tochter nach Thailand einzuschiffen.

Seit ihrer Emigration liebte Sidonie Schiffsreisen. Das unendlich scheinende blaue Meer gab ihr immer das Gefühl von grenzenloser Unabhängigkeit, und auch diesmal hielt sie sich vorwiegend auf Deck auf. Je nach Witterung in ein Decke gepackt oder im leichten Hosenanzug saß sie in einem bequemen Deckchair, las oder ließ den Blick verlorengehen auf den Wellenkämmen und den Schwingen der Seeschwalben. Die Überfahrt ging durch den Suezkanal und weiter mit kurzen Aufenthalten in Aden und Colombo nach Südostasien. Nach einem Monat kamen die drei ausgeruht und an die wärmeren Temperaturen gewöhnt in Thailand an.

Als Sidonie, Ruth und Andrea in Khlong Toei, dem Hafen Bangkoks, Land betreten, gehen ihnen die Augen über vor Staunen. Schon bei der Einfahrt in das Hafenbecken war ihr großes Passagierschiff, die allerletzte Enklave europäischen Stils und Lebens, umgeben von einer dichten Schar von kleinen Holzbooten, in denen zarte, schmale Männer mit nackten Oberkörpern und bunten Stofffetzen als sonnenschützende Turbane auf dem Kopf, Berge von Waren aus der Umgebung ans Festland lieferten. Von Bananenstauden, Hügeln von Süßkartoffeln, zu Reis oder silbrig leuchtendem, frischem Fisch war alles dabei, und die Bootsführer paddelten mit großem Geschick durch den Schwarm von anderen kleinen Kanus, Schleppschiffen oder vereinzelten großen Dampfern.

Nachdem die drei Passagiere von Bord gegangen waren, stiegen sie in ein kleineres Boot, das als Zubringerdienst zwischen dem Hafen und den Ufern von Bangkok fungierte und Ströme von Menschen täglich flussaufwärts brachte.

Nach der Ankunft bezogen Ruth, ihre Tochter und Sidonie ein großes Haus mit Garten im Botschaftsviertel von Bangkok. Die Residenz war ein flaches neu gebautes Haus mit allem Komfort. Eine große überdachte Terrasse, von glatten Säulen gehalten, und ein angrenzendes riesiges Wohnzimmer mit hohen verglasten Türen waren das Herz des Hauses, wo die Familie und Sidi die meiste Zeit verbrachten, sofern sie sich nicht im tropischen Garten, der, von einer hohen Außenmauer begrenzt, Schatten und Kühle bot, aufhielten. Schnell wurde eine ganze Reihe von Tieren angeschafft. Zwei große helle Schäfermischlinge, eine Katze, ein Hahn und drei Gibbon-Affen – Chico, Benjamin und Hexi – fügten sich bald nahtlos in die Verhältnisse und ihr unerwartet paradiesisches Leben. Zwei Angestellte liefen diensteifrig Tag und Nacht durchs Haus und garantierten den reibungslosen Ablauf des Alltags.

Am Morgen gab es kein eiliges Aufstehen. Je nach Wetter nahmen Sidonie und Ruth gemeinsam das Frühstück im Garten unter zwei großen Bananenstauden oder auf der Veranda ein. Die Tiere fanden die Gelegenheit, Futter zu bekommen, auch sehr interessant und reihten sich im Kreis um die Frauen, die Hunde auf dem Boden, die Affen auf den Stuhllehnen. Ruth musste sich danach um die Organisation des Haushalts kümmern, mit der Köchin den Speisezettel besprechen und ob ein Cocktail, ein kleines informelles Abendessen oder ein großer Empfang auf dem Plan stand. Währenddessen kümmerte Sidi sich um die Tiere. Hingebungsvoll kämmte und bürstete sie die Hunde, klaubte ihnen mit Hilfe der Affen das Ungeziefer aus dem Pelz oder führte sie, wenn nötig, zum Tierarzt. Aber die größte Aufmerksamkeit und Liebe bekamen die Affen, und hier entwickelte sich der kleine Chico, der Gibbon mit dem hellsten Fell, dessen dunkles Gesichtchen wie von einer leuchtenden kleinen Pelzkorona umgeben war, eindeutig zu Sidis Favoriten. Zu Beginn war er noch ein Baby gewesen und konnte nicht einmal klettern. Das rührte Sidis Instinkte und sie versuchte, dem kleinen Affen die Mutter zu ersetzen. Sie half ihm bei seinen ersten Kletterversuchen, bei denen sie seine dünnen langen Arme mit den schwarzen Händchen um einen Stamm schlang und sanft an seinem Hinterteil anschob, oder er durfte sich an ihren Hals hängen und wurde von

Sidonie im Garten, Bangkok, 1961

ihr stundenlang herumgetragen. Oft saß er auch neben ihr auf der Bank oder in ihrem Schoß und fischte frech und blitzartig Essen vom Teller, was Sidi ein entzückt-gutmütiges Lachen entlockte, während Ruth ein bisschen säuerlich auf das Ungeziefer verwies, das diese Tiere doch dauernd einschleppten. Sidi ließ sich davon nicht entmutigen, packte nach dem Essen eine Waschschüssel, füllte sie mit warmem Seifenwasser und schrubbte den kleinen Affen im Garten sauber.

Zu Sidis Aufgaben wie Vergnügungen gehörten auch die gemeinsamen Marktbesuche mit Ruth. Die Farbenpracht der angebotenen Ware – seien es Lebensmittel oder Kunsthandwerk – begeisterte sie immer wieder aufs neue.

Zur Mittagsstunde holte Sidonie Andrea meist von der Schule ab. Sidonie, die zwar mittlerweile gelernt hatte, Auto zu fahren, ließ sich viel lieber chauffieren. In Bangkok gab es damals schon außer den Fahrradrikschas – die Sidonie nicht so gern benutzte, weil es ihr peinlich war, einen keuchenden, angestrengten Menschen ihr Gewicht ziehen zu sehen – auch die so genannten Tuk-Tuks, motorisierte kleine Gefährte, die mit abenteuerlichem Gestank und dem Lärm eines gequälten, überforderten Motors unterwegs waren. Trotzdem kam man schnell, billig und halbwegs bequem vorwärts und hatte außerdem jedesmal den Vorteil einer zusätzlichen Stadtbesichtigung.

Wenn Ruth am Nachmittag und am Abend zu tun hatte, kümmerte sich Sidi um Andrea und bemühte sich redlich, ihr bei den Schulaufgaben zu helfen, was Andrea völlig unnötig und langweilig fand, war sie doch schnell die Klassenbeste und eine ausgezeichnete Schülerin geworden. Überhaupt fand das Mädchen ihre alte Ruftante zu diesem Zeitpunkt eher mühsam, fürchtete ihre Autorität und hatte kein Verständis für deren Leben, das ihr Lichtjahre entfernt schien, und ihre sonderbaren, langweiligen Vergnügungen wie Kartenspielen, Puzzle legen oder malen. Sie war viel lieber mit ihren Freunden und Freundinnen unterwegs und ließ sich nicht gerne von einer alten Tante Vorschriften machen.

Die Partner und Modelle für die »sonderbaren Vergnügungen« Sidonies waren in einem Diplomatenhaushalt leicht zu finden. Die Villa der van der Maade war ein Durchhaus, und Sidonie genoss die vielen internationalen Gäste und ihre kosmopolitische Gesellschaft. Und manche konnten eben auch für mehr gewonnen werden.

So initiierte Sidi regelmäßig spätnachmittägliche Bridgepartien, und bald war die holländische Botschaft unter den internationalen Diplomaten, Konsuln und ihren Attachés bekannt für ihre hochklassigen Kartenrunden, wie man sie in Europa nicht besser hätte finden können.

Nicht lange nach ihrer Ankunft in Bangkok bewarben sich die van der Maade und mit ihnen Sidonie um die Mitgliedschaft im Royal Sport's Club. Oft ging es gleich nach der Schule in den Club. Dort gab es einen kleinen Imbiss, eine Art Pizza und köstliche Chips aus Süßkartoffeln für alle. Ein schönes Schwimmbecken lud zum Schwimmen ein, und Andrea fand bald andere Kinder, mit denen sie herumtollen konnte. Außerdem ging Andrea in den Pferde- und Poloklub, wo sie ein eigenes Pferd hatte, das sie täglich ritt. Danach musste das Tier natürlich auch gepflegt werden. Da ging Sidi gern mit in den Stall, hielt die freundliche kleine Stute am Halfter, drückte ihre Lippen in die weichen, duftenden Nüstern und wartete, bis Andrea die Hufe fertig gereinigt, das Fell gestriegelt und die Mähne gekämmt hatte.

Bei den diplomatischen Empfängen, dem Schwimmen im Club und den Bridgepartien entdeckte Sidonie auch, dass sie mit einigen der Anwesenden, vor allem Damen, die sich wie sei ihre Zeit vertreiben wollten, eine weitere Leidenschaft teilte: das Malen. Irgendwann schlug dann eine der Damen vor, dass sie sich von Zeit zu Zeit zum Malen treffen könnten, denn es sei sicher einfacher, gemeinsam ein Modell zu finden. Anfangs waren alle Europäerinnen darauf erpicht, buddhistische Mönche zu malen, die für eine kleine Spende von der Straße aufgelesen und in den jeweiligen Garten oder Salon gesetzt wurden. Ebenso verfuhren die Damen mit Tänzerinnen, die sie bei folkloristischen Vorführungen gesehen hatten und deren anmutige Bewegungen und farbenprächtige Kostüme sie begeisterten.

Aus den gelegentlichen Treffen wurden dann wöchentliche Zusammenkünfte, an denen zehn bis zwölf Frauen teilnahmen. Obwohl Sidonie gern auch allein im Garten saß und in Ruhe an einem Naturmotiv arbeitete, schätzte sie doch die Gesellschaft ihrer Kolleginnen in der Kunst des begabten Dilettantismus. Während die Ölfarben dann trockneten, konnte man so gut über die neuesten Affären, Garderoben oder auch das bisschen Weltpolitik, das die Diplomatenfrauen von ihren Männern zu hören bekommen hatten, plaudern.

Ferien und Wochenenden verbrachte die Diplomatenfamilie meist außerhalb der Stadt, auf einem der traumhaften Strände entlang der weißsandigen, palmengesäumten Westküste. Anfang der sechziger Jahre gab es in Thailand noch keinen Massentourismus, und die ufernahen Dörfer waren von Bauern und Fischern bewohnt. Die Europäer mieteten zu dieser Gelegenheit – aus Mangel an anderen Möglichkeiten – einfache Häuser aus Bambus oder Holz, manchmal auch auf Pfählen gebaut.

Auf diesen kleinen Reisen fand Sidonie immer besonderen Gefallen an Tieren. Sie konnte bei Landausflügen stundenlang die Büffel bestaunen, die Feldarbeit verrichteten, oder die Krokodile beobachten, die sich in den Lagunen tummelten. Sie bedauerte nur, nicht mehr Elefanten zu Gesicht zu bekommen. Zu gern hätte sie die berühmten weißen Elefanten gesehen, die dem thailändischen König den Titel, Herr des weißen Elefanten, verliehen hatten.

Als Ruths Mann aus Bangkok abberufen wurde und wieder nach Europa zurückkehren musste, entschloss sich Sidonie, bei Chico zu bleiben. In ihrem großen Freundeskreis gab es die Costas, ein französisches Diplomatenehepaar, das sie gern als Hausdame bei sich aufnahm.

Doch dann kam im Frühjahr 1964 ein Brief, der Sidonie veranlasste, ihrem geliebten Affen doch auf Wiedersehen zu sagen. Ihre Mutter schickte ein Schreiben, dessen Ton Sidonie fast zwang, eine Schiffspassage nach Europa zu buchen. Emma Csillag, die mit Heinrich und seiner Frau mittlerweile in Südspanien lebte, war in der Zwischenzeit fast erblindet und so krank, dass die Pflege durch zwei Personen nicht mehr ausreichte.

Schweren Herzens bereitete Sidonie ihre Abreise vor. Aber es waren nicht die menschlichen Bindungen, die ihr den Abschied so schwer machten. Das kluge, lustige Wesen Chicos und seine weichen Pelzärmchen, die sich voll Liebe jeden Tag um ihren Hals schlangen, hielten sie fast zurück. Einen Hund hätte sie, mit

Sidonie mit Chico, Bangkok, 1961

den nötigen Impfungen versehen, mitnehmen können, aber ein Affe, der es gewohnt war, frei zu leben, musste bleiben, wo er diese Freiheit hatte.

Es fand sich ein Schweizer Ehepaar, Geschäftsleute, die schon lange in Bangkok lebten und auch einen Gibbon hatten. Dieses Paar erklärte sich bereit, Chico zu sich zu nehmen und ihn wie einen Augapfel zu hüten. Ein paar Tage vor ihrer Abfahrt erstand Sidonie ein kleines Bastkörbchen mit Deckel und Sehschlitzen und polsterte es mit einem Handtuch aus. Dann machte sie sich, schon fast weinend, auf den Weg zu den zukünftigen Besitzern ihres Lieblings. Diese bestanden Sidonies strengen Prüftest. Außerdem schien sich Chico mit dem Hausaffen, einer Gibbondame, gut zu verstehen.

Der Abschied war die Hölle für Sidonie. Als Chico ganz hinten im Garten durch die Büsche jagte, drehte sie sich schnell um und rannte, ein Taschentuch vor dem Gesicht, aus dem Haus. Wieder hatte sie ein Tier über alles geliebt, und wieder hatte sie es verloren …

Abschied von der Mutter

Die Ankunft im kalten Europa im November 1964 und die Aussicht, sich um ihre herzlose und dennoch bedürftige kranke Mutter kümmern zu müssen, trug nicht dazu bei, Sidonie fröhlich zu stimmen. Das Schiff legte in einem grauen, regenverhangenen Barcelona an, wo Sidi nicht einmal übernachtete. Sie fuhr sofort mit dem Taxi zum Bahnhof, von wo der Zug sie bis Algeciras brachte.

Heinrich hatte Sidonie immer wieder nach Thailand geschrieben, dass er die Nase voll habe von seinem Leben als Geschäftsmann und sich nach dem wärmeren Süden sehne. Bei einer Urlaubsfahrt durch das südliche Spanien hatten er und seine Frau dann Gefallen an Algeciras gefunden und sich dort eine kleine Villa gekauft, in der sie bequem mit Heinrichs Mutter und eventuellen Gästen leben könnten.

Anfang 1964 waren sie dann nach Spanien gezogen, und innerhalb dieses Jahres war es mit der Gesundheit der Mutter rapide bergab gegangen. Sie konnte nicht mehr allein gelassen werden, was den Alltag für Heinrich und seine Frau fast unerträglich machte. Die Eheleute hofften daher, dass Sidis Anwesenheit ihnen die schwierige Lage erleichtern würde.

Als Sidonie endlich in Algeciras ankam, glaubte sie ihren Augen nicht zu trauen. Ihr Bruder hatte sie mit einem winzigen hellblauen Wägelchen vom Bahnhof abgeholt. Im Auto musste man die Knie scharf anziehen und gegen das Armaturenbrett stemmen, um überhaupt Platz zu haben. Heinrich klappte sich hinterm Steuer zusammen, Sidis Koffer lag, besser gesagt stand hochkant auf dem Rücksitz. Heinrichs Frau Mathilde war gar nicht mitgekommen, sonst hätte niemand mehr Platz gehabt. Solcherart schnurrten sie zu Heinrichs neuem Haus, von dem er in einem fort schwärmte.

Aber dieses Haus fand Sidi vom ersten Augenblick an schrecklich. Eine flache kleine Schachtel lag da, weiß getüncht, mit grauem Dach, auf einem Flecken verdorrtem Gras. Dieses von der Sonne verbrannte Stück Erdkruste unterschied sich in nichts von der umgebenden Grassteppe, war aber trotzdem mit Maschendraht eingezäunt. Und innerhalb dieses Zaunes lag das, was offenbar Heinrichs Garten war und sich höchstens durch eine mickrige kleine Palme als solcher erkennen ließ. Es war offensichtlich, dass Heinrich seinen Lebensstil ein gutes Stück hinunterschrauben hatte müssen.

Sie fragte sich später noch oft, warum ihr Bruder ausgerechnet Algeciras ausgewählt hatte – es gab in Andalusien eindeutig schönere Städte. Aber vielleicht war es die Lage am Meer, dessen Geruch und Geräusche Heinrich so sehr liebte und die ihn an die Kinder- und Jugendzeit im herrlichen Brioni erinnerten. Und sicher hatte auch die Möglichkeit eines billigen Lebens in der Wärme dazu beigetragen, dass er, wie viele andere nordeuropäische Pensionisten, hierher gezogen war. In Algeciras fühlte sich Heinrich sicher: er hatte Gibraltar vor Augen und konnte den regen täglichen Fährverkehr von und nach Marokko beobachten. Außerdem schätzte er die politische Stabilität des Franco-Regimes, und in diesem Punkt waren sich die beiden ältesten Csillag-Geschwister ausnahmsweise einig: eine konservative, vorzugsweise monarchistische Staatsform war das bestmögliche aller Systeme.

An die Kargheit des Hauses gewöhnt sich Sidonie allmählich, woran sie sich aber noch immer nicht gewöhnen konnte, war der Umgang mit ihrer Mutter. Emma Csillag war ein winziges, gebücktes altes Weiblein geworden, das Sidi kaum bis zur Schulter reichte. Ihr Kopf war nur noch von einem spärlichen hellgrauen Flaum bedeckt, die Hände waren von der Gicht gezeichnet. Sie brauchte dauernd jemanden um sich. Da Sidonie in den letzten Jahren die Verantwortung für ihre Mutter ganz dem Bruder und der Schwägerin überlassen hatte, fühlte sie sich jetzt verpflichtet, die beiden möglichst zu entlasten. Außerdem gab ihr Heinrich einen Platz in seinem Haus und sorgte, obwohl er selber nicht mehr auf Rosen gebettet war, diskret für alles Finanzielle.

Am Beginn ihres Aufenhalts war Emma Csillag noch relativ rüstig. Trotz ihres hohen Alters und einer zeitweiligen Verwirrung bestand sie jeden Tag auf einem Spaziergang in den späten Nachmittagsstunden, den sie unbedingt allein unternehmen wollte, denn sie treffe sich mit ihrem Verehrer. Eines konnte Emma nämlich noch immer nicht lassen: ihre Flirtversuche. Wenn es in ihrer Umgebung keine realen Männer für sie gab, benützte sie einfach ihre Phantasie und träumte sich einen herbei. Immer wieder verbot sie Sidi, sie bei den Spaziergängen zu begleiten, denn bei diesen amourösen Treffen wollte sie die Tochter – in ihren Augen noch immer die Konkurrentin – nicht dabei haben. Für Sidi war das so verrückt wie schmerzhaft und rührte an ihre alte Wunde des Nicht-Geliebt-Seins. Noch immer fortgestoßen zu werden, diesmal noch dazu wegen eines Hirngespinsts, war nach wie vor bitter.

Zu Hause saß Emma dann am liebsten beim Fenster oder auf der Terrasse und starrte aus wässrigen Augen und mit einem zahnlosen Lächeln in die Ferne, um sicherzugehen, dass sie das Kommen des Verehrers nicht verpasste. Sie wusste genau über die Ankunftszeiten aller Züge Bescheid – dass es die uralten Zugverbindungen von Wien auf den Semmering waren, die sie nie wieder fahren würde, machte ihr nichts aus: sie wollte zur richtigen Zeit hübsch angezogen empfangsbereit sein.

Wenn ihre Mutter diese Träume hatte, war sie für Sidi noch erträglich, aber gegen Abend, wenn der Verehrer wieder nicht auf-

Schwägerin Mathilde vor dem Haus in Algeciras, Spanien

getaucht war, wurde Emma launisch und ängstlich. Sie war seit jeher furchtsam gewesen, im Alter schienen diese Ängste aber immer unkontollierbarer über sie hereinzubrechen. Während es in Sidonies Kindheit vorwiegend die Angst vor Krankheiten gewesen war, kam jetzt noch Furcht vor Feuer, vor Überschwemmungen und Tieren hinzu. Dann saß Emma wie ein anachronistisches Häufchen Elend auf einem der modernen Stahlrohrstühle, deren Bespannung aus giftig leuchtenden Plastikschnüren sich in ihre Oberschenkel und den Rücken drückte, und verlangte weinend, sofort auf ihr Zimmer geführt zu werden, wo sie eilig die Tür hinter sich versperrte und für diesen Tag nicht mehr öffnete.

Anfang 1966 wurde sie immer schwächer und konnte das Haus nicht mehr verlassen. Sie saß, in ein dunkelblaues Schultertuch gehüllt, auf der Terrasse und starrte schweigend vor sich hin. Im März kam der Tod.

Robert war kurz zuvor aus den USA gekommen. Ernst jedoch, der die Mutter schon seit Jahren nicht mehr besucht hatte, wollte sie alt, schwach und sterbend nicht mehr sehen und weigerte sich, den langen Weg nach Europa anzutreten. Heinrich, der Praktische, fand, dass es am einfachsten wäre, in Algeciras ein Grab zu kaufen, in dem er und seine Frau dann später ebenfalls beerdigt werden konnten. So verlief der Abschied von Emma Csillag im kleinsten Rahmen. Als die hellrote südspanische Erde auf den einfachen Holzsarg niederprasselte, fühlte Sidonie nichts. Sie war von der monatelangen Pflege zu erschöpft, um viel zu trauern. Im Gegenteil, fast machte sich so etwas wie Erleichterung in ihr breit. Der Schmerz, die ungeliebte Tochter gewesen zu sein, konnte vielleicht mit ihrer Mutter ins Grab gehen.

Da war, was sie ein dreiviertel Jahr zuvor hatte erleben müssen, viel schwieriger gewesen.

Sidi hatte zu dieser Zeit kaum an etwas anderes denken können als an die Pflege der Mutter. Ihre Außenwelt war zusammengeschrumpft auf das kleine dürre Stück Land vor der Terrasse von Heinrichs Haus. Das einzige, was ihr das Gefühl gab, noch am Leben zu sein, waren die Briefe, die sie spät in der Nacht übermüdet zu Papier brachte, und die Antworten darauf von Freundinnen und Freunden aus aller Welt. Vor allem das Schweizer Ehepaar, bei dem ihr geliebter Affe Chico geblieben war, gehörte

Robert, Sidonie und Heinrich mit Mutter Emma Csillag, Algeciras, 1965

zu ihren engsten Briefpartnern. Eines Tages in der Mitte des Jahres 1965 kam die bestürzende Nachricht, dass sich Chico am Knie verletzt hatte und nicht mehr klettern konnte. Schon im nächsten Brief musste Sidi lesen, dass Chico auf beiden Beinen gelähmt war. Man wollte von ihr wissen, ob sie damit einverstanden war, dass der kleine Affe eingeschläfert wurde. Diese schreckliche Frage raubte ihr den Schlaf. In den kurzen Phasen des Einnickens zwischen durchgeweinten Stunden sah sie Chico, der sie, von Schmerzen gepeinigt, flehentlich ansah. Sie wusste, dass sie schnell entscheiden müsste, gleichzeitig würde sie mit dieser Entscheidung das Liebste, was sie auf dieser Welt noch hatte, ins Jenseits befördern. Chico nahm ihr diese Qual ab und starb im Februar 1965.

Für Sidonie brach eine Welt zusammen. Obwohl sie vorbereitet gewesen war, traf sie der Tod des Tieres zutiefst. Gleichzeitig packte sie eine riesige Wut. Was war das für ein verdammter Gott, der Chico einfach hatte sterben lassen? Voll Verbitterung beschloss sie, nie wieder einen Fuß in eine Kirche zu setzen. Wenn am Sonntag all die tief gläubigen Spanier und Spanierinnen in die Kirchen pilgerten, blieb sie trotzig zu Hause und hielt das noch viel Jahre so. Welchen Glauben immer sie im inneren Gepäck durch die ganze Welt geschleppt hatte, er war endgültig dahin. Gott sollte sehen, wo er blieb.

Leben im Suburb

Nach diesen zwei mühsamen Jahren hatte Sidonie genug von Spanien. Ihre Mission war erfüllt, und das Verhältnis mit Heinrich und Mathilde war nicht so eng, dass es sie zu bleiben veranlasst hätte.

Ihr jüngster Bruder Ernst, offenbar vom schlechten Gewissen geplagt, weil er sich nicht um die Mutter gekümmert hatte, machte Sidonie ein verlockendes Angebot. Er hatte schon vor der kubanischen Revolution mit seiner zweiten Frau, einer Kubanerin, und den beiden Kindern die Insel verlassen und sich in Florida niedergelassen. Da er in der Zwischenzeit amerikanischer Staatsbürger geworden war, schlug er Sidi vor, ihr zu helfen. Er könne für sie Einwanderungspapiere beantragen. Sie müsse dann nicht mehr im kalten Europa bleiben, sondern könne ins sonnige Florida kommen. Sidonie, die keine Lust hatte, nach Wien zurückzukehren und ihr Leben mit Sprachunterricht und Porträtaufträgen zu fristen, entschloss sich, das Angebot des Bruders anzunehmen.

Im Juni 1966 kam sie also nach Florida. Die Wiedersehensfreude war zwar groß, aber nach einigen Wochen im Hause ihres Bruders wurde ihr klar, dass sie hier nicht bleiben konnte. Ernst hatte im Lauf der Jahre die Pedanterie eines Buchhalters angenommen und sprach von nichts anderem als von Zahlen. Und Florida gefiel ihr auch nicht. Vor ihrem inneren Auge stieg die wilde Schönheit und Freiheit von New York auf, und sie beschloss, dorthin zu gehen, was natürlich hieß, dass sie Arbeit suchen müsste, um über ein eigenes Einkommen zu verfügen. Schonend brachte sie dem Bruder bei, dass sie es vorzöge, in der Stadt der Städte zu leben.

Schon ein paar Tage später saß Sidi in einem Zug, der sie nach Norden brachte. Freundinnen, die sie noch aus Kuba und von ihrem ersten Aufenthalt an der Ostküste kannte, halfen ihr bei der Durchsicht von Zeitungsannoncen, bis ein verlockend klingendes Stellenangebot in Scarsdale, einem der wohlhabendsten Vororte im Norden New Yorks, übergeblieben war. Eine Miss Herbert suchte eine Haushälterin und Gesellschafterin. Klopfenden Herzens stieg Sidi kurz darauf in der Grand Central Station in den Zug, der sie nach Scarsdale zum Vorstellungsgespräch bringen sollte. Diesmal wollte sie den bestmöglichen Job haben, und sich, wenn sie genug verdient hatte, mit dem Gesparten zur Ruhe setzen.

Zumindest vom Optischen her schien ihre Entscheidung richtig zu sein. Sie kam in ein offensichtlich reiches Viertel mit einer Mischung aus gediegenen Holzvillen im Neu-England-Stil und beeindruckenden Neubauten. Miss Herbert wohnte in einem Haus ersterer Sorte.

Sidonie betrat ein prächtiges Anwesen aus den letzten Jahren des 19. Jahrhunderts. Ein weißer, von Holzsäulen getragener Eingang nahm sie auf, dann ein riesiges rundes Vorzimmer mit Jugendstilverglasungen, von dem eine Freitreppe in das Obergeschoss führte. Nachdem der Butler, der sie empfangen hatte, verschwunden war, trat aus einer der Seitentüren des Foyers eine elegante Frau um die sechzig in einem perfekt geschnittenen Hosenanzug auf Sidi zu und drückte ihr freundlich die Hand.

Miss Herbert und Sidi waren einander auf Anhieb sympathisch. Im Gespräch erläuterte Miss Herbert, dass sie jemanden brauche, der für sie kochen und ihr in diesem riesigen Haus – ein Erbstück der Eltern – Gesellschaft leisten könne. Sidonie hatte zwar noch nie gekocht, der Gedanke daran war ihr eigentlich ein Alptraum, aber sie beschloss, dieses Detail gegenüber Miss Herbert nicht zu erwähnen. Schließlich gab es ja Kochbücher, und da würde sie schon Anleitungen finden, was sie zu tun hätte. Eine Arbeitsstelle dieser Art würde sie nicht oft antreffen.

Miss Herbert war vom ersten Moment an von Sidonies Auftreten fasziniert. Hier hatte sie es nicht mit einer professionellen Wirtschafterin zu tun, sondern mit einer Dame von Welt. Warum diese Dame von Welt, noch dazu in offensichtlich fortgeschrittenem Alter, bereit war, ihr für eine angemessene Bezahlung Gesellschaft zu leisten, sollte sie nicht weiter kümmern.

Für die nächsten drei Jahre fanden sich die beiden Frauen allmählich in einer Routine, die beiden lieb wurde, obwohl Sidonie, die noch nie in einem Suburb gelebt hatte, dieses Leben anfänglich furchtbar langweilig fand. Sie verstand nicht, warum Leute es erstrebenswert fanden, an einem Ort zu leben, wo sich in monotoner Noblesse ein großes Haus plus Garten an das nächste reihte. Irgendwo gab es auch noch ein Einkaufszentrum, wo leicht verdrossene, gut angezogene Damen ihre Zeit mit scheinbarem geschäftigem Herumschwirren zwischen den einzelnen Läden verbrachten. Die Betriebsamkeit, der Lärm, die Gerüche, die Freiheit New Yorks war weit entrückt und wurde von den Bewohnern von Scarsdale nur in kleinen, vorsichtigen Dosen am Wochenende, abgesichert in großen teuren Autos oder großen teuren Restaurants, konsumiert.

Trotzdem, nach der Hektik und den Mühen der letzten Jahre war das Leben bei Miss Herbert für Sidi wie ein Aufenthalt im Sanatorium. Für die Reinigung des Hauses waren eine Putzfrau und der Butler zuständig, der Garten wurde von einem Gärtner gepflegt und alles, was man im Haus brauchte – von Lebensmitteln bis zu Glühbirnen –, wurde geliefert.

Vor dem späteren Nachmittag bekam Sidi Miss Herbert nie zu Gesicht. Sie hatte die Vormittage zur freien Verfügung, die sie lesend, Puzzle legend oder, wenn das Wetter es zuließ, im Garten verbrachte. Als einzige Aufgabe zu dieser Tageszeit hatte sie ein Tablett mit Frühstück vor Miss Herberts Zimmertür zu platzieren. Erst am frühen Abend begann dann ihr eigentlicher Arbeitstag: Sie machte sich an die Zubereitung des Abendessens, was anfangs zu Schweißausbrüchen führte, gleichermaßen hervorgerufen von Angst und Perfektionismus. Das klassische Standardwerk *The Joy of Cooking* war um diese Zeit ihre Hauptlektüre. Jeden Tag wählte sie ein anderes, möglichst einfaches Gericht aus und hielt sich in der Zubereitung striktest an die Anweisungen. So durfte einfach nichts schiefgehen.

Miss Herbert war wohl nicht sehr anspruchsvoll, denn sie aß von Sidonies Kochkünsten mit großem Appetit und machte der Köchin Komplimente.

Bald war es klar, dass Miss Herbert einen Narren an Sidi gefressen hatte. Die steife, ältliche Frau begann aufzublühen und mit etwas plumpem Charme an der Fassade ihrer Hausdame zu kratzen. Das erleichterte zwar Sidonies Arbeit, gleichzeitig hatte sie aber immer das Gefühl, Acht geben zu müssen, dass ihr Miss Herbert nicht zu nahe trat. Sie spürte die schrankenlose Einsamkeit dieser Frau und wollte sie keineswegs der eigenen hinzufügen. Sidonie fand Miss Herbert zwar sympathisch, aber keineswegs attraktiv, und ihre Bedürftigkeit erschreckte sie. Das einzig Schöne an ihr waren die Hände, denen man ansah, dass sie nie etwas gearbeitet hatten und die in angenehmem Kontrast zum dicklichen Körper und dem aufgeschwemmten Gesicht standen.

Was Sidonie hingegen ganz schrecklich fand, war Miss Herberts Rassismus, der sich, meist nach der Lektüre der Tageszeitungen, wahllos und heftig gegen Farbige und Juden richtete. Sie kam nicht umhin, sich immer wieder zu fragen, wie wohl Miss Herbert darauf reagieren würde, brächte sie in Erfahrung, dass ihre geliebte Gesellschafterin jüdischer Abstammung sei. Um nur ja keinen Verdacht aufkommen zu lassen, markierte Sidi die gute Katholikin und ging jeden Sonntagvormittag in die Kirche. Doch sobald sie außer Sichtweite des Hauses war, wandte sie ihren Schritt in eine völlig andere Richtung und nützte die Zeit zu einem ausgedehnten Spaziergang.

Es wunderte Sidonie ein bisschen, dass Miss Herbert in ihrer bemühten Konformität nicht ebenfalls den Sonntagvormittag in der Kirche verbrachte. Aber offensichtlich war der einzige Gott, den sie anbetete, das Geld. Davon hatte sie mehr als reichlich. Sobald sie einigermaßen wach war, verbrachte sie einige Stunden mit dem Studium der Aktienkurse. Zu diesem Zweck waren alle renommierten Wirtschaftsmagazine und diverse Tageszeitungen abonniert worden, die Miss Herbert, noch im dunkelgrünen Morgenmantel, laut raschelnd und murmelnd durchblätterte. Mit dem Ausdruck großen Entsetzens erzählte sie Sidonie eines Tages, dass sie herausgefunden hätte, ihre Bank, der sie seit Jahren vertraute, habe Geschäfte mit den Rothschilds gemacht. Grund genug für sie, ihr Geld aus der Bank zu nehmen und dort anzulegen, wo ihrer Meinung nach keine jüdischen Bankiers ihre Hände im Spiel hatten.

Als Sidonie angefangen hatte, bei Miss Herbert zu arbeiten, war sie der Meinung gewesen, dass sie und ihre Arbeitgeberin ungefähr gleich alt wären. Zwar hatten einige Bemerkungen Miss Herberts sie stutzig gemacht und sie bewogen, ihr Urteil etwas nach unten zu revidieren, aber erst eine der seltenen Besucherinnen im Hause Herbert änderte ihre Meinung völlig.

Eines Tages tauchte eine etwa fünfunddreißig bis vierzig Jahre alte, sehr gepflegte Dame auf und wollte Miss Herbert sprechen. Der unerwartete Besuch brachte Sidonie ein bisschen aus dem Konzept, und sie fragte nach, wen sie Miss Herbert melden sollte. Es kostete sie einige Überwindung, nicht ungläubig aufzulachen, als die Dame ihren Namen nannte und hinzufügte, dass sie eine Schulfreundin sei.

Bald darauf entdeckte Sidonie den Grund des schnellen Verfalls von Miss Herbert. Dass ihre Arbeitgeberin im Gegensatz zu ihr nicht um Mitternacht zu Bett ging, sondern oft bis in die frühen Morgenstunden wach blieb, war ihr schon aufgefallen. Wenn sie vor dem Schlafengehen noch eine Runde durch den Garten drehte, sah sie die erleuchteten Fenster im ersten Stock, hinter denen

Miss Herbert in einem Lehnsessel saß oder ruhelos auf und ab ging. Dass sie in diesen Stunden trank, wurde Sidi erst klar, als sie eines Morgens durch Zufall eine große Zahl von leeren Sherryflaschen im Mülleimer fand. Sie war verwirrt, denn sie konnte sich nicht erinnern, bei den Lebensmittellieferungen jemals Alkohol gesehen zu haben.

Da sie selbst so gut wie nie Alkohol anrührte, war ihr nicht aufgefallen, dass Alkoholika in den USA in *liquor stores* gekauft werden mussten und diese Geschäfte auch diskret ins Haus lieferten. Im Hause Herbert war es eine leichte Sache, beim hinteren Kücheneingang unauffällig und schnell eine Sechser-Kiste des teuersten Sherrys abzugeben. Offenbar war Miss Herbert mit dem Butler eine hochprozentige Verbrüderung eingegangen, denn dieser schaffte die Kisten ungesehen in den ersten Stock, bekam dafür eine Flasche und schwieg.

Ab diesem Zeitpunkt beobachtete Sidi die Zeichen von Miss Herberts Trunksucht mit großer Aufmerksamkeit. Wie bei einem ihr fremden Studienobjekt, mit dem ungläubigen Mitleid der Unbeteiligten, registrierte sie, wie die Spuren des Sherrys sich in Gesicht, Körper und Sprache ihrer Arbeitgeberin eingruben.

Und noch etwas entdeckt Sidonie in dieser Zeit: In der Garage, die in den USA meist genützt wird, um alles zu horten, was im Haus nicht mehr gebraucht wird, wovon sich aber die HausbewohnerInnen aus sentimentalen Gründen nicht ganz trennen können, fand sie mehrere Kartons, die achtlos in eine Ecke geschoben worden waren. Darin stapelten sich unzählige Taschenbücher. Sidi, immer auf der Suche nach Unterhaltungslektüre, begann in den Kartons zu wühlen und stieß dabei auf eine Unzahl von Büchern, deren Umschläge sie faszinierten und abschreckten. Zeichnungen von halbnackten Frauen in anzüglichen Posen und Titel, die alles sagten, sprangen ihr entgegen. Von *We Walk Alone Through Lesbos's Lonely Groves* über *Libido Beach* mit dem Untertitel *A modern Isle of Lesbos – a sun-drenched Sodom just an hour from Manhattan where love has many faces* zu *Perfume and Pain*, dessen Untertitel sie besonders ansprach: *Could she have been born a lesbian? She knew no desire but that for another woman* war alles vertreten, was Sidi gierig und voll der Peinlichkeit des Verbotenen schneller und tiefer wühlen ließ. Sie hatte nicht den

Mut, irgendeines dieser Heftchen in ihr Zimmer zu nehmen und las mit fliegenden Augen und flachem Atem, was sich in der dauernden Angst vor Entdeckung und Anflügen von Empörung hastig einsaugen ließ.

Jetzt wusste sie Bescheid um das Band, welches sie mit Miss Herbert verband, verstand die häufigen Komplimente, die ungeschickten Anspielungen. Natürlich würde sie sich hüten, etwas zu sagen, aber sie verstand – in dieser reichen und doch so kargen puritanischen Umgebung – die vielen Sherryflaschen und Miss Herberts Einsamkeit besser.

Einmal die Woche verbrachte Sidonie einen Tag in Manhattan. Den nützte sie für Besorgungen, einen Museumsbesuch oder um Freundinnen zu treffen. Manchmal dachte sie auch sehnsüchtig an eine Bridgepartie, schob aber den Gedanken schnell wieder weg, denn die wenigen Stunden Ausgang waren einfach zu kurz, um ordentlich Karten zu spielen.

Eines Tages musste sie wegen einer Routinefrage auf die *social security*, die amerikanische Sozialversicherung. Da sie mit dem Amtsjargon und den Anforderungen nicht vertraut war, dauerte es eine gewisse Zeit, bis sie den zuständigen Beamten verstand und er sie. Der war bei der Durchsicht ihrer Papiere auf ihr Geburtsdatum gestoßen, zog ganz erstaunt die Augenbrauen hoch und wollte wissen, ob sie wirklich arbeite. Auf ihr empörtes »selbstverständlich« meinte er nur, dass sie, wie alle in den USA Lebenden, ab dem fünfundsechzigsten Lebensjahr Anrecht auf *social security*, eine staatlich geregelte Mindestpension, habe.

Social security gab es in den Vereinigten Staaten seit 1935 als eine der Errungenschaften des »New Deal« in der Amtszeit Franklin D. Roosevelts. Die Höhe der monatlichen Zahlung war von den Beiträgen, die im Lauf eines Arbeitslebens geleistet wurden, abhängig. Da es sich im wahrsten Sinne des Wortes um ein Mindesteinkommen handelte, hatten die EmpfängerInnen sowohl das Recht, dazuzuverdienen – was sehr viele taten – wie auch Pensionen von ihrem Arbeitgeber oder aus dem Abschluss von freiwilligen Pensionsverträgen zu beziehen.

Für Sidonie war das einerseits Musik in ihren Ohren, andererseits ein gewaltiger Schock: seit 1945 hatte sie gearbeitet, gute

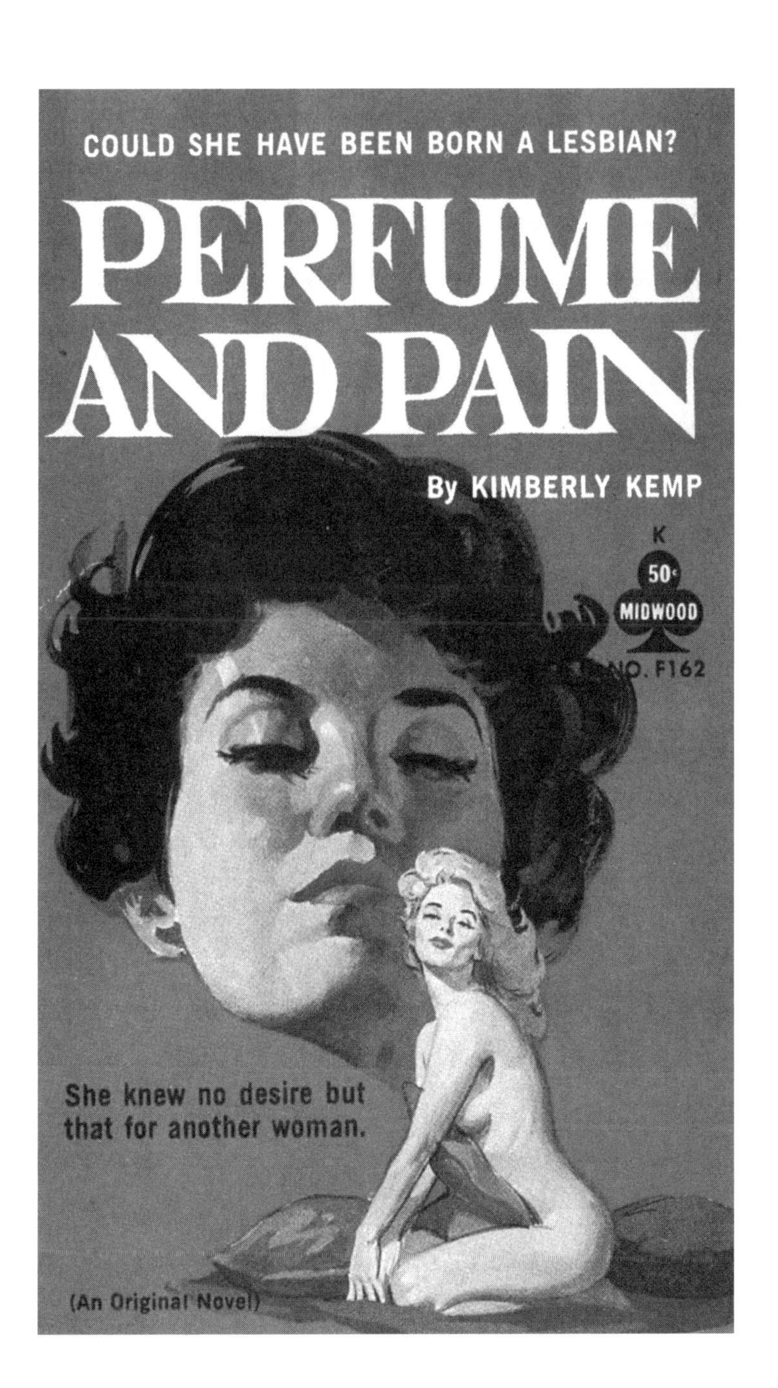

Titelblatt eines Lesbenromans

dreiundzwanzig Jahre, und die letzten scheinbar umsonst. Sie würde nie eine Pension bekommen, aber immerhin hatte sie Anspruch auf *social security*. Sie besorgte sich also die nötigen Unterlagen. Der Beamte, der offensichtlich Gefallen an Sidonies sonderbarer Mischung von europäischer Damenhaftigkeit und völliger Naivität gefunden hatte, erklärte ihr die Formalitäten und sagte, dass sie sich jederzeit mit Fragen an ihn wenden könne. Miss Herbert wollte sie einstweilen noch nichts von ihrem Glück erzählen: sie wollte sichergehen, dass alles klappte.

Im Frühjahr 1969 hatte Sidi dann den positiven Bescheid in der Hand: sie würde monatlich die Summe von 69 Dollar erhalten. Damals tauschte man noch einen Dollar für 25 Schilling bzw. fast vier Mark ein. Eine Gallone Benzin (3,8 Liter) kostete 25 Cents, auch ein Hamburger war um 25 Cents zu haben. Trotzdem war es, wie man in Sidis alter Heimat sagen würde, »zum Leben zu wenig, zum Sterben zu viel«.

Miss Herbert mitzuteilen, dass sie ihre Arbeit aufgeben wolle, fiel Sidonie leicht. Ein bisschen Mitleid fühlte sie dennoch. Irgendwie hatte sie diese einsame Frau ins Herz geschlossen und wusste, dass nach ihr keine Neue nachkommen und Miss Herbert noch stärker in ihrer eigenen traurigen Welt versinken würde. Als kleine Konzession versprach sie ihr, in Kontakt mit ihr zu bleiben, ein Versprechen, das sie einhielt. Wann immer sie im Lauf der nächsten Jahre nach New York kam, bestieg sie auch den Zug nach Scarsdale und besuchte ihre frühere Arbeitgeberin.

Spain again

In den Wochen des Wartens auf ihre *social security* hatte Sidonie fieberhaft überlegt, was sie mit der bald wiedergewonnenen Freiheit anfangen sollte. In den Staaten zu bleiben, war nicht nach ihrem Geschmack – weder Florida noch Neu-England waren Orte, die irgendetwas Positives in ihr auslösten, wo sie sich niederlassen wollte. Allerdings würde das Geld nicht reichen, um bequem in Wien zu leben. Und sie hatte, wenn sie es sich recht überlegte, überhaupt keine Sehnsucht nach Wien. Wenn Chico noch am Leben wäre, hätte sie gar nicht lange nachdenken müssen und wäre direkt von New York nach Bangkok gereist. Aber Bangkok ohne Chico war eine hektische, unangenehme Hülle. Vielleicht wäre es am besten, vorerst einmal zu ihrer Freundin Elisabeth nach Rotterdam zu fahren und dann zu ihren Freunden in Paris … und wenn Spanien noch immer so billig war, könnte sie versuchen, in Spanien zu leben. Sie hatte bis jetzt ja noch gar keine Zeit gehabt, das Land kennen zu lernen – die Mutter hatte sie permanent gebraucht. Aber nun war sie frei. Frei, herumzureisen, wohin Lust und Spontaneität sie lenken würden, und die Menschen, die Wärme und die Farben zu genießen.

Im Sommer 1969 traf Sidonie wieder in Algeciras ein. Mit Hilfe ihres Bruders hatte sie bald ein kleines Haus gefunden, das genau ihren Vorstellungen entsprach. Die Miete war so bescheiden, dass sie es sich sogar leisten konnte, eine Frau aus dem Ort zu engagieren, die sich um ihren Haushalt kümmern würde. Im Sommer zeigte sich Südspanien von seiner wärmsten Seite, und Sidi fühlte sich so wohl wie schon lange nicht mehr. Endlich war sie wieder Herrin ihrer Zeit. Sie konnte ihre Staffelei aufstellen, wann und wo sie wollte, am Morgen aufstehen, wann es ihr gefiel, sich mit Leuten treffen, wenn ihr der Sinn danach stand.

Bald hatte sie wieder eine kleine Runde BridgespielerInnen um sich gesammelt. Und an den warmen Abenden, die in Spanien spät begannen, bummelte sie durch die Straßen von Algeciras, blickte auf die Lichterketten von Gibraltar und dem fernen Tanger und ließ ihre Phantasien forttreiben, über die Ufer von Marokko weit hinaus in den Atlantik, in den Pazifik … sie wollte noch so viel sehen, noch so viel reisen. Doch das Getümmel, die Fröhlichkeit und Lebenslust an der Küste von Algeciras holte ihren Blick zurück. Jetzt im Sommer wimmelte es hier von schönen jungen Menschen aus aller Welt. Und vor allem die Frauen in ihren leichten Sommerkleidern und Bikinis fesselten Sidis Blick. Die Spanierinnen waren ja eigentlich für ihren Geschmack zu klein, aber immer wieder sah sie doch unter den Touristinnen welche, die sie in ihrem Aussehen, aber vor allem in ihrer Haltung an Leonie Puttkamer oder Wjera Fechheimer erinnerten. Dann dachte sie fast sehnsüchtig an die Zeiten, in denen sie besessen von diesen Frauen war, in denen sie eine Leidenschaft hatte, die ihr

Leben bewegte und sie lebendig hielt. Es war Jahre her, dass eine Frau das letzte Mal ihr Herz berührt hatte. Nun war schon lange Stille in ihr eingekehrt, die Sidonie mit Langeweile gleichsetzte. Noch einmal wollte sie das verzehrende Feuer spüren, aber sie wusste nicht, wie, und da es nicht herzustellen war und sie sich eigentlich mit neunundsechzig schon zu alt für solche Schwärmereien hielt, versuchte sie ihr Herz niederzuhalten.

Im September kam die treue Jeanette aus Paris zu Besuch. Gemeinsam mit ihr machte es Sidonie gleich doppelt so viel Spaß, in die kleinen Gasthäuser und Bars zu gehen und Frauen zu beobachten. Jeanette hatte einen scharfen Blick, dem kein schönes Kleid, kein aufrechter Gang, keine gerade Haltung entging. Und so saßen die beiden in die Jahre gekommenen Damen ein wenig anachronistisch in den Lokalen, die sonst nur von jungen Einheimischen und vergnügungshungrigen Touristen frequentiert wurden, und erfreuten sich an der spanischen Küche und dem Flamenco, der in hundertfacher Ausführung an jeder Ecke erklang.

Jeanette war begeistert von dieser Musik und gar nicht nach Hause zu bekommen. Sidi ließ sich gerne mitreißen und fühlte sich jung und verwegen, wenn sie beide jeden Abend eine andere Bar besuchten. Erst am nächsten Morgen, wenn der Körper gegen das ungewohnt lange Wachbleiben rebellierte und Sidi und Jeanette nur mit Mühe und verschwollenen Augen spät aus dem Bett stiegen, merkten sie, dass sie nicht mehr jung waren.

Nach Jeanettes Abreise kam dann Sidis kleiner Flirt Elisabeth aus Rotterdam angereist. Sie war mit eigenem Auto gekommen, um gemeinsam mit Sidi Andalusiens schönste Städte zu erkunden. Dabei waren sie auf ein wunderschönes mittelalterliches Städtchen, Ronda, gestoßen, das von einer mächtigen Mauer umgeben war. Sidi war sofort begeistert und wusste, dass sie diesen Ort malen musste.

Elisabeth hatte leise fluchend das Auto außerhalb der Stadtmauern parken müssen, während Sidi ihr Malzeug packte und ohne auf Elisabeth zu achten voranlief. Den ganzen späten Nachmittag waren sie über die holprigen Pflastersteine durch den Ort gestolpert, und jede neue Gasse hatte bei Sidi Entzücken ausgelöst. Die Altstadt, die um eine Burg angesiedelt war, war hervorragend erhalten, und von der Stadtmauer gab es einen wunderbaren Ausblick. Elisabeth war bald erschöpft und machte Sidi darauf aufmerksam, dass ihr in diesem ganzen Ort kein Hotel, keine Pension, geschweige denn ein Restaurant untergekommen wäre. Aber wenn Sidi etwas gefiel, hatte sie kein Ohr für Realitäten oder passte sie nach ihren Bedürfnissen an. Sie begann, Frauen auf der Straße anzusprechen und zu fragen, ob es nicht jemanden im Ort gäbe, der ihnen ein Zimmer vermieten würde. Und nach einer halben Stunde hatte sie tatsächlich eines gefunden.

Sidonie vereinbarte einen Preis für drei Tage, aber aus diesen Tagen wurde eine Woche, und als Sidi auf zwei verlängern wollte, streikte Elisabeth. Sie stieg in ihren Wagen und versprach, Sidi nach einer Woche abzuholen. Als sie nach diesem Zeitraum wiederkam, erkannte sie Sidonie fast nicht. Sie redete von nichts anderem als ihren Bildern, vier Motive hätte sie insgesamt skizziert, und das zweite, ein »richtiges« Ölbild, auf das sie besonders stolz war, sei schon fast fertig. Aufgeregt erzählte sie, dass sie es nur im Schein einer Öllampe gemalt hatte, denn im Ort sei die Elektrizität so oft ausgefallen, dass sie fast immer auf diese altmodische Art der Beleuchtung angewiesen war. Die DorfbewohnerInnen waren daran gewöhnt. In den helleren Mondnächten waren die Gassen gut genug beleuchtet, und die Kinder, die selten vor Mitternacht zu Bett gingen, tollten dann im fahlen Glanz des Mondes herum. Da gerade zunehmender Mond war, hatte Sidi diese Szenen mit den spielenden Kindern festgehalten. Das Bild gefiel Elisabeth besonders gut. Sidonie meinte, ohnehin eine kleine Schuld bei ihr abtragen zu müssen, und schenkte es ihr schweren Herzens. Es sollte das Lieblingsbild ihrer Freundin werden und noch viele Jahre lang einen zentralen Platz in ihrer Rotterdamer Wohnung einnehmen.

Bis Mitte Dezember war es in Südspanien warm und angenehm. Doch dann begann die Regensaison und mit ihr wurde es feucht und erschreckend kalt. Der Winter, den sie damals mit der Pflege ihrer Mutter in Algeciras verbracht hatte, war ungewöhnlich warm und trocken gewesen und das neue Haus Heinrichs – trotz seiner Hässlichkeit – besser isoliert als Sidis altes Häuschen jetzt.

Sidonie hatte bis jetzt nur Erfahrung mit tropischen Regenzeiten gemacht, und dort wurde der Regen immer als angenehme Abkühlung empfunden. Der mediterrane Winterregen brachte jedoch eine unangenehme, kriechende Kälte, vor der es keine Flucht gab und die Sidonie schmerzhaft in die Knochen und Gelenke fuhr. Die Häuser, so auch ihres, hatten keine Heizung, und an manchen Tagen war es so kalt und nass, dass Sidonie beschloss, im Bett zu bleiben. Aus dieser misslichen Lage rettete sie schließlich eine Nachbarin, die bemerkt hatte, dass die skurrile Fremde nichts hatte, mit dem sie dem Winter trotzen konnte. Sie brachte einen *brasero*, ein kleines Kohlenbecken, welches unter den Tisch gestellt werden konnte, und zeigte Sidi seine Anwendung. Zum Malen konnte sie den *brasero* leider nicht verwenden, daher blieb sie an den verregneten Tagen weiterhin im Bett. Sobald aber die Sonne ein bisschen schien, war es während des Tages angenehm und Sidonie konnte ihre Staffelei wieder in den Garten stellen und glauben, das wäre nun das Ende der Regenzeit.

Bis April musste sie sich gedulden, dann hörte der Regen auf. Innerhalb weniger Tage war es warm und die Luft mit dem Duft von blühenden Obstbäumen und Raps gefüllt. Sidonie genoss das Leben wieder in vollen Zügen und freute sich an diesem Flecken Erde, der ihr ein so angenehmes Leben ermöglichte.

So lebte Sidi recht sorglos bis in den November 1970. Zu diesem Zeitpunkt wurde sie wieder einmal mit der Tatsache konfrontiert, dass ihre Ersparnisse aufgebraucht waren. Sidi konnte es kaum glauben, sie hatte doch bei Miss Herbert so gespart und im letzten Jahr gar nicht viel Geld ausgegeben. … wo waren all die Dollar geblieben? Die *social security* würde nicht reichen, um ihr Leben zu finanzieren, das war nun klar.

Die Suche nach einer Beschäftigung blieb ohne Erfolg. In den Sommermonaten konnte sie vielleicht in der Tourismusbranche etwas verdienen, aber jetzt in den Wintermonaten war das unmöglich. Gerade zu diesem Zeitpunkt kam ein Brief aus Wien. Der Sohn einer Freundin hatte ein Kartenbüro eröffnet und war verzweifelt, weil es so schwer war, verlässliche Angestellte zu finden. Sidonie schrieb zurück, dass sie bereit wäre, die kommenden Wintermonate im Kartenbüro auszuhelfen. Die ersten Regenfälle hatten sie an den vergangenen Winter erinnert, und sie hatte keine Lust, noch einmal Monate in ungeheizten, feuchten Häusern zu leben. Sie plante also ihren Aufbruch.

Doch vor Wien war noch einmal Paris daran, vor allem, um Jeanette zu sehen. Und Sidis Herz tat einen kleinen Sprung, als sie erfuhr, dass ihre geliebte Ruth zur selben Zeit ebenfalls in Paris sein würde, zu Gast bei den Costas, den gemeinsamen Freunden aus Bangkok. Jacqueline Costa, die mit ihrem Mann Jean-Pierre aus beruflichen Gründen meistens im Ausland lebte, wollte die Zeit in ihrer Heimatstadt nützen, um all ihre Freundinnen und Verwandten zu sehen und gab zwei-, dreimal die Woche größere Abendessen.

Ein paar Tage nach ihrer Ankunft in der Seine-Metropole nahm auch Sidi an einem dieser Essen teil. Sie war noch müde und zerschlagen von der Reise und erwartete sich nicht viel, hatte fast Scheu, der Einladung zu folgen, weil sie größere Menschenansammlungen immer weniger ertrug.

Von den etwa zwanzig versammelten Gästen kannte Sidonie einige aus Thailand, die sie mit etwas angestrengter Wiedersehensfreude alle begrüßte.

Und dann passierte, was Sidonie die nächsten Jahre beschäftigt halten sollte: Monique betrat die Szene.

In den Tagen danach, vor ihrer Abfahrt nach Wien, arrangierte Sidi alles Menschenmögliche, um die fremde Schönheit kennen zu lernen. Schon am frühen Vormittag des nächsten Tages wagte sie es, bei Jacqueline Costa anzurufen. Die war sehr erstaunt, ihre alte Freundin, die als Langschläferin bekannt war, so früh zu hören. Als der Name ihrer Cousine Monique fiel, wusste sie, woher der Wind wehte. Dennoch gab sie auf Sidonies insistierende Fragen bereitwillig Auskunft.

Sidi seufzte, als Jacqueline ihr von Moniques Lebensgefährten erzählte. Warum gefielen ihr immer Frauen, die mit Männern liiert waren? Der Lebensgefährte war Jacqueline zufolge ein bekannter Playboy, und das wäre auch schon das einzige, was man von ihm sagen könne. Monique hätte einen erwachsenen Sohn, der der Mutter in puncto Schönheit um nichts nachstünde. Monique wäre noch für ein paar Tage in Paris und würde dann wieder in den Süden, auf den Landsitz ihres Partners fahren. Aber wenn Sidi sie noch einmal sehen wolle, ließe sich das sicherlich arrangieren.

Zwei Tage später traf Sidonie Jacqueline in Begleitung Moniques in einem kleinen Pariser Restaurant. Sidonie trug ihr elegantestes Kostüm und alles an Schmuck, was sie nach den kargen Jahren noch besaß. Ohne Unterlass blickte sie auf Monique, die im Lauf des Abends schließlich auch merken musste, mit welch glühendem Ernst diese sonderbare Frau an ihren Worten und Bewegungen hing. Das Besteck hatte sie nach den ersten Bissen seitlich am Teller liegengelassen, das Essen fast nicht angerührt. Monique machte das befangen, fast aggressiv. Was wollte diese Fremde mit der gepflegten Rede und den bohrenden Blicken von ihr?

Am Nachhauseweg erzählte ihr Jacqueline dann, dass Sidonie schon immer Gefallen an Frauen gehabt hatte und offensichtlich auch von ihr, Monique, fasziniert wäre. Monique tat das alles mit einem nervösen, wegwerfenden Lachen ab. Den Hauch des Geschmeichelt-Seins, der immer in ihr aufstieg, wenn sie jemandem gefiel, drängte sie zurück. Von Männern war sie das gewöhnt, aber von einer Frau! War sie schon so weit gekommen?

So war es wohl besser, dass sie nichts ahnen konnte von der Maschinerie, die Sidi in ihrem Inneren und ihrer Umwelt in Bewegung setzte. Diese beiden Treffen würden ausreichen, dass Monique als Sidonies dritte große Liebe für Jahre hartnäckig und gegen jede Realität installiert wurde.

Nach den Weihnachtsfeiertagen stand Sidi wieder auf dem Wiener Westbahnhof. Die Stadt empfing sie grau und geschäftig – ein fremder Ort.

Sie fand schnell ein Untermietzimmer, traf sich mit den alten Freundinnen und Bekannten und fragte sich manchmal, ob sie wirklich zehn Jahre nicht hier gewesen war oder nur zehn Tage. Schnell waren die vertrauten Kreise wieder aufgebaut. Und waren die ihrer Generation schon gestorben, so war die Nachfolgegeneration nahtlos in die Fußstapfen ihrer Eltern getreten und nahm die heimgekehrte alte Tante gern in ihre Runden auf – Wiener Tradition eben.

Im Kartenbüro gab es tatsächlich Arbeit für Sidonie, und zum ersten Mal in ihrem Leben machte ihr die auch Spaß. Es war nicht anstrengend, den ganzen Tag nichts anderes zu tun, als mit Leuten in verschiedenen Sprachen zu plaudern. Ihr Einkommen war nicht hoch, aber es reichte zum Leben.

Sidonie, Porträt malend in Frankreich

Im Frühsommer 1971 fragte Jacqueline Costa bei Sidonie an, ob sie sich vorstellen könne, für zwei Jahre nach Brasilien mitzukommen. Sie wäre in einer ähnlichen Lage wie Ruth damals in Bangkok. Laurent, ihr Sohn, sei jetzt zehn und brauche jemanden wie Sidonie, der sich während der nächsten Auslandsmission der Eltern liebevoll um ihn kümmern könne. Sidi war gerührt, dass Jacqueline an sie gedacht hatte, schreckte aber gleichzeitig ein bisschen vor dem Gedanken zurück, in ihrem Alter wieder für ein Kind, noch dazu für einen Buben knapp vor der Pubertät, verantwortlich zu sein.

Erst beim nochmaligen Durchlesen von Jacquelines Brief registrierte sie das Postskriptum: »Wenn Du Weiteres besprechen willst, komm doch im Sommer zu uns nach Carcassonne.«

Natürlich würde sie nach Carcassonne fahren, nicht wegen Carcassonne, auch nicht wegen Jacqueline, sondern um endlich Monique wiederzusehen.

Drei Wochen war sie bei Jacqueline geblieben. In diesen drei Wochen hatte sie Monique einige Male gesehen. Manchmal nur für eine Stunde, und das war dann für sie der Höhepunkt des Tages. Zweimal war sie auch auf Moniques Schloss eingeladen worden, was sie aufregend fand und nicht merken wollte, wie seicht die Konversation dahinplätscherte, wie gläsern charmant ihre Angebetete war und wie schnell sie wieder hinauskomplimentiert wurde.

Nach Wien fuhr Sidi zurück mit dem Versprechen, Ende November 1971 nach Paris zu kommen, von wo sie gemeinsam mit den Costas nach Rio reisen sollte. Sidi hatte allerdings eine Bedingung für ihr Mitkommen gestellt: nach Ablauf der zwei Jahre wollte sie mit ihren Diplomatenfreunden nach Frankreich zurückkehren, sozusagen als permanente Hausdame, als Freundin der Familie und Mitbewohnerin eines Schlosses, das so günstig in der Nachbarschaft von Monique lag.

Ihre Freundinnen in Wien waren sehr erstaunt, dass Sidi nach so kurzer Zeit wieder ihre Zelte abbrechen wollte. Auf den Teekränzchen und Bridgerunden war man sich einig, dass es doch etwas ungewöhnlich für eine Dame dieses Alters wäre, eine Arbeit in Brasilien anzunehmen. Sidi fand es ganz normal, denn der Treibstoff für dieses Abenteuer hieß Monique, aber das musste ja niemand wissen.

Die wenigen Dinge, die sie ihr eigen nannte, waren schnell verschenkt oder verpackt. Die gute Jugendfreundin Christl Kmunke erklärte sich bereit, Sidis Habseligkeiten bei sich aufzubewahren. Ein paar Möbelstücke, ein paar Kartons mit Photos und Erinnerungsstücken und die Rollen mit Sidis Ölbildern, all das war in einem Kabinett in Christls großer Wohnung gut aufgehoben.

Wenn Sidi gewusst hätte, dass Christl im folgenden Jahr sterben würde, hätte sie vielleicht ihre Sachen woanders untergebracht. Die Verwandten der Freundin, die Christls Wohnung räumen mussten, achteten zwar auf die Möbel, die Ölbilder, Erinnerungen aus den vergangenen Jahren, waren jedoch alle verschwunden.

Brasilien

Rio de Janeiro, 19. August 1972

Man sagt doch immer, dass man so alt ist, wie man sich fühlt, aber das ist nicht wahr. Es ist ein Pech, wenn man Gefühle hat, die nicht zum Alter passen! Zum ersten Mal in meinem Leben bedauere ich es, nicht jünger zu sein.
Entschuldigen Sie, wenn ich Ihnen das sage, aber wenn ich zwanzig Jahre jünger wäre, würde ich alles tun, um Sie zu erobern! Aber da das nicht der Fall ist, habe ich mir vom ersten Moment an geschworen, nicht das Geringste zu unternehmen! Ich werde mich damit begnügen, Sie immer zu sehen, Ihre Stimme zu hören, aber Sie müssen mir auch Sympathie entgegenbringen und meine Gegenwart angenehm empfinden!?

Nun sitzt Sidonie wieder einmal in Brasilien in ihrem Zimmer hoch über der Bucht von Rio und träumt sich nach Frankreich, in ein Schloss inmitten von Weinbergen, in dem ihre dritte große Liebe wohnt. Alles, was mit Monique zu tun hat, ist unsicheres, schwankendes Terrain, durch das sie die sicheren Pfade ihrer regelmäßigen Briefe legt und hofft, mit ihnen wirklich Wege zur Geliebten zu bauen. Doch Monique antwortet auf keines ihrer

Schreiben, reagiert nicht, kommuniziert nicht und bleibt ein vages Bild der Hoffnung und Angst.

Den Alltag, die Realität hier in Rio de Janeiro findet Sidonie immer bedrückender. Sie kümmert sich wie vereinbart um den kleinen Laurent, und obwohl sie den Kleinen mag, empfindet sie die Beschäftigung mit ihm mehr als Belastung denn als Freude. Er ist mittlerweile elf und ein stürmischer Bub, der in Riesenschritten auf die Pubertät zusteuert und sich nichts sagen lässt. Schon gar nicht von einer alten Frau, die ihm als Autoritätsperson vorgesetzt wird. Sidi bekommt das kräftig zu spüren. Wenn sie ihm bei den Aufgaben helfen will, ist er nicht aufzufinden, abgesehen davon, dass sie den Stoff, den er lernen muss, in einigen Fächern nicht mehr versteht. Wenn sie ihn zu Bett bringen soll, tobt er herum oder versteckt sich im Garten und Sidi hat nicht mehr die körperlichen Kräfte, seiner Herr zu werden. Und wenn er am Morgen frühstücken soll, setzt er sich erst gar nicht an den Tisch, sondern grinst ihr frech ins Gesicht und schnappt sich irgendwas aus dem Kühlschrank, das eigentlich für seine Eltern bestimmt ist, und verschwindet.

Solche Episoden strengen Sidonie über die Maßen an und lassen sie immer mehr an der Sinnhaftigkeit ihres Hierseins zweifeln. Laurents Mutter Jacqueline ist durch ihre Pflichten als Diplomatengattin überlastet und kümmert sich kaum um den Buben. Außerdem verträgt sie das heiße, feuchte Klima nicht und liegt oft tagelang mit Kreislaufschwäche in ihrem Zimmer, in dem ihr das Surren von drei Ventilatoren die Illusion der Abkühlung vermitteln soll.

Ihr Mann Jean-Pierre ist natürlich auch keine Hilfe. Er ist kaum da, dauernd auf diplomatischer Mission unterwegs, und wenn er einmal im Haus ist, bringt seine Verpflichtung Scharen von Gästen mit sich, die auf Empfängen oder Abendessen betreut und versorgt werden müssen. Sidi nimmt zwar regelmäßig an diesen Empfängen teil, aber im Grunde ihres Herzens hasst sie es, die Abende mit Menschen zu verbringen, die ihr nichts bedeuten und sie anstrengen. Dann zieht sie sich früh zurück, schlüpft in ihr Nachthemd, holt sich Monique im Geist herbei und fällt in einen seichten, schnellen Schlaf.

Tagsüber kann sie sich nicht einmal zum Malen aufraffen. Das einzige, was ihr, sofern sie einen Nachmittag oder Abend für sich allein hat, ein bisschen Freude macht, ist Radio hören. Die Musikprogramme im Radio sind großartig, die Rhythmen reißen sie mit. In solchen Momenten versteht sie den Begriff *saudade*, dieses schwer beschreibbare Gefühl der Sehnsucht und des Verlangens, das sie immer schon begleitet hat, ohne das sie sich ein Leben gar nicht vorstellen kann, und für das sie aber erst hier ein Wort gefunden hat. Mit Wehmut denkt sie an Zeiten, in denen sie nicht nur Begehrende, sondern auch Begehrte war. Aber diese Zeiten sind lange vorüber, ihre Schönheit, die sie immer so stolz machte, ist dahin, und sie muss sich mit der Position der bescheidenen Beobachterin begnügen. Dennoch hat ihr das Schicksal Monique gesandt und mit ihr eine Leidenschaft, die sie das Alter von Zeit zu Zeit vergessen lässt.

Sidonie lebt von Tag zu Tag. Wenn es einen Wochenendausflug nach Petropolis, wo die Costas ein Haus gemietet haben, oder nach Nova Friburgo – beides Orte in den kühleren Bergketten in der Umgebung von Rio – gibt, fährt sie nolens volens mit, doch ohne Augen für die Schönheit der Landschaft, schnell ermüdet und immer mit sich selbst beschäftigt.

Im Jänner 1973 lernt Sidonie dann etwas mehr vom Landesinneren kennen. Die kleinen Barockstädte im Bundesstaat Minas Gerais gefallen ihr so gut, dass sie überlegt, dort ein paar Tage mit ihren Malsachen zu bleiben. Aber die Fahrt geht weiter bis in die Hauptstadt Brasilia, wo Jean-Pierre Arbeitsbesprechungen hat. Jacqueline und Sidi nützen die Zeit, um sich Brasilia, die in den fünfziger Jahren auf dem Reißbrett geplante und aus dem Boden gestampfte Hauptstadt des Landes und seine Umgebung anzusehen.

Bei einem der abendlichen Empfänge in Rio kommt es zu einer besonderen Begegnung. Sidonie lernt die schöne Catherine kennen, eine Frau, die sie frappant an Monique erinnert. Als auch sie ihr beim Abschied zweimal die Hand gibt, scheint eine besondere Verbindung für sie evident.

Schnell merkt Catherine, dass Sidonie an ihr Gefallen gefunden hat, und ihr Verhalten lässt erkennen, dass sie nicht ganz abgeneigt ist. Sidonie ist verwirrt und sehr vorsichtig geworden.

Sie versteht nicht ganz, dass eine Frau, die fünf Kinder in die Welt gesetzt, einst als Mannequin gearbeitet hat und bereits zum zweiten Mal verheiratet ist, ein Interesse an ihr haben kann, und weicht daher in der ersten Zeit den persönlichen Einladungen Catherines geschickt aus. An Monique schreibt sie im November:

> Ich weiß, dass es einen großen Unterschied gibt zwischen dem Effekt, den Catherine, und dem Effekt, den Sie auf mich haben. Es macht mir immer große Freude, Catherine zu sehen, aber sie regt mich nicht auf, und ich habe nie Probleme zu schlafen, nachdem ich sie gesehen habe. Wenn ich mit Ihnen zusammen gewesen bin, dann bin ich erregt und kann nicht schlafen.

Mittlerweile verstreicht Sidonies Aufenthalt mit zermürbender Langsamkeit. Ursprünglich hatte sie Jacqueline versprochen, zwei Jahre in Rio zu bleiben, nun aber überlegt sie immer öfter, früher nach Europa zurückzugehen. Dass Monique sich schon seit eineinhalb Jahren nicht meldet, quält sie und lässt ihr keinerlei Illusionen. Trotzdem schreibt sie, wie den Realitäten zum Trotz oder vielleicht im Versuch, eigene zu schaffen, mit der Verlässlichkeit eines Uhrwerks an die ferne Frau:

> Ich wollte, ich wäre an Fifis Stelle: an Eurer Seite zu sitzen und meinen Kopf auf Eure Knie zu legen. Und wäre ich Fifi, würden Sie mir mit Ihrer kleinen graziösen Hand sanft über den Kopf streicheln … Aber unglücklicherweise bin ich nicht Fifi!!!!!!!!

Auf Empfehlung einer Freundin sieht sich Sidonie den Film *Harold and Maude* an, und nun bricht der Konflikt zwischen Liebe und Alter voll über sie herein. Sie ist zutiefst schockiert, und auch das muss Monique mitgeteilt werden:

> Die Schauspielerin war sicherlich nicht achtzig, sondern dürfte so um die sechzig sein. Wenn sich ein junger Mann in Catherine verliebte, wäre das für mich verständlich. Sie ist allerdings dreiundfünfzig und eine sehr attraktive Frau, die noch

gar nicht alt wirkt. Ich will Ihnen zeigen, wie objektiv ich bin. Ich bin noch keine achtzig, aber sicherlich schon in dem Alter, wo es gar nicht mehr in Frage kommt, dass ich Liebe entfachen kann. Ich habe dazu einmal etwas gelesen, was mich beeindruckt hat: »Alter ist das furchtbarste Übel auf dieser Welt. Es raubt dem Menschen alle Freuden, und er gibt alle seine Wünsche auf und gibt sich ganz dem Leiden hin.« Ich glaube nicht, dass man das verallgemeinern kann, aber für den, der es gesagt hat, traf es sicher zu, und für mich auch. Ich habe für Sie Gefühle, die meinem Alter nicht zustehen, aber ich verleugne sie nicht und wäre sehr glücklich, wenn ich mir Ihre Freundschaft sichern könnte, die ja unabhängig vom Alter ist. Ich umarme Sie innig im Gedanken. Ich bin schon ganz ungeduldig, weil ich Sie wiedersehen und Ihre Stimme hören möchte.

Dann steht der Entschluss endlich fest. Sidonie wird Brasilien früher als geplant verlassen. Sie ist innerlich in Aufruhr, weil sie Monique bald wiedersehen wird, und hat zugleich große Angst vor dieser Begegnung, von der sie die Entscheidung über ihr weiteres Leben erwartet. Würde sie in der Nachbarschaft – zumindest als wohlgelittene Freundin – auf dem Schloss der Costas leben können, malend, nichtstuend und Monique jede Woche sehend?

Ende Juni 1973 fliegt Sidonie von Rio nach Miami, um ihre Brüder zu besuchen. In ihrem letzten Brief an Monique vor der Abreise vergleicht sie noch einmal ihre beiden Lieben:

Als ich wegfuhr, haben Sie mich nicht gebeten, Ihnen zu schreiben, und Sie haben mir während meiner langen Abwesenheit kein einziges Wort geschrieben. Ich bin sicher, dass Catherine jeden meiner Briefe beantwortet hätte.
Manchmal frage ich mich, ob ich Catherine nicht mehr liebe als Sie? Aber leider, es steht außer Zweifel, dass ich viel mehr in Sie verliebt bin!!!
Auf bald. Ich fühle mich ein bisschen wie eine Angeklagte, die ihr Urteil erwartet. Und der Richter sind Sie!!!

Nach dem Besuch bei den Brüdern und einem kurzen Aufenthalt in New York kommt Sidonie Anfang August in Paris an. Und dann beginnt eine Zeit der Rastlosigkeit und wieder einmal des Unglücks. Kaum in Paris, hält sie nichts mehr in der Stadt. Sie steigt sofort in den Zug Richtung Süden, und da sie vom Bahnhof ihres Ankunftsortes nicht einmal abgeholt wird, weiter in den Bus, der sie zum Landgut bringt. Das Wiedersehen mit der angebeteten Frau nach fast zwei Jahren der Trennung ist für Sidonie überwältigend. Monique hat nichts von ihrer Anziehung eingebüßt. Grazil und elegant tritt sie ihr entgegen, nimmt leichthin ihre Hände in die ihren und sagt strahlend »Bonjour, Tante Sidi«. Das »Tante Sidi« hatte sich eingebürgert in den letzten Jahren, und Sidi überhört es ebenso wie sie Moniques Fahrigkeit und Oberflächlichkeit, das völlige Fehlen irgendeiner Wiedersehensfreude, die über den Moment hinausgehen würde, übersieht.

Die nächsten Wochen sind für Sidonie Wechselbäder der Freude und Qual. Regelmäßig lässt sie Monique Blumen und kleine Kärtchen zukommen, erhält aber nie ein Wort des Dankes. Dann schenkt sie Monique einen goldenen Ring mit einer Inschrift. Das Geschenk wird gnädig angenommen und Sidonie übers Wochenende eingeladen.

An diesem Wochenende ist Sidonie jedoch nicht der einzige Gast, jedes Zimmer bei Monique ist belegt, und die Gastgeberin wechselt kein einziges privates Wort mit ihr.

Als sie von diesem Wochenende verstört zu Jacqueline Costa zurückkehrt – sie ist glücklicherweise gerade für ein paar Wochen in der Heimat –, nimmt diese sie endlich zur Seite und redet ein ernstes Wort mit ihr. Es zerreiße ihr schon seit langem das Herz, die verliebte alte Freundin wie eine Törin durch die Welt rasen zu sehen, um ihrer verwöhnten und völlig desinteressierten Cousine nahe sein zu können. Jacqueline, die ihre Cousine sehr gut kennt, versucht Sidonie klarzumachen, dass Monique nur mit ihren Gefühlen spielt und sich hinter ihrem Rücken lustig über sie macht.

Aber Realitäten haben bei Sidonie noch nie geholfen. Sie seufzt, sagt, dass sie in Anbetracht von Moniques Schönheit mit solchen Überlegungen nicht viel anfangen könne, dass sie im Laufe ihres langen Lebens genug Erfahrung im Umgang mit verdorbenen Frauen gesammelt hätte.

Und dass es ihr nichts mehr ausmache und sie nur Moniques schmale, elegante Gestalt sehen, ihr Parfum riechen und ihre Stimme hören wolle.

Im Spätherbst, nachdem Sidi einige Wochen in Frankreich ihrem Schicksal hinterhergelaufen war, muss sie zu ihrer großen Enttäuschung feststellen, dass aus dem Traum, in Jacquelines Schloss zu wohnen, wohl nichts werden wird. Nicht weil Jacqueline ihr diesen Wunsch nicht erfüllen wollte, sondern weil das Gebäude über keine Heizung verfügt und es daher im Winter nicht bewohnbar ist. Aber vielleicht war es ja auch richtig so. Monique hatte keinen Funken Interesse an einem Kontakt mit ihr, warum also sollte sie in einem eisigen Schloss wegen eines eisigen Herzens unnötig frieren. Es würde also doch ein Leben in Wien werden.

Dennoch sollte die Verliebtheit zu Monique für einige Jahre Sidonies Gedankenwelt beherrschen. Noch immer war sie bei ihren häufigen Besuchen in Frankreich bereit, alles liegen und stehen zu lassen, und jede Art der Fortbewegung war ihr recht, wenn diese sie nur in die Nähe Moniques brachte. Geplante Reisen oder Treffen mit Freundinnen wurden im letzten Moment verschoben und Freundschaften auf harte Proben gestellt, wenn sich unerwartet die Möglichkeit auftat, Monique – wenn auch nur für ein paar Stunden – zu sehen.

Und dann, eines Tages, verlosch das Feuer. Sidonie und Monique waren auf derselben Gesellschaft, es wurde spät, Sidonie fühlte nichts mehr, was sie zurückhalten könnte, sie verließ den Salon und ging schlafen. Es war vorbei.

In Wien und auf Reisen

Schweren Herzens kehrt Sidonie nach Wien zurück. Sie würde wieder von vorne anfangen, sich wieder eine Bleibe suchen müssen. Dabei kommt ihr eine alte Freundin, die Gräfin Stürgkh, zu Hilfe. Als sie von Sidis Wohnungssuche erfährt, schlägt sie ihr vor, doch Kontakt mit der Gräfin Küenburg aufzunehmen. Diese habe noch immer die große, schöne Wohnung im 3. Bezirk ganz in der

Nähe des Donaukanals und wolle nach dem frühen Tod ihres Mannes ein paar ihrer Zimmer vermieten.

Das Wohnen bei Inge Küenburg erweist sich als ideal. Die Gräfin, eine gutaussehende Frau Mitte fünfzig, vermietet außer an Sidi noch an zwei weitere Damen der Gesellschaft – die ideale Voraussetzung für oftmalige Bridgepartien. Sidi lebt nicht allein, was ihr nur recht ist, und hat dennoch keinerlei Verpflichtungen. Sie bezieht ein großes Zimmer, in dem sie sich sehr wohl fühlt und das zweimal im Monat von einer Bedienerin geputzt wird. Es gibt eine gemeinsame Küche, die von allen benutzt werden kann, aber Sidi braucht ohnehin nur den Kühlschrank, wo sie ihre Joghurts und Tomaten aufbewahrt. Es kommt ihr gar nicht in den Sinn, selber zu kochen, gibt es doch so viele nette Restaurants, die alle besser und preiswerter kochen können als sie. Außerdem ist sie fast täglich zum Essen eingeladen: alles Einladungen, denen sie mit großem Vergnügen Folge leistet.

Der frommen Gräfin verdankt Sidi auch ihre Rückkehr in den Schoß der Religion. Nach Chicos Tod hatte sie es voll Verbitterung aufgegeben, an Gott zu glauben. Aber die ruhige Art der Freundin, ihre permanente Sorge um Sidis Seelenheil und die bohrenden Fragen nach dem Sinn des Lebens – »was wird bloß mit dir, wenn du stirbst?« ist die beliebteste davon –, überzeugen Sidi, dass es vielleicht ganz günstig wäre, den lange vernachlässigten Gott durch erneute Kirchenbesuche wieder milde zu stimmen und sich ein Plätzchen im Jenseits zu sichern.

Anfang 1976 ergreift die Reiselust wieder Besitz von Sidonie. Sie hat nun genügend Zeit und auch ein bisschen übriges Geld, um Freundinnen, die in alle Windrichtungen zerstreut sind, zu besuchen.

An erster Stelle der Ziele steht Thailand. Der wahre Grund ihres Reisevorhabens, von dem niemand dort erfahren darf, ist immer noch Chico. Die Wunde über seinen Tod ist nicht ganz verheilt, und Sidi muss zumindest den Ort aufsuchen, wo ihr Äffchen begraben liegt. Vielleicht könnte sie dann Chico in ihrem Herzen wirklich zur Ruhe kommen lassen. Den alten Freunden in Thailand, die sie zu einem Besuch gedrängt haben, sagt sie natürlich nicht, dass sie eigentlich Nummer zwei sind und dass sie nicht ihretwegen den langen Weg auf sich genommen hat. Als sie die kleine Sandsteinplatte im Garten der Schweizer Freunde gesehen und ein paar Tränen geweint hat, ist sie zufrieden. Sie hat Abschied genommen und kann Thailand beruhigt hinter sich lassen.

Auch ihre nächste Reise würde im Zeichen des Abschließens und Frieden-Findens stehen. Sie möchte unbedingt nach Kuba. Eines Tages – sie ist gerade bei ihren Brüdern in Florida zu Besuch – sieht sie in einer Zeitung ein Angebot für einen günstigen Flug plus einem einwöchigen Aufenthalt in Kuba. Schon am nächsten Morgen hat sie das Arrangement gebucht. Da es von den USA keine Verbindungen nach Kuba gibt, geht die Reise über Mexico City. Mit ihrem österreichischen Pass hat sie keine Visaprobleme, und dann steht sie, für sie selbst überraschend, nach mehr als fünfundzwanzig Jahren wieder auf kubanischem Boden.

Sie ist überwältigt und gleichzeitig schockiert. Ihr Gefühl sagt ihr, dass es ein Heimkommen ist, aber was ihre Augen sehen, korrespondiert so gar nicht mit dieser inneren Stimme.

Schon auf der Fahrt vom Flughafen ins Zentrum sieht sie, in welch jämmerlichem Zustand ihr geliebtes, ehemals üppiges Havanna ist. Die alten Bauten am Malecon und in Habana Vieja sind halb verfallen, die Farben verblasst, der Verputz löst sich in großen Platten. Dieses traurige Bild wird vervollständigt durch eine Reihe von hässlichen Plattenbauten im Sowjetstil, die ihre BewohnerInnen in Enge und Komfortlosigkeit nahe zusammenzwingen.

Sidi verflucht innerlich Fidel Castro, dem sie den in ihren Augen offensichtlichen Niedergang der Insel anlastet.

Aber vielleicht ist es doch nicht so schlimm, vielleicht wird sie noch Winkel finden, in denen ihr Herz sich zu Hause fühlen könnte. Eine ganze Woche würde sie dafür Zeit haben, das war nicht viel, aber besser als gar nichts. Ihr größter Wunsch ist es, ein paar der Bilder wiederzufinden, die sie in Kuba zurückgelassen hatte, vor allem das eine, welches ihre Ex-Schwägerin Rosa, früher Frau des jüngsten Bruders Ernst, behalten hat und von dem sie nie eine Kopie angefertigt hatte. Sidi klopft an vielen Türen, fragt überall herum, aber trotz der großen Hilfsbereitschaft, die ihr entgegenschlägt, hat sie keinen Erfolg mit ihren Nachforschungen.

Die Suche nach dem Bild und eigentlich nach einem Stück von sich selbst, mit dem sie das schöne Lebensgefühl der vierziger Jahre für sich herüberretten könnte, führt sie auch zurück in das Haus, welches sie einst mit ihren Brüdern in Miramar bewohnt hatte.

Sie war gewarnt worden, dass sie das Haus nicht mehr erkennen würde, und hatte das in den Wind geschrieben. Aber nun ist es fast wirklich so. Die Nachbarschaft hat sich völlig verändert, was früher Einzelvillen waren, sind nun Gemeinschaftshäuser, in denen sich Scharen von Menschen, Hühnern und Ziegen den Platz teilen. Ihr früheres Haus findet Sidi vorerst gar nicht. Erst als ein paar Kinder auf ihre Fragen hin mit den Fingern auf eine grüne Blätterwand weisen, erkennt Sidi, dass dieses verwilderte Karree einst ihr Garten war. Sie kämpft sich durch zum Aufgang des Hauses, und dann erkennt sie es sehr wohl. Auch hier fällt der Putz überall von den Wänden, aber der sanfte Charme ist noch nicht verschwunden. Wenn allerdings nicht bald geholfen würde, wäre auch diese Ruine nicht mehr zu retten. Aber das trifft wohl auf die meisten Häuser in Havanna zu: selbst die, die erst vor zehn Jahren gebaut wurden, sind schon reparaturbedürftig.

Sie klettert die verfallene Treppe zu ihren Zimmern hoch, und jede Stufe ist ihr nach wie vor vertraut. Ihr ehemaliges Zimmer ist ein Schlachtfeld aus geborstenen Bodenplatten und herunterhängenden Tapeten. Wehmütig tritt sie auf die Terrasse hinaus und blickt von der rissigen Brüstung auf den Dschungel, der einst ihr Garten war, in dem sie so gern das damals noch gebändigte tropische Grün gemalt hatte. Aber sie ist nicht zornig oder bitter – nicht mehr. Es ist eben vorbei. Wie alles in ihrem Leben hat sich auch Kuba verändert, nichts war festzuhalten, und sie ist dankbar, dass dieses Land in einer Zeit, die viel mehr die ihre war, ihr Sicherheit und Lebensfreude geschenkt hat.

Sidis frühere Schwägerin Rosa, die nach ihrem Weggang aus Kuba ihre Nachfolgerin bei Marie-Louise geworden war, willigt nach einigem Zögern ein, sie zu treffen, mahnt aber ständig zur Vorsicht. Sie solle bei einer Zusammenkunft nur ja nichts sagen, was sie, Rosa, in Schwierigkeiten bringen könnte. Die Wände hätten überall Ohren in diesen Tagen, und sie wolle sich nicht mit dem Regime anlegen. Sidi kann gar nicht genug aufpassen, so

Castros Havanna

nervös und ängstlich verhält sich Rosa, als sie zu ihr ins Hotel, einem Plattenbau der neuesten Serie, kommt.

Die beiden sitzen in der Lobby, denn den Hotelgästen ist es untersagt, Besucher auf ihre Zimmer mitzunehmen. Während des Gesprächs dreht Rosa dauernd den Kopf hin und her und erzählt nur im Flüsterton.

Sidi erfährt von eventuellen Plänen der Regierung, das Haus der Csillags einer Botschaft zur Verfügung zu stellen, von der Schwierigkeit, im heutigen Kuba ein auch nur durchschnittliches Leben zu führen.

Am meisten redet Rosa aber über Marie-Louise, die vor einigen Jahren gestorben war. Seit ihrem Tod fühlt sich Rosa sehr einsam. Sie lebt zwar mit ihren Schwestern zusammen, die sie innig liebt, kann aber mit ihnen nicht über ihre Beziehung zu Marie-Louise sprechen. Die Schwestern wussten zwar, dass die beiden Frauen zusammenlebten, hatten Marie-Louise auch als beste Freundin Rosas in die Familie aufgenommen, aber die wahre Natur dieser Beziehung war unter dem Tuch wissenden Schweigens versunken. Seit Marie-Louises Tod wagt sich Rosa nicht mehr an andere Frauen heran. Damals, in den vierziger und fünfziger Jahren, sei alles viel lockerer gewesen, aber jetzt wisse man nicht, ob man nicht denunziert werde, und sie habe keine Lust, in ihrem Alter in ein Erziehungslager zu kommen.

Als Sidonie nach einer Woche auf dem Flughafen von Havanna den letzten frischen Mangosaft trinkt, bevor sie das Flugzeug nach Mexico City besteigt, weiß sie, dass dies wohl der endgültige Abschied von ihrem geliebten Kuba ist. Ihre Bilder sind verloren, ihr Haus ist fast zerstört, und das frühere Havanna ist von der Zeit und der Revolution gänzlich verformt worden. Hierher würde sie nicht mehr kommen wollen und diesem bärtigen Vorreiter des Kommunismus ihr Geld dalassen. Kuba ist eine schöne Erinnerung für sie, ein Kapitel, das sie nun endlich abschließen konnte.

Zurück in Wien nimmt sie wieder ihre Routine auf: gemeinsame Mittagessen bei Freunden, Bridgepartien, gelegentliche Ausflüge. Und dann passiert etwas, womit niemand gerechnet hat. Im Jahr 1980 stirbt ihre Quartiergeberin Inge Küenburg völlig unerwartet im Alter von fünfundsechzig Jahren. Sidonie, die bei der Gräfin eingezogen war in der Überzeugung, hier bis zu ihrem Lebensende bleiben zu können, ist verzweifelt, denn nun gilt es wiederum auf Wohnungssuche gehen und sich um Dinge kümmern zu müssen, die ihr im Grunde gänzlich egal sind. Sie ist achtzig und will das Leben nicht mit solch banalen Lächerlichkeiten vergeuden.

Ihre Freundin Lotte, Ellen Ferstels jüngere Tochter, mit der sie ihre Sorgen und ihren Widerwillen eingehend bespricht, ist da ganz anders. Entschlossen und voll der Hilfsbereitschaft greift sie zum Telephonhörer und beginnt alle Institutionen anzurufen, die einer Dame ein angemessenens Altersquartier bieten könnten. Offenbar haben Sidis Versöhnungversuche mit Gott und ihre regelmäßigen Kirchenbesuche der letzten Jahre doch etwas geholfen. Nach kurzen Nachforschungen hat Lotte ein Frauenheim, welches von der Caritas ganz in der Nähe Schönbrunns betrieben wird, gefunden. Gemeinsam besichtigen Lotte und Sidonie das Heim und seine bourgeoisen Insassinnen. Innerhalb weniger Minuten hat Sidonie sich entschieden: Hier würde sie ein Zimmer beziehen und bleiben.

12
»Es vergeht kein Tag, an dem ich nicht an sie denke …«

Mit zittriger Hand schiebt Sidonie den Schlüssel in das Gartentor vor dem großen kaisergelben Gebäude in der Frauenheimgasse. Es klappt nie beim ersten Versuch, mit einem metallischen Laut schlägt der Schlüssel immer wieder gegen das Schloss, bis sie endlich ihre Hand so fest in den Rahmen drückt, dass der Schlüssel seinen Weg findet. Dieses verdammte Zittern, irgendwann wird sie gar nicht mehr nach Hause kommen, einfach weil sie nicht aufsperren kann. Mit dem Trinken ist es auch schon schwierig und vor allem peinlich geworden. Heute abend beim Essen mit ihrer jungen Freundin war es fast wieder so weit. Würde sie nicht immer einen Trinkhalm dazu bestellen, würde ihre unruhige Hand das eiskalte Leitungswasser, das sie so gern und als einziges Getränk zu sich nimmt, in einem See über den Tisch, ihren Schoß oder den Boden verschütten, und da der Kopf im Takt in die Gegenrichtung wackelt, wäre ein Fiasko vorausprogrammiert. Dabei haben ihr die Ärzte gesagt, sie sei ganz gesund, keine Spur von Parkinson.

Man soll nicht alt werden, nicht so alt, wie sie jetzt ist. Bis neunzig hatte sie sich gefühlt wie ihr ganzes sonstiges Leben, alterslos, unberührt von Einschränkungen und Schwächen. Aber jetzt, mit sechsundneunzig, beginnt sie ihr Dasein zu verfluchen.

Endlich öffnet sich das Gartentor. Noch ein Winken zurück zum Wagen der Freundin, ein sanftes Lächeln, dann fällt das Tor ins Schloss. Es ist spät geworden

Jetzt kommt für Sidonie die angenehmste Zeit des Tages. Die Stunden spät nachts, zwischen zwölf und vier, wenn die Dunkelheit und Stille weite Räume um sie öffnen, in die sie, in Gedanken, in Erinnerungen, befreit von ihrem Körper, reisen kann.

Heute hat sie noch viel vor. Unter ihrem Bett liegt das große

Holzbrett, auf dem sie immer ihre Puzzles baut, und darauf liegt diesmal ein riesiges Œuvre mit zweitausend Teilen, das seit Tagen ihre ganze Aufmerksamkeit fordert. Eine spanische Fregatte segelt da fast fertiggestellt auf dem Brett vor ihr hin, in gedeckten braun-gelben Tönen, die ihre Augen so anstrengen und die Anschlusssteine schwer finden lassen. Noch dazu haben die in der Fabrik, wie immer, ein paar Teile vergessen, und auch diesmal würde das Schiff ohne die drei, vier Pappstückchen auf große Fahrt gehen müssen.

Aber zumindest so weit will sie es diese Nacht noch bringen.

Sidonie geht langsam in ihr Zimmer, das im Hochparterre mit Blick auf den nächtlichen, gerade blühenden Garten daliegt. Sie mag dieses schmale Kabinett. Rechts ein Kasten, danach zwei kleine Fauteuils mit Tischchen für ihre Gäste, links eine Kommode, dahinter ein schmales Bett, davor, halb versteckt von einem kleinen Paravent, ein Kühlschrank. An den Wänden ein paar Fotos von Familienangehörigen sowie Kaiser Franz Joseph und die von ihr so verehrte Kaiserin Sisi, ein paar selbstgemalte Bilder aus Thailand, das Porträt, das sie von Wjera angefertigt hat, ein riesiger Stoffhund auf dem Bett. Mehr will und braucht sie nicht.

Sidonie lebt gern im Heim und fühlte sich hier vom ersten Tag an wohl. Alles wird ihr abgenommen, es gibt keinerlei Verpflichtungen. Sie ist Lotte heute noch dankbar, dass sie dieses Frauenheim der Caritas entdeckte.

Die adeligen Gründerinnen und späteren Unterstützerinnen dieses Ortes hatten dafür gesorgt, dass das Frauenheim den Bedürfnissen der Damen aus aristokratischen und hohen Militärkreisen angepasst war.

Im Jahre 1881 war der Gedanke der Heimgründung im Salon von Auguste von Littrow-Bischoff zum ersten Mal aufgekommen, und bald darauf machte sie sich, gemeinsam mit einigen vermögenden Damen der Gesellschaft daran, diese Idee zu verwirklichen. Sie hatte eine prächtige Villa fast im Grünen von ihrem Vater geerbt, die sie adaptierte und 1883 als Heim für zwanzig Pensionärinnen eröffnete. 1906 wurde die Villa erweitert und bot Platz für siebenundvierzig Damen. Schon damals hatten alle Damen Zimmer, die mit ihren eigenen Möbeln eingerichtet waren.

Erzherzogin Marie Valerie, die jüngste Tochter Kaiserin Elisabeths, unterstützte über viele Jahre das Heim, und noch heute befindet sich im Foyer des Hauses eine Tafel zu ihrem Andenken. Karitative Tätigkeiten waren jedoch nicht nur für die Erzherzoginnen aus dem Kaiserhaus verpflichtend, sondern auch generell für Angehörige des hohen Adels. Diese Quelle sicherte das Fortbestehen des Heims für viele Jahre. Noch heute ist es für Damen aus diesen Kreisen üblich, wohltätige Aufgaben für das Frauenheim zu übernehmen. Und so gewährleistet der offizielle katholische Hintergrund der Caritas als Trägerin sowie der private katholische Hintergrund seiner Gönnerinnen das Florieren dieser Einrichtung für alte Frauen.

Seit einem Umbau vor etwa zehn Jahren gibt es im Haus auch eine Pflegestation, das heißt Frauen, die pflegebedürftig werden, müssen das Haus nicht mehr verlassen.

Im Zuge des damaligen Umbaus war Sidonie ein größeres Zimmer angeboten worden, aber sie lehnte das Angebot ab. Und es war sicherlich nicht nur ein Mangel an eigenem Geld, der Sidi davon abhielt, ein geräumigeres Zimmer zu beziehen und ihre Umgebung luxuriöser auszustatten. Obwohl, oder vielleicht gerade weil sie in großem Luxus aufgewachsen war, machte sie sich aus materiellen Dingen relativ wenig. Das Materielle war dazu da, genossen und benützt zu werden, aber wozu mehr als nötig davon für sich beanspruchen, wozu alles besitzen müssen?

Trotz ihres Desinteresses für das Geschäftliche wusste Sidi sehr wohl, dass das Heim viel mehr kostete, als ihre Pension betrug. Weder ihre eigene Rente – in den neunziger Jahren bezog sie 357 Dollar *social security* – noch die vom österreichischen Staat zugeschossenen Ausgleichszulagen reichten aus, um die Monatsgebühren für einen Heimplatz zu bestreiten. Daher fand sie es nicht richtig, ein teureres Zimmer zu beziehen, wenn sie nicht einmal für das kleinere aufkommen konnte. Zwar waren ihr noch ein paar Ersparnisse aus dem Verkauf der ehemals väterlichen Fabrik in Frankreich geblieben, aber dieses letzte Geld hütete sie wie einen Augapfel.

Auf Lottes Anraten hatte Sidi als Vertriebene des Holocaust 1996 auch ein Ansuchen beim Wiedergutmachungsfonds des österreichischen Nationalrats eingereicht und 70.000 Schilling erhalten. Aber sie hat keine Ahnung, was sie in ihrem Alter noch mit so viel Geld machen soll. Die Vorschläge, doch einmal ihre Freundinnen im Ausland anzurufen oder sich ein Taxi zu gönnen, nimmt sie zwar entgegen, findet sie aber eine unnötige Verschwendung.

Es ist wirklich halb vier in der Früh geworden, und die ersten Vögel beginnen zu zwitschern, als Sidi ihr großes Puzzle-Schiff zufrieden betrachtet und schließlich unters Bett befördert. Ein paar Stunden Schlaf genügen ihr, dass sie zu einer durchschnittlichen Aufstehenszeit wach wird und einen neuen Tag beginnt. Aber seit geraumer Zeit schlägt sie die Augen jeden Morgen mit einem Seufzer des Überdrusses auf. »Schon wieder, jetzt bist du also doch wieder aufgewacht«, ist ihr erster Gedanke. Fast ärgerlich steigt sie aus dem Bett. Sie will nicht mehr. Wozu jeden Tag die gleiche Leier, jeden Tag das beständige Älterwerden, während schon die nächste Generation alt und krank wird, vor ihr stirbt und sie ein Stück einsamer zurücklässt? Das Alter, dieses unnötig hohe Alter liegt ihr nicht. Ihr Geist ist viel zu wach und scheinbar in keinem Einklang mit ihrem müder werdenden Körper, und die Schere, die sich dadurch immer schmerzhafter auftut, zerschneidet ihr die Lebensfreude. Eigentlich möchte sie einschlafen und nicht mehr aufwachen.

Aber nun ist es eben wieder hell geworden. Sie geht zum Kühlschrank und nimmt ihr Frühstück, ein Joghurt und eine Orange, heraus und setzt sich auf die Bettkante. Dann eine kleine Wäsche in ihrem Badezimmer, ein hübsches Kleid ausgesucht, die falschen Perlen um den Hals und an die Ohren – nun kann sie dem Tag begegnen.

In ein paar Stunden schon würde ein warmes Mittagessen im gemeinsamen Speisezimmer serviert werden, bis dahin hat Sidi nichts zu tun, keine Pläne, keine Termine – die kommen erst am Nachmittag. Auf Gehen und Bewegung hat sie ohnehin keine Lust mehr, nur Sitzen ermüdet sie nicht. So lässt sie sich in ihren kleinen hellblauen Fauteuil sinken und nimmt sich endlich Zeit, in aller Ruhe das neue Monatsheft ihres Abonnements von *National Geographic* zu studieren. Sie liebt die Reportagen über ferne Länder, und vor allem die Artikel über Tiere, die mit wunderbaren

Farbfotos über kaum bekannte Arten berichten, berühren ihr Herz.

Dann, zu einer in früheren Jahren für sie unvorstellbaren Zeit – um zwölf Uhr – läutet es zum Mittagessen. Im allgemeinen ist sie mit dem, was freundliche junge Frauen da servieren, recht zufrieden. Nur manchmal könnte das Essen abwechslungsreicher und ein bisschen deftiger sein.

Aber, o Schreck, heute gibt es Topfenknödel. Schon wieder Topfenknödel, wo sie Topfen doch nicht mehr sehen kann. Eine Süßspeise als Hauptspeise! Das kann Sidonie nicht ausstehen. So wie neulich, als es Buchteln mit Vanillesauce gab – grässlich! Vanillesauce mag sie nicht, und auch Kaiserschmarren als Hauptspeise ist ihr ein Gräuel.

Nur zum Geburtstag darf sie sich ein eigenes Menü aussuchen. Da verlangt sie immer Spargel und Kastanienreis, Speisen, die es sonst nie gibt.

Aber heute heißt es wieder einmal, sich mit Süßem, leicht zu Kauendem zu quälen. Entsprechend ist Sidonies Laune.

Die alten Weiber mit ihr am Tisch hält sie noch weniger aus als sonst. Wie sie stumm, dement oder mit überströmendem Mitteilungsbedürfnis neben ihr sitzen und das Essen in ihre zahnlosen Münder befördern, kann sie oft fast nicht ertragen. Dauernd vergleicht Sidi sich mit ihnen, ein Vergleich, bei dem sie einerseits beständig in den Spiegel blicken muss, andererseits viel besser abschneidet. Mit sechsundneunzig schieben die anderen, wenn sie überhaupt noch leben, ein Gestell vor sich her oder gehen am Stock, hören und sehen nicht mehr gut oder sind geistig nicht mehr da. Mit solchen Menschenwracks will sie im Grunde nichts zu tun haben.

Dennoch – seit kurzem ist Sidi die Doyenne unter den Heimbewohnerinnen. Es gibt zwar noch ein Heiminsassin, die mit hundertzwei Jahren älter ist als sie, die liegt aber längst auf der Bettenstation. Die Physiotherapeutin hat sie ihr unlängst gezeigt und sie gefragt, ob sie nicht mit ihr sprechen will. Aber Sidi hat nur abwehrend gesagt, »Nein, wozu? Alt bin ich selber«, und hat sich fluchtartig zurückgezogen in ihr Zimmer, wo sie allein ist und nicht die wandelnde Bestätigungen ihres eigenen Verfalls vor sich sehen muss.

Ein einziges Mal hatte sie in all den Jahren im Frauenheim Gefallen an einer anderen Pensionärin gefunden. Eine norwegische Tänzerin, die lange Jahre mit einem österreichischen Baron verheiratet gewesen und nach dessen Tod ins Heim gezogen war, hatte es ihr angetan. Wenn sich Sidonie an sie erinnert, sieht sie ein zarte Frau, die eigentlich nicht schön war, aber diese gewisse Haltung hatte, die Sidi in Begeisterung versetzen konnte. Solange die Tänzerin lebte, versuchte sie ihr jeden Wunsch von den Augen abzulesen, und auch jetzt legt sie noch regelmäßig Blumen auf ihr Grab.

Nach dem Mittagessen hält Sidi ihre obligate Siesta, mit der sie ein bisschen die fehlende Nachtruhe aufzuholen versucht. Heute möchte sie besonders in Form sein, denn sie ist, wie jede Woche, zur Bridgepartie zu ihrer Freundin Lotte nach Grinzing eingeladen.

Dorthin wird sie wie immer mit öffentlichen Verkehrsmitteln fahren, sie mag diese Art der Fortbewegung, nur für weite Strecken mit oftmaligem Umsteigen oder spät nachts zieht Sidonie ein Taxi vor. Die Stadt Wien stellt älteren und behinderten Menschen ein besonders günstiges Ruftaxi zu einem Einheitstarif zur Verfügung. Sidi macht zu jenen seltenen Anlässen davon Gebrauch, nur gefällt es ihr nicht, dass sie manchmal bis zu einer halben Stunde auf das Taxi warten muss.

Aber im allgemeinen fährt sie eben viel lieber mit öffentlichen Verkehrsmitteln. Wenn sie nur wenige Stationen mit U-Bahn oder Straßenbahn fährt, ist sie nicht bereit, zu zahlen, es ist doch blödsinnig, für so eine kurze Strecke so viel Geld auszugeben. Und sie lebt ihre Fahrscheinlosigkeit mit solchem Selbstverständnis, dass sie nie erwischt wird. Eine Freundin findet das untragbar, mahnt sie wegen der Unstatthaftigkeit und will ihr mit einer Jahreskarte eine besondere Freude machen. Aber die Tochter der Freundin weiß es besser und hält die Mutter von diesem teuren Unterfangen ab. Es sei doch völlig unnötig, der Tante Sidi eine Jahreskarte zu schenken, sie fährt doch so gern schwarz, und man sollte ihr das Vergnügen nicht nehmen.

Bei der Grinzinger Bridgerunde wird Sidonie eine Frau wiedersehen, die ihr vor einiger Zeit gehörig den Kopf verdreht hat, die aber mittlerweile bei ihr unten durch ist: Die attraktive siebzigjährige Dora, die geschiedene Gattin eines bekannten österreichischen Industriellen, die in jüngeren Jahren als Mannequin gearbeitet hatte, ließ über lange Zeit Sidis Herz höher schlagen. Auch Dora fühlte sich von der werbenden Aufmerksamkeit Sidonies geschmeichelt und die beiden trafen sich regelmäßig bei Bridgepartien und des öfteren zu einem Abendessen zu zweit.

Einmal lud Dora Sidonie zu sich, offenbar um mit ihr Kleidungsfragen für einen bevorstehenden Empfang zu erörtern. Sidonie bat Dora, ihr das Abendkleid, das sie tragen wollte, einfach vorzuführen. Als Dora wenig später in den Salon zurückkehrte, war sie allerdings zu Sidonies Entsetzen nicht im gewünschten Abendkleid, sondern nur in einer Strumpfhose, oben ohne. Sidi erinnert sich noch heute mit dem Kitzel der Empörung, nicht hingeschaut zu haben. Was wollte Dora denn – mit ihr als Greisin – das war doch unmöglich! Noch dazu mit einer Greisin, die Ästhetin ist, und deren eigenen Ansprüche an ihre verflossene Schönheit alles Körperliche gänzlich indiskutabel machten.

Ein paar Tage später am Telephon wollte Dora wissen, warum Sidonie partout weggeschaut habe. Sidi erwiderte: »Weil du schon angezogen verführerisch genug aussiehst.« Dora lachte nur und versicherte, dass sie es nie wieder tun werde.

Seit dieser Zeit kreisten Sidis Gedanken fast ständig um Dora. Was sie besonders interessierte, war die innige Freundschaft, die Dora mit einer Aristokratin pflegte. Als sie in Erfahrung brachte, dass beide Frauen zur selben Zeit an den selben Ort in der Türkei auf Urlaub fuhren, das aber auf ihr Fragen hin abstritten, begannen sich ihre Gedanken zu überschlagen. Wieso verheimlichten die beiden eine Reise, die ihrer Meinung nach sicher gemeinsam stattgefunden hatte, und wieso belog Dora sie? Ein dickes Minus in Sidis Werteskala. Die einzige Frage, die Sidi nicht hätte stellen können: Ob Dora vor der anderen wohl auch oben ohne auftrat?

Dennoch schickte Sidonie von Zeit zu Zeit in guter alter Tradition Blumen. Eines Tages war Dora nicht zu Hause, um das duftende Präsent in Empfang zu nehmen. Das Blumengeschäft hinterließ ein Kärtchen mit der Bitte, sich die wunderbaren Orchideen, die für sie bestimmt gewesen wären, im Geschäft abzuholen.

Für Sidonie waren Orchideen schon immer das schönste Symbol

ihrer Bewunderung und Verehrung gewesen. Was sie nicht wusste – Dora mochte Orchideen gar nicht. Daher fragte sie im Geschäft, ob sie sich andere Blumen aussuchen dürfe und entschied sich für einen prachtvollen Strauß Tulpen, den sie stolz nach Hause trug.

Am nächsten Tag bedankte sich Dora telephonisch bei Sidi und ließ sie auch wissen, dass sie sich statt der Orchideen Tulpen mitgenommen hatte.

Auf den bösen Wortschwall, der jetzt über sie hereinbrach, war sie allerdings nicht gefasst. Sidonie war entsetzt, dass man sich so ordinäre Blumen wie Tulpen aussuchen und ihre Orchideen, das Edelste und Teuerste verschmähen könne. Nach einem »Mit dir will ich nie wieder etwas zu tun haben« wurde der Hörer aufgelegt.

Über Wochen war Sidi empört und tat dies auch allen, die es hören wollten, kund. Dora hatte sie im Blumengeschäft so blamiert, dass sie diesen Ort nie wieder betreten könne. Und außerdem die Gabe ihrer Liebe und Verehrung zurückgewiesen. Sie fühlte sich betrogen und verraten. In ihr wuchs die Gewissheit, dass die eitle Dora nur zu ihr gekommen war, weil es ihr gefiel, bewundert zu werden oder um ihr, einer armen, alten Frau, einen Gefallen zu tun. Das war Sidi zu wenig, und sie zog es vor, Dora bis auf gelegentliche Bridgepartien aus ihrem Leben zu streichen.

Am nächsten Tag, einem Sonntag, hat Sidonie auch schon wieder Pläne. Wie jeden Monat ist sie bei den Imhofs zum Mittagessen eingeladen. Es ist mittlerweile schon längst die Kinder- und Enkelgeneration, mit der sie hier gern verkehrt. Wie gut kann sie sich noch erinnern, als Ed und sie in den dreißiger Jahren in St. Gilgen mit den Eltern Imhof tagelange Bridgepartien ausgefochten haben! Vicki war damals noch ein dicker, fröhlicher Bub, der sie mit seinem Charme und seiner Intelligenz beeindruckt hatte. Heute ist er selber ein alter Mann, viele Jahre mit der strahlenden Helga verheiratet und stolz auf seine zwei erwachsenen Töchter und Enkelkinder. Was sie bekümmert, ist, dass Vicki krank ist, zu hohe Zuckerwerte hat und fast nichts mehr sieht – was ist das für eine Gerechtigkeit, in seinem Alter, so viele Jahre vor ihr?

Aber heute ist bei den Imhofs die übliche Fröhlichkeit mit am Tisch zu Gast. Helga hat einen riesigen Schweinsbraten aufgetischt, die Enkelkinder erzählen von ihren Erlebnissen beim Eishockey, in der Schule, beim Tanzen, Vicki macht Witze, und der große schwarze Labrador der Familie wedelt freundlich und räumt die Bratenreste ab. Sidonie liebt diese Familie, bewundert, dass Helga und Vicki eine der ganz wenigen glücklichen Ehen führen, die sie in der Gesellschaft kennt, und die Kinder liebevoll und selbstbewusst präsent sind.

Zufrieden startet sie in die neue Woche. Diese würde ein Treffen mit ihren beiden jungen Freundinnen bringen. Seit vielen Jahren kommt die eine, Enkelin ihrer Freundin Sylvie Dietz, die schon längst gestorben ist, und macht Tonbandaufnahmen über ihre Lebensgeschichte mit ihr. Seit zwei Jahren hat sich die zweite dazugesellt, die sie alles noch einmal fragt und noch viel mehr. Die immer Details wissen will, die Sidi selbst nie gewusst oder längst vergessen hat. Ob Leonie Puttkamer wirklich eine versuchte Giftmörderin war, welche Filme sie in den dreißiger Jahren gesehen hatte, wie sie die Politik in den fünfziger Jahren empfunden hat und ob sie wusste, dass die Schauspielerin Dorothea Neff auch eine der Ihren war? Irgendwie mag Sidonie diese Fragerei, und was sie nicht sagen möchte, wird ohnehin verschwiegen. Sie weiß, dass ihr Leben dokumentiert werden wird, und es macht sie stolz und ein bisschen eitel, dass es für andere so interessant ist.

Aber was sind alle diese kleinen Eitelkeiten im Vergleich zu den Tagträumen über die großen Lieben, die sie bei diesen Gesprächen ungehindert ausbreiten kann? Es waren diese schönen Frauen mit den unvergesslichen Händen und dem unvergleichlichen Gang, die ihrem Leben einen besonderen Stempel aufgedrückt haben. Bei jedem Zusammentreffen kommt Sidonie auf Leonie Puttkamer zu sprechen. Manchmal wird die ganze Beziehungsgeschichte aufgerollt, manchmal sind es nur einzelne Aspekte. Jedesmal jedoch betont sie, dass sie heute noch stolz darauf ist, sich als junges, unschuldiges Mädchen so eine wie die Baronin Leonie Puttkamer ausgesucht zu haben.

Mit versonnenem Lächeln sitzt Sidi dann in ihrem hellblauen Fauteuil und erlebt zum hundertsten, wahrscheinlich tausendsten Mal, wie sie Leonies Hand nahm und küsste.

Voll der Wut und Verachtung erinnert sie sich an den Professor Freud und freut sich heute noch hämisch, dass er sich an ihr die Zähne ausgebissen hat. Er war ein Trottel, dabei bleibt sie!

Je mehr Sidonie ihre eigene Schönheit für verloren hält, desto mehr tauchen die Gesichter und Körper ihrer großen Lieben auf. Und mit ihnen steigt unweigerlich das Thema Sex auf. Mit Abscheu, hinter der eine leise Trauer steckt, spricht sie über körperliche Liebe. Sie weiß, dass ihr viel an Genuss verwehrt geblieben ist. Wie hatte ihr Arzt gesagt, der sie nach ihrem dritten Selbstmordversuch, als die Kugel ihr Herz nur um zwei Zentimeter verfehlte, im Wiener Neustädter Krankenhaus behandelt hat? Der verstand, wie es um sie bestellt war. »Sie sind eine klassische Asexuelle«, meinte er, und dem kann sie bis heute nur zustimmen. Um wieviel mehr hatte sie die Berührung einer Hand, eine Wendung des Körpers, ein Blick erregen können als die Körperzonen, auf die alle die Lust hinbeordern. Wie schrecklich fand sie immer die dunkle Stelle und das bedrohliche »Ding« zwischen den Beinen der Männer, wie beängstigend, wenn auch etwas besser, diesen feuchten Ort bei den Frauen, wie abstoßend eine Zunge in ihrem Mund.

»Wenn es zum Klappen gekommen ist, war es vorbei«, seufzt sie laut und spinnt ihre Gedanken weiter, was es war, dass sie »so geworden ist«.

»Ich bin so geworden wegen meiner Mutter«, stellt sie nüchtern fest. »Jede Frau war ihr eine Feindin. Erst als sie gemerkt hat, dass bei mir etwas nicht stimmt, war sie netter zu mir. Ganz lieb war sie erst zum Schluss, als sie Tabletten genommen hat, da hat sie mir sogar gesagt, dass ich schöne Augen habe.«

Und nur diese Schönheit, die ihrer Mutter, ihre eigene und die vieler Frauen, hat sie bewegt und heftigste Gefühle in ihr ausgelöst.

»Ich war immer in Schönheit verliebt. Eine schöne Frau ist immer ein Genuss für mich, das wird bis zu meinem Lebensende so bleiben.«

Und schon spinnen sich die Assoziationsketten fort bis in die Gegenwart. Sie kann es ja bis heute nicht lassen, Frauen zu gestehen, dass sie ihr gefallen. Und günstigerweise ist eine ganz in ihrer Nähe, der sie nette kleine Komplimente machen kann: Die Präsidentin des Heimes ist eine Frau nach Sidis Geschmack, und es tut ihr leid, sie nur so selten zu sehen.

Aber kürzlich, nach einer der Versammlungen, hatte sie es ihr endlich gesagt. Sie ließ sie wissen, wie gern sie sie zu Gesicht bekommt, ihr erfreulicher Anblick erhelle ihren Tag. Diese netten Worte bringen in das Gesicht der Präsidentin ein Leuchten, und Sidonie genießt, dass ihre Bemerkungen so gut ankommen und so gelungen schmeicheln.

Das Tonbandgerät ihrer beiden Freundinnen schnappt ab, das Zimmer liegt in frühabendlichem Dunkel. Jetzt ist es endlich Zeit, miteinander essen zu gehen. Die beiden haben sich etwas ganz Besonderes ausgedacht, was Sidi schon seit Tagen innerlich beschäftigt – sie würden eine Art Lokal besuchen, wie sie es noch nie gesehen hat. In ihrer Jugend galten solche Plätze als »Demimonde«, auch heute noch würde niemand aus ihrem Bekanntenkreis dort einen Fuß hineinsetzen: Das Café Willendorf in der Rosa-Lila-Villa ist das Ziel.

Mit leuchtenden Augen betritt Sidonie das Lokal, alle Blicke richten sich sofort auf sie, wahrscheinlich hat noch nie eine Sechsundneunzigjährige diese Schwelle überschritten. Kaum am Tisch angekommen, lässt sie ihre Blicke schweifen. Sie will so viel wissen, hört so ungläubig die Erklärungen. Mit Staunen registriert sie, wem man »es ansieht«, und wer gar nicht in ihren Raster passt. Die herben Frauen gefallen ihr nicht, den femininen nimmt sie ihr Lesbisch-Sein nicht ab. Die zierlichen, tuntigen Männer entzücken sie, die Transsexuellen versteht sie nicht. Essen ist an diesem Abend völlig unwichtig, und Sidi wird, verschmitzt lächelnd und zittrig an ein Glas geklammert, für ein paar Stunden Gast in einer Welt, die sie vielleicht siebzig Jahre früher um sich gewünscht hätte.

Beim nächsten Besuch geht es dagegen in ihr Lieblingslokal. Gleich über die Straße, dem Heim gegenüber, liegt das Kettenrestaurant Wienerwald, und dort gibt es Brathühnchen mit Gitterkartoffeln. Gitterkartoffeln findet sie originell und verzehrt sie mit viel größerem Appetit als die ewig gleichen Bratkartoffeln im Heim. Dazu bestellt sie ihr Lieblingsgetränk, eiskaltes Leitungswasser. Wie so oft erzählt sie lebhaft über ihre diversen Lieben und dabei entgeht ihr, dass sie von einer Familie am Nebentisch aufmerksam beobachtet wird. Ein Blumenverkäufer, der gerade seine Runde durch das Lokal zieht und von den Gästen am Nebentisch Geld bekommt, bleibt dann bei Sidonie stehen und überreicht ihr einige Rosen. Sie wehrt ab, aber er versichert ihr mit einem breiten Lächeln, dass sie schon bezahlt wurden. Sidonie ist ganz verwundert: Wer schickt ihr Blumen?

In die Familie am Nebentisch kommt Bewegung. Die Mutter kommt an den Tisch und sagt, dass ihre Tochter so sehr Gefallen an Sidonie gefunden hätte, dass sie ihr diese Blumen geben wolle. Sie sei allerdings zu schüchtern, um das selbst zu tun. Ein paar Minuten später wagt sich dann endlich ein fünfzehnjähriges Mädchen heran. Noch ein paar Worte der Bewunderung und einige scheue Komplimente für Sidonie, dann verlässt die Familie das Restaurant. Sidonies Würde und Haltung schaffen es, nach wie vor zu beeindrucken.

Wenn jemand aus der Bekanntschaft Zeit hat, geht Sidi auch sehr gern ins Kino. Irgendwann im Spätherbst 1997 ist es wieder einmal soweit. Eine ihrer Fragerinnen lädt sie in einen Film, der alle Komponenten hat, Sidi zu gefallen, viele herrliche Tierbilder – Pferde –, schöne Landschaftsaufnahmen und – hoffentlich – nicht zu viel Sex. Die schmalzige Hollywood-Produktion *Der Pferdeflüsterer* steht auf dem Programm.

Sidi wird abgeholt, und dann fahren die beiden Frauen mit der U-Bahn ins Kino. Wenn Sidi den U-Bahn-Waggon betritt, gibt es beeindruckte und respektvolle Blicke. Ihr aufrechter Gang, ihr gepflegtes Äußeres und ihre vornehme Sprechweise fallen sofort auf. Neugierig blickt sie um sich und kommentiert ihre Umgebung. Alle modischen Kleinigkeiten springen ihr ins Auge, und sie lässt es sich nicht nehmen, laut über diese zu reden. So wie sie es tut, gefällt es jedoch allen.

Diesmal kommt sie gegenüber einer jungen Frau zu sitzen, die ein elegantes Kostüm trägt. Der kurze Rock ermöglicht den Blick auf ihre langen Beine. Mit großem Wohlgefallen mustert Sidi diese Beine. Nach dem dritten langen Blick wendet sie sich zu ihrer Begleiterin und sagt laut: »Hat die aber schöne Beine.«

Natürlich hört dies die junge Frau und mit ihr der halbe Wagen. Niemand findet es anstößig, und die junge Frau rückt lächelnd auf ihrem Sitzplatz hin und her, um die Beine noch besser zur Geltung zu bringen und freut sich offensichtlich über das Kompliment. Bis zum Aussteigen lässt Sidi noch ein paar anerkennende Worte fallen, und erst der Film bringt sie auf andere Gedanken.

Wach und neugierig sitzt sie im Kinosaal. Der Kopf wackelt heftig hin und her, die ganze Sitzreihe wackelt mit, aber die Nachbarn stört das nicht, es scheint ihnen zu gefallen, dass ein so alter Mensch überhaupt noch ausgeht. Der Film ist nach Sidis Geschmack, zumindest am Anfang. Herrliche Aufnahmen von Colorado und wilden Pferden entlocken ihr ein wohlgefälliges Seufzen. Aber dann passiert es – o weh, Liebesszenen, Küsse und schließlich Sex. Bei der romantischen Verliebtheit lächelt Sidi noch selig, beim Küssen ruft sie laut und empört »unerhört« in den Saal, sodass alle Köpfe herumfahren, und bei der Bettszene ist sie längst eingeschlafen. Dennoch wird der Film sie noch Tage beschäftigen und alle Freundinnen, die sie im Lauf der kommenden Woche sieht, werden davon erfahren.

Diese Freundinnen sind es, die sie tragen und Rat und Stütze anbieten, wenn nötig. Lotte und Ruth sind die wichtigsten, gleich danach kommt Ruths Tochter Andrea. Mit ihnen kann sie alles besprechen, sich jeden Rat holen, ihr Herz ausschütten. Sie sind besorgter und unterstützender als jede Verwandtschaft, was Sidi sehr zu schätzen weiß. Lotte ruft sie täglich an, manchmal nur um zu fragen, wie es geht, manchmal auch für ein längeres Gespräch.

Zu Ferienzeiten wird sie rundherum eingeladen, verbringt ihre Sommer auf Jagdhütten in der Steiermark, bei Andrea im Salzburgischen, bei Jeanette in Paris und manche Jahre, als sie sich noch kräftig genug fühlte, in Florida bei ihrem jüngsten Bruder.

Erst in allerletzter Zeit will Sidonie nicht mehr verreisen. Sie fürchtet, krank zu werden und dann ihren Gastgeberinnen eine Belastung zu sein. Oder gar zu sterben, und solche Scherereien möchte sie niemandem antun. Außerdem werden auch viele ihrer jüngeren Freundinnen kränklich oder gebrechlich und können sie nicht mehr empfangen. Das macht Sidi bitter und einsam. Alle annähernd gleichaltrigen Freundinnen und Freunde sind längst tot und haben sie zurückgelassen, und nun kommt schon die nächste Generation dran. Sie verflucht dann einmal mehr ihr Alter und ihren klaren Kopf, der sie alles so genau mitkriegen lässt, und wünscht sich den Tod herbei.

Dann, mit achtundneunzig, überkommt sie aber doch noch einmal die große Abenteuerlust und sie plant und phantasiert eine große Reise, die ihre letzte werden sollte, ein Abenteuer im Kopf. Durch Zufall hatte sie erfahren, dass befreundete Diplomaten im peruanischen Lima sind. Das bringt ihre Erinnerung zum Blühen. Über fünfzig Jahre liegt ihre Überfahrt in die Emigration von Japan nach Panama und schließlich nach Kuba schon zurück, aber wie heute sieht sie den gutaussehenden Carlos, den Peruaner, der ihr so wie nur ganz wenige gefiel und der ihr so charmant ein Verhältnis antrug, an der Reling stehen. Beim Gedanken an diesen ungelebten Flirt überfällt Sidonie auch jetzt noch ein leichter Schauer. Und sie schafft es tatsächlich, die fernen Diplomatenfreunde dazu zu bringen, Erkundigungen über ihren großen Schwarm einzuziehen. Es dauert nicht lange und Sidonie erfährt nicht nur, dass Carlos noch am Leben ist, sondern erhält auch seine Adresse.

Sie diktiert sofort einen Brief, denn ihre zittrige Handschrift kann niemand, einschließlich sie selbst, mehr lesen, und wenige Zeit später flattert wirklich eine Antwort ins Haus. Diese ist nicht von Carlos selbst geschrieben – seine Augen sind zu schwach –, sondern von seinem Sohn.

Sidonie ist daraufhin nicht mehr zu bremsen. Sie reserviert einen Flug nach Lima, und ihre Freunde versichern ihr, dass sie bei ihnen Quartier beziehen kann. Doch da kommt die Bitte von Carlos, doch erst in einem halben Jahr zu kommen, denn er sei derzeit aus gesundheitlichen Gründen nicht in der Lage, sie zu empfangen. Sidonie schickt ihm daraufhin in ihrem nächsten Brief eine Photographie von sich und bittet um eine von ihm. »Er hat mir dann eine geschickt, und an der Photographie war nichts, was mir gefallen hat. Ich hab' sie ihm zurückgeschickt, denn auf der Photographie schaut er aus wie ein Athlet, in den ich mich nie verliebt hätte.«

Der Traum war weg, die Phantasie verpufft. Carlos war ein eitler alter Mann, der ihr imponieren wollte und sie damit desillusioniert hat. Sidi ist froh, dass sie diese Reise nie antreten würde, wahrscheinlich wäre das Zusammentreffen eine große Enttäuschung geworden, und sie schließt erleichtert die letzten offenen Seiten des Kapitels Männer.

Die einzige Beziehung, die Sidonie – scheint's – nicht lösen konnte, ist die zu Wjera. Diese Frau, ihre vielleicht intensivste und wichtigste Liebe, ist in ihren Gedanken fast dauernd gegenwärtig, immer wieder sagt sie denselben Satz: »Es vergeht kein Tag, an dem ich nicht an sie denke.« Aber gleich daneben liegt immer noch der Schmerz über die Enttäuschung, sei es ihre eigene, sei es die, welche sie zugefügt hat, und es ist fast so, als ob sie diese dunkle Seite beiseite schieben möchte.

So bleibt Wjera die einzige, die sie nie mit Namen nennt und über die sie einen großen Mantel des Schutzes und des Schweigens breitet. Bei ihr wäre es wohl am dringendsten nötig gewesen, die anerzogenen Konventionen hinter sich zu lassen und sich der Liebe ganz hinzugeben. Aber Sidonie hat es nicht geschafft, und dieses Versagen lebt als tiefer Schmerz bis zum Schluss in ihr.

Wjera ist sie etwas schuldig geblieben.

Mit Ende April 1999 bricht Sidonies hundertstes Jahr an. An ihrem Geburtstag ist ihr Zimmer ein Meer von Blumen, eine Anzahl kleinerer und größerer Päckchen soll sie daran erinnern, dass viele Menschen sie lieben und an sie denken. Aber Sidi kann sich nicht recht freuen. Schon seit vielen Monaten ist sie so müde, todmüde. Sie beginnt, was ihr nie passierte, Termine zu vergessen, schließlich sogar entferntere Menschen zu vergessen. Sie will nicht mehr ausgehen, ist ungeduldig und mürrisch, will nur noch sitzen und vor sich hin schauen, eigentlich am liebsten einschlafen, ohne jemals wieder aufzuwachen. Ihre Welt wird enger.

Dann passiert der erste Schritt in diese Richtung. Eines Tages im Mai verfangen sich Sidis Füße im Vorzimmerteppich, sie stürzt und bricht sich den Oberschenkelhalsknochen. Der weitere Ablauf ist der übliche – Einlieferung ins Spital, Operation, Bettruhe.

Es ist heiß in diesen Tagen, und Sidonie liegt, ohne Decke, wie ein blasses, durchscheinendes, hilfloses Tier, Arme und Beine zur Seite, in einem hochtechnisierten Gitterbett, in einem hochtechnisierten Spital. Vom Körper ist fast nichts mehr übrig. Schlaffe Haut und ein bisschen Fleisch hängen von scheinbar viel zu großen Knochen und Gelenken. Nun ist auch ihr Haar nur noch feiner weißer Flaum, der Mund zahnlos und eingefallen.

Sidi spricht nicht, jammert nicht, schaut nur vor sich hin und gleitet immer weiter weg.

Erst als eine der beiden jungen Freundinnen ein Photo von Leonie Puttkamer als einzigen persönlichen Gegenstand in diese weiße Vorhölle bringt, kommt das Leben zurück in Sidis Körper. Die Augen werden groß, der Mund lächelt, leise flüstert sie: »Die hab' ich einmal sehr geliebt.«

Nach einiger Zeit sind die medizinischen Notwendigkeiten erledigt und Sidi kehrt in ihr Heim zurück, auf die Pflegestation zuerst, dann sogar in ihr eigenes Zimmer. Hier wird sie viel besser betreut, die Würde und Haltung, die sie sich selber nicht mehr holen kann, wird ihr durch liebevolle Pflege wiedergegeben. Mit dem Rollstuhl zum Friseur, jeden Tag ein frisches buntes Kleid, regelmäßiges Füttern, dann im Garten sitzen.

Auch hier spricht Sidi fast nichts mehr, lässt über sich ergehen, was unvermeidlich ist, lächelt zu dem Wenigen, was sie noch schön und angenehm findet.

Dann geht es schnell. Die Tage werden noch heißer, Sidi wird schwächer. Keine Ausfahrten im Rollstuhl mehr, die Friseurin kommt ans Bett, hilflose Bekannte bringen Eis, das sie ihr in den zahnlosen Mund schieben, bis sie zu jammern anfängt.

Dann beginnen die Flecken an den Beinen, die mangelnde Durchblutung zeigt das kommende Ende an. Als Sidi schon ganz am Rand dieser Welt steht, kommt ihre junge Freundin. Sidis Atem ist schon fast verflogen, der Körper gerade noch warm. Eine Hand legt sich auf ihre Schulter, in ihre Hand, streichelt sie, eine Stimme dringt noch fern zu ihr. Dann stößt sie sich ab von der Kante dieses Seins in ein anderes. Es ist leicht ...

Sidonie Csillag als alte Dame

Bibliographie

Allen, Janik: Wittgenstein's Vienna, New York 1973

Alvensleben, Ludo von: Alvenslebensche Burgen und Landsitze, Dortmund 1960

Andics, Hellmut: Gründerzeit, Wien 1981

Andics, Hellmut: Ringstraßenwelt Wien 1867 bis 1887. Luegers Aufstieg, Wien, München 1983

Andics, Hellmut: Luegerzeit. Das Schwarze Wien bis 1918, Wien, München 1984

Andics, Hellmut: Das österreichische Jahrhundert. Die Donaumonarchie 1804–1918, Wien 1986

Andics, Hellmut: Die Juden in Wien, Wien, München 1988

Andreas-Friedrich, Ruth: Der Schattenmann, Berlin 1947

Andreas-Salomé, Lou: Lebensrückblicke, Frankfurt am Main 1968

Arnbom, Marie-Therese: Bürgerlichkeit nach dem Ende des bürgerlichen Zeitalters? Eine Wiener Familienkonfiguration zwischen 1900 und 1930. Diplomarbeit Wien 1990

Arnbom, Marie-Therese: Bürgerliche, allzu bürgerliche Begriffe. Lebenserfahrungen in der Emigration am Beispiel von Dr. Stefan Herz-Kestranek. Dissertation Wien 1994

Baltzarek, Franz: Die Geschichte der Wiener Börse, Wien 1973

Banfield, Gottfried von: Der Adler von Triest. Der letzte Maria-Theresien-Ritter erzählt sein Leben, Graz, Wien, Köln 1984

Baumgartner, Senta/Prucker, Othmar: Die Gegend hierherum ist herrlich, Wien 1996

Baxa, Jakob: Österreichische Zuckerindustrie AG, Wien 1959

Beese, Gerhard: Karibische Inseln. Westindien von Cuba bis Aruba, Köln 1985

Bei, Neda/ Förster, Wolfgang/ Hacker, Hanna/ Lang, Manfred, Hrsg.: Das lila Wien um 1900. Zur Ästhetik der Homosexualität, Wien 1986

Benedikt, Heinrich: Alexander von Schoeller, Wien 1958

Benedikt, Heinrich: Damals im alten Österreich. Erinnerungen, Wien 1979

Benstock, Shari: Women of the Left Bank. Paris 1900–1940, Austin 1986

Berczeller, Richard: Die sieben Leben des Doktor B. Odysee eines Arztes, München 1965

Berger, Peter Robert: Der Donauraum im wirtschaftlichen Umbruch nach dem ersten Weltkrieg. Dissertation Wien 1979

Bettelheim, Peter/ Prohinig, Silvia/ Streibel, Robert, Hrsg.: Antisemitismus in Osteuropa, Wien 1992

Binder, E.: Doktor Albert Geßmann. Dissertation Wien 1950

Brockhaus, C. : Deutsch-Österreich, Wien 1927

Bruckmüller, Ernst/ Döcker, Ulrike/ Stekl, Hannes/ Urbanitsch, Peter, Hrsg.: Bürgertum in der Habsburger Monarchie, Wien 1990

Brunner, Andreas/ Sulzenbacher, Hannes, Hrsg.: Schwules Wien. Reiseführer durch die Donaumetropole, Wien 1998

Buchsteiner, Ilona: Großgrundbesitzer in Pommern 1871–1914, Berlin 1993

Burgmann, Arthur: Petroleum und Erdwachs, Wien 1880

Bush, Peter, Ed.: The Voice of the Turtle. An Anthology of Cuban Stories, London 1997

Cadivec, Edith: Bekenntnisse und Erlebnisse, Wien 1926

Cars, Jean de/ Caracalla, Jean-Paul: Die Transsibirische Bahn. Geschichte der längsten Bahn der Welt, Zürich,Wiesbaden 1987

Carsten, Francis L.: Geschichte der preußischen Junker, Frankfurt am Main 1988

Croy, Otto R./ Haslinger, Josef: Leben in der Asche. Trümmerjahre in Wien 1945–1948. Unter Mitarbeit von Gerhard Jagschitz, Wien 1993

Czeike, Felix: Historisches Lexikon Wien in 5 Bänden, Wien 1997

Degener, Hermann,Hrsg.: Wer ist's: Unsere Zeitgenossen, Wien 1935

Dönhoff, Marion: Kindheit in Ostpreußen, München 1991

Dühring, Eugen: Die Judenfrage als Racen-, Sitten- und Culturfrage. Mit einer weltgeschichtlichen Antwort, Karlsruhe 1881

Dumreicher, Hans: Die Textilfabrik Schoeller, Wien 1933

Eldorado: Homosexuelle Frauen und Männer in Berlin 1850–1950. Geschichte, Alltag und Kultur, Berlin 1984

Emödi, Paul/ Teichl, Robert: Wer ist wer? 1937

Enzinger, Walter, Hrsg.: Heimatbuch Jaidhof. Von der Herrschaft zur Gemeinde, Gföhl 1992

Etzersdorfer, Irene: Arisiert. Eine Spurensicherung im gesellschaftlichen Untergrund der Republik, Wien 1995

Faderman, Lillian: Odd Girls and Twilight Lovers. A history of Lesbian Life in Twentieth-Century America, New York 1991

Fischer, Lothar: Anita Berber. Tanz zwischen Rausch und Tod 1918–1928 in Berlin, Berlin 1988

Fittko, Lisa: Mein Weg über die Pyrenäen. Erinnerungen, München 1985

Fontane, Theodor: Wanderungen durch die Mark Brandenburg, 5 Bände, München 1991

Freud, Sigmund: Über die Psychogenese eines Falles von weiblicher Homosexualität. Gesammelte Werke aus den Jahren 1917–1920, London 1947

Freud, Sophie: Meine drei Mütter und andere Leidenschaften, Düsseldorf 1989

Fuchs, Eduard: Illustrierte Sittengeschichte Band I–IV, München 1909

Fuentes, Norberto: Hemingway in Cuba, Secaucus 1984

Garcia, Cristina: Dreaming in Cuban, New York 1992

Gay, Peter: Freud. Eine Biographie für unsere Zeit, Frankfurt am Main 1989

Geadelte jüdische Familien, Salzburg 1891

Geber, Eva/ Rotter, Sonja/ Schneider, Marietta, Hrsg. Die Frauen Wiens. Ein Stadtbuch für Fanny, Frances und Francesca, Wien 1992

Gerris, Lisa: Aspects of the Image of Vienna (1910–1933) in North American Fiction. Diplomarbeit Wien 1990

Geßmann, Albert d.J.: Das Fremdvolk. Drama. Gewidmet Herrn Bürgermeister Dr. Karl Lueger, Wien, Leipzig 1904

Geßmann, Albert/ Kämper, Otto: Neues Bauen: neue Arbeit! Bauwirtschaftliche Maßnahmen zur Behebung der Arbeitslosigkeit in Österreich, Wien 1932

Gilman, Sander L.: Jüdischer Selbsthaß. Antisemitismus und die verborgene Sprache der Juden, Frankfurt am Main 1993

Glaser, Hermann: Das Automobil. Eine Kulturgeschichte in Bildern, München 1986

Gotha: Adelige, briefadelige, uradelige, freiheitliche, fürstliche, gräfliche Häuser ab 1900

Görlitz, Walter: Die Junker. Adel und Bauern im deutschen Osten, Glücksburg 1957

Grandjonc, Jacques / Grundtner, Theresia, Hrsg.: Zone der Ungewißheit. Exil und Internierung in Südfrankreich 1933–1944, Reinbek bei Hamburg 1993

Granichstaedten-Cerva, R./ Mentschl, J./ Otruba, G.: Altösterreichische Unternehmer. 110 Lebensbilder, Wien 1969

Grieser, Dietmar: Nachsommertraum, St. Pölten 1993

Hacker, Hanna: Frauen und Freundinnen. Studien zur weiblichen Homosexualität am Beispiel Österreich 1870–1938, Weinheim 1987

Hanke, Peter: Zur Geschichte der Juden in München zwischen 1933 und 1945, Heft 3, Neue Schriftreihe des Stadtarchivs München 1967

Havana Post 1940–1945

Heindl, Gottfried: Das Salzkammergut und seine Gäste. Die Geschichte einer Sommerfrische, Wien 1993

Hennings, Fred: Ringstraßensymphonie, Wien, München 1963

Herdan-Zuckmayer, Alice: Genies sind im Lehrplan nicht vorgesehen, Frankfurt 1979

Herlitz, Georg/ Kirschner, Bruno, Hrsg.: Jüdisches Lexikon, Berlin 1927

Herz-Kestranek, Stefan: … also hab ich nur mich selbst, Wien 1997

Hicks, Albert C.: Blood in the Streets, New York 1946

Hofmann, Viktor: Die Anfänge der Zuckerindustrie in Österreich und Ungarn, Wien, Leipzig 1934

Horstmann, Lally: Kein Grund für Tränen, Berlin 1995

Das Interessante Blatt 1918-1925

Jagschitz, Gerhard/ Mulley, Klaus-Dieter, Hrsg.: Die »wilden« fünfziger Jahre, St. Pölten, Wien 1985

Jäckel, Eberhard/ Longerich, Peter/ Schoeps, Julius, Hrsg.: Enzyklopädie des Holocaust. Die Verfolgung und Ermordung der europäischen Juden, München 1995

Kater, Michael H.: The twisted Muse Musicians and Their Music in the Third Reich, New York 1997

Kaus, Gina: Und was für ein Leben... mit Liebe und Literatur, Theater und Film, Hamburg 1979

Kiel, Hanna: Renée Sintenis, Berlin 1956

Klarsfeld, Serge: Vichy-Auschwitz. Die Zusammenarbeit der deutschen und französischen Behörden bei der Endlösung der Judenfrage in Frankreich, Nördlingen 1989

Kleindel, Walter: Die Chronik Österreichs, Gütersloh 1994

Kokkinakis, Christina: Die Familien Köchert, Wild und Zacherl. Heiratsverhalten des Wiener Bürgertums im 19. und frühen 20. Jahrhundert. Diplomarbeit Wien 1993

Kos, Wolfgang: Über den Semmering. Kulturgeschichte einer künstlichen Landschaft. Photographien von Kristian Sotriffer, Wien 1984

Kraus, Karl: Die Fackel Nr. 601, November 1922. Bericht und Brief von Anita Berber

Krenek, Ernst: Im Atem der Zeit. Erinnerungen an die Moderne, Hamburg 1998

Kretschmer, Helmut: Wiener Heimatkunde, Wien 1982

Kupelwieser, Paul: Aus der Erinnerung eines alten Österreichers, Wien 1918

Kürschner Biographisches Theater Handbuch 1956

Lamm, Hans: Von Juden in München, München 1958

Lehmann: Wiener Adressbuch 1900–1942

Leichner, Ignaz: Erdöl und Erdwachs, Wien 1898

Levine, Robert: Tropical Diaspora. The Jewish Experience in Cuba, Gainesville 1993

Lewis, Norman: I came, I saw, London 1994

Martin, Rudolf: Jahrbuch des Vermögens und der Millionäre Preußens, Berlin 1912

Marting, Diane E., Ed.: American Women Writers, Westport 1990

Mautner-Markhof, Manfred: Haltestellen, Wien 1978

Mayenburg, Ruth von: Blaues Blut und rote Fahnen. Ein Leben unter vielen Namen, Wien 1969

McCagg, William O. Jr.: A History of Habsburg Jews 1670–1918, Bloomington, Indianapolis 1989

Meier, Kurt: Kreuz und Hakenkreuz: die evangelische Kirche im Dritten Reich, München 1992

Meisels, Ernst: Emigrant aus Leopoldstadt. Das Schicksal einer jüdischen Schneiderfamilie, Berlin 1995

Meissner, Boris, Hrsg.: Rußlanddeutsche, Köln 1992

Menaker, Esther: Appointment in Vienna, New York 1989

Messick, Hank: Lansky, New York 1971

Meyer, Adele, Hrsg.: Lila Nächte. Die Damenklubs der zwanziger Jahre, Köln 1981

Michaelis, Karin with Lenore Sorsby: Little Troll, New York 1946

Morgenbrod, Birgitt: Wiener Großbürgertum im Ersten Weltkrieg, Wien, Köln 1994

Morgenstern, Soma: Flucht in Frankreich. Ein Romanbericht, Lüneburg 1998

Morton, Frederic: Thunder at Twilight. Vienna 1913/1914, New York 1989

Morton, Frederic: Die Rothschilds: ein Porträt der Dynastie, Wien 1992

Müller, Arnd: Geschichte der Juden in Nürnberg 1146–1945, Nürnberg 1968

Mutzenbacher, Josefine: Die Geschichte einer Wienerischen Dirne, von ihr selbst erzählt, Höchberg bei Würzburg 1991

Nassiri, Regina: Der Triester Handelsstand - der belebende Geist und die Seele Triests, Wien 1994

Nebenführ, Christa, Hrsg.: Liebe ist die Antwort: aber was war die Frage?, Wien 1994

Neues Montagsblatt 1924

Neue Freie Presse 1924

Niel, Alfred: Die k. u. k. Riviera von Abbazia bis Grado, Graz, Wien 1981

Okamoto, Yoichi R.: Okamoto sieht Wien Die Stadt seit den fünfziger Jahren. Essays Paula Okamoto, Wien 1987

Ophir, B.Z./ Wiesemann, F.: Die jüdische Gemeinde in Bayern 1918–1945, München 1979

Österreichisches Biographisches Lexikon 1815–1950, Graz, Köln 1959

Pass, Walter/ Scheit, Gerhard/ Svoboda, Wilhelm: Orpheus im Exil. Die Vertreibung der österreichischen Musik von 1938 bis 1945, Wien 1995

Plakolm-Forsthuber, Sabine: Künstlerinnen in Österreich 1897–1938, Wien 1994

Planer, Franz: Jahrbuch der Wiener Gesellschaft, Wien 1928

Planer, Franz: Jahrbuch der Wiener Gesellschaft, Wien 1929

Pohanaka, Reinhard/ Apfel, Kurt: Diese Stadt ist eine Perle, Wien 1991

Portisch, Hugo/ Riff, Sepp: Österreich I. Die unterschätzte Republik, Wien 1989

Portisch, Hugo: Österreich II. Die Wiedergeburt unseres Staates. Vorwort Gerd Bacher. Bilddokumentation Sepp Riff, Wien 1985

Portisch, Hugo: Österreich II. Der Lange Weg zur Freiheit. Vorwort Gerd Bacher. Bilddokumentation Sepp Riff, Wien 1986

Reik, Walter: Die Beziehungen der österreichischen Großbanken zur Industrie, Wien 1932

Rendall, Ivan: Griff nach dem Himmel. Das Abenteuer der Fliegerei, Köln 1990

Rittler, Theodor: Die Abgrenzung der Geltungsgebiete des gemeindeutschen und des partikular- österreichischen Strafrechts, in: Zeitschrift für die gesamte Strafrechtswissenschaft, Berlin 1944

Reutter, Lutz-Eugen: Katholische Kirche als Fluchthelfer im Dritten Reich, Recklinghausen-Hamburg 1971

Rothkappl, Gertrude: Die Zerschlagung österreichischer Vereine, Organisationen, Verbande, Stiftungen und Fonds. Die Tätigkeit des Stillhaltekommissars in den Jahren 1938–39. Dissertation Wien 1996

Rothschild, K.W.: Austria's Economic Development Between the Two Wars, London 1947

Sandgruber, Roman: Wirtschafts- und Sozialstatistik Österreich-Ungarns, Wien 1978

Sapir, Boris: The Jewish Community of Cuba, New York 1949

Schicksal jüdischer Mitbürger in Nürnberg 1850–1945. Ausstellungskatalog mit Dokumentation, bearbeitet von Stadtarchiv und Volksbücherei Nürnberg, Nürnberg 1965

Schoppmann, Claudia: Zeit der Maskierung. Lebensgeschichten lesbischer Frauen im Dritten Reich, Berlin 1993

Schwarz, Stefan: Die Juden in Bayern, München 1963

Seidler, Horst/ Rett, Andreas: Das Reichssippenamt entscheidet, Wien, München 1982

Seper, Hans/ Krackowizer, Helmut/ Brusatti, Alois: Österreichische Kraftfahrzeuge von Anbeginn bis heute, Wels 1984

Sheean, Vincent: Dorothy und Red. Die Geschichte von Dorothy Thompson und Sinclair Lewis, München, Zürich 1964

Skene, Richard: Zuckerindustrie und Zuckerrübenwirtschaft in Österreich seit der Gründung der ersten Republik. Dissertation Wien 1962

Smith, Lois M./ Padula, Alfred: Sex and Revolution: Women in Socialist Cuba, New York 1996

Sperber, Manès: All das Vergangene, Wien 1983

Spiel, Hilde: Die hellen und die finsteren Zeiten, München 1989

Stadler, Friedrich, Hrsg.: Arbeiterbildung in der Zwischenkriegszeit. Otto Neurath – Gerd Arntz. Österreichisches Gesellschafts- und Wirtschaftsmuseum, Wien, München 1982

StadtChronik Wien, Wien, München 1986

Steinbacher, Sybille: Dachau: die Stadt und das Konzentrationslager in der NS-Zeit, Frankfurt am Main 1994

Sterba, Richard: Reminiscences of a Viennese Psychologist, Detroit 1982

Teuschl, Angelika: Arisierungen im 4. Bezirk. Diplomarbeit Wien 1993

Thaiyanan, Orasa: Die Beziehungen zwischen Thailand (Siam) und Österreich-Ungarn 1869–1917/19. Dissertation Wien 1987

Theaterzettel Burgtheater Jänner-Juni 1919

Undset, Sigrid: Wieder in die Zukunft, Zürich, New York 1944

Usborne, Karen: Elizabeth von Arnim. Biographie, Frankfurt 1994

Valdes, Zoe: Dir gehört mein Leben, Zürich 1997

Veigl, Hans: Wiener Kaffeehausführer, Wien 1989

Velmans-van Hessen, Edith: Ich wollte immer glücklich sein, Wien 1999

Waechter-Böhm, Liesbeth, Hrsg.: Wien 1945 davor/danach, Wien 1985

Wagner, Christoph/ Kittel, Johannes: Auf den Fährten der Wallfahrer. Eine Erkundung der Pilgerstätten im Alpenraum, Salzburg 1986

Wassiltschikow, Marie: Die Berliner Tagebücher der „Missie« Wassiltschikow 1940–1945, Berlin 1987

Wellhauser, Julius: Israelitische und jüdische Geschichte, Berlin 1921

Wer ist's? Unsere Zeitgenossen. Zeitgenossenlexikon, I–VIII, Leipzig 1905–1912

Wer ist Wer in Österreich, Wien 1953

Weyers, Dorle: Fremdgängerinnen. Akkulturation am Beispiel bundesdeutscher Frauen in Südspanien, Pfaffenweiler 1993

Windisch-Graetz, Ghislaine: Kaiseradler und rote Nelke. Das Leben der Tochter des Kronprinzen Rudolf, Wien 1988

Wininger, Salomon: Große Jüdische National-Biographie, Band 1–7, Czernowitz 1927

Winklehner, Robert: Kollaboration und Widerstand – Aspekte zur Judenverfolgung in den Niederlanden 1940–1945. Diplomarbeit Wien 1990

Wittels, Fritz (Edward Timms, Hrsg): Freud und das Kindweib, Wien 1996

Wolff, Charlotte: Augenblicke verändern uns mehr als die Zeit, Frankfurt am Main 1990

www.uni-wuerzburg.de/glaw/bv006389.html BVerfGE 6,389 – Homosexuelle

Archive:

Österreichisches Staatsarchiv

Stadtarchiv Stadt Nürnberg

Wiener Stadt- und Landesarchiv

Tonbandaufzeichungen: Interviews im Zeitraum 1989–1998

Sämtliche zitierte Gerichtsprotokolle liegen im Wiener Stadt- und Landesarchiv auf.

Bild- und Textnachweis

Privatarchiv: 10, 17, 29, 33, 43, 56, 57, 67, 69, 85, 139, 157, 159, 161, 171, 173, 191, 197, 198, 199, 211, 213, 227, 235, 241, 247, 253, 259, 263, 267, 269, 277, 341, 343, 355, 359, 361, 367, 371, 373, 381, 405, 411, 419, 423, 431, 437, 441, 445, 449, 451, 467

Direktion der Museen der Stadt Wien: 19, 183

Bildarchiv, Österreichische Nationalbibliothek Wien: 49, 61, 73, 107, 207, 239, 285

Helfried Seemann: 131

Wiener Stadt- und Landesarchiv: 146/147

Josef Otto Slezak: 315

University Press of Florida, Archiv Herbert Karliner: 323

University Press of Florida, Archiv Norbert Adler: 347

Jaye Zimet: Strange Sisters, Viking Studio 1999: 459

Philip Abbrederis: 479

Gudrun Stotz: 499

Die Rechtslage bezüglich der reproduzierten Bilder wurde – soweit möglich – sorgfältig geprüft; eventuelle berechtigte Ansprüche werden vom Verlag in angemessener Weise abgegolten.

Im Kapitel »Berggasse 19« wurde zitiert aus:

Sigmund Freud: Zwang, Paranoia und Perversion. Studienausgabe, 7. Aufl. © S. Fischer 1997, Seite 257 ff., 267 f., 272 ff.

www.deuticke.at

Umschlaggestaltung: Robert Hollinger
Umschlagfoto: Privatarchiv
Druck: Wiener Verlag, Himberg
Printed in Austria
ISBN 3-216-30540-6